シリーズ・中世西国武士の研究

8

毛利元就

村井良介 編著

戎光祥出版

序にかえて

毛利元就といえば、一代で毛利氏を安芸国の一国人領主から中国地方の過半を支配する戦国大名へと飛躍させた人物として知られており、すでに戦前から複数の伝記が出版されている。戦前に編纂事業がおこなわれた三卿伝編纂所編・渡辺世祐監修『毛利元就卿伝』（一九四四年に上巻のみ刊行されたが、一九八四年にマツノ書店からまとめて刊行された）をはじめ、近年でも池享『知将・毛利元就―国人領主から戦国大名へ―』（新日本出版社、二〇〇九年）や岸田裕之『毛利元就―武威天下無双、下民憐愍の文徳は未だ』（ミネルヴァ書房、二〇一四年）といったすぐれた伝記がある。このほか河合正治編『毛利元就のすべて』（新人物往来社、一九九六年）や岸田裕之編『毛利元就と地域社会』（中国新聞社、二〇〇七年）などがあり、元就だけに絞ったものではないが河合正治『安芸毛利一族』（新人物往来社、一九八四年）もある。元就をめぐる一六世紀の西国の戦乱や政治情勢については山本浩樹『戦争の日本史12　西国の戦国合戦』（吉川弘文館、二〇〇七年）、池享『列島の戦国史6　毛利領国の拡大と尼子・大友氏』（吉川弘文館、二〇二〇年）に詳しい。また、妻や子供たちとの関係など元就のパーソナルな側面を取りあげたものとして五條小枝子『戦国大名毛利家の英才教育　元就・隆元・輝元と妻たち』（吉川弘文館、二〇二〇年）がある。

無論、毛利元就個人に焦点を当てたものではない毛利氏関係の著作、論文等についてはこれ以外にも枚挙にいとまがないが、毛利氏の研究動向については拙稿「安芸毛利氏をめぐる研究について」（拙編『論集戦国大名と国衆17　安芸毛利氏』、岩田書院、二〇一五年）でも触れたので、ここでは割愛する。なお、毛利氏関係の文献目録としては、藤木久志編『戦国大名論集14　毛利氏の研究』（吉川弘文館、一九八四年）の文献一覧、山田邦明・平野明夫編『戦国史

研究の軌跡　一九八三―二〇〇〇年の東国史研究を中心に』（岩田書院、二〇二三年）所収の「戦国史研究文献目録一九八三―二〇〇〇年」も参照されたい。

また、毛利元就の発給文書の目録は秋山伸隆「毛利元就発給文書目録」（『平成一一年度～平成一四年度科学研究費補助金（基盤研究（B）（2））研究成果報告書　毛利元就文書の基礎的研究―日本史と国語・国文学の共同研究の試み―』、研究代表者・秋山伸隆、二〇〇三年）に集成されている。

本書はこうした豊かな研究成果のなかから、単著・論文集に未収録の論考に限って、毛利元就に関する重要な研究を収録した。第一部は「合戦と政争」と題し、主に通説を再検証した論考を収めた。第二部は「家督譲与と二頭体制」とし、長男隆元への家督譲与と、その後の二頭体制に関するものを集めた。第三部は「芸備領主との関係」とし、芸備の自立的領主との関係を扱ったものを選んだ。第四部は「経済拠点の支配」とし、石見銀山、温泉津の支配を扱ったものを取りあげた。第五部は「妻室」とし、元就の妻たちについての論考を収めた。

もちろん元就に関する重要な研究はこのほかにも多数ある。日本史分野だけでなく、歌人としても名を残した元就については、国文学分野での論考もあるが、ここでは取りあげられなかった。

最後に本書の企画については、早くからお話をいただいていたが、編者の多忙と力不足で当初の締め切りから大幅に遅れてしまった。関係各位にお詫び申し上げるとともに、最初にご依頼をくださった石田出氏、編集をご担当いただいた丸山裕之氏・松尾隆宏氏をはじめ、戎光祥出版株式会社のみなさまに感謝を申し上げたい。

二〇二四年七月

村井良介

目次

第5部　毛利元就の妻室

毛利元就

総論　毛利元就の生涯と家来

村井良介

はじめに

「序にかえて」でも述べたように、毛利元就については、すでに複数の伝記をはじめ、その事蹟について知りうる著作が多数存在している。このため、本稿では元就の生涯については、こうした成果を参照しつつ、ごく簡略に基礎的事実のみ述べるにとどめ、やや角度を変えて元就の家来について考察することとしたい。

元就が長男隆元に家督を譲与した後も、引き続き政務にたずさわり、隆元（隆元死後は隆元の長男輝元）との、いわゆる二頭政治体制となったことはよく知られている。同時に、元就は家督譲与後も、自身の家来を抱えていた。こうした二頭体制や元就家来の存在は、従来、毛利権力の性質を論じる際にしばしば言及されてきたが、元就家来の全体像について本格的に分析した研究はない。したがって本稿では、全体像とまではいかないが、元就の家来についての検討をおこないたい。

一、毛利元就の生涯

毛利元就は明応六年（一四九七）三月一四日、毛利弘元の次男として、安芸国高田郡吉田郡山城で生まれる。幼名は松寿丸。母は毛利氏の庶家の福原広俊の娘である。兄弟は、母を同じくする兄興元と姉（武田某室）、弘元側室の子である弟相合元綱（ただし一次史料では実名は確認できない）、北就勝、妹四人がいる（それぞれ渋川義正、井上元光、吉川元経、井原元師に嫁す）。明応九年、弘元は興元に家督を譲り[1]、元就を伴って高田郡多治比に移った。文亀元年（一五〇一）に母福原氏が死去。永正三年（一五〇六）には父弘元が三九歳で死去した。元就は後に長男隆元宛の書状で、「我等ハ五歳にて母ニはなれ候、十歳にて父ニはなれ候、十一歳之時、興元京都へ被上候、誠無了簡ミなし子ニ罷成」と、両親の相次ぐ死に加えて、兄興元も大内義興に従って上洛したため、孤独になってしまい、弘元側室の「大かた殿」が見かねて、元就を育ててくれたと回想している[2]。

永正八年には元服し、少輔次郎元就を名乗った[3]。永正十三年に興元も二四歳で没すると、興元の嫡子幸松丸がわずか二歳で家督を継ぎ、元就が補佐することになる。

大永三年（一五二三）七月、幸松丸が九歳で早世すると、毛利家重臣たちからの要請という形をとって元就が家督を相続し、多治比から郡山城に移っている。なお、郡山城が全山城郭化するのは、天文九年（一五四〇）から翌年にかけての郡山合戦の後であるとされるが[4]、少なくともその頃には元就は「かさ」（嵩）と呼ばれる山頂部の曲輪を居所としていた[5]。

また、大永三年には、正室吉川氏（吉川元経妹、法名・妙玖）との間に長男隆元が誕生している。二歳で高橋氏の下に送られた長女（事実上人質であろう）は、これ以前の生まれと考えられるので、元就と妙玖の婚姻はこれよりもさかのぼる。

大永四年に、元就は弟の元綱を討つ。それまで大内氏に従ってきた毛利氏は、この前年、出雲の尼子方に転じていたが、重臣の渡辺氏らが尼子氏に通じて元綱を毛利氏家督に擁立する動きがあったらしい[6]。結局、元就は大永五年に再び大内方に転じている。

元就は、少なくとも「大永五年」と異筆付け年号がある天野興定宛起請文まで少輔次郎を使用しているが、享禄三年（一五三〇）の吉川千法士（興経）宛打渡状では治部少輔を名乗っている[7]ので[8]、この間に毛利氏家督が名乗る官途名に改めたものであろう。こののち、天文二年、元就は右馬頭に任官する[9]。さらに永禄三年（一五六〇）には陸奥守に任官するが[10]、その後も基本的には右馬頭を使用している。陸奥守任官は、前年に正親町天皇の即位料を献金した功によるものであろう。

享禄五年には毛利家来三二名が元就側近の粟屋孫次郎に宛てて起請文を提出している[11]。これは戦国期の「家中」の性質を論じるにあたってしばしば用いられる史料であり[12]、譜代の家来だけではなく、毛利庶家の福原氏や、近隣の国人領主であった井上氏が連署している点が注目される。

大内方に転じた元就は、享禄二年に石見国と安芸国にまたがる勢力を築いた高橋氏を攻め、翌年、占領した吉茂上下荘や石見国阿須那の領有を大内氏から承認されている[13]。

享禄二年には妙玖との間に次女が生まれ、享禄三年には次男元春が、天文二年には三男隆景が誕生している。元就と妙玖の間にはさらにもう一人、娘が生まれているが詳細は不明である。次女は天文三年には高田郡甲立の宍戸隆家に嫁いだ（宍戸氏の居城五龍城から五龍局と呼ばれる）。妙玖は天文一四年に死去している。

なお、元就は正室妙玖の死後、継室として三吉氏、乃美氏、小幡氏を妻に迎えている。三吉氏との間には五男元秋、六男元倶、八男元康を、乃美氏との間には四男元清、七男元政、九男元総（のち小早川隆景の養子となり、秀包を名乗る）をもうけている。また、備後の上原元将に嫁いだ元就の娘は、「江氏家譜」等で三吉氏の子とされているが、秋山伸隆氏によれば乃美氏の娘である可能性があるという。[14] 小幡氏には子供がいない。[15] また、元就の庶子として二宮就辰と井上与七郎がいる。[16]

享禄四年には元就と尼子詮久（のち晴久）が兄弟契約を結び、[17] 一時和解に転じている。これは享禄三年に尼子氏で塩冶興久の反乱が起き、尼子経久から大内氏への支援要請がなされるが、元就が支援を取り成したことに関係すると考えられる。[18] しかし、その後、大内氏と尼子氏は再び敵対関係となり、天文九年、尼子氏が安芸国に出兵し、吉田郡山城を包囲する。籠城戦を耐えた毛利方は、大内氏の援軍を得て、天文一〇年、尼子軍を撤退させた。大内氏は尼子方に与した佐東郡銀山城を本拠とする武田氏を攻めて、これを滅ぼす。元就はその戦功によって、大内氏から佐東郡に所領を与えられた。[19] 翌天文一一年に、今度は大内氏が出雲に出兵して尼子氏を攻め、元就もこれに従った。大内方は尼子氏の本拠富田城を落城させることはできず、結局、天文一二年には撤退に追い込まれ大きな損害を出した。元就もかろうじて退却している。

元就は天文一五年四月から同一六年六月までの間に隆元に家督を譲っている。[20] ただし、この後も政務を執っており、隆元との二頭政治の体制となる。天文一〇年、竹原小早川氏の当主興景が嗣子なく死去したため、隆景が迎えられ、跡を継ぐ。隆景は天文一九年に本家の沼田小早川氏も相続し、両家を統一する。また、天文一六年には元春が吉川興経の養子として吉川家を相続する。のちの弘治三年（一五五七）、元就は隆元・元春・隆景に宛てたいわゆる「三子教訓状」で三人が結束して毛利家を保つべきこと、さらに女婿の宍戸隆家も三人同様であるべきことを説いている。[21] のちに元春と隆景が毛利家当主を補佐し、また元春が主として山陰方面の、隆景が主として瀬戸内方面の軍事指揮を中核とする支配を担う、いわゆる「毛利両川体制」が成立するが、「三子教訓状」はその構想の基礎となるものであったと言えよう。

天文一九年七月、元就は毛利「家中」で大きな勢力を持っていた井上一族を粛清する。八月に元就は井上一族の罪状を列挙した条書を隆元室（尾崎局、大内氏重臣内藤興盛の娘）に送っており[22]、粛清にあたっては大内氏の承認を得たものと思われる。井上一族の粛清を受けて毛利家来二三八名が毛利氏に起請文を提出し、忠誠を誓っている[23]。

天文二〇年九月、大内氏の重臣陶隆房（のち晴賢）が、大内義隆を自害させ、豊後大友氏から晴英（のち義長）を迎えて大内家当主に擁立する。元就もこのクーデターは事前に知らされており、しばらくは陶氏と協調関係にあったが、天文二三年には陶氏と交戦していた石見国の吉見氏を支援するなど対立に転じ、天文二四年一〇月、厳島の合戦で陶方を破り、晴賢を自害させた。これにより優勢となった毛利方は防長に侵攻し、安芸国山里や周防国山代の一揆蜂起に苦戦しつつも、弘治三年四月、大内義長を自害に追い込んで、大内氏を滅亡させる。毛利氏は山口占領時に、大内氏が所持していた、日明貿易に使用される日本国王之印や、朝鮮国王への通信符の割符などを入手している。

同年、大内氏残党が蜂起し、元就は再度防長に出陣するが、このとき作成されたのが、元就・隆元と、熊谷氏、平賀氏など安芸国の有力領主（石見出羽氏を含む）が連署した著名な傘連判契状である[24]。内容は、それぞれの「家中」に軍規を遵守させることを互いに申し合わせたもので、毛利氏は同日付で、毛利家来二四一名連署起請文を提出させて、家来に軍規の遵守を誓わせている[25]。なお、元就が和智氏、三吉氏、上原氏など備後国の有力領主と連署した傘連判契状がある[26]。この文書は現状では、傘連判部分と本文部分が誤って貼り継がれ、傘連判に対応する本来の本文が失われて前欠となっているため内容が不明であるが、これもこのときのものである可能性がある。備後国の山内氏や神辺城主杉原氏もこの頃までには毛利氏に従属していたものと考えられ[27]、仮に前欠傘連判契状が弘治三年のものであるとすれば、この頃までに毛利氏は備後国の大半を勢力下に収めていたことになる。

大内氏滅亡後、毛利氏は中国地方では尼子氏と、九州北部では大友氏と抗争を繰り広げる。

石見国では、大内方として吉見氏と敵対してきた益田氏が、永禄二年頃までには毛利氏に服属していた。一方、尼子氏は弘治二年には石見銀山の山吹城を攻略し、銀山を支配下に置いていたが、元就は、永禄元年から石見国へ元春を派遣し、尼子方の小笠原氏や山吹城の本城常光と戦っている。永禄二年には小笠原氏が降伏するが、逆にこれまで毛利方であった福屋氏が永禄四年に尼子方に寝返っている。福屋氏は永禄五年に滅ぼされ、また同年、本城常光が毛利方に転じたことで、毛利氏は銀山を掌握した。石見銀山から産出する銀は毛利氏にとって重要な財源となったが、元就はこれを軍事目的に限定して使うよう命じていた(28)。

また、備中国では、天文二一年以降、毛利氏と結ぶ三村家親と、尼子方に与した庄為資の抗争が続いたが、永禄二年に両氏の和睦が成立し、家親の子が庄氏を継いだ(29)。元就はこれを受けて備中国を平定したと朝廷に注進している(30)。庄氏と対立していた浅口郡の細川通董も、天文二二年に毛利氏の軍事支援を得ており、すでにこれ以前に毛利氏と結んでいた(31)。

一方、九州北部では大内氏滅亡後、筑前国の秋月氏や筑紫氏、宗像氏などが大友氏と対立し、毛利氏の支援を仰いだため、旧大内分国であった筑前・豊前両国をめぐって毛利氏と大友氏の抗争が始まり、豊前国門司城の攻防戦などが続いた。永禄五年には筑前国岩屋・宝満城の高橋鑑種も毛利方に寝返っている(32)。

永禄三年には将軍足利義輝が毛利氏と尼子氏の和睦斡旋に乗り出した(33)。なお同年、元就は義輝の相伴衆となっている(34)。九州で大友氏との抗争が続く毛利氏は、いったん和睦に応じたが、永禄五年に福屋氏を滅ぼすと、これを破棄し(35)、元就は自ら出雲国へ侵攻し、富田城を包囲した。この間に、赤穴氏、三沢氏、三刀屋氏など出雲国内の諸氏が毛利方に付き、また伯耆南条氏や因幡武田氏も毛利氏に味方しており(36)、毛利氏の勢力は伯耆国、因幡国にまで及ぶようになっていた。

永禄五年、大友方が豊前国苅田松山城に攻め寄せたため、隆元は出雲から帰国し、永禄六年に防府へ出陣した。足利義輝は毛利氏と大友氏の和睦を斡旋し、隆元はこれを受け入れることとして、両氏の間で和平交渉が進められ、永禄七年に正式に和睦が成立する。隆元は永禄六年八月、再び出雲に向かう途次、急死する。毛利氏の家督は隆元の長男で一一歳の幸鶴丸（のちの輝元）が継ぎ、元就がこれを後見することになる。

永禄九年、尼子義久が降伏する。また、毛利氏は永禄一一年には尼子氏に従属していた美作国三浦氏の高田城を攻略している。[37]また同年、毛利氏は、備前国児島に攻め込んできた阿波三好氏と戦っている。さらにこの年、伊予河野氏と土佐一条氏の紛争が勃発すると、毛利氏は河野氏や来島氏の支援のため伊予に吉川元春、小早川隆景らを派遣した。毛利氏は、宍戸隆家と元就次女の間に生まれた娘永寿を、小早川隆景の養女として河野通宣に嫁がせていた。[38]元就は援軍派遣にあたって、来島通康が厳島合戦のときに援軍として参戦した恩義を強調している。[39]なお、永寿の子牛福（のち通直）が同年河野氏の家督を継ぎ、[40]毛利氏は河野氏への影響力を強めていくことになる。

九州では、永禄七年の豊芸和平以降、大友氏に従っていた秋月氏や宗像氏が、永禄一〇年に再び毛利方に転じ、さらに永禄一一年には筑前国立花山城主の立花鑑載が大友氏に反旗を翻した。伊予から帰陣した元春・隆景は、今度は九州に出陣し、立花山城をめぐって毛利氏と大友氏の攻防戦がおこなわれる。永禄一二年、毛利方は大友氏が攻略した立花山城を奪回するが、但馬の山名祐豊に支援された尼子勝久の軍勢が出雲・伯耆に攻め込み、美作国で三浦氏が高田城を奪還、備後国でも藤井皓玄が神辺城を一時占拠し、能島村上氏も大友方に与した。さらに大友氏の下に保護されていた大内輝弘が周防国山口に侵攻するに及び、毛利氏は九州北部からの撤退を決めた。これらは大友氏や備前国の浦上氏などが連携した動きであった。なお、織田信長は永禄一一年、足利義昭を擁して上洛しているが、この時期、毛利方と織田方は、阿波三好氏、浦上氏、但馬山名氏を共通の敵として協調関係にあった。九州から撤退した毛利氏は、出雲・伯耆の尼子勢力の鎮定に注力することになるが、両国を完全に平定するのは元亀二年（一五七一）八月で、元就の死後となる。

元就は元亀二年六月一四日に七五歳で死去した。法号は「日頼洞春居士」である。また、元亀三年、元就の和歌や連歌が「毛利元就詠草連歌」（春霞集）としてまとめられ、里村紹巴の跋文が付されている。[41]

元就はすでにその生前、隆元から「名将」と呼ばれており、吉川元春も三男経言（のちの広家）に「元就の御名」を汚さないようにと訓戒しているように、[42]子供たちの間でも元就はカリスマ的存在であったようだが、近世になると藩祖として顕彰されていくことになる。[43]

二、毛利元就の家来

ここでは毛利元就の家来について検討したい。

松浦義則氏は天文一九年（一五五〇）を初見として、赤川元保・国司元相・粟屋元親・児玉就忠・桂元忠の五人奉行制が成立したとした上で、赤川・国司・粟屋は毛利隆元の奉行人、児玉・桂は毛利元就の奉行人であるとした。[44]松浦氏がその根拠として挙げた毛利元就書状には「惣別ハ、元就内之者ハ一円存候ハて、赤左《(赤川元保)》・両右《(国司元相・粟屋元親)》して申付候而こそ可然候へとも、左太《(桂元忠)》・児三右《(児玉就忠)》も相副候へハ、元就も旨儀ヲ可聞候」とあり、[45]確かに桂元忠と児玉就忠は「元就内之者」とされている。水野椋太氏は、こうした元就奉行人と隆元奉行人が共同して政務をおこなう体制は、すでに隆元の家督相続前後から始まっていたとする。[46]前述のとおり元就は天文一五年四月から同一六年六月までの間に隆元に家督を譲っているから、隆元の奉行人というのは、隆元個人の家来ではなく、いわば毛利氏の家来である（ただし、以下、区別のため便宜的に隆元家来のように称する場合がある）。元就の「内之者」も、そうした毛利氏の家来の一部であると考えられる（詳しくは後述）。加藤益幹氏は児玉就忠や桂元忠は、官僚機構として隆元の下に組み込まれているにもかかわらず、元就との封建的主従関係は継続しているとして、「両属的立場」であったとしている[47]。

また、岸田裕之氏は、もともと庶子家であった元就は多治比を所領としており、隆元への家督譲与後は、大内氏からの給分や旧武田領の内をいわゆる佐東領として直轄支配したとし、佐東領は桂元忠・児玉就忠・井上就重・桜井就綱ら元就直臣が奉行人として支配をおこない、また元就は、旧武田氏支配下以来土着の佐東衆を山県就相・福井元信を触頭として統率したと指摘している[48]。すなわち、元就は所領としても独自の直轄領を隠居領として有しており、佐東衆のような武田氏旧臣も直臣化していた。

さらに和田秀作氏は、大内氏旧臣大庭賢兼が、大内氏の滅亡後、元就の側近として活動したことを明らかにしている[49]。賢兼は文芸活動を通して、元就と個人的にも親密な間柄であった[50]。

このように元就が独自の家来を持っていたことは、従来から指摘されてきたが、その全体像や規模などについては論じられていない。

また、元就家来の「両属的立場」の内実についても厳密な分析がなされているわけではない。山室恭子氏は、元就、隆元、輝元の官途状類（加冠状、一字書出、官途書出等）や宛行状、安堵状の分析から、「いったん元就から文書を貰った者は次も元就から貰う。毛利氏の家臣というより、毛利元就の家臣、元就と強いつながりを持つ家臣なのである」として、毛利政権は「個人的・個別的つながりの総体」としての政権と評価している[51]（詳しい分析内容については後述）。すなわちこの場合、両属的といっても、元就家来と隆元家来はかなり明瞭に分かれているということになろう。

しかし、元就が隆元に対し、「おもて衆」（隆元家来）は安芸国内や周防国内でも安芸に近い地域に所領が与えられたのに、「元就内之者共」には富田、富海、末武などの遠方に所領が与えられたことに不満を述べており[52]、これは「元就内之者」に対しても、元就の意志を離れて、隆元が知行を給与していることを示している[53]。すなわち元就家来は、隆元とも封建的主従関係を取り結んでいるのであり、個人的つながりのみを強調することには疑問が残る。したがって、以下では隆元生前の時期について、元就家来のあり方について分析をしていきたい。

まず、山室氏の分析を詳しく見ておこう。山室氏はまず官途状類について、二通以上の官途状類を受給しているケース、および一通しか官途状類が残っていない場合でも、「就」の偏諱を持つ場合は、最初の加冠状を元就からもらったと想定して、受給者が官途状類をもらう相手が変化しているかどうかを分析した。その結果、「元就が、子の隆元あるいは孫の輝元がいったん出した人に二度めの官途状類を出したケースは一例もない」、「隆元が、親の元就がいったん出した人に二度めを出したケースは五例あるが、二度めも元就が引き続き出した例が六例であるから、全体の五／一一に過ぎない。元就の二二通に比べて格段に多い三九通もの文書を出している隆元にしては、少ないといえる」などの結論を引き出している。さらに宛行状や安堵状の場合についても同様の分析をおこない、官途状類と同様の原則であるとしている（山室論文図2によれば、隆元生前については、発給者が元就→元就は一三例、隆元→元就は二例、元就→隆元は六例、隆元→隆元は二六例）。さらに感状を除く文書全体で見ると、この傾向はいっそう鮮明になるとする（山室論文図3によれば隆元生前については、元就→元就は二七例、隆元→元就は三例、元就→隆元は一二例、隆元→隆元は六四例）。

以下、隆元生前の時期について、この分析を再検証してみたい。本稿末尾に掲げた表1は元就、表2は隆元、表3は両者連署の宛行状、安堵状の一覧である（寺社に対する寄進安堵、神職や住持職の補任、安堵など、女性宛のものは除いた）。また、表４は隆元生前に元就、隆元が発給した加冠状、一字書出（名字書出）、官途書出（受領書出、仮名書出を含む）の一覧である（以下、山室氏の用語に合わせて官途状類と総称する）。以下、表に掲載した文書については、表の番号を使って表１―１のように記載する。

（1）宛行状・安堵状について

隆元の単署の宛行状・安堵状発給の初見は天文一九年二月六日である（表２―１）。元就単署の宛行状・安堵状は天文一二年の後、隆元の家督相続をはさんで天文二〇年まで確認できないから（表１―43・44）、ここでは隆元家督相続の前後で変化を見よう。

隆元家督相続以前に元就から単署の宛行状・安堵状を受給しており、その後、隆元から単署の宛行状・安堵状を受給しているのは、末国光氏、坂元貞、中村就親、中村就久、飯田元重、山県就照、三戸元清、児玉就秋、児玉就忠の九名である。このほか宍戸元親は元就から年未詳の宛行状を受給しており（表１―142）、これは元親の名乗りから見て、天文一九年の隆元の宛行状より早いと考えられ（表２―20）、隆元家督相続より早いかどうかは不明であるが、一応ここに加えれば[54]一〇名となる（これを（a）とする）。ただし、児玉就秋と就忠はやや複雑で、就秋は、享禄三年と天文一一年に元就から宛行状を受給し（表１―６・29）、隆元家督相続後、隆元から六点の宛行状を受給した後（表２―17・28・29・64・113・114）、永禄六年（一五六三）に元就から宛行状を受給している（表１―97）。就忠は、享禄二年（隆元の追筆署判あり。後述）と天文二年に元就から宛行状を受給し（ほかに年未詳一点あり）（表１―５・11・131）、天文一五年に元就・隆元連署の宛行状二点を受給し（ほかに年未詳一点あり）（表３―３・４・74）、天文一九年と弘治三年（一五五七）に隆元から宛行状を受給している（表２―18・104）。

ところで、秋山伸隆氏は、毛利氏の具足注文[55]を天文二二年一〇月頃に作成されたものと推定し、この具足注文に見える家来には、元就被官と中郡衆の一部が含まれていないとしている[56]。そうだとすれば、具足注文に載せられているのは隆元家来ということになろう（これについては、後で改めて確認する）。

先の末国光氏以下九名と宍戸元親は、児玉就忠を除いて全員具足注文に記載がある。また、中村就久、飯田元重、児玉就秋は隆元から官途書出を受給している。このことから児玉就秋も隆元家来と考えてよいだろう（永禄六年の元就による宛行は何らかの事情による例外か[57]）。

したがって、元就家来であることが明らかな就忠を除いた九名は、元就家来から隆元家来になったというよりも、正確には、彼らは元就が当主の段階から毛利家来で、隆元の家督相続後も引き続き毛利家来であったというべきであろう。

これに対し、隆元家督相続以前に元就から単署の宛行状・安堵状を受給し、隆元家督相続後も、引き続き元就から単署の宛行状・安堵状を受給していることが確認できるのは児玉元保と福井元信[58]の二名（これを（b）とする）しかない。

このように隆元の家督相続で区切れば、元就から隆元に引き継がれた例（つまりは、元就家来でない毛利家来であり続けた例）の方が圧倒的に多く、同じ個人から受給し続ける傾向が強いという山室氏の見解は見直す必要がある。

隆元家督相続以後に元就から単署の宛行状・安堵状を受給し、その後に隆元から単署の宛行状・安堵状を受給しているのは、粟屋元如と周布元兼のみである。周布元兼は毛利氏の家来ではない、自立的な領主（この位置づけについては後述）なので検討対象から除外すれば、一例のみしかなく、これは例外的なものと考えられよう（元就安堵状が正覚寺の跡目安堵なので、知行安堵と事情が異なるのかもしれない）。なお、粟屋元如は永禄六年に隆元から加冠状を受給している。

一方、隆元から単署の宛行状・安堵状を受給した後に、元就から単署の宛行状・安堵状を受給しているのは、前述の児玉就秋以外では、児玉就光、平佐七郎右衛門尉、桂元将、国司就信、増原元重、吉川元春の例がある。小倉元悦も、宛所が切断されている天文二〇年の隆元宛行状が元悦宛であれば、これに当てはまる。このうち吉川元春は毛利家来ではないので検討対象からは除外する。

桂元将と国司就信が元就から宛行状を受給しているのは隆元死後である[59]。両者とも具足注文には記載がないが、元将は隆元から加冠状を受給しており隆元家来と考えられる。また、元就と隆元の発給文書中で「某可申候」のように記載される文書の伝達役（取次）の事例を収集すると、国司就信は隆元の取次を務めている例が一五例確認できるが、元就の取次を務めている例は確認できない（元就・隆元連署状の取次は一例ある）。したがって就信も隆元家来と考えてよい。つまりこれらは隆元家来が、隆元死後に元就から宛行状を与えられた例である。

児玉就光は弘治二年（一五五六）に隆元の宛行状、永禄二年に元就の宛行状、永禄三年に隆元の宛行状と（表2―55・152、表1―88）、交互に受給している。しかし、永禄二年の元就による宛行は、隆元家督相続以前の天文一二年に、元就単署の感状[60]によって認定された戦功に対する恩賞であるから[61]、例外と言えよう。児玉就光も具足注文に記載されているので隆元家来と考えられる。

増原元重については具足注文に記載があるので隆元家来と考えられる。元就の宛行状は年未詳だが、粟屋掃部助（元真）が取り次いでいる。粟屋元真は少なくとも弘治二年に孫次郎を名乗っているので[62]、元就の宛行状は、天文一九年の隆元の宛行状より後である。元就の宛行状が、仮に隆元死後であった場合、桂元将などと同様の事例となる。

残る平佐七郎右衛門尉と小倉元悦は、前者が元就から与えられた給地は多治比の内、後者が元就から与えられた給地は多治比と佐東郡伴で、いずれも元就直轄領であるので、彼らは元就家来である可能性が高い[63]。前述のように元就家来が隆元から毛利家来として知行を与えられることはあり得る。後述するように、いったん隆元から官途状類を受給した者が、その後に元就から官途状類を受給する例はないことを踏まえれば、これは隆元家来が元就家来になったわけではなく、元就家来が隆元から受給した宛行状が、元就の宛行状より早かったものと解釈しておきたい。

なお、これ以外に、同一人に対する元就と隆元の宛行状・安堵状の日付が近接しており、宛行・安堵対象が同一である例が三例あるが（表1―70と表2―40、表1―77・79と表2―58・59、表1―78と表2―57）、これは何らかの事情で本来、連署状であるべきところを、別々に発給されたものと見なせるのではないか（防長出陣中の弘治二年に集中しており、元就と隆元が別々に軍事行動していたなどの理由が考えられる）。

また元就・隆元の連署宛行状・安堵状と、いずれかの単署宛行状・安堵状を受給している例は一六例ある（受給者が毛利家来でない例も含む）。

（2）官途状類について

次に官途状類について見る。隆元の官途状類の初見は天文七年の一字書出写、次が同八年の名字書出写である（表4―19・21）。隆元は天文六年に元服しているので、天文七～八年に官途状類を発給していてもおかしくはないが、その次が天文一一年なので、この二例のみ突出して早く、いずれも写である。秋山氏によれば、天文六年に人質として山口に送られた隆元が、安芸に帰国するのは天文一〇年と推測されるという[64]。したがってこの二点のみ、帰国前ということになる。また天文七年の一字書出は『萩藩閥閲録』巻一五・国司隼人に収載されているが、この国司隼人家が提出した感状のほとんどは偽文書の疑いが強いことが秋山氏によって指摘されている[65]。この次の天文一一年一月二四日には五点の官途書出を一斉に出しており（翌日も一点ある）（表4―24～29）、一応、確実な初見は天文一一年としておく。

隆元の官途状類発給開始以前に元就から官途状類を受給し、その後に隆元から官途状類を受給した例は粟屋元宗、児玉就秋、粟屋元通、粟屋方泰、井上就正と五例ある。また、隆元の家督相続以前に元就から官途状類を受給し、その後に隆元から官途状類を受給している例は、前記の五例に天文一二年に元就から加冠状を受給した粟屋就貞の一例が加わって、六例である（これを（c）とする）。これ以外で、「就」の偏諱があり、隆元から官途状類を受給している例は三宅就直、中村就久、三宅就重、坪井就政と四例ある（これを（d）とする）。ただし、いずれも一次史料で実名を確認できない。一方、隆元の官途状類発給開始以後に元就から官途状類を受給し、その後に隆元から官途状類を受給した例は一例もない。したがって、（d）の四例も、偏諱授与は隆元の官途状類発給開始、ないしは家督相続以前と考えてよいだろう。なお、（c）の六例と合わせて合計一〇例のうち、隆元の官途状類が、家督相続以前であることが確実なものはない。粟屋元宗宛官途書出（表4―41）のみ天文一五年八月で、家督相続前の可能性がある。

隆元家督相続以前に元就から官途状類を受給しており、隆元家督相続後も元就から官途状類を受給している例は弘九郎左衛門尉の一例のみである。「就」の偏諱があり、隆元家督相続以後に元就から官途状類を受給している例のうち、偏諱授与が隆元家督相続以前と考えられるのは、天文一六年閏七月に「左衛門大夫」の官途書出を受給している山県四郎三郎就相のみである[66]（表4―47）。

また、隆元から加冠状類を受給した後に、元就から加冠状類を受給している例は一例も確認できない。

このように官途状類についても、隆元の官途状類発給開始、あるいは家督相続で区切ってみれば、やはり元就から官途状類を継続して受給している例の方が、元就から隆元に切り替わった例に比べて圧倒的に少なく、同じ個人から受給し続ける傾向が強いとは言えない。

（3）宛行状・安堵状と官途状類を総合して

山室氏は「感状を除く文書全体」についても分析しているので、ここでもさらに、官途状類と宛行状・安堵状をクロスさせて検討してみる。

隆元家督相続以前に元就から官途状類を受給し、その後、隆元から宛行状・安堵状を受給しているのは国司就信、佐藤元親、三戸元清、児玉就秋、粟屋元通の五名で、文書は残っていないが粟屋就貞も隆元から知行を給与されていることが判明する。(67)この六名と（c）の六名では三名が重複しているので、隆元家督相続以前に元就から官途状類を受給し、その後隆元から、官途状類ないしは宛行状・安堵状を受給しているのは九名となる。このうち、（a）の一〇名と重複するのは二名なので、隆元家督相続以前に元就から官途状類か宛行状・安堵状を受給し、その後、隆元から官途状類か宛行状・安堵状を受給しているのは一七名となる（これを（e）とする）。

ところで、前述のように山室氏は「官途状類」の検討の際には、「官途状類」が一通しかなくても、「就」の偏諱があれば一通目は元就から「官途状類」を受給したと想定したが、「感状を除く文書全体」について集計する際には偏諱を考慮していない。しかし、感状を除く文書全体を考えるならば、「就」の偏諱があり（元就から官途状類を受給していると想定される）、元就や隆元から宛行状・安堵状を受給している例をカウントする必要があるだろう。無論、「就」の偏諱授与の時期と、宛行状・安堵状受給の時期の先後関係が確定できない場合が多いが、「就」の偏諱があり、隆元から宛行状・安堵状を受給している例は一七名（粟屋就俊、井上就在、児玉就忠、児玉就秋、中村就親、児玉就時、来嶋就親、福原就理、粟屋就信、児玉就光、志道就良、山県就照、内藤就藤、粟屋就方、三田就政、国司就信、中村就久）が確認できる（ただし一次史料で実名が確認できるのは児玉就忠、児玉就秋、児玉就光、内藤就藤、粟屋就方、国司就信の六名）[68]。これまでの検討からして、隆元家督相続後に、隆元家来が「就」の偏諱を受けるという可能性はないと考えられるので、彼らは隆元家督相続以前に偏諱を授与されているか、あるいは元就家来であると考えられる。この一七名のうち、中村就久は（d）と重複するので、「就」の偏諱があって、隆元から宛行状・安堵状ないし官途状類を受給した者は二〇名いる。

この二〇名と、（e）の一七名では五名が重複しているので、これを除けば三二名となる。

一方、隆元家督相続以前に元就から官途状類を受給し、隆元家督相続後に元就から単署の宛行状・安堵状を受給しているのは国司就信と福井元信の二名。国司就信は前述のとおり隆元家来と考えてよい。これを除けば、佐東衆の触頭で元就家来であることが確実な福井元信のみとなる。

また、「就」の偏諱があり、偏諱授与が隆元家督継承以後ではない者で、隆元家督継承以後に元就から単署の宛行状・安堵状を受給しているのは山県就相、児玉就方、伊藤就祐[69]、児玉就久、児玉就光、児玉就秋の六名である。

先に見た隆元家督継承以前と以後で、引き続き元就から官途状類を与えられていたのは山県就相、単署の宛行状・安堵状を与えられていたのは児玉元保と福井元信のみであった。

以上から重複している者を除けば、隆元家督相続以前に元就から官途状類を受給しているか「就」の偏諱がある、ないしは単署の宛行状・安堵状を受給しており、隆元家督相続以後も元就から官途状類を受給しているか、単署の宛行状・安堵状を受給しているのは、隆元家来と考えられる国司就信、児玉就秋、児玉就光を除けば六名である。

単純化して言えば、家督継承にともなって元就から隆元へ引き継がれた例は三二名確認できるのに対し、元就家来となった例は六名しか確認できない。無論、史料の残存状況の問題もあり、天文一九年より前は、それ以後に比べて宛行状・安堵状の発給そのものが少ないことも考慮に入れる必要があるが、同じ個人から文書を受給し続ける傾向の方が強いとは言えない[70]。

なお、隆元から官途状類を受給した後に、元就から宛行状を受給している例が一例だけあるが（表4―43、表1―73）、基本的にはいったん隆元の家来になった後、元就の家来になることはなかったと思われる。

（4）元就・隆元連署の宛行状・安堵状について

隆元の家督相続以後、隆元死去以前の時期において、元就単署の宛行状・安堵状は五六通（年未詳のものを除く）、隆元単署の宛行状・安堵状は一八一通、元就・隆元連署の宛行状・安堵状は八一通あり、連署文書も大きなウエイトを占めていることに注意が必要である。元就、隆元とも単署での発給もあるのに、連署で発給するということは、これは個人の意志ではなく、毛利権力としての意志を示すものと言えるだろう。

さらに、前述のように児玉就忠は享禄二年の元就の宛行状に隆元の追筆署判を得ている（表1―5）。この文書は正文であり、かつ隆元元服前のものであるからこのように判断できる。同様に天文一一年の隆元・元就連署の形となっている井上新三郎宛の宛行状（表1―41）も『山口県史　史料編　中世3』は隆元の追筆署判とする[71]。さらに輝元・元就連署の形となっている宛行状のうちにも、輝元元服前のものが三点あり（表1―62・84・101）、これらも輝元の奥署は追筆であると考えられる。

木村信幸氏は元就・隆元連署判物で、どちらが日下に署判しているかを分析し、天文一五年以前は原則として元就が日下、天文一六年以降は原則として隆元が日下であるとする。その上で、天文一六年以降で元就が日下に署判するのは、粟屋就俊、波多野就雅と「就」の偏諱を持つ元就「内之者」に宛てたものであることから、原則から外れる例

外は、日下署判者と判物受取者の特別な事情・関係によって生起するとしている。(72)

木村氏の分析は感状も含んでいるが、連署の宛行状・安堵状のうち隆元奥署、元就日下署判のものは七点しかない（受給者は兼重元宣・児玉就忠・井上元勝・平佐就之・三上民部丞の五名）（表3―2・3・4・13・15・16・74）。通常、日下と奥の二名連署の場合、地位が高い人物が奥に署判するが、毛利氏において、こうした一般的な書札礼とは異なる署判のあり方があるというのは、そのようにする合理的な理由が見当たらず、やや違和感がある。隆元奥署の七例中三例が、前述の隆元の追筆署判を得ていた児玉就忠宛であることを考えると、これらの例の多くも隆元の追筆署判である可能性があるのではないだろうか。(73)仮にそうだとすれば、児玉就忠や平佐就之(74)のような元就家来でも、元就の宛行状に隆元の追筆署判を望んだことになり、元就との個人的つながりのみを強調するのは一面的であると言えよう。

以上から、隆元家督相続後は、多くの家来が隆元に引き継がれ、一部が元就の家来となったが、彼らも隆元との関係（毛利家来としての地位）を重視していたと言えるだろう。元就は隆元に対し、桂元忠と児玉就忠について「我等召遣候との事ハ、誠当座之物候、（中略）我々只今召仕候する者も、御方御被官にてこそ候すれは、其段ニ聊其へたてあるましく候と存候」と述べている。(75)

また、具足注文に記載があり、隆元家督相続後に元就から官途状類を受給している者は皆無で、隆元生前に元就から宛行状・安堵状を受給していることが確実な例も児玉就秋・児玉就光の二名しか確認できない（前述の増原元重が元就の宛行状を受給したのが隆元生前であれば三名）。このことは、具足注文に記載のある家来は隆元の家来であることを改めて裏付ける。逆に、隆元家督相続後に元就から官途状類や宛行状・安堵状を与えられている者は、備後山内氏、出雲多賀氏など毛利家来でない者を除き、ほぼ元就家来であると考えてよいだろう（給与対象地も多くが佐東郡内か多治比である）。木村氏は「元就が隆元に家督を譲った後に単独で判物を発給するのは、隆元と別れて行動している時を除けば、元就領内や元就家臣に関する場合であった」としており、妥当な見解であると思われる[76]。

（5）元就家来の特徴

ところで、山室氏の分析方法では、いったん元就から文書を受給した家来は、その後も元就から文書をもらうという傾向が強く出るというのは、隆元家督相続後に初めて元就からの官途状類や宛行状・安堵状を受給し、その後も引き続き元就からそれらを受給している家来が多いということを示唆しているのではないか。つまり、隆元家督相続後に、それまで毛利「家中」に位置づけられていなかった家来を元就家来にした例が多いのではないか。出自が不明な者も多く、判明しても一次史料で確証できない者も多いが、武田旧臣と考えられる者（山県就相、同采女允、福井元信、同元宣、同就信、国重就正。佐東郡長束に居住したと伝える伊藤就祐、同郡温井に居住したと伝える玉木忠吉も武田旧臣か[77]）、大内旧臣と考えられる者（熊野親貞、同秀親、神田隆久、木村清信、福嶋元長[78]）、近江国出身者（小倉元悦、岩内長辰[79]）、そのほか元就の代から仕えたと伝える者（三増直近、大呑許清、竹内方督、山田対馬守、角宣光[80]）、毛利譜代家来の次男や三男（児玉就方、粟屋元如、福原就直、三戸就安[81]）など、毛利譜代家来の家督を継がない者や新参の家来が大半を占めている。前述のように元就の側近として活躍した大庭賢兼も大内旧臣である。また、児玉就忠は児玉元実次男、桂元忠は桂広澄の次男、児玉就忠・桂元忠・児玉就方と連署文書を発給する元就奉行人である井上就重[82]も、井上氏の庶流である[83]。もちろん、元就家来でも児玉就忠、桂元忠、平佐就之のように天文一九年の毛利家来二三八名連署起請文に名を連ね、毛利「家中」に位置づけられている者もいるが、隆元家督相続後に初めて元就からの官途状類や宛行状・安堵状を受給した前記の家来の中では、児玉就方以外は天文一九年起請文にも弘治三年毛利家来二四一名連署起請文にも見えない。このことから、毛利「家中」の大半は隆元に引き継がれ、元就家来は一部毛利「家中」の者もいるが、多くは「家中」に位置づけられていない者を編成して形成されたと言えよう（言い換えれば、本来隆元に引き継がれるべき毛利「家中」を、元就家来として大幅に割き取ったわけではない）。

ここまで、毛利「家中」、毛利家来という語を特に厳密に規定しないまま用いてきたが、混乱を避けるため、ここでいったん整理しておく必要があるだろう。

毛利「家中」の構成員について知りうる史料としてしばしば使われるのが、前述の享禄五年（一五三二）の毛利家来三二名連署起請文、天文一九年毛利家来二三八名連署起請文、弘治三年毛利家来二四一名連署起請文である。このうち享禄五年と弘治三年の起請文は、その時点の毛利「家中」の全容を示すものではないと指摘されている(84)。しかし、天文一九年の起請文は、井上一族の粛清を家来たちに承認させるという目的からして、「家中」の全員が名を連ねている（花押のない者が三四名いるが、これは署判すべき「家中」構成員として位置づけられていると言えよう）と考えられる。ひとまず、井上一族の粛清を受けて「自今以後者、御家中之儀、有様之可為御成敗之由、至各も本望ニ存候」と誓っている二三八名を、天文一九年時点における毛利「家中」としよう。

ところが、天文一九年起請文以前に、元就や隆元から官途状類、連署を含む宛行状・安堵状を受給しているのに、天文一九年起請文に名前が見えない（つまりここで規定したところの「家中」に属さない）者も多数存在する。もちろん、文書受給後、天文一九年起請文までに死去ないし代替わりしたような場合も含まれるが、そうでない例がほとんどである。また、前述のように元就家来でも児玉就忠らは「家中」に含まれているが、武田旧臣と考えられる山県就相、福井元信ら佐東衆は「家中」に含まれない（天文一九年以前に元就から官途状類を受給しているので、すでに元就家来であることは間違いない）。便宜上、これら「家中」に含まれない者も含めた総体を毛利家来と称する。

さらに問題となるのは、この後、毛利氏が勢力を広げたことによって、大幅に増えた配下の領主の位置づけである。

まず、傘連判契状に連署したような、毛利氏と同格で、したがって、「家中」でも家来でもない領主が存在する。従来、こうした領主は国衆や戦国領主などの用語で呼ばれ、独自の「家中」と「領」を持ち、おおよそ郡規模の公的領域支配をおこなう自立的な領主と位置づけられてきた。しかし、すでに拙稿で述べたように、自立的な領主がすべて独自の「家中」と「領」を持ち、おおよそ郡規模の公的領域支配をおこなっているわけではない。また、国衆は史料用語で、政治的・身分的地位を指して用いられる言葉であり、領主としての実態（領主制のあり方）とは対応しない（史料上「国衆」と呼ばれる土豪クラスの領主も存在する）。したがって、独自の「家中」と「領」を持ち、おおよそ郡規模の公的領域支配をおこなう領主を指す用語としては、戦国領主を用いる方が適切である[85]。ただ、そうすると戦国領主でない自立的領主の呼称が問題となる。これについては適切な用語が見当たらないため、当面、戦国領主も含む自立的な領主を、その政治的・身分的地位の面から指称する場合に限って、便宜上、国衆と呼ぶことにしたい。

以上のように用語法を規定した上で、国衆はその定義上、毛利家来に属さないが、問題は毛利氏の勢力拡大によって新たに配下に入った大内氏や尼子氏配下の領主などの位置づけである。これもひとまず便宜的に外様と呼んでおく[86]。毛利「家中」が毛利権力中枢の政治運営に関与する存在であるとすれば、外様は少なくとも「家中」には属さないが、では外様は毛利家来には入らないのだろうか[87]。前述のように元就家来になっている者はすべて、毛利家来と考えてよいのだろうか（ここまでの元就家来という言い方も便宜的なもので、厳密な規定のもとに用いているわけではない。元就配下全体と「元就内之者」がイコールかどうかはわからない）。また、外様と国衆との間にはグレーゾーンがある。これは単に史料的制約で明確にわからないという面と、現実に明確に区分しがたいという両面がある。これらの区分については、今後さらなる研究の進展が必要で、ここでは課題を提示するにとどめざるを得ないが、いずれにせよ元就家来は、この毛利「家中」に属さない毛利家来から多く登用されたと言えよう。

おわりに

山室恭子氏の見解に代表されるように、しばしば北条氏などと比較して、毛利氏は人格的、個人的な権力であると評価されてきた。その根拠の一つとして、元就が家督譲与後も自身の家来を持ち、判物や官途状類を発給し続けていることが持ち出されていた。しかし、以上見てきたように、毛利氏の権力が殊更に個人的権力であったわけではない（丸山眞男氏が、武士的結合の本質は主人と従者の具体的＝感覚的な人格的結合であるとしているように[88]、おしなべて封建領主の支配の本質は個人的なつながりだと言うのであれば、それはそれで一理あるが）。

なお、本稿では元就・隆元の二頭体制の時期の分析に終始し、元就・輝元の二頭体制の時期についてはほとんど言及できなかった。元就死後の変化も含め、毛利配下の諸領主編成の全体像の解明は今後、さらに追究されるべき課題であろう。

註

（1）『大日本古文書　家わけ第八　毛利家文書』一九二一（以下、毛利一九二一のように略す）。
（2）毛利四二〇。
（3）『陰徳太平記』巻第三。
（4）前川要・千田嘉博・小島道裕「戦国期城下町研究ノート―郡山城・吉田、春日山、岡豊―」（『国立歴史民俗博物館研究報告』三二集、一九九一年）。
（5）秋山伸隆「郡山城とその城下の構造」（『戦国大名毛利氏の研究』、吉川弘文館、一九九八年）。

（6）秋山伸隆「毛利元就の生涯―「名将」の横顔―」（『没後四五〇年記念特別展　毛利元就―「名将」の横顔―』図録、安芸高田市歴史民俗博物館、二〇二一年）。
（7）『山口県史　史料編中世3』右田毛利家文書一九（以下、『山口3』のように略す）。
（8）『大日本古文書　家わけ第九　吉川家文書』三八二（以下、吉川三八二のように略す）。
（9）毛利二六五。
（10）毛利二九六。
（11）毛利三九六。
（12）朝尾直弘「「将軍権力」の創出」（『将軍権力の創出』、岩波書店、一九九四年、初出『歴史評論』二九三号、一九七四年）、勝俣鎮夫「戦国法」（『戦国法成立史論』、東京大学出版会、一九七九年、初出『岩波講座日本歴史　第八巻　中世四』、岩波書店、一九七六年）、松浦義則「戦国期毛利氏「家中」の成立」（拙編『論集戦国大名と国衆17　安芸毛利氏』、岩田書院、二〇一五年、初出、広島史学研究会編『史学研究五十周年記念論叢　日本編』、一九八〇年）、矢田俊文「戦国期毛利権力における家来の成立」（『ヒストリア』九五号、一九八二年、のち『日本中世戦国期権力構造の研究』〈塙書房、一九九八年〉に収録）、池享「戦国大名権力構造論の問題点」（『大名領国制の研究』、校倉書房、一九九五年、初出『大月短大論集』一四号、一九八三年）など。
（13）毛利二五六、二五七。なお従来、高橋氏の滅亡は享禄二年とされてきたが、秋山伸隆氏は享禄三年としている。「高橋氏の滅亡時期をめぐって」（『令和元年度企画展　芸石国人高橋一族の興亡』図録、安芸高田市歴史民俗博物館、二〇二〇年）、「家督相続後の毛利元就―高橋氏の滅亡時期をめぐって（再論）―」（『毛利元就入城五〇〇年記念企画展　毛利氏×郡山城―元就生涯の城―』図録、安芸高田市歴史民俗博物館、二〇二三年）。
（14）秋山伸隆「毛利元就をめぐる女性たち」（『企画展　毛利元就をめぐる女性たち』図録、安芸高田市歴史民俗博物館、二〇一二年）。
（15）小幡氏については五條小枝子「中の丸（毛利元就継室）考」（『広島女子大学国際文化学部紀要』一一号、二〇〇三年）、同『戦国大名毛利家の英才教育　元就・隆元・輝元と妻たち』、吉川弘文館、二〇二〇年）、西尾和美「毛利元就継室「中の丸」の出自」

（『女性歴史文化研究所紀要』二二号、二〇一四年）を参照。なお、西尾氏は小幡氏（中の丸）について、小幡氏は母方の出自であり、父方は杉氏で、何らかの事情によって小幡氏に改姓したものと推定している。
(16) 秋山前掲註（14）論文。
(17) 毛利二一〇。
(18) 長谷川博史「十六世紀の日本列島と出雲尼子氏」（島根県古代文化センター編『尼子氏の特質と興亡史に関わる比較研究』、島根県古代文化センター、二〇一三年）。
(19) 毛利二五八。
(20) 秋山伸隆「毛利隆元の家督相続をめぐって」（『没後四五〇年記念特別展　毛利隆元―名将の子の生涯と死をめぐって』図録、安芸高田市歴史民俗博物館、二〇一三年）。
(21) 毛利四〇五。
(22) 毛利三九八。
(23) 毛利四〇一。
(24) 毛利二二六。
(25) 毛利四〇二。
(26) 毛利二二五。
(27) 光成準治「山内直通・隆通―尼子・大内の間で揺れ動く備後北部最大の国人」（同編『戦国武将列伝9　中国編』、戎光祥出版、二〇二三年）、木下和司「備後国衆・杉原盛重の立場―毛利氏との主従関係を中心として―」（『芸備地方史研究』二八一号、二〇一二年）。
(28) 毛利八四〇。
(29) 畑和良「猿懸城合戦と毛利氏の備中国経略」（『倉敷の歴史』二〇号、二〇一〇年）。
(30) 『御湯との丶うへ乃日記』永禄二年五月一三日条。

（31）畑和良「備中南山城の縄張りとその成立背景」（『倉敷の歴史』二九号、二〇一九年）。
（32）荒木清二「毛利氏の北九州経略と国人領主の動向―高橋鑑種の毛利氏方一味をめぐって―」（八木直樹編著『シリーズ・中世西国武士の研究2　豊後大友氏』、戎光祥出版、二〇一四年、初出『九州史学』九八号、一九九〇年）。
（33）毛利二三〇。
（34）毛利二三二。
（35）宮本義己「足利将軍義輝の芸・雲和平調停―戦国末期に於ける室町幕政―」（木下昌規編著『シリーズ・室町幕府の研究4　足利義輝』、戎光祥出版、二〇一八年、初出『國學院大學大學院紀要』六輯、一九七五年）、同「戦国大名毛利氏の和平政策―芸・雲和平の成立をめぐって―」（『日本歴史』三六七号、一九七八年）。
（36）岡村吉彦「戦国期戦争下における伯耆国人の動向―天文期における南条国清の活動を中心に―」（『鳥取地域史研究』一二号、二〇一〇年）、光成準治「武田高信―一代で因幡の最有力者にのし上がった戦国領主」（光成前掲註（27）編書）。
（37）森俊弘「文献史料から見た中世美作国の政治動向と戦乱」（岡山県古代吉備文化財センター編『岡山県中世城館跡総合調査報告書　第3冊―美作編―』、岡山県教育委員会、二〇二〇年）。
（38）中平景介「河野通直（牛福）の家督相続について―代替わり時期の検討を中心に―」（山内治朋編『論集戦国大名と国衆18　伊予河野氏』、岩田書院、二〇一五年、初出『伊予史談』三四四号、二〇〇七年）。
（39）毛利五七九。
（40）磯川いづみ「河野左京大夫通宣・四郎通直―地域権力河野氏の滅亡」（平井上総編『戦国武将列伝10　四国編』、戎光祥出版、二〇二三年）。
（41）毛利七六二。
（42）吉川一二三一。木村信幸「次男元春から見た父毛利元就」（前掲註（6）図録）。
（43）岸本覚「近世後期における歴史編纂事業と祖先顕彰」（『歴史学研究』九五九号、二〇一七年）。
（44）松浦義則「戦国大名毛利氏の領国支配機構の進展」（藤木久志編『戦国大名論集14　毛利氏の研究』、吉川弘文館、一九八四年、初出『日本史研究』一六八号、一九七六年)。

(45) 毛利四二六。

(46) 水野椋太「毛利氏五人奉行制の再検討」(『日本歴史』八七一号、二〇二〇年)。

(47) 加藤益幹「戦国大名毛利氏の奉行人制について」(藤木前掲註(44)編書、初出『年報中世史研究』三号、一九七八年)。

(48) 岸田裕之「毛利元就直轄領佐東の研究」(『大名領国の経済構造』、岩波書店、二〇〇一年)。

(49) 和田秀作「毛利氏の領国支配機構と大内氏旧臣大庭賢兼」(前掲註(12)拙編書、初出『山口県地方史研究』六四号、一九九〇年)。

(50) 西本寮子「宗分「源氏抄」(仮称)成立までの事情―毛利元就との関係を軸として―」(『国語と国文学』七八巻一二号、二〇〇一年)。

(51) 山室恭子「毛利氏における中世と近世―文書論的アプローチ―」(『史学雑誌』九五編一〇号、一九八六年)。

(52) 毛利四一〇。

(53) このほかにも、隆元が桂元忠と児玉就忠に対し、「奉行衆なみ」に所領を配当することを申し出たのに対し、元就家来のなかで彼らだけに配当するのはよくないと断っている例がある(毛利四〇九)。この場合、結果的には元就の意向が汲まれたものと推測されるが、給与するのは隆元である。

(54) 元親は年未詳の元就宛行状では紀三郎、天文一九年の隆元の宛行状では左馬助で、弘治三年の隆元宛行状では但馬守である。天文二〇年でも左馬助と見えるので(『萩藩閥閲録』巻一一一・熊野五郎兵衛―一、以下、閥一一一・熊野五郎兵衛のように略す)、これ以降、弘治三年までに但馬守に変わったと考えられるが、隆元が家督を相続する天文一五年～一六年より後に左馬助を名乗ったとすると、左馬助を名乗っている期間がやや短すぎるように思われるので、どちらかと言えば元就の宛行状は、隆元の家督相続以前の可能性が高いと判断した。いずれにせよ隆元単署の宛行状・安堵状発給の初見よりは早いと見られる。

(55) 毛利六二三～六二六。

(56) 秋山伸隆「戦国大名毛利氏の軍事力編成の展開」(秋山前掲註(5)著書、初出『古文書研究』一五号、一九八〇年)。

(57) 木村信幸氏は児玉就秋が永禄六年に元就から宛行状を受給しているのは、就秋が「就」の偏諱を与えられた元就家臣であるからとしている（「判物から見た吉川元春の家督譲り」、『芸備地方史研究』二一四号、一九九九年）。しかし、後述するように「就」の偏諱があっても元就家来とは限らない。具足注文に記載され、隆元から宛行状、官途書出を受給している児玉就秋は隆元の家来とすべきであろう。

(58) 福井源十郎（元信）宛の年未詳八月の元就の宛行状があり、元信は天文一五年二月に元就の官途書出で十郎兵衛尉になっているから、この宛行状は天文一四年以前、すなわち隆元の単署の宛行状・安堵状発給開始以前のものである。

(59) 桂元将宛の元就の宛行状は年未詳一月のものだが、宛所は桂善左衛門尉で、元将は永禄八年三月の毛利輝元官途書出で「善左衛門尉」を与えられているので（閥三九・桂善左衛門―四四）、永禄九年以降のものである。

(60) 閥一九・児玉四郎兵衛―一一。

(61) 閥一九・児玉四郎兵衛―一三。秋山伸隆「毛利氏発給の感状の成立と展開」（秋山前掲註（5）著書）参照。

(62) 『山口3』右田毛利家文書一〇一。

(63) 小倉元悦宛毛利隆元書状写に「きのふハかさへ上候へ共、不能見参候」とあり、元悦が普段、元就の居所である「かさ」にいたことがわかる（『山口4』小倉家文書三四）。

(64) 秋山前掲註（20）論文。

(65) 秋山伸隆「天文二十三年安芸折敷畑合戦と感状」（秋山前掲註（5）著書、初出『芸備地方史研究』一六三・一六四号、一九八八年）。

(66) 山県就相は前述のように佐東衆の触頭である。実名は一次史料では確認できず、閥一三三・山県四郎三郎の家譜に「山県筑後守就相　始（四郎三郎）左衛門大夫」と見える。『知新集』所収文書（『新修広島県史　第六巻　資料編その一』八九〇頁）に年未詳の山県左衛門太夫員正・児玉内蔵丞就方連署書状写がある。児玉就方も元就奉行人であるので（加藤前掲註（47）論文参照）、もしこの山県左衛門太夫が同一人物であれば実名は員正である可能性がある。

(67) 閥四九・粟屋四郎右衛門―六。

(68) 『山口3』今川家文書三一、閥八四・児玉弥七郎―七一・七二、閥一九・児玉四郎兵衛―一三、閥一五〇・長井弥左衛門―三、閥一三三・弘中六左衛門―二一、閥四六・小寺忠右衛門―一三。

(69) 伊藤就祐は山口県文書館所蔵『譜録』伊藤半左衛門景尚(以下、譜録・伊藤半左衛門景尚のように略す)の家譜によれば、仮名善三郎で、実名が就祐とされる。同書に収録される伊藤善三郎に「就」の偏諱を授与した元就加冠状の年代は「永十三四月廿日」と記載されており、永正一三年(一五一六)と永禄一三年の可能性がある。また、天文二三年の伊藤善三郎宛元就宛行状がある(『広島県史 古代・中世資料編V』譜録・伊藤半左衛門景尚―一)。『譜録』の家譜によれば、就祐の後継者は善三郎を称しておらず、加冠状と宛行状の善三郎が同一人物だとすれば、永禄一三年の加冠では遅すぎる。しかし一方、永正一三年では元就の官途状類として突出して早く(これ以外で元就の官途状類の初見は大永四年〈一五二四〉)、疑念が残る。ここでは一応、隆元家督継承以前から「就」の偏諱を授与されていた例に含めておく。

(70) 光成準治氏は、永禄八年の輝元元服後の文書発給について分析し、天文一五年に元就から官途書出を受給した福井景吉が、永禄八年に輝元から受領書出を与えられていることから、「元就が漸進的に毛利氏本宗家家臣団と元就直臣団との一体化を図ろうとしていた」と評価している(『毛利輝元 西国の儀任せ置かるの由候』、ミネルヴァ書房、二〇一六年、五二~五九頁)。やはり、この点でも毛利権力が山室氏の言うように「個人的・個別的つながりの総体」としての政権だったとは言えない。

(71) 元就・隆元の連署宛行状・安堵状の初見は「天文九」の付け年号のある写(表3―1)である。これのみ突出して時期が早いが、文中に「山口下向之時代物百五十貫文立用」に対する知行給与である旨が見えるので、隆元の山口滞在中の発給だとすれば、元就の署判が追筆である可能性がある。また、誤写である可能性も残る。いずれにせよ、やはり天文一一年のものは隆元の追筆署判と考えるのが妥当だろう。

(72) 木村前掲註(57)論文。

(73) 木村氏が天文一五年以前は、元就が日下、隆元が奥に署判するのが原則とする点も、家督継承以前の隆元が、一般的な書札礼に反して奥署するということに疑問が生じる。天文一五年以前の連署感状で隆元奥署になっているものは二二点確認できるが、これらも隆元の追筆署判である可能性を考慮すべきである。実際、元就・隆元連署感状に輝元が追筆署判している例がある(閥六三・山県平八―七)。天文九年七月に隆元奥署、元就日下署判の感状が二点あるが(閥六九・井上新左衛門―三、閥九三・井上右衛門―一〇)、秋山伸隆氏が指摘するように、天文九年九月でも隆元は山口におり(秋山前掲註(20)論文)、この隆元の署判は追筆と考えられる。また元就・隆元連署感状は弘治二年以降は激減し、偽文書の疑いがあるものを除けば三点しか確認されないが（閥九二・波多野源兵衛―七、閥一一・浦図書―八二、閥一三四・浦四郎兵衛―一）、このうち前二者が隆元奥署である。この時期は単署の感状が圧倒的に多いことを考えれば、これらも追筆署判である可能性がある。感状に追筆署判を求めることに、名誉以上の意味があるのかどうか不明だが、前述のように児玉就光が天文一二年の元就単署感状で認定された戦功の恩賞給与が永禄二年におこなわれている例がある。就光はもう一通、天文一二年に感状を受給しているが（閥一九・児玉四郎兵衛―七）、こちらは隆元奥署、元就日下の連署感状で、隆元の追筆署判の可能性がある。同時期の感状であるにもかかわらず、前者に隆元の追筆署判がないのは、すでに恩賞宛行が実現したからではないか。逆に言えば、恩賞宛行が実現していない感状については、受給者が隆元による効力の確認を望んだとも考えられる。また、隆元自筆の感状案文でも元就が奥署となっており（毛利二八四）、やはり元就奥署が原則であったのではないか。

(74) 平佐就之は元就の側近であると考えられる（毛利一三一八、閥九六・児玉二郎右衛門―一二）。

(75) 毛利四〇九。

(76) 木村前掲註（57）論文。ただし、木村氏が「就」の偏諱を持つ家来を、それだけで元就の家来と判定している点は問題がある。前述のように、隆元家督相続以前に元就から偏諱を受け、家督相続後は隆元に引き継がれた家来は多数存在するからである。すでに見たように児玉就秋、児玉就光、国司就信は隆元家来である。

(77) 譜録・山県善右衛門貫寛、閥九三・福井助左衛門、譜録・福井十郎兵衛信之、閥五一・国重又右衛門、譜録・伊藤半左衛門景尚、閥八二・玉木太郎左衛門。

(78) 閥一一一・熊野五郎兵衛、譜録・吉原市兵衛延久、譜録・神田八郎左衛門信治、譜録・木村亦右衛門清房、閥六三福嶋幾次郎―一七。

(79) 閥一一二・小倉源右衛門、譜録・鵜飼新左衛門辰長。系図によれば岩内長辰は鵜飼元辰の兄弟で、鵜飼元辰は近江から下向した猿楽者であったとされる（『広島県史　古代・中世資料編Ⅴ』長府毛利文書・輝元公ヨリ秀元公ヘノ御手簡二）。

(80) 閥一四六・三増源右衛門、閥一五一・大呑十郎兵衛、閥一四六・竹内平兵衛、閥一六二・山田惣右衛門、閥一六五・隅四郎右衛

門。三増氏は南北朝期に毛利氏の吉田荘代官見増入道がおり（『八坂神社記録』所収「社家記録」正平七年閏二月四日条）、三増は相模国毛利荘内の地名なので、鎌倉期以来の譜代家来の家柄である。戦国期の三増氏は打明氏とも呼ばれており、『萩藩閥閲録遺漏』巻五の一の「御判物之写并伝書　三増源五郎」の注記によれば両者の関係は不分明とあるが、同族の閥一五七・三増伊兵衛の注記では本名が打明でのちに三増に改めたとある。したがって、戦国期の三増氏は、元就の代に新たに被官化した打明氏が名跡を継いだものである可能性がある。

(81) 閥一〇〇・児玉惣兵衛、閥七七・粟屋理源太、閥一〇五・福原又右衛門、閥八三・三戸長右衛門。

(82) 閥五二・井上源三郎―四など。

(83) 閥一七・児玉三郎右衛門、閥一二・桂能登、閥一〇七・井上宇兵衛。

(84) 長谷川博史「国人一揆と大名家中」（『岩波講座日本歴史　第9巻　中世4』、岩波書店、二〇一五年）。

(85) 拙稿「戦国領主と国衆―用語と概念規定について―」（『大阪公大日本史』二六号、二〇二三年）。

(86) 河合正治氏は毛利氏家臣団を分類して、大内・尼子関係の者を外様と呼んだが（「戦国大名としての毛利氏の性格」、藤木前掲註(44)編書、初出『史学研究』五四号、一九五四年）、矢田俊文氏は、毛利氏の正月佳例書に見える「外様」は「高田郡に居住し、かつて国人領主の一族であったような存在」で、毛利氏の家来であると指摘した（矢田前掲註(12)論文）。したがって、大内氏、尼子氏の旧臣を外様と呼ぶのは史料用語と齟齬するが、ここでは便宜的に外様という語の一般的な意味で用いる。

(87) 池享氏は、天文一九年以降も毛利氏の「家中」は拡大したとする（池前掲註(12)論文）。池氏は、本稿で述べたような「家中」と家来を区別した議論をしているわけではないので、これは本稿の用語法で言い換えれば毛利家来の拡大というべきであろうが、その場合、池氏は本稿で言う外様も毛利家来に包摂されたと想定していると思われる。

(88) 丸山眞男「忠誠と反逆」（『忠誠と反逆　転形期日本の精神史的位相』、筑摩書房、一九九二年、初出『近代日本思想史講座　第六巻』、筑摩書房、一九六〇年）。

【付記】　本稿はＪＳＰＳ科研費ＪＰ１８Ｋ００９６２、ＪＰ２４Ｋ０４２０６およびＪＰ２３Ｈ００６０５の成果の一部である。

【表1】毛利元就宛行状・安堵状一覧

No.	年月日	文書名	受給者	様式	給与・保証対象	備考	出典
1	永正一一年三月一一日	毛利元就宛行状写	市河一郎五郎	書下	下高屋五反		『広島Ⅴ』吉川家中并寺社文書・市河家御書―一
2	大永三年三月二一日	毛利元就宛行状写	福原次郎右衛門尉（俊秋）	書下	壬生之内一木七段		閥六七・福原二郎右衛門―一
3	大永三年一〇月二〇日	毛利元就宛行状写	粟屋備前守（元秀）	書下	東西条之内、黒瀬右京亮給ともひろ名・もりとう名、并〈よなミつ・いやすミ〉		閥七四・粟屋縫殿―一五
4	大永五年一二月日	毛利元就宛行状写	飯田まいす法師（元重）	書下	徳宗并恒広名		閥五〇・飯田与一左衛門―二六
5	享禄二年四月二六日	毛利元就宛行状	児玉小二郎（就忠）	書下	福光	隆元追筆署判あり	『山口2』毛利博物館蔵毛利家旧蔵文書・児玉家文書一〇
6	享禄三年三月九日	毛利元就宛行状写	児玉弥七郎（就秋）	書下	則長名之内七段		閥八四・児玉弥七郎―七六
7	享禄四年三月一三日	毛利元就安堵状写	山県内蔵助（就照）	書下	先給并うるし原名		閥一二九・山県惣兵衛―四
8	享禄四年一〇月一四日	毛利元就宛行状写	桂三郎太郎	書下	下本地盛久名之内五反		閥三九・桂善左衛門―二六
9	天文二年二月一三日	毛利元就宛行状写	飯田新五郎	書下	守清ちやうてん		『広島Ⅴ』譜録・飯田善右衛門正共―一
10	天文二年四月三〇日	毛利元就宛行状写	上山加賀守（実広）	書下	於津田宗綱分五名		閥四〇・上山庄左衛門―一二
11	天文二年六月一八日	毛利元就宛行状	児玉小二郎（就忠）	書状	本村之内吉次名年貢		『山口2』毛利博物館蔵毛利家旧蔵文書・児玉家文書一一
12	天文五年八月二〇日	毛利元就安堵状	次郎三郎（坂元貞）	書下	上野介広良給地之内		『山口3』萩市郷土博物館蔵坂家文書二
13	天文九年三月一日	毛利元就宛行状写	渡辺源三郎（規）	書下	中山之内四貫前		閥八七・渡辺助兵衛―三
14	天文一一年一月一〇日	毛利元就宛行状写	児玉四郎右衛門尉（元保）	書下	相合預り田壹町		閥六九・児玉四郎右衛門―八
15	天文一一年一月一六日	毛利元就宛行状写	出羽民部大輔（祐盛）	書状	此方知行高橋一跡之内雪田村		閥四三・出羽源八―二
16	天文一一年三月三日	毛利元就宛行状写	飯田新五郎	書下	戸河内ゆの木之内家の面三反、土橋面二反		『広島Ⅴ』譜録・飯田善右衛門正共―二
17	天文一一年三月三日	毛利元就宛行状写	飯田次郎九郎（元重）	書下	戸河内かいさこ名内かいの上二反、屋敷面三反		閥五〇・飯田与一左衛門―二七

18	天文一一年三月三日	毛利元就宛行状写	中村新右衛門尉（就親）	書下	外河内かいさこ名之内屋敷面三反、同分二反		『広島Ⅴ』譜録・中村彦左衛門矩忠―二
19	天文一一年三月三日	毛利元就宛行状写	弘九郎左衛門尉	書下	上品地今田分つく田八反、かくわう田二反		閥八一・弘六郎右衛門―三
20	天文一一年三月三日	毛利元就宛行状写	三戸五郎右衛門尉（元富）	書下	上品地今田分、金垣内之内三反、安房内弐反		閥一〇九・三戸惣右衛門―一二
21	天文一一年三月八日	毛利元就宛行状	国司右京亮（元相）	書下	下本地内徳満名田弐町、ゑこ田壹町二反		毛利六四三
22	天文一一年三月八日	毛利元就宛行状写	綿貫新左衛門（就資）	書下	上本地今田分吉岡内五反		閥一二六・綿貫左兵衛―五
23	天文一一年三月一〇日	毛利元就宛行状写	中村新右衛門尉（就親）	書下	戸河内代名内まこもさこ六段		『広島Ⅴ』譜録・中村彦左衛門矩忠―三
24	天文一一年三月一五日	毛利元就宛行状写	内藤九郎右衛門	書下	津田内定家名・俊友名・重恒名、阿須那内くろ谷		閥一一八・内藤弥兵衛―五
25	天文一一年三月一六日	毛利元就宛行状写	渡辺太郎左衛門尉（通）	書下	豊嶋定末名		閥二八・渡辺太郎左衛門―二八
26	天文一一年三月一八日	毛利元就宛行状写	粟屋縫殿允（元宗）	書下	生田内先給		閥七四・粟屋縫殿―一六
27	天文一一年三月一九日	毛利元就宛行状写	三戸六郎五郎（元清）	書下	津田内さね平下想退		閥八五・三戸六郎右衛門―四
28	天文一一年三月二六日	毛利元就宛行状写	井上十郎左衛門尉	書下	上本地壬生分安房名内五反		閥一四七・井上九左衛門―三
29	天文一一年三月二六日	毛利元就宛行状写	児玉木工允（就秋）	書下	口羽内原田名一町三段・はたい五段		閥八四・児玉弥七郎―七五
30	天文一一年三月二七日	毛利元就宛行状写	粟屋次郎右衛門尉（元重）	書下	阿須那内原田名壹町六段大、かミやかいちの内五段		閥三三・粟屋勘兵衛―六八
31	天文一一年三月二七日	毛利元就宛行状写	中村弥二郎（就久）	書下	戸河内代名内まこも一町、上本地内末広名一町二反		閥一六八・中村藤左衛門―四
32	天文一一年三月二八日	毛利元就宛行状写	飯田次郎九郎（元重）	書下	戸河内よこ路内ちりか崎六段		閥五〇・飯田与一左衛門―二八
33	天文一一年三月二八日	毛利元就宛行状写	中村弥次郎（就久）	書下	末久半名		閥一六八・中村藤左衛門―五
34	天文一一年三月二八日	毛利元就宛行状写	門田宮内大輔（就顕）	書下	阿須那藤祢名内一町		閥八二・門田次郎兵衛―二
35	天文一一年閏三月二日	毛利元就宛行状	坂式部太輔（元貞）	書下	津田内定国名・中村名・森兼名		『山口3』萩市郷土博物館蔵坂家文書三
36	天文一一年閏三月九日	毛利元就宛行状写	山県平右衛門尉（元重）	書下	歳松名内先給		閥六三・山県平八―六
37	天文一一年閏三月一七日	毛利元就宛行状写	粟屋助四郎（元信）	書下	阿須那かミやかいちの内田壹町		閥三三・粟屋勘兵衛―六七
38	天文一一年七月九日	毛利元就宛行状写	児玉四郎右衛門尉（元保）	書下	常末半名一町五段		閥六九・児玉四郎右衛門―九

39	天文一一年七月一二日	毛利元就宛行状写	甲田源三	書下	深川福田之内田弐町		閥一四六・佐々木甚右衛門―一
40	天文一一年七月一四日	毛利元就宛行状写	岡与次郎（就栄）	書下	北内田壹町壹段半下兼国名・田六段吉宗名		閥九六・岡与三左衛門―七
41	天文一一年一一月二四日	毛利元就宛行状	井上新三郎	書下	兼弘名夫足	隆元追筆署判あり	『山口3』山口県文書館蔵三上家文書一
42	天文一二年六月九日	毛利元就安堵状	末国左馬助（光氏）	書下	彼跡		『山口3』妙蓮寺蔵末國家文書三三
43	天文一二年六月二〇日	毛利元就宛行状	末国左馬助（光氏）	書下	舟木五十貫分内田弐町四段		『山口3』妙蓮寺蔵末國家文書三四
44	天文二〇年二月二八日	毛利元就宛行状写	乃美万寿（元信）	書下	於佐東矢賀之内弐拾貫前		閥一三四・浦四郎兵衛―四
45	（天文二〇年）三月一四日	毛利元就宛行状	治部少輔（吉川元春）	書状	壬生之内柿之尾		吉川四四七
46	天文二〇年一二月二二日	毛利元就宛行状写	井上但馬守（元光）	書下	先給新給相加四百五貫		閥九三・井上右衛門―五
47	天文二〇年一二月二二日	毛利元就宛行状写	熊野刑部丞（親貞）	書下	先給新給相加四拾五貫		閥一一一・熊野五郎兵衛―一
48	天文二一年二月一〇日	毛利元就宛行状写	児玉四郎右衛門尉（元保）	書下	相合預り田壹町		閥六九・児玉四郎右衛門―八
49	天文二一年五月二一日	毛利元就宛行状写	山県左衛門大夫（就相）	書下	戸坂本地内田畠四拾貫		閥九二・山県小伝次―四
50	天文二三年二月一五日	毛利元就宛行状	小倉新四郎（元悦）	書下	下多治比井上三郎右衛門尉給田壱町、飯守内田七反、本屋敷共		『山口4』小倉家文書四
51	天文二三年六月一日	毛利元就宛行状写	神田蔵人丞（隆久）・松原主殿（祐次）	書下	給地		閥九〇・神田彦右衛門―一
52	天文二三年六月二八日	毛利元就宛行状写	児玉内蔵丞（就方）	書下	阿土村半分		閥一〇〇・児玉惣兵衛―二四
53	天文二三年八月一五日	毛利元就宛行状写	波多野次郎兵衛尉	書下	田壹町		閥一四八・山形新左衛門―九
54	天文二三年八月一六日	毛利元就宛行状写	飯田弥五郎	書下	五ヶ内田七段半分米一石八斗、同畠一町分銭一貫七百五十文、合三貫五百五十文目		閥一七〇・飯田弥兵衛―一
55	天文二三年八月一六日	毛利元就宛行状写	伊藤善三郎（就祐）	書下	長束内田八段半分米弐石五斗五升、北庄内畠九段分銭一銭（ママ）五百文、合四貫文目		『広島Ⅴ』譜録・伊藤半左衛門景尚―一
56	天文二三年八月一六日	毛利元就宛行状写	岩内左馬之允（長辰）	書下	北庄内田一町三百歩分弐石壱斗七升、同畠壱町弐反半分銭弐貫四百五十、長来内田畠弐反半四百文〈屋鋪／有之〉		山口県文書館所蔵譜録・鵜飼新左衛門辰長

57	天文二三年八月一六日	毛利元就宛行状写	打明源六（直近）	書下	北庄内田八段大分米弐石、同畠九段分銭弐貫四百文、温井内畠一段百文、合四貫五百文目		閥遺巻五の一・御判物之写并伝書・三増源五郎—二
58	天文二三年八月一六日	毛利元就宛行状写	木村又四郎（清信）	書下	長東内田一町六段、分米三石弐斗五升、同畠一町三百歩、分銭一貫八百文、合五貫文目		『広島Ｖ』譜録・木村亦右衛門清房—一
59	天文二三年八月一六日	毛利元就宛行状写	河野与三左衛門尉	書下	北庄内田七段、分米弐石九斗、同畠五段六十歩、分銭一貫五十文、合四貫文目		『広島Ｖ』譜録・河野与三左衛門通知—二
60	天文二三年八月一六日	毛利元就宛行状写	福井源五郎（元宣）	書下	下安内田八段分米弐石六升・北庄之内畠壹町六段小分銭弐貫九百五拾文、合五貫文目		閥九三・福井助左衛門—一
61	天文二三年八月一六日	毛利元就宛行状写	山県釆女允	書下	北庄内田六段小分米弐石五升、同畠壹町六段三百歩分銭三貫九百九拾文、合六貫文目		閥一六一・柳井七左衛門—一
62	天文二三年八月一六日	毛利元就宛行状写	大呑小次郎（許清）	書下	北庄内田八段半、分米壹石九斗六升、畠一町四段大、分銭二貫七拾文、合四貫目	輝元追筆署判あり	閥一五一・大呑十郎兵衛—一
63	天文二三年八月二〇日	毛利元就宛行状写	岩内左馬之允	書下	三貫目		山口県文書館所蔵譜録・鵜飼新左衛門辰長
64	天文二三年八月二〇日	毛利元就宛行状写	目代対馬守	書下	五貫目		『広島Ｖ』譜録・門多五郎左衛門信行—一
65	天文二三年九月九日	毛利元就宛行状写	宛所なし	書下	温科内田参段小、分米壹石六斗、北庄内畠一町八段、分銭弐貫四百文、合四貫目		『広島Ｖ』譜録・佐伯木工茂共—一
66	天文二三年一一月二日	毛利元就宛行状	山田民部丞（満重）	書下	田壱町九段半、分米七石三斗、畠四町壱段小、分銭七貫七百文、北庄・温科・温井内		『山口3』山口県文書館蔵寄組山田家文書八三
67	天文二四年三月一〇日	毛利元就宛行状写	大多和余次（就重）	書下	阿南郡温科之内田五段・府中田弐町五段大、佐東郡北庄内畠参貫捌百文地		閥一二三・大多和物兵衛—三四

68	天文二四年三月一四日	毛利元就宛行状	佐藤宗右衛門尉(就綱)	書下	佐東郡下安内田壱町八段大、阿南郡符中内田壱町一段小		『山口3』山口県文書館蔵小川五郎収集文書六
69	天文二四年一二月四日	毛利元就宛行状写	竹内弥七郎(方督)	書下	上安麦田之内米六石三斗足		閥一四六・竹内平兵衛―一
70	弘治二年三月一七日	毛利元就安堵状写	木部修理亮	書下	木部掃部助先知行并下作職		岩国徴古館所蔵吉川家中并寺社文書・木部左門御書写
71	弘治二年四月五日	毛利元就宛行状写	福井十郎兵衛尉(元信)	書下	戸坂分田四町七段、米拾四石三斗六升足		閥一一九・福井十郎兵衛―八
72	弘治二年四月一一日	毛利元就宛行状	金子左衛門大夫	書下	大家東郷之内萩、七原、蔣江三ヶ所		『新修島根』金子文書一
73	(弘治二年) 八月一三日	毛利元就宛行状写	林孫右衛門	書下	於野間領之内弐貫目		閥一五八・林勘右衛門―三
74	弘治二年八月二六日	毛利元就宛行状写	佐波興連・佐波隆秀	書状	都賀半分		閥七一・佐波庄三郎―九
75	(弘治二年) 九月一日	毛利元就安堵状写	周布千代寿丸(元兼)	書状	邇摩郡之内井尻・福田両所六拾貫之地、同湊分弐拾五貫		閥一二一・周布吉兵衛―一七七
76	(弘治二) 年九月一日	毛利元就宛行状写	周布千代寿丸(元兼)	書状	福光之内御本地五拾貫分、并上村之内拾八貫		閥一二一・周布吉兵衛―一七六
77	弘治二年一一月一六日	毛利元就宛行状写	岡宗左衛門尉(光良)	書下	於此方三拾貫之地		閥九五・柳沢九左衛門―一
78	弘治二年一一月二二日	毛利元就宛行状写	志道大蔵少輔(元保)	書下	周防国高尾弐百貫		閥一六・志道太郎右衛門―一四
79	弘治二年一二月一四日	毛利元就宛行状写	岡宗左衛門尉(光良)	書下	彼郷七拾貫		閥九五・柳沢九左衛門―三
80	弘治四年三月一五日	毛利元就安堵状	粟屋松寿(元如)	書状	正覚寺跡目		『山口4』京都大学総合博物館蔵粟屋家文書八
81	弘治四年閏六月二八日	毛利元就宛行状	小倉新四郎(元悦)	書下	伴之内田五町三段小廿貫前、美乃地之内田弐町八段半・同畠壱町弐段拾七貫前、合而三十七貫足		『山口4』小倉家文書五
82	弘治四年七月六日	毛利元就宛行状	中丸修理亮	書下	防州都野郡須々摩之内拾貫目		『山口4』中丸家文書二四
83	弘治四年八月三日	毛利元就宛行状写	児玉次郎右衛門尉(就久)	書下	田一町三段　三貫九百　伴之内中畑／田一町五段　四貫三百　同久守名／田一町七段　七貫八百　後山之内岡名／田三段半　壹貫五百　同所川崎／田弐段　九百　同所迫名之内／田九段　三貫　多治比之内松田平／田壹段　屋敷也　相合之内／拾貫　防州須々摩之内		閥一〇一・児玉伝右衛門―一 ○

84	弘治四年八月二四日	毛利元就宛行状写	樋爪兵部丞（元郷）	書下	防州都濃郡於矢地垣籠之内拾貫前	輝元追筆署判あり	閥一六九・樋爪半左衛門―一
85	永禄一年九月六日	毛利元就安堵状	（柏村新兵衛尉）	書下	女房てくるあとめ		『山口3』柏村家文書四
86	永禄二年二月一日	毛利元就安堵状写	臼井豊後守	書下	深川		『山口2』臼井家文書七
87	永禄二年八月日	毛利元就宛行状	井原才若・同阿介	書止文言なし	芸州井原・戸嶋両郷八十九貫	検討を要する	『山口4』藤本家文書一
88	永禄二年一一月二五日	毛利元就宛行状写	児玉四郎兵衛尉（就光）	書下	於富田徳善之内拾三石足		閥一九・児玉四郎兵衛―一二
89	永禄三年三月七日	毛利元就宛行状写	江山弥次郎	書下	佐東馬木内田七段半・屋敷一ツ		閥一六一・江山市郎左衛門―一
90	永禄三年五月一二日	毛利元就宛行状	平佐七郎右衛門尉	書下	多治比之内宗末名		『広島Ⅴ』長府毛利文書・元就公隆元公輝元公元春公秀就公御判物類平佐氏其外へ当ル六
91	永禄三年九月一三日	毛利元就宛行状写	（佐々部）若狭守元光	書下	芸州佐々部庄	検討を要する	『山口3』佐々部家文書四
92	永禄三年九月二四日	毛利元就宛行状写	乃美新四郎（元信）	書下	富田之内河上		閥一三四・浦四郎兵衛―五
93	永禄四年六月二八日	毛利元就宛行状写	佐藤宗右衛門尉（就綱）	書下	佐東後山之内西名田壹町九段大、同迫名之内壹町弐反小		『広島Ⅴ』譜録・井上市郎兵衛定之―二
94	永禄四年一一月二日	毛利元就宛行状写	乃美兵部丞（宗勝）	書止文言なし	相生・白松両所		閥一一・浦図書―九
95	永禄四年一一月二四日	毛利元就宛行状	下次郎四郎	書下	中之村之内田壱町原田給、田五段下末蔵田五段大沢		『山口4』下家文書一
96	永禄五年一月二三日	毛利元就安堵状写	寺本玄蕃允	書下	其方親伊賀守給地		岩国徴古館所蔵御家中御書感状写・寺本源右衛門
97	永禄六年一月二二日	毛利元就宛行状写	児玉若狭守（就秋）	書下	石州波積之内吉浦		閥八四・児玉弥七郎―一三
98	永禄六年四月二八日	毛利元就宛行状	山内新左衛門尉（隆通）	書下	牛尾半分		山内二二四
99	永禄六年六月二四日	毛利元就宛行状写	多賀左京亮（元竜）	書下	乃白三百貫・嶋根東長田弐百五拾貫、国屋百貫		閥一四四・洞玄寺―七
100	永禄六年一一月三日	毛利元就宛行状写	多賀左京亮（元竜）	書下	嶋根郡内西長田弐百五拾貫		閥一四四・洞玄寺―八
101	永禄六年一二月一五日	毛利元就宛行状写	飯田七郎右衛門尉（義武）	書下	玖珂郡之内服部左衛門大夫給	輝元追筆署判あり	閥三三一・飯田七郎右衛門―一〇

102	永禄六年一二月二二日	毛利元就宛行状写	宛所なし	書下	温泉津内其方居屋敷		閥遺巻二の三・児玉伝右衛門—四
103	永禄六年閏一二月一三日	毛利元就安堵状	伊佐兵部丞	書下	長州豊東郡岡枝郷内三拾三石足、同国美祢郡伊佐別府内屋敷分壱石七斗余足		『山口4』東大影写本・山田家文書三
104	永禄七年七月一一日	毛利元就宛行状写	大多和宗兵衛尉（就重）	書下	佐東郡深川郷内拾貫地、并防州矢地・富田内五貫地		閥一二三・大多和惣兵衛—四
105	永禄七年一〇月二三日	毛利元就宛行状写	出羽民部大輔（元祐）	書下	石州矢上之内五百弐拾五貫之地		閥四三・出羽源八—九
106	永禄七年一二月二八日	毛利元就宛行状	益田右衛門佐（藤兼）	書下	生馬之内百貫地		益田三二五
107	永禄八年二月一九日	毛利元就安堵状写	篠原四郎左衛門尉（種秀）	書状	其方相抱屋敷弐ヶ所〈山口道祖本町、同円政寺町〉		閥一五〇・臼杵平左衛門—七
108	永禄八年八月一四日	毛利元就安堵状写	入江次郎	書下	長州大津郡深川庄内俵山小野村弐拾五石足、同所黒川弐拾五石足、同所木津内壹町、同郡日置庄伴田先給弐拾石足〈但依為悪所拾石足ニ減之〉、并芸州佐東郡北庄内拾七貫五百文目等		閥五四・入江七郎左衛門—一三
109	永禄八年八月一五日	毛利元就安堵状写	入江道祖寿	書下	長門国大津郡深川庄内俵山木津拾五石地		閥五四・入江七郎左衛門—一五
110	永禄八年九月一四日	毛利元就安堵状写	張思朝	書下	山口大町之内、父張忠居屋敷	九月八日付同文輝元安堵状あり	閥七八・張久左衛門—二
111	永禄八年一一月二八日	毛利元就宛行状写	村上左衛門尉（久成）	書下	作州久米北郡□□□□内田数□□□□□足		『美作古簡集註解』久米北条郡又久米郡北分
112	永禄八年一二月一八日	毛利元就宛行状写	渡辺新右衛門尉（就国）	書下	見乃地堂原之内八貫目、同所くの原之内七貫目、同所小多田名之内拾貫目、合弐拾五貫文地		閥六八・粟屋平左衛門—一
113	永禄九年四月二〇日	毛利元就宛行状写	国司雅楽允（就信）	書下	防州吉敷郡湯田之内米九石足〈岩正先給〉、同郡同給讃井内代五拾七貫、同郡同給之内代弐貫四百〈伊勢門前在之〉		閥五五・国司与一右衛門—三五

114	永禄九年五月三日	毛利元就安堵状写	佐藤千熊（元正）	書下	少給之事		閥七八・井上七郎左衛門―六
115	永禄九年五月一七日	毛利元就宛行状	山田民部丞（満重）	書下	防州山代符谷之内三拾貫足		『山口3』山口県文書館蔵寄組山田家文書八四
116	（永禄一〇年）七月二九日	毛利元就宛行状	吉川和泉守（経安）	書状	米原衆上表之地内四拾五貫足		石見吉川六
117	永禄一一年一一月二五日	毛利元就宛行状写	市来惣右衛門尉（家重）	書下	世良新次郎給佐東府中内四貫目、防州富海之内八貫目		閥一三八・山県弥三左衛門―一
118	永禄一二年一一月二三日	毛利元就宛行状写	村上和泉守（元常）・村上竹鶴丸（元宣）	書下	以熊野和泉守給地之内五町		閥四四・村上又右衛門―四
119	永禄一二年一二月一三日	毛利元就宛行状写	小田縫殿助	書下	出東郡林木馬場分〈大熊先知行〉百貫地		『山口3』山口県文書館蔵豊田町松村家文書五
120	永禄一三年一月二八日	毛利元就宛行状写	多根因幡守（元房）	書下	大東庄之内観音堂田題・古三日市・腰舞今村屋職三拾五貫足、大西之内久木分八貫足、福田之内五段田拾五俵、尻大曲畠五百目、屋職一ツ、大東庄之内はりゑ六拾貫足、九日市四貫三百足、ひのおくよこたう拾貫足		閥一〇一・児玉伝右衛門―二八
121	永禄一三年二月九日	毛利元就安堵状写	井上七郎右衛門尉	書下	多治比之内屋職分弐貫足、佐東吉山之内八貫足、防州富田之内拾貫足〈坪付別紙在之〉地等		閥遺巻一の二・井上彦左衛門―一
122	永禄一三年二月九日	毛利元就安堵状写	井上七郎右衛門尉	書下	佐伯又五郎給		閥遺巻一の二・井上彦左衛門―八
123	永禄一三年二月一九日	毛利元就預け状写	福原弥次郎（就直）	書状	小山之内ひち屋田数弐町五段大之事、米参石七斗五升前		閥一〇五・福原又右衛門―一二
124	永禄一三年三月七日	毛利元就宛行状写	山田与次郎	書下	中馬之内赤川左京亮拘ち田五段		閥遺巻一の二・苻野屋六兵衛―一
125	永禄一三年四月一四日	毛利元就宛行状写	二宮与次（就辰）	書下	於佐東馬木村之内拾五貫		閥六四・二宮太郎右衛門―一〇
126	永禄一三年八月七日	毛利元就宛行状写	大多和宗兵衛尉（就重）	書下	為屋敷分楠之内桑原分畠七段壹貫五百目地		閥一二三・大多和惣兵衛―三五

127	元亀一年九月晦日	毛利元就宛行状写	児玉周防守（就方）・児玉余八（就英）	書下	雲州嶋根郡血頭（ｶ）七十五貫并笠浦／同国　江嶋五貫目／防州都濃郡久米六十石／（右之内富田秋本ニ有之）屋代之嶋衆先給／防州熊毛郡浅江六十石（大林先給、南湘院領）／防州熊毛郡新河内六十石		山口県文書館所蔵譜録・児玉与右衛門真英
128	元亀二年一月一五日	毛利元就安堵状写	仁保少輔三郎（元棟）	書下	仁保上総介一跡		『山口3』山口県文書館蔵阿川毛利家文書一〇
129	元亀二年一月一七日	毛利元就安堵状写	作間弟丸	書下	深川行成名之内田壹段分米五斗足・屋敷一所、防州都濃郡福川之内三石足		閥一四五・作間四郎右衛門―一一
130	年未詳一月一三日	毛利元就宛行状写	桂善左衛門尉（元将）	書状	於防州矢地之内拾五石之地		閥三九・桂善左衛門―三〇
131	年未詳一月二四日	毛利元就宛行状	児玉三郎右衛門尉（就忠）	書下	久村半分		『山口2』毛利博物館蔵毛利家旧蔵文書・児玉家文書二一
132	年未詳二月二〇日	毛利元就安堵状写	増原四郎右衛門尉（元重）	書状	当知行并高先知行		閥一三〇・渡辺仁右衛門―一
133	年未詳三月八日	毛利元就宛行状写	飯田小三郎	書下	上本地今田分吉岡内五反		閥一六二・飯田理右衛門―一
134	年未詳三月一九日	毛利元就宛行状	内藤六郎右衛門尉	書状	為始望地、中野・河上		『山口3』山口県文書館蔵旧長州藩士内藤家文書一〇
135	年未詳三月二五日	毛利元就宛行状写	中村新右衛門尉（就親）	書下	戸河内代名内さかね三段は、のむかいニあり三段		『広島V』譜録・中村彦左衛門矩忠―五
136	年未詳四月三日	毛利元就宛行状	小倉木工助（元悦）	書状	温泉津大崎兵庫助給地		『山口4』小倉家文書二一
137	年未詳四月一六日	毛利元就宛行状写	桑原七郎太郎（竜秋）	書状	於五ヶ之内三貫目		閥六一・桑原藤右衛門―八
138	年未詳四月二三日	毛利元就宛行状写	（宍戸ヵ）とくしけかめ	書状	やしき		閥一二五・宍戸藤兵衛―四
139	年未詳六月三日	毛利元就安堵状	熊谷兵庫助（信直）	書状	可部		熊谷一二一
140	年未詳六月一八日	毛利元就宛行状写	三宅内蔵助	書状	少之地		閥一四七・河野小兵衛―一
141	年未詳八月二九日	毛利元就宛行状写	福井源十郎（元信）	書下	くない田		閥一一九・福井十郎兵衛―二
142	年未詳一〇月二三日	毛利元就宛行状写	宍戸紀三郎（元親）	書止文言なし	志和地下分之内上沢名　田九反／五反田名　田五反／友弘名　田八反		閥一二五・宍戸藤兵衛―三
143	年未詳一二月二四日	毛利元就宛行状写	安立十兵衛尉	書状	於十三ヶ郷内百貫之地		岩国徴古館所蔵吉川家中并寺社文書・安達十郎右衛門尉御三家并諸家届状写

【表2】毛利隆元宛行状・安堵状一覧

No.	年月日	文書名	受給者	様式	給与・保証対象	備考	出典
1	天文一九年二月六日	毛利隆元宛行状	吉川少輔次郎（元春）	書下	下本地三百貫／為本領分今田弐百貫／今弐百貫在所		吉川四四二
2	天文一九年二月一九日	毛利隆元宛行状写	粟屋弥七郎（就俊）	書下	石井谷四郎丸名		閥五九・平佐権右衛門―二四
3	天文一九年一一月八日	毛利隆元宛行状写	宇多田小僧（基師）	書下	井上五郎左衛門尉跡目田九段小籾弐石九斗		閥一六六・宇多田新左衛門―五
4	天文一九年二月二〇日	毛利隆元宛行状写	兼重弥三郎（元宣）	書下	田弐町　佐々井之内常定名／田三段　岩門		閥五二・兼重五郎兵衛―二三
5	天文一九年二月二一日	毛利隆元宛行状写	井上五郎三郎（就在）	書下	坂之内国末名		閥九五・井上彦右衛門―六
6	天文一九年二月二二日	毛利隆元代官職宛行状写	渡辺小三郎（長）	書下	下麻原三百貫代官職		閥二八・渡辺太郎左衛門―二九
7	天文一九年二月二三日	毛利隆元宛行状	桂弁慶丸（広繁）	書下	佐々井村之内田六町一段　門田名／田弐町　為助名／田弐町七段元宗名		『広島Ⅴ』国立国会図書館所蔵桂文書一
8	天文一九年二月二四日	毛利隆元宛行状	末国左馬助（光氏）	書下	田一町三段　とくらく垣之内／田八段　ふなさき／田三段半　むくのふ名／田一町弐段〈石か坪田屋おもて、そり田とも二〉		『山口3』妙蓮寺蔵末國家文書三六
9	天文一九年二月二六日	毛利隆元宛行状写	田中五郎兵衛尉（政重）	書下	祢之内田三町半　野々原		閥八六・田中神五郎―二〇
10	天文一九年二月二六日	毛利隆元宛行状写	増原四郎右衛門（元重）	書下	祢之内田一町五反　横路山／同田一町　荻半名		閥一三〇・渡辺仁右衛門―二
11	天文一九年二月二八日	毛利隆元宛行状写	粟屋弥三郎（元通）	書下	田六段下吉田則宗之内、田壹町五段佐々井下野々原		閥七四・粟屋縫殿―二一
12	天文一九年二月二八日	毛利隆元宛行状	式部太輔（坂元貞）	書下	坂三百貫代官職		『山口3』萩市郷土博物館蔵坂家文書五
13	天文一九年二月二八日	毛利隆元宛行状	式部太輔（坂元貞）	書下	坂之内ちり田壱町五段小、同畠壱町、市之後		『山口3』萩市郷土博物館蔵坂家文書四
14	天文一九年二月三〇日	毛利隆元宛行状写	粟屋弥七郎（就俊）	書下	田壹町六段半　実時半名東／屋敷八ツ／山ハかけの平宮之尾頸		閥五九・平佐権右衛門―二五
15	天文一九年二月三〇日	毛利隆元宛行状写	粟屋与十郎（元種）	書下	田壹町六段半／屋敷四ツ本屋敷共ニ／山ハ本屋敷之上		閥九・粟屋帯刀―一

16	天文一九年一二月三〇日	毛利隆元宛行状写	粟屋弥三郎（元通）	書下	田六段　則宗之内／田一町五段　下野々原		閥七四・粟屋縫殿―一二
17	天文一九年一二月三〇日	毛利隆元宛行状写	児玉木工允（就秋）	書下	田三段半　中河原		閥八四・児玉弥七郎―八〇
18	天文一九年一二月三〇日	毛利隆元宛行状	児玉三郎右衛門尉（就忠）	書下	田壱町小　笠町／田七段　けら田		『山口2』毛利博物館蔵毛利家旧蔵文書・児玉家文書一五
19	天文一九年一二月三〇日	毛利隆元宛行状写	児玉与次郎（元茂）	書下	田五段　中河原		閥六九・児玉四郎右衛門―一〇
20	天文一九年一二月晦日	毛利隆元宛行状写	宍戸左馬助（元親）	書下	祢之内すくもつか名弐町五段		閥一二五・宍戸藤兵衛―五
21	天文二〇年三月五日	毛利隆元宛行状写	中村新右衛門尉（就親）	書下	山手之内時友半名		『広島Ⅴ』譜録・中村彦左衛門矩忠―四
22	天文二〇年三月一〇日	毛利隆元宛行状写	井上十郎左衛門尉	書下	市川村田二町弐段　上吉井名／同村田九段半　小田／保垣田五段半　弘行名／同村田七段大　親友名／同村田九段小　有友名／同村田六段　為末名／同村田一町一段小　宗定名		閥一四七・井上九左衛門―五
23	天文二〇年三月二一日	毛利隆元宛行状写	三宅五郎三郎（就重）	書下	有富内兼貞名		閥一一四・三宅五郎左衛門―九
24	天文二〇年四月二九日	毛利隆元宛行状	宛所なし	書下	重光名之内田八段半并畠五段、米五石・大豆壱石前		『山口4』小倉家文書三
25	天文二〇年四月二九日	毛利隆元宛行状写	河北六郎次郎（俊興）	書下	山中之内田壹町六段米六石、取敷名		閥一一二・河北孫左衛門―一
26	天文二〇年八月二〇日	毛利隆元宛行状写	桜井又二郎（英之）	書下	太郎丸職之内、波多野屋敷田壹段籾壹石弐斗		閥一五〇・桜井甚兵衛―一
27	天文二一年二月二九日	毛利隆元宛行状写	粟屋与十郎（元種）	書下	佐々部之内次郎丸名田三町壹反半、米六石九斗、代四貫文		閥九・粟屋帯刀―二
28	天文二一年四月二六日	毛利隆元宛行状写	児玉木工允（就秋）	書下	壬生之内田壹町〈米壹石六斗、代弐百文〉信藤名／田五段〈代弐貫五百文〉生田之内ちり田／舟木之内田壹町〈米五石、代九百文〉〈にこ、行友〉		閥八四・児玉弥七郎―八一
29	天文二一年四月二六日	毛利隆元宛行状写	児玉木工允（就秋）	書下	佐々部之内田弐町〈米四石、代弐貫文〉両坂もと		閥八四・児玉弥七郎―八二
30	天文二二年三月一五日	毛利隆元安堵状写	八幡原孫八郎（元直）	書下	八幡原給所役		閥四一・志賀茂右衛門―九

31	天文二三年六月五日	毛利隆元宛行状写	飯田四郎左衛門尉	書下	於牛田三貫目、并太郎左衛門屋敷一つ		閥一五二・飯田茂左衛門—三
32	天文二三年七月四日	毛利隆元宛行状写	飯田七郎右衛門尉（義武）	書下	牛田之内新給拾弐貫、古給参貫、合十五貫之地		閥一三二・飯田七郎右衛門—三九
33	天文二三年八月九日	毛利隆元宛行状写	粟屋助五郎（元光）	書下	下伊多喜こそ路名		閥一三九・粟屋助五郎—四
34	天文二三年九月二五日	毛利隆元宛行状写	兼重弥三郎（元宣）	書下	佐々井之内大日堂		閥五二・兼重五郎兵衛—二三
35	天文二三年一一月三日	毛利隆元宛行状写	政所甚五郎（田中元通）	書下	山中之内賀藤七郎右衛門尉給田壹町九段半、畠弐段屋鋪共ニ		閥八六・田中神五郎—一九
36	天文二四年二月一三日	毛利隆元宛行状	児玉弥十郎（就時）	書下	田三町　上国守名／畠七段　同名／田壱町三段　佐々部備前給之内		『山口2』児玉家文書二
37	天文二四年一一月二一日	毛利隆元宛行状写	山田次郎左衛門尉	書下	宮嶋有之浦十一九郎左衛門尉屋敷		閥一六二・山田惣右衛門—二
38	天文二四年一二月九日	毛利隆元宛行状	吉川治部少輔（元春）	書状	吉浦		吉川四五七
39	弘治二年三月一四日	毛利隆元宛行状写	中村次郎左衛門（就久）	書下	於西条熊野田壹町五反		『広島Ⅴ』岩国藩中諸家古文書纂・中村弥三—二
40	弘治二年三月二一日	毛利隆元安堵状写	木部修理亮	書下	木部掃部助先知行並下作職		岩国徴古館所蔵吉川家中并寺社文書・木部左門御書写
41	弘治二年七月三日	毛利隆元安堵状	隠岐守	書止文言なし	さいき田七段小、同屋敷弐ツ、畠弐段		『山口3』山口県文書館蔵常栄寺文書一六
42	弘治二年七月二八日	毛利隆元宛行状	正覚寺守恩	書下	於日積之村内六十七石足		『山口4』京都大学総合博物館蔵粟屋家文書五
43	弘治二年八月一六日	毛利隆元安堵状写	菅田小三郎（宣政）	書下	祖父越中守宣真給地		閥一四五・飯田友之助—六
44	弘治二年八月二九日	毛利隆元宛行状写	来嶋九郎左衛門尉（就親）	書下	於西条熊野拾石之地		閥九七・来嶋九郎右衛門—一
45	弘治二年八月二九日	毛利隆元宛行状写	中村次郎左衛門尉（就久）	書下	於西条熊野七貫五百文之地		『広島Ⅴ』岩国藩中諸家古文書纂・中村弥三—三
46	弘治二年八月二九日	毛利隆元宛行状写	弘七郎次郎	書下	於西条熊野村拾石之地		閥九〇・弘権之允—一
47	弘治二年八月二九日	毛利隆元宛行状写	福原弥七郎（就理）	書下	於西条熊野拾五石地遣候		閥六七・福原二郎右衛門—二
48	弘治二年九月二日	毛利隆元宛行状	粟屋弥五郎（就信）	書下	於野間領矢野弐拾貫之地并備州伊多喜之内正信半名		『山口2』源久寺文書一
49	弘治二年九月一七日	毛利隆元宛行状写	粟屋助五郎（元光）	書下	於野間領矢野村拾貫文之地		閥一三九・粟屋助五郎—五

50	弘治二年九月二八日	毛利隆元宛行状	剣持与左衛門尉	書下	備州江田之内六貫目、芸州矢野村之内七貫、合拾三貫		『山口2』劔持家文書五
51	弘治二年一〇月八日	毛利隆元宛行状	新屋新三郎（実満）	書下	於山里之内八貫文目		『山口2』新山家文書二
52	弘治二年一〇月一二日	毛利隆元宛行状写	安部主計允	書下	於大野之内拾貫文之地		『広島Ⅲ』新出厳島文書一五九
53	弘治二年一〇月一二日	毛利隆元宛行状写	高井雅楽允（盛任）	書下	玖珂郡日積村之内弐拾五石足〈杉鶴寿先知行〉、通津郷之内四石五斗足〈篠原弥三郎先知行〉等		閥一三五・高井小左衛門―四
54	弘治二年一〇月一三日	毛利隆元宛行状写	木村彦左衛門尉	書下	於西条鴻巣之内拾弐貫文之地		閥一六九・木村彦左衛門―三
55	弘治二年一〇月一八日	毛利隆元宛行状写	児玉四郎兵衛尉（就光）	書下	佐々部之内吉広名、田数弐町四段、米弐石五斗足		閥一九・児玉四郎兵衛―三七
56	弘治二年一〇月二〇日	毛利隆元宛行状写	小寺佐渡守（元武）	書下	西条之内勝屋廿五貫、防州多田之内廿五貫、合五拾貫文之地		閥四六・小寺忠右衛門―二二
57	弘治二年一〇月二一日	毛利隆元宛行状写	志道大蔵少輔（元保）	書下	防州熊毛郡高尾村弐百石足		閥一六・志道太郎右衛門―二三
58	弘治二年一二月五日	毛利隆元宛行状写	岡宗左衛門尉（光良）	書下	於都賀行ニ七拾貫之地		閥九五・柳沢九左衛門―四
59	弘治二年一二月五日	毛利隆元宛行状写	岡宗左衛門尉（光良）	書状	於此方三拾貫文之地		閥九五・柳沢九左衛門―二
60	（弘治二年）一二月二日	毛利隆元宛行状写	小寺佐渡守（元武）	書状	防州日積之内横山給三拾貫文之地		閥四六・小寺忠右衛門―二五
61	弘治三年一月二八日	毛利隆元宛行状写	桜井藤右衛門尉（英之）	書下	西条飯田村之内実正五貫五百目		閥一五〇・桜井甚兵衛―三
62	弘治三年二月六日	毛利隆元宛行状	児玉弥十郎（就時）	書下	佐々部之内野辺国本名田弐町三段		『山口2』児玉家文書三
63	弘治三年二月一九日	毛利隆元安堵状	田中神五郎（元通）	書下	田中五郎兵衛尉一跡		『山口2』毛利博物館蔵毛利家旧蔵文書・田中家文書九
64	弘治三年二月二〇日	毛利隆元宛行状写	児玉若狭守（就秋）	書下	西条飯田村之内光守名		閥八四・児玉弥七郎―七八
65	弘治三年四月二二日	毛利隆元安堵状写	竹田法橋（定詮）	書下	周防国吉敷郡朝田村千世丸保百石、長州美祢郡永光名三拾余石、同郡厚狭郡末益名四分一、同郡津布田郷百拾石		閥一四一・竹田定安―一
66	弘治三年七月一六日	毛利隆元袖判安堵状写	宛所なし	書下	長門国美祢郡於口内法輪庵六石足		閥一五一・杉善兵衛―二
67	弘治三年七月一六日	毛利隆元宛行状写	入江加賀守著親	下文	長門国大津郡俵山郷廿五石足〈伊佐越中守先知行〉、同所十五石足〈阿野新四郎先知行〉、同所廿五石足〈伴田岩松先知行〉地		閥五四・入江七郎左衛門―九

68	弘治三年八月六日	毛利隆元宛行状写	宛所なし	書下	佐々部内早稲田一町		閥一三九・来原与三右衛門―一
69	弘治三年八月一〇日	毛利隆元安堵状写	慈眼院（景順）	書下	長州豊西郡室津郷内壹町六段百歩〈福江兵部丞跡〉、同所八幡宮領三町七段地〈社役在之、但半済反銭諸役除之〉、同国美祢郡嘉万別府法永庵領地、并公文給屋敷浦船等		閥六八・三隅勘右衛門―二〇
70	弘治三年八月一〇日	毛利隆元安堵状写	慈眼院（景順）	書下	長門国大津郡三隅庄内祐栖庵領廿四石足、同国同郡勝楽寺領六石六斗足等事〈但反銭半済諸天役除之〉		閥六八・三隅勘右衛門―二一
71	弘治三年八月一四日	毛利隆元宛行状写	周布彦次郎（元兼）	書下	長州大津郡日置庄之内兼行保四拾石地		閥一二一・周布吉兵衛―一八七
72	弘治三年八月一五日	毛利隆元宛行状写	岩武右衛門尉実秀	下文	長門国厚狭郡内末益名拾五石并山川別府六石足〈伊香賀石見守先知行〉等		閥一六〇・岩武寿仙―一二
73	弘治三年八月一六日	毛利隆元宛行状写	周布彦次郎（元兼）	書下	長門国東豊田百石地〈三隅先知行〉、同国大津郡三隅庄内五拾石〈村上備前守先知行〉		閥一二一・周布吉兵衛―一九〇
74	弘治三年八月一七日	毛利隆元袖判安堵状写	楊井弥七武盛	書下	長門国美祢郡秋吉別府之内参拾石〈養父但馬守遺跡云々〉地		閥一〇六・楊井神平―六
75	弘治三年八月一九日	毛利隆元袖判安堵状	多賀谷宮内少輔武重	書下	長門国美祢郡下加万別府百石足、同郡岩永別府内水田村肆拾石足等		『山口3』多賀谷家文書六
76	弘治三年八月二〇日	毛利隆元袖判安堵状写	深野次郎左衛門尉隆永	書下	周防国吉敷郡深野村肆拾五石地		山口県文書館所蔵譜録・足軽其外御判物写・萩町人
77	弘治三年八月二六日	毛利隆元袖判安堵状写	神代蔵人兼固	書下	長門国美祢郡厚保内肆拾参石、同所参石六斗〈元省心庵領云々〉、大津郡日置庄内拾石地等		閥一〇六・神代吉左衛門―一
78	弘治三年九月一三日	毛利隆元袖判安堵状写	伊佐越中守武綱	書下	長門国美祢郡伊佐別府内四拾五石地、同国豊東郡内日郷拾石地等		山口県文書館所蔵譜録・中尾甚右衛門貞愛
79	弘治三年九月一八日	毛利隆元宛行状	宛所なし	書下	於防州岩国分銭七貫目		『広島Ⅳ』己斐文書一四
80	弘治三年九月一八日	毛利隆元宛行状	粟屋三郎右衛門尉	書下	於防州岩国分銭五貫弐百目		『山口3』粟屋家文書一
81	弘治三年九月一八日	毛利隆元宛行状案	志道源三（就良）	書下	於防州河内郷分銭八貫目		『山口3』山口県文書館蔵志道家文書一

82	弘治三年九月一九日	毛利隆元宛行状写	井上源七郎（元助）	書下	於防州岩国、分銭伍貫目		閥一四七・井上九左衛門―七
83	弘治三年九月一九日	毛利隆元宛行状写	木原左馬助（元相）	書下	於防州岩国分銭八貫目		閥七八・粟屋七郎左衛門―三
84	弘治三年九月一九日	毛利隆元宛行状写	高四郎左衛門尉（常且）	書下	於防州岩国分銭伍貫目		閥一四〇・高四郎左衛門―一
85	弘治三年九月一九日	毛利隆元宛行状写	三上新三郎（元安）	書下	於防州岩国分銭八貫目		閥一二八・三上喜左衛門―一三
86	弘治三年九月一九日	毛利隆元宛行状	渡辺源五郎（雄）	書下	於防州岩国分銭八貫目		『広島Ⅳ』飯田米秋氏所蔵文書六
87	弘治三年九月二八日	毛利隆元宛行状写	飯田与一左衛門尉（元重）	書下	於防州河内郷之内分銭五貫目		閥五〇・飯田与一左衛門―三〇
88	弘治三年九月二八日	毛利隆元宛行状写	中村内蔵允	書下	於防州河内郷之内分銭八貫目		山口県文書館所蔵譜録・中村庄左衛門信員
89	弘治三年九月二八日	毛利隆元宛行状写	山県筑前守（就照）	書下	於防州河内郷之内分銭八貫目		閥一二九・山県惣兵衛―六
90	弘治三年九月二八日	毛利隆元宛行状写	渡辺越後守（重）	書下	於防州河内郷之内分銭八貫目		閥四一・渡辺源四郎―七
91	弘治三年一〇月九日	毛利隆元袖判安堵状写	斎藤加賀守高利	書下	長門国美祢郡赤郷内拾五石足、同郡加万別府内七石足等		閥一六〇・斎藤八郎右衛門―四
92	弘治三年一〇月一三日	毛利隆元宛行状写	渡辺小三郎（長）	書下	山里・久嶋之内三拾貫、同津田之内弐拾貫、合五拾貫文辻		閥二八・渡辺太郎左衛門―三〇
93	弘治三年一〇月二三日	毛利隆元代官職宛行状写	粟屋縫殿允（元通）	書下	山里之内飯山		閥七四・粟屋縫殿―二四
94	弘治三年一〇月二六日	毛利隆元袖判安堵状写	山田隠岐守言輔	書下	長門国大津郡永久・倉小田村弐拾石足、同郡日置庄内七石八斗足〈伊佐対馬守先知行〉等		閥一〇九・山田太郎左衛門―二
95	弘治三年一〇月二八日	毛利隆元宛行状写	井上神左衛門尉（元継）	書下	於久芳保之内三拾貫文之地		閥七八・井上甚左衛門―一一
96	弘治三年一〇月二八日	毛利隆元宛行状写	井上神左衛門尉（元継）	書下	山里之内栗栖上下田四拾貫七百、河内栗村之内拾五貫、同所屋敷五、岩国之内拾貫、合而分銭六拾六貫足		閥七八・井上甚左衛門―一〇
97	弘治三年一〇月二九日	毛利隆元宛行状	永末越中守	書下	寺町之内田六段中間弐人之前		『山口2』永末家文書五
98	弘治三年一一月二日	毛利隆元宛行状写	久芳右京進（賢重）	書下	防州伊賀道之内廿壹石〈高木源七郎先知行〉		閥一四五・久芳庄右衛門―二
99	弘治三年一一月一三日	毛利隆元宛行状写	宍戸但馬守（元親）	書下	牛田舟方給之内拾貫文地		閥一二五・宍戸藤兵衛―六
100	弘治三年一一月一八日	毛利隆元宛行状写	兼重弥三郎（元宣）	書下	佐々井之内丸山名		閥五二・兼重五郎兵衛―二四

101	弘治三年一二月五日	毛利隆元袖判安堵状写	来原藤太郎忠能	書下	長門国豊西郡室津郷肆拾石足内三拾石、同豊東郡安養寺領半済五石足等		閥一三九・来原与三右衛門―一
102	弘治三年一二月五日	毛利隆元宛行状写	内藤新右衛門（就藤）	書状	百石之地		閥一二五・内藤新右衛門―二四
103	弘治三年一二月二二日	毛利隆元宛行状写	杉松千代（重良）	書下	船木		閥七九・杉七郎左衛門―一三
104	弘治三年一二月晦日	毛利隆元宛行状	児玉三郎右衛門尉（就忠）	書下	山里久嶋之内大名弐拾四貫文之地并津田之内大坪名六貫五百文之地		『山口2』毛利博物館蔵毛利家旧蔵文書・児玉家文書一七
105	弘治四年三月一〇日	毛利隆元安堵状	冷泉五郎（元豊）	書下	防州都濃郡下松西福寺領肆拾壱石之地		『山口2』冷泉家文書四〇
106	弘治四年三月一〇日	毛利隆元宛行状	冷泉五郎（元豊）	書下	周防国玖珂郡祖生郷内千貫之地		『山口2』冷泉家文書三九
107	弘治四年四月二八日	毛利隆元宛行状写	高須少輔七郎（元士）	書下	於神領大野之内拾貫文地〈江良神六母為屋敷分先給〉		閥六七・高須惣左衛門―一六
108	弘治四年五月七日	毛利隆元宛行状	平佐七郎右衛門尉	書下	四ヶ所		『広島V』長府毛利文書・元就公隆元公輝元公元春公秀就公御判物類平佐氏其外へ当ル四
109	弘治四年五月二六日	毛利隆元宛行状写	波根遠江守（泰次）・同刑部丞（元泰）	書下	御本地稲用弐百貫、雨河内・泉温知行分百貫		閥一六二・波根平左衛門―二
110	弘治四年六月一日	毛利隆元宛行状写	粟屋木工允（就方）	書下	岩国之内四郎丸半名拾貫文、山里白砂之内小杖名之内五貫文之地		閥三三・粟屋勘兵衛―六九
111	弘治四年閏六月一一日	毛利隆元代官職補任状写	兼重弥三郎（元宣）	書下	山代八ヶ之内本郷并深川両所代官		閥五二・兼重五郎兵衛―二五
112	永禄一年七月二〇日	毛利隆元宛行状写	粟屋与十郎（元種）	書状	山中之内田原三郎右衛門給		閥九・粟屋帯刀―五
113	弘治四年七月二八日	毛利隆元宛行状写	児玉若狭守（就秋）	書下	江田之内駒沢備前給末遠名六貫五百目		閥八四・児玉弥七郎―七九
114	弘治四年一〇月二六日	毛利隆元宛行状写	児玉若狭守（就秋）	書下	西条飯田村之内成仏名三貫文之地		閥八四・児玉弥七郎―七七
115	弘治四年一一月一日	毛利隆元宛行状写	小寺佐渡守（元武）	書下	西条之内重安半名		閥四六・小寺忠右衛門―二三
116	弘治四年一二月二六日	毛利隆元宛行状写	近藤豊後守（元統）	書下	山里浅原之内伊与給五貫目		閥遺巻一の二・近藤宗左衛門―一
117	弘治四年一二月二六日	毛利隆元宛行状	平佐七郎右衛門尉	書下	熊野村内賦残散田不作分田畠四貫八百目		『広島V』長府毛利文書・元就公隆元公輝元公元春公秀就公御判物類平佐氏其外へ当ル五

118	永禄二年一月晦日	毛利隆元宛行状	有馬与四郎（世澄）	書下	松岳山半済八石足		『山口2』毛利博物館蔵毛利家旧蔵文書・有馬家文書二
119	永禄二年五月一七日	毛利隆元宛行状写	近藤豊後守（元続）	書下	岩国之内於黒磯八貫目		閥遺巻一の二・近藤宗左衛門—二
120	永禄二年九月二〇日	毛利隆元宛行状写	榎本弾正忠賢忠	下文	周防国吉敷郡宮野庄内古曽河内給拾石足		閥一八・榎本織衛—一
121	永禄二年一〇月一五日	毛利隆元安堵状写	波多野亀寿	書下	父所帯		『山口4』波多野家文書一五
122	永禄二年一〇月二八日	毛利隆元袖判宛行状	原久左衛門尉（武信）	書下	長門国厚東郡持世寺半済拾七石八斗足、同国豊西郡河棚高五石足		『山口4』京都大学総合博物館蔵原家文書一三
123	永禄三年一月二五日	毛利隆元宛行状写	豊田熊寿	下文	周防国熊毛郡勝間弐拾五石足、同郡美和庄河西弐拾石足等		閥一九・児玉四郎兵衛—四三
124	永禄三年二月一四日	毛利隆元宛行状写	等沢軒	書下	吉敷郡秋穂庄之内雑賀刑部丞給地踏上分之内三拾石足		閥六九・信常弥右衛門—一〇
125	永禄三年二月一八日	毛利隆元袖判安堵状写	吉賀千寿丸（正翼）	書下	周防国熊毛郡田布施郷拾七石五斗足、同郡波野郷壹石五斗居屋敷、同郡美和庄三石、玖珂郡楊井与田弐石地等		閥一四九・吉賀権兵衛—一
126	永禄三年三月五日	毛利隆元安堵状写	藤井飛騨守（忠兼）	書止文言なし	於防長之間以上弐拾七石七斗余、并山口町屋敷一ヶ所		閥七二・藤井治右衛門—三
127	永禄三年四月一一日	毛利隆元宛行状写	波多野亀寿	書下	長門国厚東郡須恵内拾石足之地		『山口4』波多野家文書一七
128	永禄三年四月二三日	毛利隆元安堵状	宮内中務丞	書下	周防国吉敷郡小鯖庄内八幡免拾六石足		『山口4』宮内家文書一〇
129	永禄三年五月一一日	毛利隆元宛行状写	井上源三郎	書下	於嶋田之内拾貫目		閥遺巻二の二・堅田安房家来吉原粂之助書出—一
130	永禄三年七月二日	毛利隆元宛行状写	熊谷少輔九郎（広実）	書下	黒川村		閥四二・熊谷与右衛門—二
131	永禄三年七月八日	毛利隆元宛行状写	植木次郎三郎	書下	於防州河内郷五貫文地		閥一六九・植木十兵衛—二
132	永禄三年七月八日	毛利隆元安堵状写	国司亀丸（宍戸元行）	書下	一跡		閥二一・宍戸四郎五郎—一
133	永禄三年七月二二日	毛利隆元宛行状写	和智虎法師（元経）	書下	於防州末武内廿石地		閥五五・粟屋弥九郎—一
134	永禄三年九月一八日	毛利隆元宛行状写	坂少輔六郎	書下	於防州河村郷分銭三拾貫目		『山口3』萩市郷土博物館蔵坂家文書六

135	永禄三年一〇月五日	毛利隆元宛行状写	能美佐渡守（重友）	書下	長州美祢郡赤郷之内三石七斗余出米共、同郡嘉万別府三石足〈斎藤亀寿先知行〉、同国大津郡三隅庄内壹石五斗足〈善願寺半済、永久壹岐守知行〉地等		閥一五七・能美彦左衛門―二
136	永禄三年一〇月八日	毛利隆元宛行状写	植木孫六	書下	於防州河内郷五貫文地		閥一五七・植木平六―二
137	永禄三年一〇月八日	毛利隆元宛行状写	河野与三左衛門尉（元通）	書下	於小方之内小瀬五貫文地		閥一一六・河野与三左衛門―二
138	永禄三年一〇月八日	毛利隆元宛行状写	野尻又右衛門	書下	於山里久嶋内拾貫文		『広島Ⅴ』譜録・野尻玄清是廉―一
139	永禄三年一〇月一六日	毛利隆元宛行状写	能美内蔵丞（宣通）	書下	周防国吉敷郡宮野庄内拾五石地〈山大工・轆轤師両給分、江木助次郎給内増分〉等		閥七〇・能美三郎左衛門―一
140	永禄三年一〇月一八日	毛利隆元宛行状写	渡辺与三次郎（宗）	書下	於防州瀬田七貫目、多田村畠三貫文地		閥一四六・渡辺五郎左衛門―一
141	永禄三年一〇月二三日	毛利隆元宛行状写	三分一式部丞	書下	五ヶ其方抱分六町		閥一六五・三分一左兵衛―四
142	永禄三年一〇月二三日	毛利隆元宛行状写	三分一新五郎	書下	五ヶ其方抱分参町		閥一六五・三分一六右衛門―四
143	永禄三年一〇月二三日	毛利隆元宛行状写	三分一主殿允	書下	五ヶ其方抱分六町		閥一六五・三分一惣三郎―三
144	永禄三年一〇月二三日	毛利隆元宛行状写	林藤右衛門尉（元信）	書下	五ヶ其方抱分拾八町		閥一一六・林半兵衛―七
145	永禄三年一〇月二三日	毛利隆元宛行状	舟越淡路守（通吉）	書下	五ヶ其方拘分弐拾町		『山口3』山口県文書館蔵山口市船越家文書一
146	永禄三年一〇月二八日	毛利隆元宛行状写	桂三郎五郎（元将）	書下	防州岩国拾貫文地、同芸州山里拾貫文地		閥三九・桂善左衛門―二九
147	永禄三年一〇月二八日	毛利隆元宛行状写	中村源兵衛尉	書下	於防州岩国拾貫文地		閥一六八・中村藤左衛門―七
148	永禄三年一一月一日	毛利隆元宛行状写	粟屋縫殿允（元通）	書下	於山里・津田之内三拾貫文地		閥七四・粟屋縫殿―二五
149	永禄三年一一月四日	毛利隆元宛行状写	飯田又右衛門	書下	於岩国大野内七貫五百文目		『広島Ⅴ』譜録・飯田善右衛門正共―三
150	永禄三年一一月五日	毛利隆元宛行状写	河野源六	書下	於防州河内之郷五貫之地		山口県文書館所蔵譜録・河野源兵衛通友
151	永禄三年一一月一六日	毛利隆元宛行状写	高四郎左衛門尉（常且）	書下	於防州岩国内五貫文地		閥一四〇・高四郎左衛門―二
152	永禄三年一一月一六日	毛利隆元宛行状写	児玉四郎兵衛尉（就光）	書下	山里・津田畑之内所山名拾八貫文地		閥一九・児玉四郎兵衛―三九

153	永禄三年一二月一二日	毛利隆元宛行状写	慈眼院景順	書下	防州都濃郡豊井保霊昌寺領五拾石足、并立野三拾石之内弐拾石足		閥六八・三隅勘右衛門―一二
154	永禄三年一二月一六日	毛利隆元宛行状	松原隼人佐	書下	於山代本郷内田五町		『山口4』松原家文書一五
155	永禄三年一二月二一日	毛利隆元宛行状写	中村新右衛門尉（就親）	書下	於防州河内郷拾五貫目		山口県文書館所蔵譜録・中村彦左衛門矩忠
156	永禄三年一二月二八日	毛利隆元宛行状写	宛所なし	書下	於防州河内郷三拾貫目		閥三二・口羽衛士―一八
157	永禄四年一月一五日	毛利隆元袖判宛行状写	榎本弾正忠（賢忠）	書下	長州美祢郡秋吉別府之内拾石足、同国厚東郡吉見村内拾石足、同郡棚井村内肆石五斗足〈大村左馬助先知行〉等		閥一八・榎本織衛―四
158	永禄四年二月一八日	毛利隆元宛行状写	三戸六郎右衛門（元清）	書下	於防州河内八貫之地		閥八五・三戸六郎右衛門―五
159	永禄四年二月二八日	毛利隆元宛行状	楢崎九郎次郎（信景）	書下	於山代五ヶ五拾貫之地		『山口3』萩市郷土博物館蔵楢崎家文書二一
160	永禄四年三月一日	毛利隆元宛行状写	飯田与一左衛門尉（元重）	書下	防州於河内郷拾貫、并岩国五貫之地		閥五〇・飯田与一左衛門―三一
161	永禄四年四月七日	毛利隆元宛行状写	粟屋余十郎（元種）	書下	舟木之内守弘名并所木		閥九・粟屋帯刀―六
162	永禄四年五月九日	毛利隆元安堵状写	経富四郎三郎（元鑑）	書下	長州豊東郡大坪村五石足、同国豊西郡伊倉村拾三石足		閥一六六・経富八兵衛―二
163	永禄四年八月二日	毛利隆元宛行状写	三田新五左衛門尉（就政）	書下	周防国都濃郡山田郷虚昌寺領之内弐拾余		閥一一三・三田新五左衛門―一
164	永禄四年一一月一四日	毛利隆元安堵状	粟屋松寿丸（元如）	書下	正覚寺武役地		『山口4』京都大学総合博物館蔵粟屋家文書九
165	永禄五年二月一三日	毛利隆元安堵状写	能美式部丞	書下	長州美祢郡赤郷之内三石七斗余出米共、同郡嘉万別府参石足〈斎藤亀寿先知行〉、同国大津郡三隅庄内壹石五斗足〈善願寺半済、永久壹岐守先知行〉地等		閥一五七・能美彦左衛門―三
166	永禄五年六月一二日	毛利隆元安堵状写	門司左近将監（親胤）	書下	豊前国規矩郡吉志郷之内拾四町弐反拾五代地〈坪付別紙在之〉		閥一〇九・門司弥次右衛門―四
167	永禄六年一月二四日	毛利隆元安堵状写	桂少輔十郎（広信）	書下	父兵部丞元親跡目		『広島Ⅴ』譜録・桂五郎左衛門応之―二
168	永禄六年一月二四日	毛利隆元安堵状写	波多野万三郎	書下	父彦左衛門尉跡目		閥一六七・波多野周益―三

169	永禄六年一月二六日	毛利隆元袖判安堵状写	宛所なし	書下	父盛任所帯		閥一三五・高井小左衛門―六
170	永禄六年二月二三日	毛利隆元宛行状写	三田新五左衛門尉（就政）	書下	生田之内春阿弥給		閥一一三・三田新五左衛門―三
171	永禄六年六月五日	毛利隆元宛行状写	国司雅楽允（就信）	書下	山里・友田之内児玉左衛門五郎上表之地拾五石足		閥五五・国司与一右衛門―三四
172	永禄六年六月七日	毛利隆元宛行状	新屋新三郎（実満）	書下	吉敷郡秋穂庄杉修理進先知行四拾八石之内弐拾石足		『山口2』新山家文書三
173	年未詳六月一一日	毛利隆元預け状	福永兵庫助	書状	備中十四村之内壱所		『山口3』山口県文書館蔵福永家文書四
174	年未詳七月二八日	毛利隆元安堵状	福永豊後守	書下	其方跡目		『山口3』山口県文書館蔵福永家文書一
175	年未詳八月二九日	毛利隆元宛行状写	椙杜信濃守（隆康）	書状	一所弐百石之地		山口県文書館所蔵譜録・椙杜六郎広連
176	年未詳九月二日	毛利隆元宛行状写	河北孫右衛門尉（俊興）	書状	拾貫文当務於大野賦在所		閥一〇五・河北長左衛門―一
177	年未詳一〇月二日	毛利隆元宛行状案	村上掃部頭（武吉）	書状	防州玖珂・熊毛両郡之内、柱嶋一円、并於道前之内弐百石、同先御知行波野郷三拾石地		『山口3』山口県文書館蔵寄組村上家文書一四
178	年未詳一〇月二二日	毛利隆元宛行状写	中村次郎左衛門尉（就久）	書状	於長州吉永六拾石之地		閥九〇・中村七郎左衛門―一二
179	年未詳一〇月二二日	毛利隆元宛行状	剣物与左衛門尉	書状	長州於吉永村三拾六石余地		『山口2』劔持家文書七
180	年未詳一一月一四日	毛利隆元宛行状	末国善十郎（元光）	書状	都賀於西之地拾五貫之地		『山口3』妙蓮寺蔵末國家文書三九
181	年未詳一二月二〇日	毛利隆元安堵状写	内藤左衛門大夫（隆春）	書状	於豊田郡内宛行在所等		閥九九・内藤小源太―六

【表3】毛利元就・同隆元連署宛行状・安堵状

No.	年月日	文書名	受給者	様式	給与・保証対象	備考	出典
1	天文九年二月一二日	毛利元就・同隆元連署宛行状写	宛所なし	書下	山中内ほしのり三分二、米六斗、うね畠米壱斗五舛、竹のそね米壱斗五舛、国光半名米壱斗五舛、畑田米三斗	付け年号は検討を要する	『広島V』『芸備郡中士筋者書出』所収文書一一

2	天文一五年二月二〇日	毛利隆元・同元就連署宛行状写	兼重弥三郎（元宣）	書下	吉田庄内兼重名		閥五二・兼重五郎兵衛―二一
3	天文一五年四月二八日	毛利隆元・同元就連署宛行状	児玉三郎右衛門尉（就忠）	書下	中村分入江之内末宗半名		『山口2』毛利博物館蔵毛利家旧蔵文書・児玉家文書一三
4	天文一五年四月二八日	毛利隆元・同元就連署宛行状	児玉三郎右衛門尉（就忠）	書下	中山之内田三町五段		『山口2』毛利博物館蔵毛利家旧蔵文書・児玉家文書一四
5	天文一六年六月二九日	毛利元就・同隆元連署宛行状写	小寺十郎左衛門（元武）	書下	於本郷・京丸両所之内三十貫足		閥四六・小寺忠右衛門―一五
6	天文一六年七月二日	毛利元就・同隆元連署宛行状写	小寺十郎左衛門（元武）	書下	於寺町・京丸之内三十貫目		閥四六・小寺忠右衛門―一六
7	天文一六年七月二日	毛利元就・同隆元連署宛行状写	土屋小七郎	書下	於寺町・京丸之内十貫目		閥四六・小寺忠右衛門―六五
8	天文一六年七月二日	毛利元就・同隆元連署宛行状	永末越中守	書下	於寺町京丸之内三十貫目		『山口2』永末家文書八
9	天文一六年七月二日	毛利元就・同隆元連署宛行状写	林孫右衛門尉	書下	於寺町・京丸之内拾弐貫目		閥一五八・林勘右衛門―一
10	天文一七年一〇月一〇日	毛利元就・同隆元連署宛行状写	小寺十郎左衛門尉（元武）	書下	重永之内三郎丸名之事、半分		閥四六・小寺忠右衛門―一八
11	天文一七年一〇月一〇日	毛利元就・同隆元連署宛行状	永末越中守	書下	重永之内三郎丸名之事、半分		『山口2』永末家文書九
12	天文一九年七月一五日	毛利元就・同隆元連署宛行状	治部少輔（吉川元春）	書状	阿土乙熊		吉川四四三
13	天文一九年一二月一五日	毛利隆元・同元就連署安堵状写	井上宗左衛門尉（元勝）	書下	給地		閥六九・井上新左衛門―七
14	天文一九年一二月一六日	毛利元就・同隆元連署宛行状	吉川治部少輔（元春）	書下	下品地三百貫・河井村等／為本領分今田弐百貫、上品地之内百貫、春木之内百貫		吉川四四六
15	天文二〇年二月七日	毛利隆元・同元就連署宛行状写	平佐千代法師（就之）	書下	多治比之内ほし田一町、平佐五段、乙丸五段、壬生之内城下ちり田一町五段		閥五六・桜井半左衛門―一
16	天文二〇年五月八日	毛利隆元・同元就連署宛行状写	三上民部丞	書下	田壹町くさ木、田弐反黒田		閥一一八・三上喜左衛門―一〇

17	天文二〇年五月一九日	毛利元就・同隆元連署宛行状写	市川太郎左衛門尉	書下	市川之内田一町四段、屋敷三ツ		閥遺巻一の二・市川権之丞—二
18	天文二二年四月五日	毛利元就・同隆元連署安堵状写	船木又七郎（赤川元之）	書下	船木越前守跡目		閥遺巻二の一・赤川二郎左衛門—一四
19	天文二三年五月一一日	毛利元就・同隆元連署宛行状写	児玉与次郎（元茂）	書下	佐東下安之内八木給田三町壹段半、米十石六斗前		閥六九・児玉四郎右衛門—一一
20	天文二三年六月九日	毛利元就・同隆元連署宛行状	糸賀平左衛門尉	書下	十壹貫文　高井之内〈栗栖新左衛門尉給／羽仁将監給〉／五貫文　寺地之内〈羽仁将監給〉／四貫文　坪井之内〈大野左近大夫分／坪井伊豆守分〉／一ヶ所口十三間之中廿日市居屋敷／一ヶ所口四間有浦屋形かりや		糸賀家文書一五
21	（天文二三年）六月一一日	毛利元就・同隆元連署宛行状	平賀新九郎（広相）	書状	東西条之内寺町之内助実方、次郎丸方、郡戸五拾貫分		平賀九〇
22	天文二三年七月二日	毛利元就・同隆元連署宛行状写	桂能登守（元澄）	書下	神領之内平良宮内郷六百九拾六貫、佐方七拾五貫、当町一円		閥一二・桂能登—九
23	天文二三年七月九日	毛利元就・同隆元連署宛行状写	熊野左馬允（忠泰）	書下	厳嶋之内豊嶋太郎屋敷、多田孫左衛門屋敷、むしやうしゆ屋敷		『広島Ⅲ』新出厳島文書一五四
24	天文二三年八月三日	毛利元就・同隆元連署宛行状写	熊谷兵庫頭（信直）	書状	温科分ニ相加弐百貫之辻		閥四二・熊谷与右衛門—一
25	天文二三年八月五日	毛利元就・同隆元連署宛行状	熊谷兵庫頭（信直）	書下	石道本城分九十貫		熊谷一三〇
26	天文二三年一〇月一三日	毛利元就・同隆元連署宛行状写	天野少輔四郎（元友）	書下	志芳阿野分		閥九二・天野九郎左衛門—一
27	天文二三年一一月一日	毛利元就・同隆元連署預け状	棚守左近将監（房顕）	書下	平良之内大原御衣領		『広島Ⅱ』厳島野坂文書三五九
28	天文二三年一一月二四日	毛利元就・同隆元連署宛行状	福万松若（元明）	書下	三若之内伊藤分田壱町小・畠壱段、迫分田六段・屋敷一所、石原之内田四段		『山口3』山口県文書館蔵福間家文書二
29	天文二三年一二月二二日	毛利元就・同隆元連署宛行状写	小寺十郎左衛門（元武）	書下	於江田壹町五反		閥四六・小寺忠右衛門—二〇

30	天文二四年二月一九日	毛利元就・同隆元連署宛行状写	久芳右京進（賢重）	書下	久芳之内貞宗名出雲守給		閥一四五・久芳庄右衛門―一
31	天文二四年八月二二日	毛利元就・同隆元連署宛行状写	蔵田彦五郎	書下	給地		閥遺巻一の二・倉田玄順―一
32	天文二四年八月二二日	毛利元就・同隆元連署宛行状写	末永弥六左衛門	書下	給地		『広島Ⅴ』岩国藩中諸家古文書纂・末永兵八―一
33	天文二四年八月二二日	毛利元就・同隆元連署宛行状写	新屋新三郎（実満）	書下	給地		閥八五・新山十郎左衛門―一
34	天文二四年八月二二日	毛利元就・同隆元連署宛行状写	西新四郎（実世）	書止文言なし	給地		閥一六九・西七郎兵衛―二
35	天文二四年九月一八日	毛利元就・同隆元連署宛行状写	三戸新兵衛尉（有次）	書下	給地		閥五六・三戸平左衛門―二
36	天文二四年一〇月二二日	毛利元就・同隆元連署預け状写	三分一式部丞・主殿允	書下	錦見隠岐守・錦見神祇祐跡		閥一六五・三分一惣三郎―一
37	天文二四年一〇月二二日	毛利元就・同隆元連署預け状	助頭土佐守	書下	林平左衛門尉明地		『山口3』助藤家文書六
38	天文二四年一〇月二二日	毛利元就・同隆元連署預け状写	林右馬允（家長）	書下	林平左衛門尉永代之地		閥一一六・林半兵衛―二
39	（弘治一年）一〇月二八日	毛利元就・同隆元連署安堵状写	椙杜右京亮（隆康）	書状	防州玖珂郡之内北方五百貫、杉治部大夫跡		閥三〇・椙杜伊織―三
40	（弘治一年）閏一〇月一日	毛利元就・同隆元連署安堵状写	宛所なし	書状	吉井蔵人後家三拾五石足〈大嶋郡屋代庄・熊毛郡小郷〉		閥一二八・吉井源左衛門―五
41	（弘治一年）閏一〇月一日	毛利元就・同隆元連署宛行状写	小方対馬守（隆忠）	書状	本郷南方之内毛利彦次郎先給九拾石足		閥一〇一・小方三郎左衛門―一
42	（弘治一年）閏一〇月五日	毛利元就・同隆元連署安堵状	沓屋市佐（景頼）	書状	於嶋中御本地相加百三拾石足		『山口2』沓屋家文書六
43	天文二四年閏一〇月七日	毛利元就・同隆元連署宛行状	諸卜軒	書下	岩国錦見内拾石足、本庄之内隆兼領分五石足、同内弘中大炊允先給拾八石足		『山口2』中村家文書一
44	天文二四年一一月二一日	毛利元就・同隆元連署宛行状写	安部主計允（祐定）	書下	宮嶋有之浦紺屋弥七郎屋敷		閥一六〇・安部五郎右衛門―一

45	天文二四年一二月七日	毛利元就・同隆元連署安堵状	末国善十郎（元光）	書下	父伊豆守光氏跡目		『山口3』妙蓮寺蔵末國家文書三八
46	弘治二年四月五日	毛利元就・同隆元連署宛行状写	林孫右衛門	書下	五貫目		閥一五八・林勘右衛門—二
47	弘治二年四月八日	毛利元就・同隆元連署宛行状写	出羽民部大輔（元祐）	書下	高見并山南半分		閥四三・出羽源八—六
48	弘治二年四月八日	毛利元就・同隆元連署宛行状写	出羽民部大輔（元祐）	書下	君谷半分		閥四三・出羽源八—五
49	（弘治二年カ）六月二一日	毛利元就・同隆元連署宛行状写	出羽民部大輔（元祐）	書状	於佐東長東之内笠井給五拾貫、東西条寺家村之内百貫		閥四三・出羽源八—四
50	弘治二年七月一日	毛利元就・同隆元連署宛行状写	児玉与次郎（元茂）	書下	佐東下安之内八木給田四町、米拾五石前		閥六九・児玉四郎右衛門—一二
51	弘治二年八月一四日	毛利元就・同隆元連署宛行状写	小寺佐渡守（元武）	書下	於防州・芸州之間五拾貫文之地		閥四六・小寺忠右衛門—二一
52	弘治二年一〇月二日	毛利元就・同隆元連署宛行状写	志道才徳丸	書下	石州都賀東地参百五拾貫地		閥三二・口羽衛士—一七
53	弘治二年一〇月一二日	毛利元就・同隆元連署宛行状	中丸小五郎	書下	於大野郷五拾貫文地		『山口4』中丸家文書一二
54	（弘治二年カ）一二月二〇日	毛利元就・同隆元連署安堵状写	飯田越中守（宣武）	書下	宣真給地		閥一四五・飯田友之助—一
55	弘治三年二月二三日	毛利元就・同隆元連署宛行状	熊野民部丞	書下	神領宮内之内六郎丸		『広島Ⅲ』巻子本厳島文書一一九
56	弘治三年一一月八日	毛利元就・同隆元連署宛行状	中丸修理亮	書下	於神領大野村拾壱石弐斗足、此内散仕給壱石五斗足相加		『山口4』中丸家文書一三
57	弘治四年一月二一日	毛利元就・同隆元連署宛行状写	財満赤法師丸	書下	西条飯田村内竹垣内分四名弐拾貫目、有末竹垣内作職、伴之内参貫目		『広島Ⅴ』譜録・財満久三郎久張一
58	永禄二年九月六日	毛利元就・同隆元連署宛行状	吉川和泉守（経安）	書下	邇摩郡西郷之内津淵拾八貫足、同郷内福光美濃守六拾貫足、大田下村共		石見吉川七
59	永禄二年一〇月一六日	毛利元就・同隆元連署宛行状写	刺賀治部少輔（吉信）	書下	石州邇摩郡内百石、大国六拾石、山口分五拾石、宮村於佐摩銀五貫目		山口県文書館所蔵譜録・刺賀治部左衛門信続

60	永禄二年一〇月一六日	毛利元就・同隆元連署宛行状写	刺賀治部少輔（吉信）	書下	石州安濃郡刺賀五百貫		閥六六・刺賀佐左衛門―一
61	（永禄二年カ）一二月一九日	毛利元就・同隆元連署預け状写	仁保右衛門太夫（隆慰）	書状	規矩郡内柳郷、大積郷、片野郷三ヶ所		閥六〇・仁保太左衛門―一六
62	（永禄二年カ）一二月一九日	毛利元就・同隆元連署代官職補任状写	仁保右衛門太夫（隆慰）	書状	豊前国規矩郡壹郡不残給人寺社家悉代官職		閥六〇・仁保太左衛門―一五
63	永禄三年二月二〇日	毛利元就・同隆元連署宛行状写	越智対馬守	書下	防州佐波郡富海保内拾石五斗余足、同郡同所国衙内柒石七斗足、同郡五ヶ村鈴屋内拾伍石足		山口県文書館所蔵譜録・越智喜代槌
64	永禄三年二月二四日	毛利元就・同隆元連署宛行状写	出羽民部大輔（元祐）	書状	高見村七拾貫之地		閥四三・出羽源八―八
65	永禄三年二月二四日	毛利元就・同隆元連署宛行状写	出羽民部大輔（元祐）	書状	山南之内村五拾五貫之地		閥四三・出羽源八―七
66	永禄三年一〇月二一日	毛利元就・同隆元連署宛行状	吉川治部少輔（元春）	書下	於防州山代五箇之内、下畑弐百五十貫、阿賀百五十貫、志不前百貫、都合五百貫之地		吉川四六〇
67	永禄四年七月二日	毛利元就・同隆元連署安堵状写	岡余三左衛門尉（就栄）	書下	坂之内真重名田参段、横田之内宝善名田五段・同所井手原名田五段、以上壹町三段、吉田之内屋敷壹ヶ所等		閥九六・岡与三左衛門―八
68	永禄五年七月一八日	毛利元就・同隆元連署宛行状	山内新左衛門尉（隆通）	書下	牛尾七百貫、賀茂五百貫、井能三百貫、佐世七百貫		山内二二二
69	永禄五年九月一日	毛利元就・同隆元連署宛行状	熊谷兵庫頭（信直）	書下	於山代五ヶ村之内百五拾貫文之地		熊谷一四〇
70	永禄五年九月二日	毛利元就・同隆元連署宛行状写	熊谷少輔九郎（広実）	書下	於山代五ヶ之内七拾貫文之地		閥四二・熊谷与右衛門―三
71	永禄五年一〇月一七日	毛利元就・同隆元連署宛行状	山内新左衛門尉（隆通）	書下	於道前三百貫地		山内二二三
72	永禄五年一一月一〇日	毛利元就・同隆元連署宛行状	熊谷兵庫頭（信直）	書下	古志四百貫		熊谷一四二
73	永禄五年一一月二三日	毛利元就・同隆元連署宛行状写	熊谷少輔九郎（広実）	書下	須佐五百貫、乙立三拾五貫、古志之内百貫		閥四二・熊谷与右衛門―四

74	年未詳二月九日	毛利隆元・同元就連署宛行状	児玉小二郎（就忠）	書下	ぬつし給六段		『山口2』毛利博物館蔵毛利家旧蔵文書・児玉家文書一九
75	年未詳二月二四日	毛利元就・同隆元連署宛行状写	出羽民部太輔（元祐）	書状	防州山代河山之内田数弐拾四町五段		岩国徴古館所蔵吉川家中并寺社文書・東栄三郎他家御書写
76	年未詳五月一一日	毛利元就・同隆元連署宛行状	山内少輔四郎（隆通）	書状	三百貫之地		山内二三〇
77	年未詳六月二六日	毛利元就・同隆元連署安堵状写	桂民部大輔（広繁）	書止文言なし	芸州廿日市・川口・桜尾麓廻五万石領知		閥五三・桂久右衛門―三
78	年未詳一〇月二〇日	毛利元就・同隆元連署安堵状写	小方対馬守（隆忠）	書状	祖生郷之内岸見領三拾石、同所実乗寺領三拾六石、弘中四郎兵衛先給拾五石		閥一〇一・小方三郎左衛門―六
79	年未詳一〇月二六日	毛利元就・同隆元連署宛行状写	天野六郎（隆綱）	書下	飯田村半分		『山口3』山口県文書館蔵右田毛利家文書八六
80	年未詳一一月一日	毛利元就・同隆元連署宛行状写	山本三郎左衛門	書状	佐東温井苻中之内給地田畠八		閥遺巻五の三・長府百姓山本清左衛門所持―四
81	年未詳一一月九日	毛利元就・同隆元連署安堵状写	波根遠江守（泰次）	書状	御本地五百貫并御同名孫太郎方領地弐百貫、合七百貫之地		閥一六二・波根平左衛門―一

【表4】毛利元就・同隆元発給官途状類

No.	年月日	文書名	対象者	名字	仮名・官途名	備考	出典
1	（永正一三年ヵ）四月二〇日	毛利元就加冠状写	伊藤善三郎（就祐）	就		「永十三」の付け年号あり	山口県文書館所蔵譜録・伊藤半左衛門景尚
2	大永四年一二月一六日	毛利元就加冠状写	国司四郎三郎（就信）	就			閥五五・国司与一右衛門―二一
3	大永五年三月一一日	毛利元就加冠状	佐藤助右衛門尉（元親）	元親			『久芳文書・佐藤文書』佐藤文書二―一
4	大永七年一月八日	毛利元就加冠状写	井上小太郎（元義ヵ）	元			閥九三・井上右衛門―三七
5	大永七年八月一三日	毛利元就官途書出写	佐々木（平左衛門尉）		平左衛門尉		山口県文書館所蔵譜録・本村常之助明之
6	享禄二年一月二日	毛利元就官途書出写	（市川五郎左衛門尉）		五郎左衛門尉		岩国徴古館所蔵吉川家中并寺社文書・市河家御書

7	享禄二年一二月一三日	毛利元就官途書出写	（粟屋弥三郎元宗）		縫殿允	天文一五年隆元受領書出あり	閥七四・粟屋縫殿―九七
8	享禄二年一二月一三日	毛利元就官途書出写	（井上元貞）		兵庫助		閥七八・井上甚左衛門―八
9	享禄二年一二月一三日	毛利元就加冠状写	桂三郎太郎	元			閥三九・桂善左衛門―四一
10	享禄二年一二月一三日	毛利元就名字・官途書出写	佐伯源六（就実）	就実	源左衛門尉		閥一一三・林五郎兵衛―一
11	享禄二年一二月二三日	毛利元就加冠状写	三戸六郎五郎（元清）	元清			閥八五・三戸六郎右衛門―八
12	（享禄三年）三月一三日	毛利元就加冠状	渡辺源五郎	忠			『山口2』渡辺家文書（山口市）一
13	享禄三年八月一一日	毛利元就受領書出写	（粟屋元貞）		土佐守		閥四九・粟屋四郎右衛門―一四
14	享禄三年一二月二八日	毛利元就官途書出写	（弘九郎左衛門尉）		九郎左衛門尉	天文二四年元就受領書出あり	閥八一・弘六郎右衛門―四
15	享禄五年八月一五日	毛利元就加冠状写	岡与次郎（就栄）	就			閥一四五・岡与左衛門―一五
16	天文四年三月二四日	毛利元就官途・一字書出写	（児玉木工允就秋）	就	木工允	天文二一年隆元受領書出あり	閥八四・児玉弥七郎―八八
17	天文六年六月二日	毛利元就加冠状写	坪井新四郎（就定）	就			閥一三九・坪井左兵衛―五
18	天文六年一一月一五日	毛利元就加冠状写	粟屋弥三郎（元通）	元		弘治一年隆元官途書出あり	閥七四・粟屋縫殿―九八
19	天文七年八月七日	毛利隆元一字書出写	国司右京亮（元相）	元		検討を要する	閥一五・国司隼人―一七
20	天文七年一一月二八日	毛利元就加冠状写	粟屋弥五郎（方泰）			天文八年の隆元名字書出、天文一五年隆元官途書出あり	閥四九・粟屋刑部左衛門―一
21	天文八年一一月一二日	毛利隆元名字書出写	粟屋弥五郎（方泰）	方泰		天文七年の元就加冠状、天文一五年隆元官途書出あり	閥四九・粟屋刑部左衛門―二
22	天文八年一二月二三日	毛利元就加冠状写	井上助十郎（就正）	就		天文二三年隆元官途書出あり	閥三八・井上彦左衛門―四二
23	天文一一年一月一八日	毛利元就官途書出	和田左衛門三郎（波多野就雅）		源兵衛尉		『山口3』波多野家蔵波多野家文書一六
24	天文一一年一月二四日	毛利隆元官途書出写	飯田次郎九郎（元重）		与一左衛門尉		閥五〇・飯田与一左衛門―一八
25	天文一一年一月二四日	毛利隆元官途書出写	作間源五郎		四郎右衛門尉		閥一四五・作間四郎右衛門―一三

26	天文一一年一月二四日	毛利隆元官途書出写	中村弥次郎		源兵衛尉		閥一六八・中村藤左衛門―一五
27	天文一一年一月二四日	毛利隆元官途書出写	山県源七郎（元重）		平右衛門尉		閥六三・山県平八―一四
28	天文一一年一月二四日	毛利隆元官途書出写	渡辺与三二郎（良）		助右衛門尉		閥一四六・渡辺五郎左衛門―七
29	天文一一年一月二五日	毛利隆元官途書出	井上七郎次郎（元藤）		宗右衛門尉		『山口3』山口県文書館蔵小川五郎収集文書五
30	天文一一年二月一日	毛利隆元加冠状写	飯田新五郎				山口県文書館所蔵譜録・飯田善右衛門正共
31	天文一一年二月一日	毛利隆元官途書出写	飯田新五郎		新右衛門尉		山口県文書館所蔵譜録・飯田善右衛門正共
32	天文一一年一二月二六日	毛利元就加冠状	山内少輔四郎（隆通）				山内三八〇
33	天文一二年八月二八日	毛利元就加冠状写	粟屋四郎三郎（就貞）	就貞		永禄二年隆元官途書出あり	閥四九・粟屋四郎右衛門―一二
34	天文一二年八月晦日	毛利隆元加冠状	少輔次郎（吉川元春）	元			吉川四〇九
35	天文一二年一二月二日	毛利隆元加冠状写	山県三郎五郎（元政）	元			閥一二九・山県惣兵衛―一五
36	天文一二年一二月二四日	毛利隆元官途書出写	粟屋与一（元良）		太郎左衛門尉		閥一一二・粟屋源左衛門―一
37	天文一二年一二月二四日	毛利隆元加冠状写	三戸小三郎（元顕）				閥一三一・三戸二郎右衛門―七
38	天文一三年四月一日	毛利隆元加冠状写	綿貫孫三郎（忠久）	忠久			閥九八・綿貫孫三郎―三
39	天文一三年一二月二九日	毛利隆元官途書出写	飯田小三郎		四郎左衛門		閥一六二・飯田理右衛門―二
40	天文一五年二月一五日	毛利元就官途書出写	福井源十郎（元信）		十郎兵衛尉		山口県文書館所蔵譜録・福井十郎兵衛信之
41	天文一五年八月一七日	毛利隆元受領書出写	粟屋縫殿之允（元宗）		備前守	享禄二年元就官途書出あり	閥七四・粟屋縫殿―九九
42	天文一五年八月二八日	毛利隆元官途書出写	中村助五郎		内蔵丞		山口県文書館所蔵譜録・中村庄左衛門信員
43	天文一五年九月一日	毛利隆元官途書出写	林四郎次郎		孫右衛門尉		閥一五八・林勘右衛門―四
44	天文一五年一二月晦日	毛利隆元官途書出写	粟屋弥五郎（方泰）		刑部左衛門尉	天文七年の元就加冠状、天文八年隆元名字書出あり	閥四九・粟屋刑部左衛門―三
45	天文一六年一月一三日	毛利元就加冠状写	佐伯又五郎	就			閥遺巻一の二・井上彦左衛門―七

46	天文一六年六月一〇日	毛利隆元加冠状写	渡辺与三次郎（宗）	宗		永禄四年隆元官途書出あり	閥一四六・渡辺五郎左衛門―八
47	天文一六年閏七月六日	毛利元就官途書出写	山県四郎三郎（就相）		左衛門大夫		閥一三三・山県四郎三郎―二七
48	天文一七年一二月二三日	毛利隆元加冠状写	政所甚五郎（田中元通）	元			閥八六・田中神五郎―一〇
49	（天文一七年）	毛利元就幼名書出	（吉川元長）		鶴寿丸		吉川六三七
50	天文一八年二月九日	毛利隆元受領書出写	中村神左衛門尉		豊前守		閥一五八・中村助十郎―五
51	天文一八年一二月一三日	毛利元就加冠状	波多野与八（就信）	就		永禄五年元就官途書出あり	『山口3』波多野家蔵波多野家文書一七
52	天文一八年一二月一三日	毛利隆元加冠状写	八幡原孫八郎（元直）	元			山口県文書館所蔵譜録・志賀茂右衛門詮氏
53	天文一九年二月九日	毛利隆元加冠状写	春若孫七郎（元俊）				閥一六〇・春若四郎左衛門―一
54	天文一九年九月一二日	毛利隆元加冠状写	中村助十郎				閥一五八・中村助十郎―六
55	天文一九年一〇月一八日	毛利隆元加冠状	末国善十郎（元光）				『山口3』妙蓮寺蔵末國家文書一
56	天文一九年一二月六日	毛利元就官途書出写	（二階）新二郎		藤左衛門尉		閥一三四・二階権大夫―九
57	天文一九年一二月一三日	毛利隆元加冠状写	桂三郎五郎（元将）	元			閥三九・桂善左衛門―四二
58	天文二〇年二月六日	毛利隆元加冠状写	林四郎次郎				閥一五八・林勘右衛門―五
59	天文二〇年四月二一日	毛利隆元加冠状写	三宅新五郎（就直）				閥一一四・三宅五郎左衛門―一一
60	天文二〇年九月二二日	毛利元就官途・一字書出写	福嶋源三郎（元長）	元	右京亮		山口県文書館所蔵譜録・福島九郎右衛門知氏
61	天文二〇年九月晦日	毛利元就官途書出写	熊野弥七（秀親）		刑部丞		山口県文書館所蔵譜録・吉原市兵衛延久
62	天文二一年一月二日	毛利隆元官途書出写	木村孫三郎		彦左衛門尉		閥一六九・木村彦左衛門―一〇
63	天文二一年三月二四日	毛利隆元受領書出写	児玉木工允（就秋）		若狭守	天文四年元就官途・一字書出あり	閥八四・児玉弥七郎―八九
64	天文二一年一月二四日	毛利隆元官途書出	佐藤彦三郎（元実）		又右衛門尉		『久芳文書・佐藤文書』佐藤文書五―一
65	天文二二年二月二八日	毛利隆元加冠状	粟屋新五郎（信久）	信久			『山口3』粟屋家文書二
66	天文二二年一二月二八日	毛利元就一字書出写	大多和与二（就重）	就		天文二四年元就官途書出あり	閥一一三・大多和惣兵衛―四〇

67	天文二一年一二月晦日	毛利元就一字書出写	村上与二郎	就			山口県文書館所蔵譜録・村上又右衛門常之
68	天文二二年一月一一日	毛利隆元加冠状写	児玉小次郎（元良）	元			閥一七・児玉三郎右衛門―六九
69	天文二二年一月二八日	毛利隆元受領書出写	渡辺修理進（重）		越後守		閥四一・渡辺源四郎―一九
70	天文二二年二月一九日	毛利隆元加冠状写	井上弥七				閥一四六・井上神兵衛―二
71	天文二二年六月九日	毛利隆元加冠状写	井上孫七郎				山口県文書館所蔵譜録・足軽其外御判物写・松原与三兵衛其外
72	天文二二年九月二八日	毛利隆元加冠状写	増原弥四郎（元澄）	元			閥一三〇・渡辺仁右衛門―七
73	天文二三年一月一六日	毛利隆元官途書出写	井上勘ヶ由次官		八郎太夫		山口県文書館所蔵譜録・井上玄静守常
74	天文二三年二月二七日	毛利隆元加冠状写	山県源七郎（元吉）	元			閥六三・山県平八―一五
75	天文二三年一月一一日	毛利隆元官途書出写	中村弥次郎（就久）		次郎左衛門尉		閥九〇・中村七郎左衛門―六
76	天文二三年一月一七日	毛利隆元官途書出写	三宅五郎三郎（就重）		新左衛門尉		閥一一四・三宅五郎左衛門―一二
77	天文二三年二月九日	毛利元就官途・一字書出写	山本彦三郎	就	三郎左衛門尉		閥遺巻五の三・長府百姓山本清左衛門所持―二
78	天文二三年八月一九日	毛利元就受領書出写	（山田対馬守）		対馬守		閥一六二・山田惣右衛門―四
79	天文二三年一二月一九日	毛利隆元官途書出写	井上助十郎（就正）		源右衛門尉	天文八年元就加冠状あり	閥三八・井上彦左衛門―四三
80	天文二四年一月二日	毛利元就受領書出写	弘九郎左衛門尉		備後守	享禄三年元就官途書出あり	閥八一・弘六郎右衛門―五
81	天文二四年一月七日	毛利元就加冠状写	錦織三郎五郎				閥一五七・錦織弥四郎―一
82	天文二四年二月二七日	毛利隆元受領書出	末国左馬助（光氏）		伊豆守		『山口3』妙蓮寺蔵末國家文書二
83	天文二四年一〇月二三日	毛利隆元官途・名字書出写	林彦五郎（家長）	家長	右馬允		閥一一六・林半兵衛―一四
84	天文二四年一〇月二三日	毛利隆元官途書出写	林三郎（房郷）		左衛門尉		閥遺巻二の二・林八郎右衛門―一
85	天文二四年一二月一三日	毛利隆元官途書出写	井上七郎次郎（元継）		神左衛門尉		閥七八・井上甚左衛門―九
86	天文二四年一二月一三日	毛利隆元官途書出写	桜井又次郎（英之）		藤右衛門尉		閥一五〇・桜井甚兵衛―六
87	天文二四年一二月一三日	毛利隆元官途書出写	中嶋彦五郎（貞正）		善左衛門尉		閥七六・中嶋神兵衛―九
88	天文二四年一二月一三日	毛利隆元加冠状写	中嶋彦五郎（元貞）				閥七六・中嶋神兵衛―一〇
89	天文二四年一二月一五日	毛利元就加冠状写	江山弥次郎	就			閥一六一・江山市郎左衛門―七

90	天文二四年二月一五日	毛利元就官途書出写	大多和与次（就重）		宗兵衛尉	天文二一年元就一字書出あり	閥一二三・大多和惣兵衛—四一
91	天文二四年二月二日	毛利隆元官途書出	長井四郎三郎（親房）		右衛門大夫		『山口3』山口県文書館蔵毛利家文庫遠用物所収文書六四
92	弘治一年一二月二九日	毛利隆元官途書出写	粟屋弥三郎（元通）		縫殿允	天文六年元就加冠状あり	閥七四・粟屋縫殿—一〇〇
93	弘治二年一月三日	毛利隆元官途書出写	河野小四郎（元通）		河野与三左衛門尉		閥一一六・河野与三左衛門—三
94	弘治二年八月二五日	毛利隆元官途書出写	森田六郎（広正）		修理進		閥一三八・守田善右衛門—一
95	弘治二年八月二八日	毛利隆元官途書出写	児玉源六（憲之）		次郎左衛門尉		山口県文書館所蔵譜録・児玉正右衛門之咸
96	弘治二年九月二三日	毛利隆元官途・名字書出写	野原助三郎（元清）	元清	左衛門尉		山口県文書館所蔵譜録・野原九郎右衛門維正
97	弘治二年一〇月二三日	毛利隆元加冠状写	羽仁源三郎（維之）	維之			山口県文書館所蔵譜録・羽仁七郎右衛門君雄
98	弘治二年一二月一三日	毛利隆元官途書出写	飯田新五郎		又右衛門尉		山口県文書館所蔵譜録・飯田善右衛門正共
99	弘治二年一二月二九日	毛利元就官途書出	柏村助九郎		新兵衛尉		『山口3』柏村家文書一
100	弘治二年一二月二九日	毛利隆元加冠状写	三戸源四郎（元貞）			天文一九年起請文の三戸源四郎は別人か	閥九六・三戸与右衛門—一
101	弘治三年一月一一日	毛利隆元加冠状	福永四郎兵衛	元			『山口3』山口県文書館蔵福永家文書九
102	弘治三年一月一五日	毛利隆元加冠状写	宇野八郎（元弘）	元			閥遺巻二の四・宇野与市右衛門—二
103	弘治三年二月一八日	毛利隆元加冠状	糸賀弥七（維秀）	維秀			糸賀家文書九
104	弘治三年四月一六日	毛利隆元加冠状	高石孫次郎（元勝）	元勝			『山口3』萩市郷土博物館蔵柿並家文書三
105	弘治三年四月二八日	毛利元就加冠状写	桑原与三郎（就利）		桑原与三郎		閥一〇八・桑原平八—一
106	弘治四年一月九日	毛利元就加冠状写	桑原左平次（就要）	就			閥一〇八・桑原平八—二
107	弘治四年一月二六日	毛利隆元加冠状写	上山少輔四郎（元忠）	元理			閥四〇・上山庄左衛門—一六
108	弘治四年二月二七日	毛利元就受領書出写	三戸善兵衛尉		土佐守		閥一六九・三戸八郎治—九

109	弘治四年閏六月一二日	毛利隆元官途書出写	坪井新四郎（就政）		四郎左衛門尉		閥一三九・坪井左兵衛―六
110	永禄一年一二月晦日	毛利元就一字書出写	佐藤宗右衛門（就綱）	就			山口県文書館所蔵譜録・井上市郎兵衛定之
111	永禄二年一月九日	毛利元就官途書出写	竹内弥七郎（方督）		平兵衛尉		閥一四六・竹内平兵衛―二
112	永禄二年一月一五日	毛利隆元官途書出写	林彦五郎（元信）		藤右衛門尉	永禄四年隆元一字書出あり	閥一一六・林半兵衛―一五
113	永禄二年二月二二日	毛利元就一字書出写	（山崎）	就			山口県文書館所蔵譜録・山崎五右衛門孝明
114	永禄二年四月二七日	毛利元就加冠状写	乃美新四郎（元信）	元			閥一三四・浦四郎兵衛―一一
115	永禄二年一〇月一〇日	毛利隆元加冠状写	井上小太郎（元教）	元			閥九三・井上右衛門―三八
116	永禄二年一〇月一六日	毛利隆元名字書出写	恒屋彦六（元信）	元信			山口県文書館所蔵譜録・仲平左衛門直房
117	永禄二年一一月一二日	毛利隆元官途書出写	石井彦三郎		左馬助		『山口3』山口県文書館蔵右田毛利家文書二四二
118	永禄二年一一月二七日	毛利隆元官途書出写	高橋新三郎		新右衛門尉		閥一六〇・高橋仁兵衛―三
119	永禄二年一二月一三日	毛利隆元加冠状写	小方源次郎（元信）	元			閥九七・小方吉右衛門―一
120	永禄二年一二月二九日	毛利隆元官途書出写	粟屋四郎三郎（就貞）		四郎右衛門尉	天文一二年元就加冠状あり	閥四九・粟屋四郎右衛門―一三
121	永禄二年一二月晦日	毛利隆元加冠状写	木原紀三郎（元定）	元			閥八三・重見与三左衛門―一三
122	永禄三年一月一五日	毛利隆元加冠状写	賀屋神四郎（武勝）				閥一三四・賀屋太郎左衛門―一六
123	永禄三年三月八日	毛利元就官途書出	角余七郎（宣光）		四郎右衛門尉		『山口2』隅家文書（隅家蔵）一
124	永禄三年三月八日	毛利元就受領書出写	属四郎兵衛		対馬守		閥一五五・林与右衛門―三
125	永禄三年八月一〇日	毛利隆元加冠状写	増原弥三郎				閥一五五・小沢忠右衛門―一
126	永禄三年一〇月二二日	毛利隆元加冠状写	木原源三郎（元相）	元			閥七八・粟屋七郎左衛門―二
127	永禄三年一〇月二八日	毛利隆元加冠状写	中村源三	元			閥一六八・中村藤左衛門―一六
128	永禄三年一二月一二日	毛利隆元一字書出写	宇野又次郎（貞之）	元			閥一三九・宇野勘右衛門―一
129	永禄三年一二月二四日	毛利隆元加冠状写	神田孫太郎（隆継）				閥九〇・神田彦右衛門―五
130	永禄三年一二月二七日	毛利隆元加冠状写	内藤弥三郎	元			山口県文書館所蔵譜録・内藤弥左衛門実親
131	永禄三年一二月二八日	毛利元就官途書出写	河野小次郎		左近太夫		閥遺巻四の一・御書御判物并由緒書・河野肥前守―五

132	永禄三年一二月晦日	毛利隆元加冠状写	三宅五郎三郎（元範）	元			閥一一四・三宅五郎左衛門―一三
133	永禄四年一月二日	毛利隆元加冠状写	井上源三（元勝）	元			閥三八・井上彦左衛門―四五
134	永禄四年一月九日	毛利隆元加冠状写	粟屋弥五郎（元次）				閥四九・粟屋刑部左衛門―四
135	永禄四年一月九日	毛利元就官途書出写	玉木又三（忠吉）		太郎左衛門尉		閥八二・玉木太郎左衛門―一
136	永禄四年一月二七日	毛利隆元加冠状	吉川少輔次郎（元長）	元			吉川六三八
137	永禄四年四月六日	毛利隆元受領書出写	宛所なし		対馬守		閥一六四・市川又左衛門―二
138	永禄四年五月二三日	毛利隆元一字書出写	林藤右衛門尉（元信）	元		永禄二年隆元官途書出あり	閥一一六・林半兵衛―一六
139	永禄四年一二月二三日	毛利隆元官途書出写	渡辺与三次郎（宗）		神右衛門尉	天文一六年隆元加冠状あり	閥一四六・渡辺五郎左衛門―九
140	永禄四年一二月二九日	毛利元就加冠状写	福原弥次郎（就直）	就			閥一〇五・福原又右衛門―一六
141	永禄四年一二月晦日	毛利元就官途書出写	御座源六（直近）		十郎右衛門尉		閥遺巻五の一・御判物之写并伝書・三増源五郎―四
142	永禄五年一月一五日	毛利元就官途書出	波多野与八（就信）		源兵衛尉	天文一八年元就加冠状あり	『山口3』波多野家蔵波多野家文書一八
143	永禄五年二月二二日	毛利元就加冠状写	二宮余次（就辰）	就			閥六四・二宮太郎右衛門―一五
144	永禄五年四月一一日	毛利元就加冠状写	三戸源十郎（就安）	就			閥八三・三戸長右衛門―一
145	永禄五年八月一日	毛利隆元官途書出写	植木孫六		与左衛門尉		閥一五七・植木平六―三
146	永禄五年一二月五日	毛利隆元加冠状写	宍戸弥十郎（元行）	元			閥二一・宍戸四郎五郎―一一
147	永禄五年一二月二九日	毛利元就一字書出写	国重七郎三郎（就正）	就		永禄六年元就官途書出あり	閥五一・国重又右衛門―四
148	永禄五年一二月二九日	毛利隆元官途書出写	中村助十郎		余左衛門尉		閥一五八・中村助十郎―七
149	永禄六年一月二七日	毛利隆元加冠状写	粟屋弥八郎（元如）	元			閥七七・粟屋理源太―二七
150	永禄六年二月九日	毛利隆元加冠状写	久芳新次郎（元和）	元			閥一一七・久芳五郎右衛門―五三
151	永禄六年二月一五日	毛利元就官途書出写	国重七郎三郎（就正）		又右衛門尉	永禄五年元就一字書出あり	閥五一・国重又右衛門―五
152	永禄三年六月一日	毛利隆元加冠状	守田三郎				『山口2』守田家文書四
153	永禄六年二月二八日	毛利隆元加冠状写	市川孫五郎（久栄）				閥六二・市川半左衛門―一
154	永禄六年六月二〇日	毛利元就官途書出写	賀儀弥太郎		太郎右衛門尉		閥一六〇・賀儀忠兵衛―六
155	永禄六年七月三日	毛利隆元受領書出写	内藤五郎兵衛尉		丹後守		山口県文書館所蔵譜録・内藤弥左衛門実親

156	永禄六年七月五日	毛利元就加冠状写	福井源四郎（就信）	就			山口県文書館所蔵譜録・福井十郎兵衛信之
157	永禄六年八月一日	毛利隆元加冠状写	飯田余十郎（元定）	元			閥五〇・飯田与一左衛門―二〇

《出典の略記》閥…『萩藩閥閲録』／閥遺…『萩藩閥閲録遺漏』／毛利…『大日本古文書　家わけ第八　毛利家文書』／吉川…『大日本古文書　家わけ第九　吉川家文書』／石見吉川…同上所収石見吉川家文書／熊谷…『大日本古文書　家わけ第十四　熊谷家文書・三浦家文書・平賀家文書』所収熊谷家文書／平賀…同上所収平賀家文書／山内…『大日本古文書　家わけ第十五　山内首藤家文書』／益田…『大日本古文書　家わけ第二十二　益田家文書』／『広島』…『広島県史　古代・中世資料編』／『山口』…『山口県史　史料編　中世』／『新修島根』…『新修島根県史　史料篇1　古代・中世』／糸賀家文書…『内海文化研究紀要』五二号所載　水野椋太「廿日市市指定重要文化財「糸賀家文書」の紹介」所収糸賀家文書

第1部
政争と合戦

Ⅰ　毛利元就の生涯――「名将」の横顔

秋山伸隆

はじめに

令和三年（二〇二一）は、毛利元就が元亀二年（一五七一）六月十四日、七五歳で亡くなってから四五〇年という節目の年にあたる。安芸高田市歴史民俗博物館では、元就没後四五〇年の特別展「毛利元就」を企画し、元就の生涯を振り返ることになった。もっとも元就の生涯については、大正三年（一九一四）に創設された三卿伝編纂所が、五年の中断期間を挟んで、二十四年という長い歳月をかけて昭和十八年（一九四三）に編纂を完成させた『毛利元就卿伝』がある。(1) 萩藩以来の修史事業の成果を踏まえ、新たに関係史料を収集して編纂された、本文だけでも七二三頁に及ぶ大著である。新たな元就像を提示することは容易ではない。

そこで今回の特別展では、サブタイトルにあるように、「名将」の横顔という視点から展示のストーリーを構成した。「名将」の語は、もちろん毛利隆元自筆書状（『毛利家文書』七六二）の「名将之子ニハ必不運之者か生候と申候事、存知当候」とあることに因む。元就は、後世の人々がそう呼ぶ前から、同時代人からも「名将」と呼ばれる武将であった。一方、「横顔」は、『日本国語大辞典』（小学館）によれば、「①横から見た顔。横向きの顔。②（横顔する）意識的に横に顔をそむけること。また、その顔。③ある人物の日常的な、あるいはあまり人に知られていないような一面」と説明されている。サブタイトルの「横顔」は、もちろん③の意味であり、とりわけ「あまり人に知られていないような一面」を明らかにしようとするものである。

一、「相合殿」事件

自らの半生を長文の書状で語ってやまない元就が、決して触れようとしない出来事がある。異母弟「相合殿」をめぐる事件である。

まず事実関係を整理しておく。元就に兄興元と二人の異母弟がいたことは、毛利弘元子女系譜書（『毛利家文書』一九一。以下、毛利と略記し号数を示す）に明記されている。異母弟は「相生殿」と「北殿」である。「相生」（あいおう）は、郡山のすぐ西の地名で、漢字では「相合」と表記されることが多い。『毛利家文書』は、「相生殿」に元綱、「北殿」に就勝という傍注を付している。「北殿」については、享禄五年（天文元年、一五三二）の家臣連署起請文（毛利三九六）に北式部少輔就勝として登場するので間違いないが、「相生殿」の「元綱」という実記を確認できる同時代史料はない。以下、行論の都合上、「相合殿」を元綱と呼ぶことがあるが、その実名には確証がないことをあらかじめお断りしておきたい。

「相合殿」をめぐる事件について、『毛利元就卿伝』（七三・七四頁）は、次のように記述している。

卿の宗家相続後、未だ幾許もなくして、曩に卿の異母弟相合元綱を擁立しようとした坂・渡辺一派は、竊かに尼子氏の老臣亀井秀綱等と気脈を通じて機を見て卿を除かんとした。（毛利家文書・漆谷宛児玉就忠等連署事書案、陰徳記(2)）而も卿は予てから思慮周密で、細心の注意を払って居られたから、早くもこの陰謀を探知し、元綱を殺してその余党坂・渡辺一派を掃蕩し、以て災禍を未然に防がれることが出来た。（新裁軍記・相合元綱謀反伏誅の条、陰徳記）（中略）

（附記）相合元綱の殺されし年月日は全く不明であるが、元就卿が大永五年三月、尼子氏と絶交して大内氏に帰属されたのは、尼子氏が元綱の背反を援助したことに不快を感ぜられた結果であるから（毛利家文書・滲谷宛児玉就忠等連署事書案）、元綱の死は大永三年八月十日、卿の宗家相続から、同五年三月、尼子氏との絶交に至る期間内の事であろうと思はれる。

右の記述を要約すれば、①元就の家督相続後、坂・渡辺一派は元綱を擁立しようとして尼子家臣亀井秀綱と連絡し元就を除こうとした、②陰謀を察知した元就は元綱を殺し、坂・渡辺一派を討滅した、③その時期は大永三年（一五二三）八月から同五年三月までの間である、ということになる。

『毛利元就卿伝』が根拠として挙げたのは、①児玉就忠・桂元忠連署事書状案（毛利二三九）と「陰徳記」、②「新裁軍記」と「陰徳記」、③児玉就忠・桂元忠連署事書状案である。このなかで同時代史料といえるのは、児玉就忠・桂元忠連署事書状案だけである。尼子氏家臣と思われる「滲谷殿」に宛てたもので、享禄年間末から天文年間初め（一五三〇年代前半）に記されたと推定できる。「相合殿」事件から五年から十年後のものということになる。関係する一条を引用する。

一其後幸松丸不慮死去候之故、毛利之家督を元就可存之旨、従与州（尼子経久）被仰候て、事を存候処ニ、其以後渡辺之者共能州（亀井秀綱）へ色々頼申故、不被打置、荷担させられ候つる、其外御取扱無曲子細数多候ニ付而、防州へなけつけ申候事、

ここには、元就が尼子氏の意向により家督を相続した後に、「渡辺之者共」が尼子家臣亀井秀綱に「色々頼申」し

たことを放置することができず、尼子氏と手を切り、大内氏の陣営に身を投じたことが記されているだけで、元綱に関する言及は一切ない。また事件の首謀者は「渡辺之者共」とされ、坂（桂）氏の名は見えない。

『毛利元就卿伝』がもう一つの根拠とする「新裁軍記」[3]（五一・五二頁）は、大永三年八月十日の元就郡山入城の次に、「年月日未審」として「相生（四郎）元綱謀反、伏誅（相生一作相合）」の綱文を掲げ、「参考」として㋐「福原少輔三郎家証文」、㋑「御譜代帳」、㋒「御家蔵文書」（児玉就忠・桂元忠連署事書状案）を挙げている。

㋐「福原少輔三郎家証文」は、慶長十年（一六〇五）熊谷元直討誅に関連して、宗瑞（毛利輝元）が福原広俊に宛てた書状の中で、「日頼さまハ御兄弟相合殿をさへ科候へハ御はたし候」と述べている部分を引用している。[4]宗瑞（輝元）は、元就が「御兄弟相合殿」を科ありとして討ち果たしたと指摘している。事件から約八〇年後の書状であり、輝元誕生前の出来事であるから伝聞に基づく記述であるが、元就が「相合殿」を討ち果たしたことは紛れもない事実として認めてよい。

㋑「御譜代帳」によれば、敷名忠次郎の祖父は「兵部大輔」、曽祖父は「日頼様御舎弟相生殿」で「逆意」によって討ち果たされたが、「兵部大輔」は助命され、「江田ノ城主」とされたとしている。按文では、曽祖父は相合四郎元綱、祖父は敷名兵部大輔元範と推定している。元綱の子元範については、後に触れる。

「新裁軍記」は、「論断」において、相生元綱が逆意を企て元就に誅殺されたことは、㋑「御譜代帳」に見えるが、「御家蔵文書」（毛利家文書）に記載がなく、詳細は不明としている。また、「陰徳記」だけがこの事件に触れているが、すべて「附会ノ臆説」で取るに足らない、「相生ヲ（北就勝と混同して）上総介就勝ト称ス」ことは「大ニ誤ナリ」と酷評している。また、「渡辺党」が事件に関与していたことは児玉就忠・桂元忠連署事書状案にあるので事実と認められるが、それ以外の「坂某」が渡辺とともに誅殺され、桂広澄が自殺したことなどは、「無証ノ濫説ナリ」と強く否定している。

そこで、渡辺・坂・桂氏の事件への関与について、具体的に検討してみよう。渡辺氏については、渡辺長門守勝が、大永三年（一五二三）七月二十五日の元就に家督相続を求める家臣連署状（毛利二四八）に有力譜代の一員として署名している。しかし『萩藩閥閲録』巻二八渡辺太郎左衛門の系譜書によれば、渡辺勝は「其後旨趣有之、被成御討果、家断絶仕候」とされており、享禄五年（天文元年、一五三二）の家臣連署起請文に渡辺一族の名はない（毛利三九六）。系譜書によれば、勝の子渡辺通は、乳母に連れられて備後国の山内家に逃れ、その後毛利家に戻った。通は天文十二年（一五四三）出雲富田城攻めから敗走する途中、元就の身代わりとなって討死した。通の子渡辺小三郎長は、天文十九年（一五五〇）の家臣連署起請文（毛利四〇一）では譜代筆頭の位置（赤川・国司・粟屋・飯田の前）に署名している。つまり渡辺勝は「相合殿」事件に連座して討たれたが、子の通、孫の長は毛利家に帰参して譜代筆頭の地位を回復したのである。

坂氏はどうであろうか。大永三年の家臣連署状（毛利二四八）には坂長門守広秀が署名しているが、九年後の享禄五年の家臣連署起請文（毛利三九六）では、坂次郎三郎広昌に交代している。『萩藩閥閲録』巻四九坂九郎左衛門の系譜書によれば、広昌は広秀の実子ではなく志道広良の次男であり、坂家を継いだとされている。広昌が坂家を相続した事情について系譜書には特に説明はないが、坂広秀が「相合殿」事件に連座した可能性は否定できない。

桂氏については、天文二十二年（一五五三）十二月二十九日の桂元澄宛の毛利隆元書状（毛利六六三）に重要な記述がある。

既不及申候へ共、御方若年之時、親父以下不慮之儀共候時、偏ニ以元就扶持一身被抱、剰其まゝ桂の家□御成候と承伝候、内々御方仰候事候、元澄がまだ若い頃、「親父以下不慮之儀」があったとき、元澄は元就の「扶持」によって助けられ、桂家を相続した。隆元は元澄本人から内々にそのことを聞いていたのである。「親父以下不慮之儀」が、元澄の父広澄の「相合殿」事件への関与を指していることは容易に想像できる。桂広澄の事件への関与と自殺は、「新裁軍記」が主張するような「無証ノ濫説」ではなく、事実であろう。

実は「相合殿」事件に坂・桂一族が関与していたことを示す傍証がある。事件後に毛利家を離れて平賀家に仕えた坂保良・桂保和の存在である。桂保和（縫殿允・美作守）は桂広澄の四男で、元澄の弟とされている（『萩藩閥閲録』巻一二桂能登・系譜書）。

江戸時代の平賀家の当主である平賀共昌は、平賀家関係史料の調査・収集・整理・考証を熱心に進めた。萩藩で「閥閲録」編さんが進められていた時期でもあり、共昌は編さんにあたっていた永田政純とも親交があったらしい。[5]共昌によれば、平賀弘保に仕えた坂保良（のち元祐）・桂保和について、永田政純は「間者」として平賀家に入ったという説を唱えたという。坂保良の子孫にあたる坂祐政は、先祖の新五左衛門（保良）は「坂党受戮時、乳母懐幼子走而至平賀家」と考えていたという。『萩藩閥閲録』巻一四〇坂新五左衛門家の系譜書にも、「元祐儀、幼少之節ハ平賀家ニ被養罷居申之由申伝候、成長之後御当家江被召出、御奉公申上候」と記されている。また、桂元澄の子孫である桂広保は、坂下総守広明の娘が平賀弘保に嫁していることとの関連を指摘したという。

共昌は三人の説を考えあわせて、坂保良・桂保和の二人は「相合殿」事件の後、坂広明の娘が平賀弘保の妻であったことを頼って平賀家に逃れて来たと推測している。確かに「平賀家系譜」（平賀家文書二四八）にも、平賀弘保の室は坂下総守広明女であるとされている。保良・保和は、幼少の頃平賀家に逃れ、元服して平賀弘保の偏諱を受けたのであろう。

坂保良はその後毛利家に帰参し、天文十九年（一五五〇）の家臣連署起請文（毛利四〇一）には、親類衆と混じって「坂新五左衛門尉保良」と署名している。一方、桂保和はその後も平賀家に仕え、天文二十三年（一五五四）五月十一日、毛利氏が陶晴賢との断交・挙兵の覚悟を平賀広相に伝えた書状は、桂保和と坂保良（元祐）によって広相に披露されている（平賀家文書八七）。桂保和は毛利家からも所領を与えられるなど「両属」的関係を維持していたが、江戸時代になって毛利家に帰参している（「譜録」か52桂市郎右衛門）。

以上、迂遠な論証となったが、渡辺氏だけではなく、坂・桂氏の一部も「相合殿」事件に関与したことは事実であろう。そのことを確認した上で注目したいのは、事件に連座して毛利家を離れた関係者の子弟が山内・平賀家などに保護された後、平賀家に留まった桂保和を除いて、程なく毛利家に帰参を許され、毛利家中における以前の地位を回復していることである。許されたのは渡辺・坂・桂氏の関係者だけではなかった。前述したとおり、元綱の幼子も助命されている。元綱の子は、天文十九年（一五五〇）家臣連署起請文（毛利四〇一）に敷名少輔四郎元範、弘治三年（一五五七）家臣連署起請文（毛利四〇二）には敷名兵部大夫として登場する。「兵部大輔」の官途は、天文二十二年（一五五三）閏正月、毛利隆元が与えたものである（『萩藩閥閲録』巻四一馬屋原山三郎14）[6]。また「贈村山家証文」の弘治二年（一五五六）六月の敷名兵部大夫元範寄進状には「大江朝臣」と肩書されている[7]。のちに元範の子少輔五郎（実名不詳）が備後の国衆馬屋原家を相続するが、『萩藩閥閲録』巻四一馬屋原弥四郎の系譜書には、元範は「実大江弘元公之六男相合左馬助元綱公御嫡子也」と記されている。元綱の嫡子は助命され、元服の後「敷名」を称し、毛利家の親類衆並みに位置付けられたのである。

このような関係者の子弟へのきわめて寛人な処置を考えると、元就は元綱を討ち果たしたことを後悔しているかのようである。元就は三子教訓状のなかで「我等事、存知之外、人を多うしない候」（毛利四〇五）と述べている。その中には元綱も当然含まれていたはずである。しかし元就は、五歳で母と、一〇歳で父と死別し、一九歳のとき兄興元が早世した後、親も兄弟も伯父も甥も一人もなく、ただ一人で毛利家を維持してきたと語り（同四二〇）、異母弟元綱について触れることは一度もない。

厳島神社の遷宮のため京都から安芸国に下向していた吉田兼右は、元亀三年（一五七二）三月、毛利輝元の依頼によって古田の祇園社（清神社）の左脇の小社に、大内義隆・義長、陶隆房（晴賢）、内藤隆世、和智誠春、柚谷元家（誠春弟）、井上就兼（元兼子）の「亡魂」を神として勧請した（「兼右卿記」元亀三年三月五日条）。彼らの死に責任を感じていたのは輝元ではなく元就であるが、そこに相合元綱の名はない。

元就は永正十年（一五一三）志道広良に五ヵ条の起請文を提出している（志道家文書）。現存している元就発給文書としてはもっとも早いものである。その第四条で元就は兄興元への奉公忠節を誓っている。その背景には岸田裕之氏が指摘されているように、執権坂下総守・兵部少輔をめぐる事件があったと考えられる、このとき元就はまだ一七歳であったが、家督を継承した兄興元にとって弟の存在は、周囲の状況によっては潜在的な脅威となることを実感したに違いない。(8)

約一〇年後、立場が変わって家督を相続した元就は、異母弟「相合殿」とその余党を果断な処置によって排除した。その判断は誤りではないが、このような事態を未然に防ぐことができず、結果的に弟や家臣たちを死に追いやったことに苦い悔恨を感じていたのではないだろうか。元就は、事件を「相合殿」の謀反ではなく、尼子氏側の不当な介入の結果と捉え、処分の対象を直接の関係者に限定して、その子弟にまで累を及ぼさない方針を採った。事件は公然周知の出来事であるが、元就は「相合殿」事件を封印した。元就の気持ちが痛いほどわかっていた児玉就忠・桂元忠が連署事書状案で「相合殿」に触れないのは当然であった。

二、三子教訓状と隆元

毛利元就といえば三子教訓状（毛利元就自筆書状・毛利家文書四〇五。以下、教訓状という）である。戦国の世を生き抜いた武将の息子たちへの教訓として、また戦国時代史研究の史料として、言及されることが多い。しかし、教訓状の中でこれまでほとんど顧みられることがなかったのが、冒頭の一文である。

三人心持之事、今度弥可然被申談候、誠千秋万歳、大慶此事候〳〵、

『毛利元就卿伝』（二八〇頁）は、この部分は「教訓状に就いての根本の趣旨を説明」したものであり、「三卿（隆元・元春・隆景）各々方の意中をよく申合せ、和衷協同せらるべきことは誠に毛利家のため永久に大慶至極のことである」と解説している。三人の協議は、これから行う（未来形）ことと解釈されている。しかし、「この度いよいよ然るべく申し談ぜられ候」という文章を素直に読めば、この度三人の協議が行われた（過去形）ことを、元就が「大慶此事候」と喜んでいると解釈するのが妥当であろう。つまり元就は、三人の協議が行われたことを受けて、教訓状を書いたのである。

では三人は、いつどこでどのような協議を行ったのだろうか。教訓状は弘治三年（一五五七）十一月二十五日、周防国富田の陣中で書かれたとされている。三人の協議を受けて教訓状が書かれたとする先の推測が正しいとすれば、三人の協議も同じ富田の陣中で行われたと推定できる。

そこで注目されるのは、隆元・元春・隆景連署状案（毛利五四六）の存在である(9)。

雖事新様候、我等三人之儀者、乍勿論、別而内外大小事、寸心毛頭程も無疎意隔心申合、互ニ悴家長久之覚悟可

仕候、自然常々の儀に付而、我人心たらわさる事候ハヽ、涯分於私ニ申談、相ほとくへく候、以其上、相滞事候ハヽ、三人共ニ御山登（元就）へ可得御意候条、従上被仰分、被仰調候て可被下候、以此旨、向後長久之覚悟迄候、此由――――――

隆元
元春
隆景

源七郎殿

日付もない下書きであるが、隆元自筆である。宛所は教訓状に対する請書（毛利四〇七）と同じ「源七郎殿」（平佐就之）であり、元就に提出されたものである。この連署状案は、教訓状が出される前に書かれたと考えられる。三人は「内外大小事」について少しも疎意隔心なく申し合わせ、互いに自家（毛利・吉川・小早川）の長久を図り、相互の理解が不足する場合は申し談じて誤解を解き、それでもうまくいかない場合は元就の指示に従うことを約束している。

元就の教訓状は、このような三人の協議→連署状の提出を受けて書かれたものだった。この連署状案に関連すると思われる隆元自筆覚書（毛利五四七）がある。隆元は元春・隆景に「隆元内存」（心中の思い）を伝え、両人の「納得」を得た（第一条）。両人が「此家中へ対し用捨之旨」、毛利家中の運営に関与することは遠慮したいと申し出たことに対して隆元は、その必要はない、今のままで「悪事」が起こるより、両人と協議してかえって「悪事」が起こったとしても構わない、として、三人で協議することを強く望み、両人も隆元の考えを受け入れた（第二条）。三人で協議すべき内容は、元就とも内談するとして、両人が協議のため吉田に滞在する際の「宿所」についても言及している（第三条）。

隆元の申し出に対する元春・隆景の抑制的な態度は、自家の運営を最優先したいという気持ちとともに、他家を相続した弟が既に兄が当主となっている実家の運営にはかかわるべきではないという考え方があったと思われる。あるいはそれが、元春・隆景が「相合殿」事件から得た教訓だったのかもしれない。

教訓状の核心的な理念は、隆元・元春・隆景三人の協力と毛利・吉川・小早川三家の「運命共同体」的関係である。前者は、元就の「相合殿」事件への深い悔恨から生まれたものであり、隆元も父の気持ちを十分理解していたと考えられる。後者は、天文二十三年（一五五四）正月二日の隆元書状（隆景宛）に既に見えている（毛利六六四）。「悴家」＝毛利家が無力になれば、「御家」＝小早川家、「吉家」＝吉川家を含めて、「三家」が即時に滅亡するという認識は、隆元も早くから持っていた。教訓状の成立については、その前提として隆元が主導した三兄弟の協議や毛利・吉川・小早川三家の「運命共同体」的関係の認識の一致があった。

弘治三年（一五五七）、大内氏を滅ぼして周防・長門両国を平定した直後、元就は政務から完全に引退すると宣言して隆元を驚かせた。隆元は元就が引退するのであれば、自分も同じ覚悟をすると言って元就の翻意を促し（毛利六六〇）、元春・隆景にもそのことを伝えた（同六五六）。結果的に元就は「今暫」政務を見ることに同意した（同六六一）。隆元は元春・隆景にも毛利家の運営に参加するように求めた。教訓状が出されるきっかけとなった三人の協議は、隆元の要望で実現したものであろう。他家を相続した弟元春・隆景を毛利家の運営に参加させることによって、兄弟間の対立を未然に防ぐことが、隆元が「相合殿」事件から得た教訓だったのだろう。

おわりに

「横顔」という言葉には「横顔する」という用法があり、「意識的に横に顔をそむけること。また、その顔」という意味があるらしい（『日本国語大辞典』）。元就は「相合殿」事件に一度も触れたことはない。その限りにおいては、元就は「相合殿」事件から「意識的に横に顔をそむけ」ているように見えてしまう。しかし元就は、事件を「なかったこと」にして、「知らぬ顔」をして、弟を死に追いやったことの責任から逃れようとした訳ではなかった。事態を収拾するための最善の策を考え実行し、事件を契機として、尼子氏との断交、大内氏陣営の復帰という重大な政治的決断を下した。同じような悲劇の再発を未然に防ぎ、毛利家の永続のための手立てを考えたのである。教訓状はその延長線上に生まれた。

元就は「相合殿」事件に自ら触れることはなかった。それが元就の悔恨の深さを表している。それが長男の隆元にも引き継がれているのだろう。

註

（1）『毛利元就卿伝』は昭和十九年（一九四四）に上巻のみが刊行され、昭和五十九年（一九八四）にマツノ書店より一括出版された。

（2）（　）内の典拠史料は、割注で示されている。引用にあたって、読点と並列点の一部を調整した。

（3）元就一代の軍記。編年体で綱文を掲げて概説し、典拠の史料を列挙し、時に「論断」を加える。永田政純らが編纂にあたった『山口県文書館史料目録一　毛利家文庫目録第一分冊』一〇五頁。引用は田村哲夫校訂『毛利元就軍記考証　新裁軍記』（マツノ書店、一九九三年）に拠り、頁数を示した。
（４）全文は『福原家文書』上巻五九頁（渡辺翁記念文化協会、一九八三年）に収録されている。
（５）拙稿「平賀共昌集録『旧記』について」（『広島県史研究』六、一九八一年）。
（６）『萩藩閥閲録』が「少輔四郎」に（馬屋原）信春という傍注を付しているのは誤りである。
（７）『広島県史　古代中世資料編』Ｖ一二五九頁。なお、『広島県史』には収録されていない年欠二月二十八日書状にも「毛利敷名兵部大夫元範」と署名している。
（８）岸田裕之氏『毛利元就』（ミネルヴァ書房、二〇一四年）二五頁。
（９）この文書には文字の抹消や挿入がなされているが、ここには修正後の文章を示す。

Ⅱ　高橋氏の滅亡時期をめぐって

秋山伸隆

はじめに

室町・戦国時代に現在の安芸高田市美土里町・高宮町から島根県邑南町にまたがる広大な領域を支配し、安芸・石見国人領主連合の中核的存在とされる高橋氏の実態と、毛利元就が高橋氏を滅ぼしてその旧領を継承したことの意義については、岸田裕之氏が「芸石国人領主連合の展開」(1)において論じ尽くされている。したがって本稿の課題はただ一つ、享禄二年（一五二九）とされる高橋氏の滅亡の時期について再検討することである。

一、毛利元就が語る高橋氏の滅亡

毛利元就が高橋氏を滅ぼし、その旧領を手に入れた経緯は、二通の毛利元就知行注文案（毛利家文書二五一・二五二。以下、A・Bと略記する）の中で具体的に語られている。A・Bは年欠であるが、Aの「佐東領知来歴」の項に「尼子西条乱入以後、及廿ケ年」とあり、尼子経久が鏡山城（東広島市）を攻略した大永三年（一五二三）から二〇年後の天文十二年（一五四三）のものであると推定できる。Aの「伴之事」の項でも、天文十二年八月の「伴所帯」の元就への宛行（毛利家文書二六〇）を「今度伴分被下候」と言及しているから、天文十二年のものと見てよかろう。

　A・Bは、按文にあるとおり、元就から大内氏に差出したものの案文である。またAの紙継目裏の花押は、按文に凸版で示された形状から元就奉行人児玉就忠のものであることを確認できる。つまりAの「高橋領知之事」とBの「高橋一跡之事」は、元就の側から見た高橋氏滅亡の経緯の説明であるから、まずその内容を紹介することにする（【　】内は秋山が補足した部分である）。

　【享禄元年（一五二八）八月】大内義興が【病気のため】門山城【廿日市市大野町】から【山口に】下向し、陶興房もこれに従った【義興は十二月二十日死去】。【大内軍の帰国によって】安芸・備後・石見において尼子氏の勢力が強まると予想したのであろうか、高橋伊予守弘厚は大内家の莫大な御恩を捨て置き、尼子氏に一味して大内氏の強敵となった。そこで元就は、備後の和智氏の協力を得て、「松尾要害」を攻め崩した。このとき、西条の弘中隆兼の援軍の派遣を得た。「其後」、高橋大九郎が阿須那藤根に立て籠もり、「塩冶衆」【尼子経久の三男塩冶興久】を味方に引き入れようとしたので、元就の「武略」によって高橋大九郎を討ち果たした【Bには「大九郎ニ腹切せ候事」とある】。なお、「其後」の二文字は、「松尾要害」攻略と高橋大九郎の切腹＝「阿須那」攻略は、連続する戦闘ではなく、若干の時間差があったことを示唆しているように思われる。

　このように、元就は大内氏に敵対した高橋氏を「退治」して、「高橋領知」＝「高橋一跡」の「上下之庄」（安芸）と「阿須那」（石見）を「仕取」＝武力占領し、「上下庄・阿須那御判」を大内義隆から「頂戴」したと主張しているのである。「御判」に相当するのは、享禄三年（一五三〇）七月十五日の大内義隆書状写（毛利家文書二五六）と（年欠）十二月十一日大内義隆書状写（同二五七）であろう。ただし、「御判」といいながら判物（所領宛行状）ではなく、「恐々謹言」で終わる書状形式の文書である。その内容も元就による「上下庄」と「阿須那」「船木、佐々部、山縣等」の武力占領を追認し、元就による「御進退」「執務」＝支配の申請を義隆が承認するとされていることに注意すべきであろう。このことについては後述する。

Ａ・Ｂによれば、大内氏に敵対した高橋氏を討滅し、高橋領を占領したのは大内軍ではなく、和智氏・宍戸氏の協力を得た元就であった。元就は、天文十二年（一五四三）の伴氏討滅の時も、大内氏から伴氏を退治すれば伴氏の跡を与えると約束されたが、毛利だけで討つことは難しいので、陶氏又は杉・内藤氏などを派遣してほしいと依頼したが認められず、毛利単独で討滅するよう重ねて命じられた。毛利が望んだことではなく、大内氏の「御下知」に従い、しかも大内氏からの援助を受けずに毛利の力で討滅したとしている。

このように、Ａ・Ｂは、天文十二年の出雲遠征の失敗による大内氏勢力の退潮傾向のなかで、大永五年以来一貫した元就の大内氏に対する軍事的貢献を強調し、それに対する評価（確認）を要求することを目的として提出されたものであったと考えられる。

二、高橋氏の滅亡時期の再検討

高橋氏の滅亡の時期については、江戸時代の寛保五年（一七四一）に完成した『新裁軍記』以来、享禄二年（一五二九）の出来事とされてきた。その史料的根拠は、次の二つの事実である。

（1）享禄二年七月・九月の高橋氏「先知行分」の給与

大内氏は、享禄二年七月二十一日、豊後守護代杉七郎に対して、石見の国人周布彦次郎に豊前国仲津郡内の一五町

（高橋大九郎先知行）を打渡すよう命じている（萩藩閥閲録巻一二一周布163）。九月三日には安芸の白井越中守光胤に対して、周防国玖珂郡楊井庄内二〇石地（高橋大蔵少輔先知行）、豊前国築城郡広末名一二石地（高橋伊予守先知行）を与えている（同巻九四白井13）。

これによって、享禄二年七月以前に高橋氏が大内氏に敵対したため、高橋氏一族に与えた豊前・周防の給地が大内氏によって没収されたことが確認できる。これは、Ａが享禄元年八月に大内義興や興房が周防に下向した後、高橋氏が尼子氏に一味して大内氏に敵対したという記述とも符合する。

ただし、このことは、享禄二年七月以前に石見・安芸両国にまたがる高橋氏の本領が大内方によって占領されたことを直ちに意味するものではない。敵対した者の所領を没収し、味方した者に与えること、あるいは与えると約束することはよく行われるが、その時点で敵対者を討滅しているとは限らないからである。

（２）享禄二年五月三日の毛利元就感状写

もう一つの根拠とされているのは、享禄二年五月二日、粟屋孫次郎が松尾城の「切岸」で「構越之合戦」の戦功を上げ、翌三日元就から感状を与えられたことである。『新裁軍記』享禄二年五月二日条にもこの感状写が引用されている。

写

五月二日松尾於切岸構越之合戦、抽軍忠候、誠感悦之至、仍感状如件、

享禄弐年五月三日　　元就御判

粟屋孫次郎殿

（萩藩閥閲録巻七三粟屋１）

この感状は写であり、閥閲録編纂の時点で栗屋家に感状の正文は伝存していなかった。また、享禄二年五月に松尾城で合戦があったことを示す感状はこの写一通のみで、他家では確認できない。

閥閲録巻七三栗屋孫次郎家には二四通の文書が収録されているが（表1）、正文は寛永四年（一六二七）毛利秀就官途書出（24）だけで他はすべて写である。閥閲録の中で、このように写ばかり提出している家も珍しい。この家の文書の半数近くは、感状又は感状に相当する書状である。感状は六通ある（1・2・3・4・15・18）。3は天文二十三年（一五五四）六月五日の明石口の合戦の感状であり、他家にも同内容の感状が多数伝えられているので疑うべき点はない。しかしその他の感状五通は、内容、形式、文言ともに不審な点が多く、4・15・18のように、明らかな偽文書も含まれている。

また、感状に相当する書状四通（7、11、17、19）も、誇張した表現（7「吉田之名をあけ候」「吉田家頼之一物」、11「今度之合戦一大事ニ存候処」、19「殊乗馬貸候故」）が目立ち、不審な文言も多い。戦功に対して直ちに褒美を与えるという文言（8「のとハ（喉輪）一懸」、「17「土佐木弐張」）も、実は偽文書によく見られる特徴である。

次に、栗屋孫次郎の元就感状写と、他家に伝わる同時期の感状を比較してみよう。

七月廿四日於山県表合戦之時、打太刀被疵云々、尤以神妙之至、無比類候、弥可抽戰功之状如件

享禄三年七月廿五日　　元就公

御判

井上兵庫助殿

（萩藩閥閲録七八井上1）

享禄三年（一五三〇）七月二十五日「山県表合戦」の感状は、もう一通ある（萩藩閥閲録巻六二内藤1）。栗屋孫次郎宛の感状と比較すると、二通は署判が元就の花押のみであること、書止文言が「之状如件」であることなど異なる

表1　萩藩閥閲録巻73粟屋孫次郎家所収文書

番号	年　月　日	文　書　名	書　止	真偽
1	享禄2年5月3日	毛利元就感状写	仍感状如件	?
2	享禄2年8月18日	毛利元就感状写	仍感状如件	?
3	天文23年6月11日	毛利元就同隆元連署感状写	仍感状如件	○
4	天文23年9月16日	毛利元就同隆元連署感状写	仍感状如件	×
5	（年未詳）正月晦日	毛利輝元書状写	謹言	
6	（年未詳）7月7日	毛利輝元書状写	謹言	
7	（天正8年）7月10日	毛利輝元書状写	謹言	?
8	（年未詳）9月4日	毛利輝元書状写	謹言	
9	（天正9年ヵ）9月6日	毛利輝元書状写	謹言	
10	（天正9年）12月15日	毛利輝元書状写	謹言	
11	永禄13年2月17日	毛利輝元書状写	謹言	?
12	（年未詳）9月10日	毛利輝元書状写	謹言	
13	天正11年10月28日	粟屋元真給地付立写	—	
14	天正11年10月28日	毛利輝元安堵状写	仍一行如件	
15	（年月日欠）	毛利輝元感状写	仍感状如件	×
16	（年未詳）2月3日	吉川元春書状写	恐々謹言	
17	（年未詳）2月5日	吉川元春書状写	恐々謹言	?
18	（天正8年）4月15日	毛利輝元感状写	仍感状如件	×
19	（天正8年）4月15日	毛利輝元書状写	謹言	?
20	（年未詳）5月11日	毛利輝元書状写	謹言	
21	（天正8年ヵ）7月20日	毛利輝元書状写	謹言	
22	（天正8年ヵ）10月4日	小早川隆景書状写	恐々謹言	
23	（天正8年ヵ）10月24日	檳島昭光書状写	恐々謹言	
24	寛永4年正月11日	毛利秀就官途書出	—	○

点が多い。総合的に見て、粟屋孫次郎宛の元就感状写は、偽文書と断定はできないものの、相当疑わしいものであるといわざるを得ない。

そもそも『新裁軍記』は、その凡例において、感状の正文がなく写を所持している場合は、本文には採用せず参考にとどめると明記している。ところが、享禄二年五月二日条においては、「写証文ハ証拠ニ不用例ナレトモ、時代符合シ、別ニ高橋攻ノ年月ヲ記シタル者ナキ故、取テ本文トス」としている。写の感状の史料的価値を全否定する必要はないが、自ら定めた史料批判の原則を枉げるのはやはり問題であろう。

以上、高橋氏が享禄二年に滅亡したとする史料的根拠（1）（2）を検討した結果、高橋氏が享禄二年七月以前に大内氏に敵対する行動を開始したことは疑いないが、元就が高橋氏を滅ぼした時期については、再考する必要があることを指摘したい。

三、高橋氏の動向と塩冶興久の乱

高橋氏滅亡の時期を再考する必要があるのは、その史料的な根拠に疑いを差し挟む余地があることに加えて、塩冶興久の乱との関連の考察が不可欠だからである。この問題については、かつて言及したことがあるが、[2]（年欠）五月二十八日の陶興房書状（志道広良宛）が重要な意味を持つ（萩藩閥閲録巻一六志道69）。

志道広良は、毛利家の親類衆であり、「執権」という立場で元就を支えていた。大永五年（一五二五）、元就が尼子方から大内方の陣営に復帰した際も、その交渉は志道広良と陶興房の間で行われた（A「佐東領知来歴」）。この書状は、広良と興房が深い信頼関係で結ばれていることをうかがわせる。『萩藩閥閲録』は「天文元カ」という傍注を付しているが、興房は享禄三年（一五三〇）十月に剃髪して「道麒」と称するので、この書状は享禄三年以前のものである。

とくに注目されるのは、出雲の情勢について触れている第二条である。「不慮之儀出来候事」とは、尼子氏内部で「伊予守」（尼子経久）と「塩冶」（経久三男の興久）の対立が深まり、興久と経久が相次いで大内氏に使者を派遣し援助を求めてきたことを指している。経久と塩谷興久の対立が始まった時期は享禄三年三月頃と推定されているので[3]、この書状も享禄三年のものと推定できる。

興房は広良に対して、大内氏としては経久と興久のどちらを援助すべきか、率直な意見を聞かせて欲しいと頼んでいる。興房としては、今は興久の方が優勢であると推測しながらも、当面は両方との関係を維持しつつ、「ころひ候ハんする方」（劣勢の側）を後押しして、結果的に両方とも滅亡するのが一番望ましいと考えているようであるが、信頼する広良の意見を求めている。

このことに関連する（年月日未詳）児玉就忠・桂元忠連署事書状案（毛利家文書二三九）によれば、元就は大内氏側に「塩冶興久は山内氏の「縁辺」（山内家の娘が興久の妻）であり、毛利家と山内家の関係も深いが、今回の対立は「父子取相」（父子の争い）なので、父経久を援助するのがよいのではないか」と回答した。大内氏も元就の意見に同意し、経久を援助したので、父子の争いは経久側の勝利に終わったとしている。

興房書状の第三条では、次のように述べている。

吉田より可有御勤様に候歟、時宜共御ゆかしくて候、宍左者下庄手ニ被入候哉、松尾辺の為躰如何候哉、旁以承
度候、

興房は広良に対して、①「吉田」＝毛利氏の（高橋領に対する）攻撃の状況はどうか（「御勤」は「御動」の誤写であろう）、②宍戸元源（「宍左」を宍戸隆家とする傍注は誤り）が（吉茂）「下庄」を占領したかどうか、③「松尾辺」の戦

況はどうか、の三点について尋ねている。つまり、享禄三年五月二十八日の時点では、高橋氏の松尾城はまだ陥落していなかった（少なくとも陶興房は知らなかった）と考えられる。なお宍戸元源が元就の高橋領攻撃に協力したことは、上下庄・阿須郡のうち五〇〇貫を元就が宍戸氏に与えていることでも確認できる（B）。

ここで再度、享禄三年七月十五日の大内義隆書状写について検討してみよう。

上下庄事、可有御進退之由候、得其心候、尤可然候、更不可有余儀候、委細弘中中務丞可申候、恐々謹言、

享禄三年

七月十五日　　　　義隆　御判

毛利治部少輔殿

（毛利家文書二五六）

この書状は、元就が「上下庄」を「進退」したいと大内氏に申し入れ、義隆がそれを了承したことを示している。仮に享禄二年五月に松尾城が陥落していたとしたら、毛利氏の「上下庄」領有を認める義隆の書状は、それから一年以上遅れて発給されたことになる。陶興房書状が享禄三年五月二十八日のものであるとすれば、元就が高橋伊予守弘厚の松尾城を攻略し、「上下庄」を占拠したのは、享禄三年の五月末から六月ということになる。その後、元就が「上下庄」「進退」の希望を大内氏に申し入れ、それを受けて義隆が七月十五日に了承したと考えられる。

次に阿須那の藤根城については、「以此方武略、是又仕果候」（A）、「大九郎ニ腹切せ候事」（B）とあるので、武力で攻め落としたのではなく、交渉の結果、「高橋大九郎」が切腹して開城する、という結末であったと考えられる。その時期は松尾城陥落から少し時間が経過した後のことと思われる。元就による阿須那等の支配を認める大内義隆書状写（毛利家文書二五七）は十二月十一日付けである。

享禄四年（一五三一）二月十二日、元就は高橋氏が多年にわたり押領していた出羽七〇〇貫のうち四五〇貫を出羽

祐盛に返付している（萩藩閥閲録巻四三出羽1）。三月三日には旧高橋領の口羽村糟戸・河隅両名を厳島常燈油料として寄進している（同巻一四四児玉1）。高橋氏討滅にかかわる戦後処理が享禄四年初めに行われたということである。

このように、高橋氏の滅亡を享禄二年ではなく享禄三年と考えることによって、享禄二年の高橋氏の大内氏に対する敵対の開始から、享禄三年の松尾城の攻略と阿須那藤根城の陥落を経て、大内義隆による高橋旧領に対する元就の支配権の承認、享禄四年の元就による高橋旧領の戦後処理という一連の事態の推移が、時系列として自然に理解できるのである。

註

（1）岸田裕之氏『大名領国の構成的展開』第三編第六章、吉川弘文館、一九八三年。ほかに同「高橋氏」（『広島県史中世』Ⅳ―二―1、四八九～五〇二ページ、一九八四年）、同『毛利元就』（ミネルヴァ書房、二〇一四年）三三～四三ページにも高橋氏に関する言及がある。

（2）秋山伸隆「大永・享禄年間の尼子氏と毛利氏」（藤岡大拙氏編『尼子氏の総合的研究』平成二・三年度科学研究費補助金（総合研究A）研究成果報告書、一九九二年）。

（3）長谷川博史氏「戦国期大名権力の形成」（同『戦国大名尼子氏の研究』吉川弘文館、二〇〇〇年、初出は一九九三年）。

【付記】本稿に対しては岸田裕之氏のご批判が発表されている（「大内義興の死と備芸石の動乱―享禄二年の安芸松尾城の高橋氏攻めと毛利元就―」〈同氏著『大内と幕府 毛利と織田 境目地域の領主連合』清文堂、二〇二三年。初出は二〇二二年〉）。ご批判に対する秋山の見解は「家督相続後の毛利元就―高橋氏の滅亡時期をめぐって（再論）―」（『毛利氏×郡山城―元就生涯の城』安芸高田市歴史民俗博物館図録、二〇二三年）に述べたところである。あわせて参照していただければ幸いである。

Ⅲ いわゆる安芸郡山城合戦の再評価

吉野健志

はじめに

西国の典型的戦国大名とされる毛利氏は、権力構造をはじめ様々な方面からの厚い研究の蓄積を持つ。いうまでもないことだが、その毛利氏がいかなる特性を持った戦国大名であるかという問題は、毛利氏がどのような過程を経て戦国大名となったかという問題と不可分な課題である。

毛利氏が戦国大名となる直接の契機が、陶氏を破った厳島合戦であることについてはあまり異論がないであろう。それ以前についても毛利両川の創設、井上党の誅伐など、戦国大名化の足掛かりとなった要素の指摘は多い。しかし、毛利氏が地域権力として拠って立った、地域と毛利氏との歴史的過程については、軍記物等から構成されたいわゆる通説がまかり通っている部分が多いように感じる。

本稿では、天文九年九月から天文十年一月に至る尼子詮久による毛利氏の安芸郡山城攻め(1)を取り上げ、これまで軍記物に依拠して語られることの多かった地域の中での毛利氏の動向を信頼できる史料によって見直す作業を通じて、戦国大名毛利氏を生み出した地域の特性及び戦国大名毛利氏の形成過程の一端を明らかにしたい。

一、通説に見る郡山城合戦の原因

天文九年九月から天文十年一月に至る尼子詮久による毛利氏の安芸郡山城攻めは、毛利元就の戦国大名へのステップの一つとして、安芸の戦国史を彩る大事件として、厳島合戦とともに有名な戦いである。

郡山城合戦については、古くから多くの記述があるが、正面から取り組んだ論考は少ない。多くは軍記物や『毛利家文書』「郡山篭城日記」と呼ばれる元就の手記をもとに合戦に至る経緯や合戦の推移、その結果について記述されている。ここでは、具体的にいわゆる郡山城合戦が従来どのように位置づけられ、記述されてきたか見ていこう。

まず、合戦に至る経緯であるが、毛利を主とするか、尼子を主とするかによって若干の違いはあるが、概ね同様の記述が見られる。大雑把にいえば、毛利を主とする見方では、大永五年、尼子方を離れ、芸備の尼子方を攻略する毛利元就に対して、尼子氏が反撃を行ったというもの。一方の尼子を主とする見方では、天文六年から上洛のための美作・播磨遠征を繰り返していた尼子氏が、上洛を控えて後顧の憂いを除くため毛利氏を攻めたというものである(2)。

それでは、従来の代表的見解である『広島県史』中世の記述を参考に掲げよう。

「詮久は…京に上り幕府の実権を握ることを夢見ていた。しかし、その背後では毛利元就が先頭に立って尼子勢力を牽制しつづけたので、尼子氏にとって、まずこの毛利氏打倒が当面の課題となってきた。そこで詮久は、経久らが元就の武将としての実力や予想される大内氏の支援などを理由に反対したのにもかかわらず、あふれる血気から、一気に毛利氏の本拠郡山城をつく作戦を強行することにした。」（Ⅳ章四節河村昭一氏執筆分）

「尼子晴久は…毛利氏の本拠吉田郡山城を天文九年九月から翌十年一月にかけて攻撃した。これは前年から計画が進められ、大内義隆東上以前に芸備における大内方の支柱である毛利氏を壊滅させ、背後を固めて東上を果たそうとしたのである。」

（Ⅳ章五節河合正治氏執筆分）

また、近年のものとして、米原正義氏の記述をあげる。

「詮久は上洛することになると、将軍から安芸にあって忠勤を励むようにといわれている毛利元就の動きが気にかかります。そこで詮久は背後の始末をつけてから、すなわち安芸制覇をなしとげてから東上しようと考えたと見られ、その眼は南西下に向けられたのです。」

（米原正義『中国をめぐる戦国武将たち』ＮＨＫ文化セミナー歴史に学ぶ、一九九七年）

郡山城合戦がおきる理由として提示されたものは、ほぼ上記の内容に収斂される。しかし、ここにはいくつかの素朴な疑問が生じる。一つは、なぜ毛利氏が尼子氏上洛の障害となるのか。もう一つは、播磨等で快進撃を続け、上洛まで一歩と迫った尼子氏が播磨攻略を中断してまで、本当に安芸の一国人領主を討つためだけに大軍を催すものなのかという二点である。

これらの疑問を解決するためには郡山城合戦以前の安芸の情勢を見ておく必要がある。

二、天文初頭の安芸国をめぐる情勢

享禄二年、毛利元就は石見から安芸に広がる有力国人高橋氏を滅ぼす。これは、大内義興が享禄元年死去し、若い義隆が家督を相続したことにより、将来を危ぶんだ高橋氏が大内氏を見限って尼子氏に従おうとしたためと推測される。この戦いについて元就は、備後和知氏を語らい、西条の弘中隆兼の協力を得て高橋氏を滅ぼしたと書き記している。[3]この事件について毛利元就の記述をそのまま鵜呑みにすることはできないが、これによって毛利氏が安芸北部から石見邑智郡方面に大きく勢力を伸ばしたのは事実である。毛利氏は吉茂上下庄、石見阿須那といった高橋氏の旧領の多くを知行すると、高橋氏に本領を押領されていた石見出羽氏に押領分を返還して与力とし、石見の高橋氏旧領域には一族の志道通良を口羽に配して高橋口羽氏の跡を継がせ、安芸の高橋氏旧領域には元就の異母弟就勝を北に入れ北氏を名乗らせている。[4]

一方、尼子氏は、享禄二～三年頃から経久とその三男塩冶興久との仲が悪化し、内紛が勃発する。相当深刻な内紛であった模様であるが、天文二年末ころ、備後山内氏の元へ逃げ込んだ興久の切腹により事件は落着したとされる。[5]その間を縫って天文元年より尼子氏は、美作への侵攻を開始する。これは長谷川博史氏によれば天文六年から九年にかけて見られる上洛を目指した動きの前提となるもので、上洛のための進軍ルートの確保という意味付けがされている。[6]

大永年間、安芸経営に本腰を入れていた大内氏は、享禄元年、大内義興が山口で病没すると安芸国内での目立った動きはなくなる。

義興の跡を継いだ大内義隆は、天文元年、肥前、筑前で少弐氏が旧領回復の動きを見せたのに対応して陶道麒（興房）を総大将に北部九州に大軍を送る。大内義隆自身も長府まで出陣しており、総力を挙げたものであった。また、この戦いには安芸からも志芳堀天野隆重などが従軍しており、[7]広範囲から多くの軍勢が送られたことが窺われる。

大内氏の九州出兵は、天文三年末、少弐氏の降伏によって終了し、翌四年春には陶道麒も帰国している。[8]

天文年間初頭の安芸地域の情勢は実のところあまり明確ではない。通史には毛利氏関係の下記のような事柄が描写されている。[9]

①天文二年、安芸三入庄の熊谷信直が武田方から毛利元就に服属する。
②天文三年正月、元就は、長い間敵対関係にあった甲立五竜城の宍戸元源と和睦し、元源の孫隆家と自分の娘の縁組みをまとめた。
③天文三年七月、室町幕府奉公衆としても勢力のあった備後宮氏の本拠亀寿山城を攻めてこれを攻略する。
④天文四年三月、備後北部の雄族山内氏の庶家多賀山氏の蔀山城を攻めてこれを落とす。

これらはいずれも確かな史料に基づいているわけではない。これらについて若干の検証をおこなってみよう。
まず①の熊谷信直は、後に吉川元春の舅となる人物で勇将として知られていた。その信直が毛利氏についたわけだが、軍記物等による服属の理由は、室町期を通じて武田氏の配下にあった熊谷氏であったが、武田光和に嫁していた信直の妹が光和を嫌って実家に戻ったことと、信直が光和の家臣山中佐渡守を討果たしてその所領七〇〇貫を横領したことにあり、尼子方であった武田氏に対抗するため、天文二年、毛利氏に服属したとする。光和は怒って信直を居城高松城に攻めたがかえって敗北し、その後は毛利氏の後援などにより行動を起こせないまま天文九年に武田光和は病死したとされる。以上の事柄が事実か否かを明らかにすることはできないが、天文二年以降、やはり熊谷氏と同じころ毛利氏に服属したとされ香川氏とともに毛利方として各地に転戦する様子が軍記物に散見する。[10]
熊谷信直が毛利方についたのは、「当時豊前守知行在所之事」と題する信直の書状案[11]からも明らかである。しかし、問題はその時期である。先の書状案には、信直が「武田、尼子ヨリ四ヶ年被取詰」れたとき、尼子氏が吉田に出陣してきたことが記されている。尼子氏が吉田を攻めるのは天文九年であるから、四ヶ年攻められていたとすると早くとも天文六年からということになる。それ以前の状況について記していないので確実ではないが、軍記物の内容と相違して天文六年ないしは七年から武田、尼子両氏の攻撃に晒されていたということになり、そういう状況に至る、つまり武田方から毛利方に寝返るのはそれからそう遠くない時期ということがいえそうである。このことは、大内氏が毛利元就の斡旋により熊谷氏の服属を認めたのが郡山城合戦後の天文十年であったことからも窺えるのである。[12]

②の宍戸氏との和睦も確実な史料があるわけではない。しかし、宍戸隆家と後に五竜の局と呼ばれる元就の長女が婚姻関係にあったのは事実であり、また高橋氏旧領の内五〇〇貫を宍戸氏に割譲しており、[13]早い段階に宍戸氏との和睦がなったのは事実と見てよい。

③の宮氏亀寿山城攻めであるが、これも出典は「陰徳太平記」などの軍記物のみである。宮氏は、備後一円に広がった有力な氏族で、南北朝期には備中守護に任じられたこともあり、室町期には代表的な幕府奉公衆であった。宮氏の主流は、下野守家と上野介家の二家があり、ともに備後一宮周辺の品治郡から安那郡を領した。

宮氏関係の史料をまとめられた谷重豊季氏によると、[14]大永末年頃、下野守家は尼子方であり、上野介家は大内方であったようである。天文三年の宮亀寿山城攻めの際、城を守っていたのは下野入道とされるが、実名は上野介家系の直信とされはっきりしない。『大館常興日記』天文十年八月四日条には、宮下野守家が断絶し、遺領を宮彦次郎が切り取り大内氏に与力し、惣領職をも望んでいる旨が記されている。また、上野介家は天文六年以降、尼子氏の播磨遠征に従軍していることが知られる。少なくとも天文三年に滅びたとは考えられず、「陰徳太平記」の記述は極めて不審である。また、毛利元就に従軍して宮亀寿山城を攻めたとされる熊谷氏、香川氏はいずれも天文三年には毛利氏に従っていたとは考えられないので（熊谷氏の場合、従っていても備後に遠征する余裕はないだろう）「陰徳太平記」の記述は否定すべきである。

④の多賀山氏の蔀山城攻めであるが、これについても明確な史料はなく、軍記物の中でのみ語られるものである。元就に従った軍勢等に不自然な部分が多く事実とは認められない。[15]また、蔀山落城から一年後の天文五年三月には、

多賀山氏の宗家山内氏の甲山城が尼子氏のために落城し、当主が交代させられている。多賀山氏はその交代した当主を出した家であり、全面的に尼子方であったと考えられ、たとえ何らかの事実を反映しているとしても、時代や状況はまったく違ったものであろう。

このように見ていくと天文年間初頭の安芸国をめぐる情勢はほとんど目立った動きがないことが明らかとなる。そのことは、先述のように志芳堀天野氏などの安芸国人の多くが大内氏に従って九州に出陣したことからも窺える。なぜならば、安芸国人が出陣できるような領国周辺の政治的安定があればこそであろう。これは、大内氏、尼子氏ともに当主が交代する時期に当たるところからもたらされたものと推測されるが、天文四〜五年頃からこの安定も尼子氏の動きによって破られるのである。

天文四年、安芸の有力国人で東西条に接する高屋保の領主平賀氏は、当主の弘保及び次男の入野貞景が大内方に、長男の興貞が尼子方に分かれ、弘保が白山城、興貞が頭崎城にそれぞれ拠って内紛を始めた。平賀氏は地理的関係からか、早くから大内氏に近く、弘保も興貞もそれぞれ大内氏から一字を受けている。その平賀氏が大内・尼子に分かれ戦うのは、尼子氏からの強力な誘いがあったと見るべきであろう。この内紛はまもなく和議が結ばれるが、天文五年には早くも破れ、再び両者は白山城、頭崎城を拠点に戦うことになる(16)。

また、天文五年に入ると、尼子詮久は先述のように備後山内首藤氏の甲山城を攻める。この背景には天文二年末に甲山城にかくまわれていた塩冶興久が尼子氏のために切腹した事件によって尼子氏と山内直通との不和があったと推測されている(17)。同年三月には、甲山城は落城し、尼子氏によって直通が廃され、多賀山通続の子聟法師が家督を相続した。

このように天文五年頃になると尼子氏の攻勢が強まったことが窺われる。吉川家文書の中には天文年間前半のもの

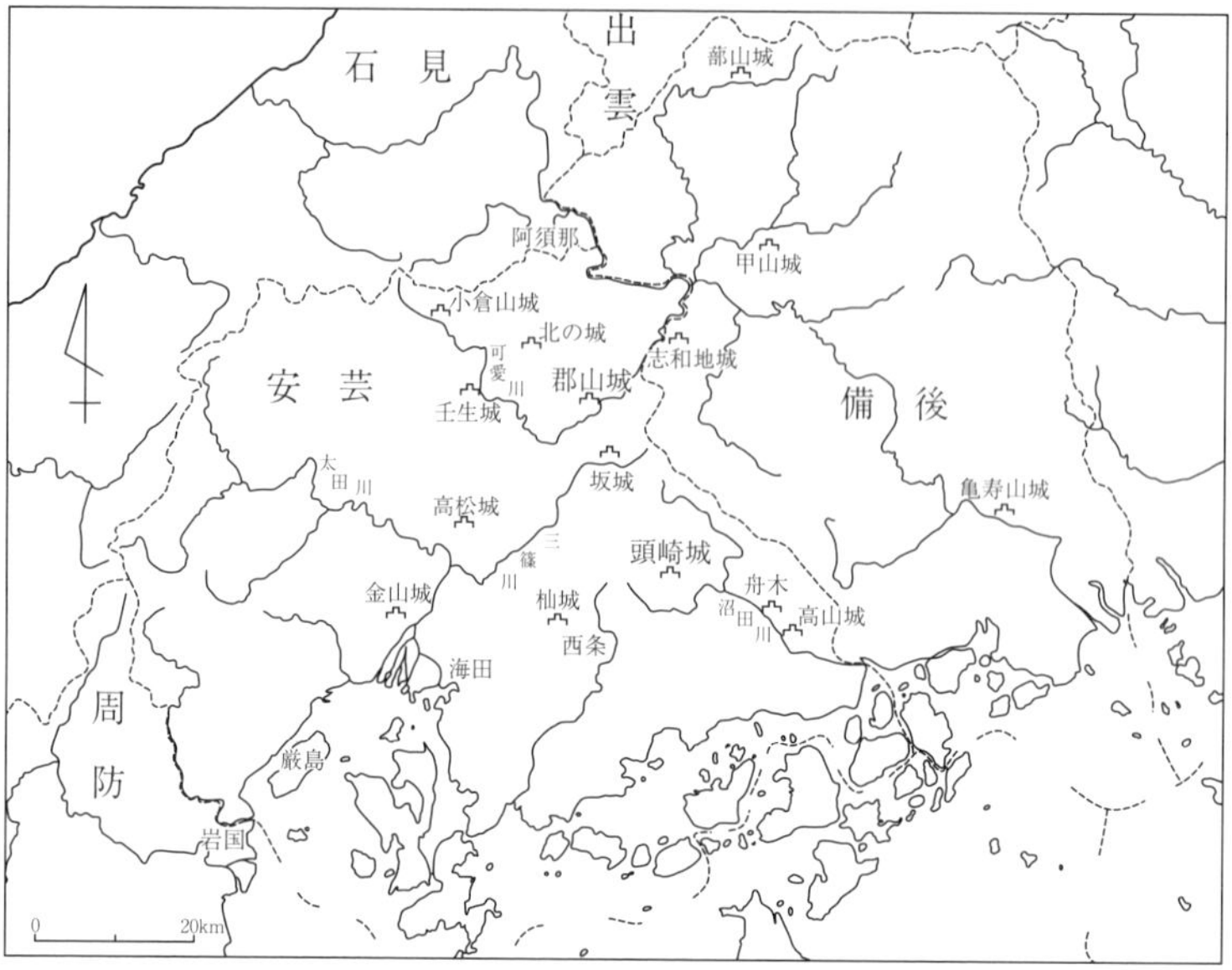

第１図　関係地名分布図

と推定される、尼子氏と吉川氏の交渉を示す文書がいくつか残されている(18)。それによると、吉川氏と武田氏が山県郡上本地をめぐって対立関係にあり、尼子氏が調停を行っている。吉川氏と武田氏の紛争への介入は、尼子氏が地域領主間の調停を行うことによって公権力として安芸国人の上に望もうとしたことを示すものと考えられる。

一方、大内氏にとっては、安芸国における分郡東西条のすぐ隣に位置する高屋保の平賀氏が尼子方に属すのは大きな脅威であったと思われる。天文五年、平賀弘保と同興貞の和議が破れると大内氏はすぐさま弘保を支援し、東西条代官弘中隆兼をして興貞の拠る頭崎城を攻めさせる。八月には毛利氏も大内氏の命により軍を高屋に送っており(19)、大内氏の頭崎城攻撃はかなり大規模なものであった。十一月には、大内氏は弘中隆兼を総大将にして頭崎城に肉薄する(20)。大内軍は多くの損害を出しながら頭崎城を抜くことができなかった。大内氏は、この失敗により力攻めから持久戦に作戦を変更しており、白山城、造賀要害(21)、宇山(22)などに兵をいれて包囲網を形成している。

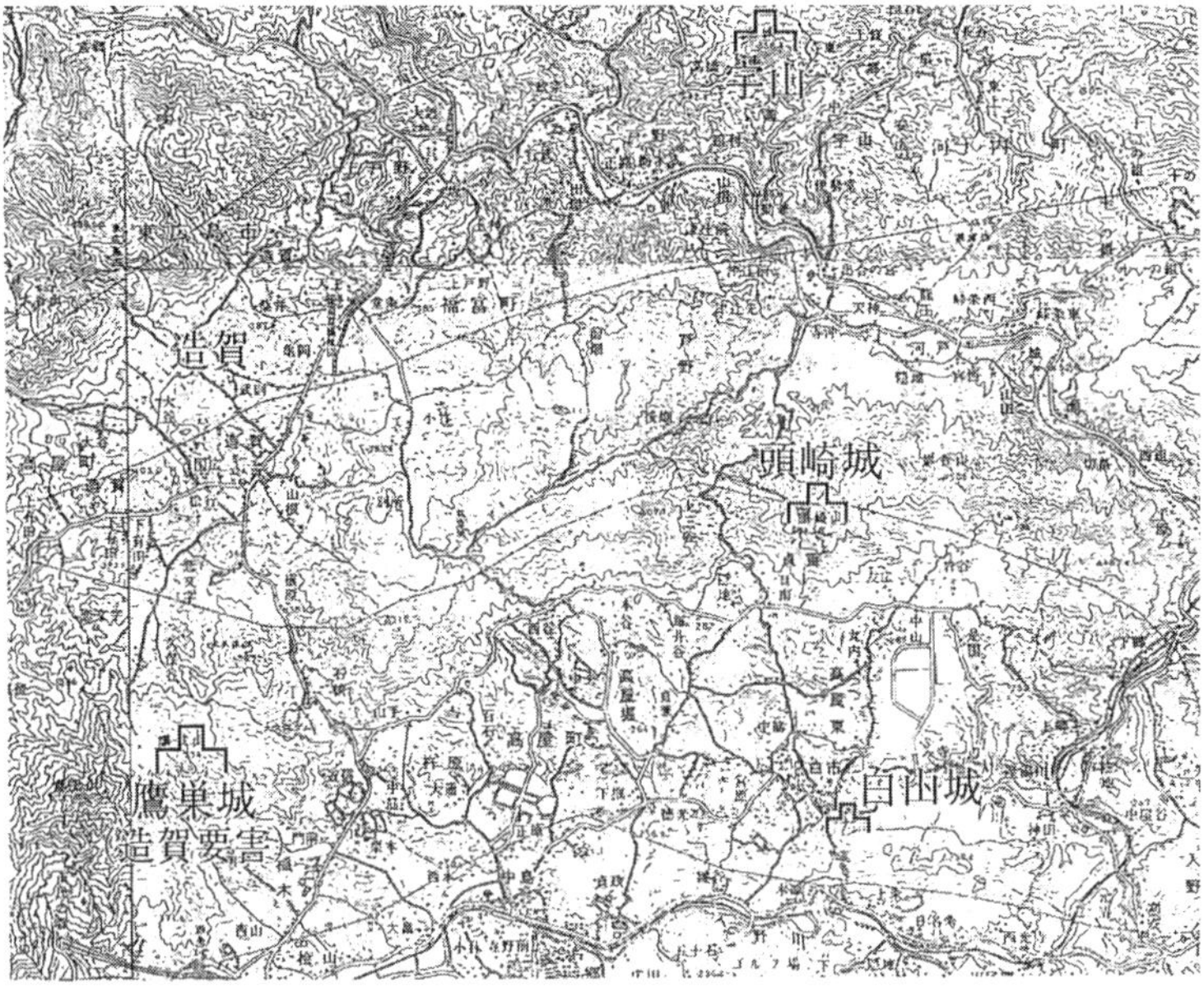

第２図　頭崎城周辺地形図（S ＝ 1:100,000）

尼子氏にとって頭崎城は大内勢力の中に打ち込んだ大きな楔であり、その支援は強力なものであった。毛利元就は頭崎の時失った在所として備後志和地城、安芸壬生城、北の城、上下庄、石見阿須那庄等をあげており、尼子勢による頭崎城救援のための動きが激しかったことを物語っている[23]。この尼子氏の攻勢が何時行われたものか具体的にははっきりしない。しかし、毛利氏は、天文六年に北の城の西方生田城を攻め落としている[24]。毛利氏が失ったとされる所領の中に北の城、上下庄が入っていることから尼子氏の攻勢は天文六年以降に行なわれたものであろう。尼子氏は、天文六年、第一回目の播磨遠征を行う[25]。

年内には帰国しているようであるが、この遠征には備後の宮氏も従軍しており、尼子氏の勢力は備後南部にまで及んでいた。また、沼田小早川氏は天文七年から八年にかけて大内方の竹原小早川氏との交戦が確認され、尼子方であったと考えられる[26]。この当時の沼田小早川氏の当主は詮平であるが、この名は尼子詮久の一字を受けたものである可能性が高い。尼子氏は、天文七年六月頃から第二回目の播磨遠征を行う。この時は上洛を目指した本格的なものであったらしく、詮久自身も出陣していたものと考えられており、播磨国に対する攻勢はこの年いっぱい続けられたようである。

天文八年になっても大内氏による頭崎城攻撃は続けられていたが、この間に東西条代官が弘中隆兼から杉隆宣に替えられる(27)。これは、頭崎城を落とせない責任を取らされたとも考えられるが、この頃から杉隆宣とともに長門守護代内藤興盛の嫡男内藤隆時も頭崎城攻めの指揮に当たっており、大内氏がより本格的に頭崎城攻略に動き出したことを示す。

尼子氏は天文八年末から第三回目の播磨出兵を開始するので、尼子氏による頭崎城救援のための動きは天文八年段階がもっとも強かったと見てよいだろう。現に同年五月には尼子氏の一部が高屋表に陣を取り大内軍と対峙しており、十二月には東西条衆の財満備中守父子が平賀興貞の誘いを受けて尼子方に寝返り、大内氏によって討たれている(28)。先述の毛利元就が失った在所としてあげた城や地域もこの頃の尼子氏の攻勢によって失った可能性が高い。

以上が、郡山城合戦以前、天文八年までの安芸国の置かれた情勢であるが、ここには従来いわれていたほど毛利氏の鮮明な姿がない。むしろ、活発な尼子方の動きが多方面にわたって見られ、大内氏と尼子氏の争点の核に頭崎城があったことがわかるのである。

三、頭崎城と郡山城

天文九年は、郡山城合戦の行なわれた年であるが、具体的にどのような動きが郡山城合戦につながっていくのか、大内氏と尼子氏を経とし、頭崎城と郡山城を緯として詳細に見ていこう。

大内義隆は、天文九年になるといよいよ本格的に安芸に向けて軍勢を動かし、正月の内に自身防府まで出陣する。(29)一方で毛利元就の要請を受けて、この年までに杉木工助を坂要害に在番させている。(30)坂要害は現向原町坂の日下津城跡に比定される。坂は毛利領でも南端に位置するが、ここへの大内氏の援軍を要請すること自体、尼子氏の攻勢の激しさを物語るものであろう。

大内義隆の安芸出陣にどのような目的があったかについて、通説では語るところが少ない。安芸の尼子方を一掃するため、あるいは九州経営が一段落したため安芸に鉾先を向けたといった具合である。しかし、史料上は、はっきりとその目的が記される。天文九年正月十三日に天野興定に与えた書状には、「然者先勢渡海事可為近日候、其間西条表事無心元候」とあり、西条に出陣して東西条代官杉隆宣に従うよう命じている。(31)また、「房顕日々記」によれば、天文九年十月二日、岩国在陣中の陶隆房が西条表出陣のため厳島社に対し十二貫文の御供料を捧げており、「西条表」がキーワードとなっている。(32)

「西条表」が何を表わすのかは、一連の行動が出陣という軍事行動であることから、西条近辺での軍事、つまり、頭崎城の攻防戦を指すことは明らかである。大内義隆は、尼子氏の強力な頭崎城支援に対して、その攻略を目指して山口を出陣したのである。従来、尼子氏の頭崎城支援については、「毛利元就知行注文案」に依拠して語られることはあっても、大内義隆の出陣が頭崎城攻略の目的を持つものであることは無視されてきた。そのことの理由の一つに頭崎城の落城時期の誤認がある。

天文九年六月十六日夜、賀茂郡造賀において毛利氏を主体とする大内軍と頭崎城の平賀興貞軍が戦い、興貞軍が三十三名もの犠牲を出して敗れている合戦があり、これによって頭崎城が落城したとされる。(33)これは、「於天文九年六月十六日夜中造賀討捕頚之注文」と題する頚注文形式の軍忠状を基本史料とする[34]。この合戦そのものは、毛利家中の家文書からも確認され事実と考えてよい。しかし、夜中の合戦でもあり、それほど大規模な合戦であったとは考えられない。また、造賀地区のどこで合戦があったか明らかではないが、造賀地区中心部から頭崎城までは五キロメートル以上の距離がある。夜中に城まで追い討ちが懸けられる距離とはいえないであろう。さらにいえば、この頚注文にもこれに係る感状にも頭崎城のことは一言も記されていない。つまり、この合戦で頭崎城が落城したとは考えられないのである[35]。

頭崎城が落城していない徴証として次の史料があげられる[36]。

急度申候、当要害之儀、対弘保被還遣候、然者各之事、要害之儀弘保代々堅固ニ被去渡、可有下城候、置物被下候者、両三人被申談、元家領内へ可被下置候、則人夫申付、至爰元可取越候、於無置物ハ不及申候、彼山より弘保可破却之由候之条、如此令申候、御座所之奉書為披見進候、驪而返可然候、恐々謹言、

五月五日　　　　　　　　　　　　隆宣『在判』

石井和泉守殿

河野志マ守殿

黒瀬武寿殿

この史料は、頭崎城包囲のために築かれた城の一つ、造賀要害が平賀弘保に返還される際の文書である。返還される理由は記されていないが、返還後、弘保は要害を破却するとあることから、頭崎城攻防戦が終結して不用になったためと考えられる。問題は、書状の日付である。年号は書かれていないが、頭崎城落城後であるから、天文十年と考えられる。しかし、五月五日といえば、頭崎城が落城したとされる六月十六日頃から一年近くも経っているのである。

落城後も残党狩りや戦後処理などですぐには要害が不要にならないとはいえ、一年は長すぎる。これは天文九年六月に頭崎城が落城したと考えることからくる不条理なのである。実際の落城時期は、先ほど来述べてきたように頭崎城の軍事が「西条表」と記されていると理解すれば解決する。天文十年正月三十日、陶隆房は、安芸国人天野興定に対し、吉田から書簡を送り「然者如西条可打越候、彼表一着候者、則至佐東可取懸候」と述べている(37)。天野氏を含めた大内軍は、その言葉どおり同年三月中旬には佐東金山城を攻めている。このことから、「彼（西条）表一着」つまり頭崎落城は、天文十年二月頃ということができるのである。

大内義隆の安芸遠征が、頭崎落城とされた六月以降も続いていることが、義隆の出陣理由を不明確にしてきた理由と思われるが、それは以上のように事実誤認に基づくものである。では、ここでなぜ頭崎城がこれほど執拗な抵抗を続けることができたのか、その背景について検討してみたい。

尼子氏が、頭崎城を安芸南部の一大拠点と位置づけ強力な支援を行ったことは、先述のとおりである。尼子氏の攻勢によって、毛利元就は安芸北部、備後、石見の所領を放棄しているが、頭崎城から見ればすべて遠方である。では、尼子氏の支援にも拘わらず頭崎城は孤立していたのであろうか。安芸における尼子氏与党といえば武田氏が筆頭に挙げられる。武田氏の具体的な動きは、史料が少なく明らかにし得ないが、同じ尼子方として連携は取っていたであろう。

また、頭崎城と最も密接な関わりを持つと考えられるのが平賀領の東隣に位置する沼田小早川氏である。

沼田小早川氏は、前節でも若干触れたが尼子方であった。同氏は、天文四年段階では大内氏の九州出兵に一族を従軍させており(38)、大内方であったと考えられる。尼子方に転じた時期について、『三原市史』では天文八年とするが(39)、前年から竹原小早川氏との交戦が確認でき、天文四年以降、同七年以前とするしかない。

この時期の小早川氏当主は、初め詮平を名乗り、天文十二年には正平という名乗りで出雲に討死している。尼子方の時、詮平と名乗り、大内方となると正平と名乗るということから、詮平の詮の一字は尼子詮久の偏諱を受けたものと考えられる。

頭崎城に拠る平賀興貞は、決して安芸南部で孤立した存在であったのではなく、西に武田氏、東に沼田小早川氏という味方を持ち、さらにその東、備後には宮氏等の強力な尼子与党が控えていたのである。これが、「西条表」という大内氏の膝下で厳重な包囲を受けながら数年にわたって持ち堪え得た最大の理由であろう。

さらに、頭崎城の構造を見ると、標高五〇四メートルの甲の丸を主郭とし、東西約九〇〇メートル、南北約六〇〇メートルの範囲を城域としている。中心部約二〇〇メートル四方ほどは、三方が畝状竪堀群で囲まれ、他の地区と区別されている。他の地区は比較的単純に郭が連なり、広い駐屯空間が確保されている。頭崎城は十六世紀後期まで使用されたため、現在残る城跡が天文年間のまま保存されているとは考えにくいが、これほど大規模化した背景には、長い篭城戦が影響していると思われる。その用途としては、合力の援軍を収容する駐屯地として使われたものだろう。これは、信濃守護家小笠原氏の居城林城が、甲斐武田氏に対する篭城戦の中で城域を拡大していったことと同様であろう[40]。

さて、大内義隆の安芸遠征が、頭崎城攻略を目的とするものだったということになると、天文九年の諸情勢は、頭崎城を基軸として見ることが必要となる。

天文九年正月九日、山口を発って防府に着陣した大内義隆は、防府を天文九年八月に出陣し、都濃郡野上村、玖珂郡玖珂本郷を経て九月には岩国に着陣する[41]。

一方の尼子氏は、先述のように天文八年末から播磨に出陣しており、大内氏主力の安芸出陣は、安芸の尼子方にと

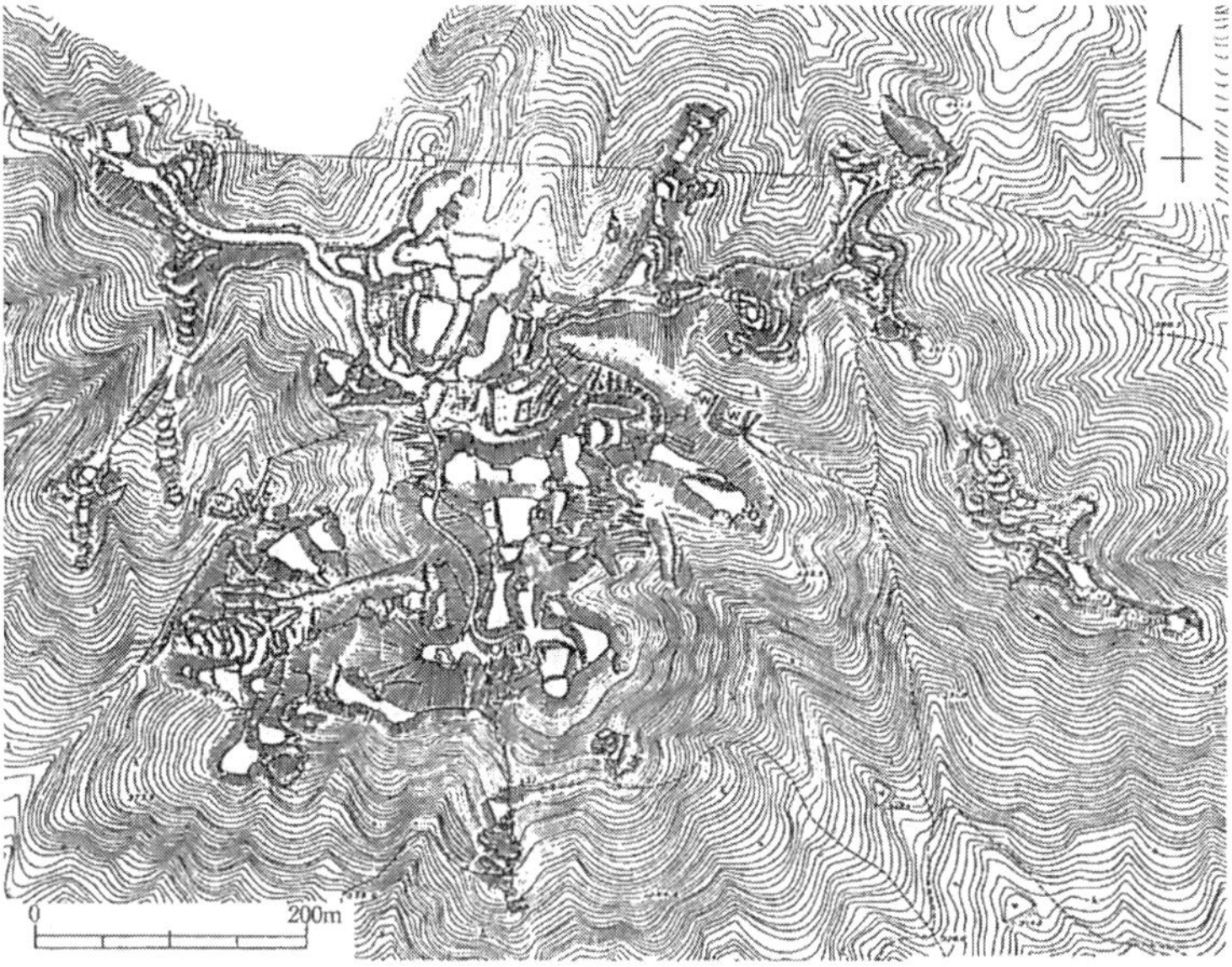

第３図　頭崎城跡見取図（S ＝ 1:8,000）

って由々しき事態であったようである。

尼子氏主力の播磨在陣がいつ頃まで続いたか明らかでない。しかし、天文九年三月、播磨守護赤松晴政が尼子軍に逐われて和泉堺に「牢籠」するに至っており、この頃までは、播磨に在陣していた可能性がある。

安芸の尼子氏与党の内、最初に崩れるのは沼田小早川氏である。「仏通禅寺住持記」によれば、天文九年四月、沼田小早川氏は、大内方に転じ、大内勢を引き入れるともに一族で尼子方に留まった舟木常平の三石城を攻めている。これによって頭崎城を支えた安芸南部における二本柱の内の一本が大きく傾いたのである。舟木氏の三石城が、現在の本郷町舟木に残る城跡の内どれに相当するのか不明だが、舟木という在所そのものが、沼田小早川氏領の中では最も頭崎城に近い位置にあり、舟木氏だけでも尼子方に残ったことは、頭崎城の守りからすれば、幸運だったといえよう。

しかし、その後、安芸の尼子方にとっては、再び大きな危機が訪れる。[42]同年六月九日の、最大の尼子氏与党、武田光和の死去である。武田氏は、大永期以来の親尼子勢力であり、かつては安芸守護、安芸分郡守護を務めた家であった。光和の具体的な行動は史料が少なくなかなか知り得ないが、その死去は大きな危機であっただろう。ここでも幸い、本家にあたる若狭武田氏から信実を養子として迎え、尼子方に留まったとされるが、弱体化は否めない。

次の史料は「房顕日々記」九月十三日条である。

一　九月十三日、伴方心替仕、同名平城前原生害させ候、吉山者其外石道至新城取退候、則至岩国遂註進候、

これによれば、武田氏の一族伴氏が「心替」をして同名の平城、前原を殺したと伝える。この「心替」は、伴の西南方に位置する吉山の者が大内方の石道新城に退避していることから、大内方から武田・尼子方へ「心替」であったと考えられる。

伴氏は、武田氏の有力な一族である。この伴氏が、どの段階で大内方に応じるのか明らかでない。「房顕日々記」の九月一日条には「佐東伴方計略仕子細等候」とあり、伴氏の行動の一端が窺われるが、伴氏と同じく武田氏一族の平城、前原氏や吉山地域の者まで大内方に応じるような状況は、やはり、武田光和死去による家中の分裂や大内義隆の安芸遠征などが影響していると考えるべきである(43)。

大内氏の安芸遠征、沼田小早川氏の大内方帰順、武田光和の死去等、安芸の尼子方にとって天文九年は、最大の危機的状況にあったといえるが、これに対する尼子氏の動きを見てみよう。

先述のとおり、尼子詮久の播磨出兵は、天文九年四月以降、この方面での動きが見られなくなり、帰陣もこの頃かと推測される。

この推測が正しければ、ちょうど沼田小早川氏が尼子氏を離れ、大内方についた時期とほぼ重なる。偶然の可能性も無くはないが、大内義隆が頭崎城攻略を目指して安芸に向けて出陣し、なおかつ安芸南部の尼子氏与党の一角が大

きく崩れたことは、尼子詮久を帰国させるに十分な理由といえる。従来からの通説では、尼子詮久は、天文八年末に郡山城遠征を決定し、同九年六月下旬、尼子国久が率いる一軍が、三次方面から郡山城を目指し、祝屋城で宍戸氏に阻止され、江の川を渡河できず出雲に帰陣したとされる。また、詮久は、この敗戦によって三次方面からではなく、石見方面からの郡山城攻めを決定したとされる。

郡山城の前哨戦とされるこの戦いだが、信頼できる史料は一切確認できない。十六世紀末から十七世紀初頭の覚書、軍記物類にも記述が見られない。やっと十七世紀後半の「陰徳記」、「吉田物語」に見られるようになるのである。また、毛利元就が、隆元に宛てた書状によれば（毛利五四四）、郡山城合戦の時、宍戸氏は吉田の東方、「下麻原ちま坂」において活躍があったと記すことはあっても、祝屋城合戦のことは記述が見られない。これらのことから、郡山城合戦の前哨戦とされた祝屋城の合戦は、事実とは認められない。もちろんそれに近いことがあった可能性まで否定するものではない。尼子氏が大内方の宍戸氏を攻めることには何の問題もないのである。ただ、九年六月の時点で郡山城攻めに関わって祝屋城の合戦があった事実を否定するのである。

武田光和死去直後の天文九年六月二十五日、武田氏一族あるいは重臣と思われる某和重から武田氏一族の戸坂氏に宛てた書状には、「自雲州取出一定候哉」とあり、尼子氏の安芸出陣が話題に上っていたことが知られる(44)。ここでいう尼子氏の出陣が、六月下旬の尼子国久祝屋城攻めではなく、この二ヶ月後の郡山城攻めであることは明らかである。尼子詮久が安芸遠征を決定したのは、播磨遠征を控えた八年末ではなく、沼田小早川氏が離反し、武田光和が死去して安芸の尼子方が大きく動揺した九年六月頃と見るべきである。また、そこには現実に大内氏に包囲されている頭崎城の存在があったのである。

このように見てくると、郡山城合戦に関わる従来の理解の多くは誤りであったことが明らかとなる。

尼子氏は、頭崎城の囲みを解かせ、併せて尼子方を去った安芸の大内方諸国人を自陣営に引き戻すことを目的としていたのである。その背後には、戦国大名の存立基盤の一つである知行・所領の保障者という側面の維持がある。戦国大名個人がたとえその強烈な個性によって戦国大名として存立していても、それを取り巻く家臣や従属する国人・土豪にとっての戦国大名とは、それぞれの家が家として存続していくための所領・知行の保障を行ってくれる存在である。

長谷川博史氏によれば、尼子氏は、守護公権の継承の後、出雲最大の経済的要地である美保関、塩冶郷、横田庄の段階的掌握によって出雲一国に対して軍事的経済的強制力を及ぼせる大名権力へと成長したとする(45)。その尼子氏がさらにその軍事的経済的強制力を広い範囲に及ぼすためには、軍事力でその地域を圧伏させる以上に、尼子氏を保障者と仰ぐ国人・土豪層の拡大が不可欠なのである。

尼子詮久が、上洛を断念してまで、大内氏によってその存立を危うくしている尼子方諸氏を救出しなければならない、あるいは救出しようとしなければならなかった理由は、そこにこそある。尼子氏がいざという時、あてにならないということになれば、その基盤は一挙に失われるのである。

四、郡山城が攻められた理由

前節で明らかになったように、尼子氏の目的が毛利元就の打倒ではなかったとすると、攻撃目標として郡山城が選ばれた理由は何だったのだろうか。まず、その点を明らかにしておく必要があるだろう。

大永五年三月、尼子方から大内方に復した毛利氏は、以後、大内氏の失地回復戦に参加し、大内色を強めていく。

しかし、そのような中でも、享禄四年七月に尼子詮久と毛利元就は、兄弟の契約を結んでおり、[46]尼子氏とも一定の関係を保っていたことが窺われる。

毛利氏と尼子氏のそのような関係が崩れるのは、天文五～六年の頃である。年未詳卯月二十三日付け河副久盛・湯原幸清連署状によれば、「対吉田此方更以雖無遺恨候、何様之子細候哉、自彼方被立色候、口惜敷趣候」とあって、[47]尼子方から見れば、この頃の情勢が、毛利方の一方的な離反であると映っていたことが窺われる。

毛利氏は、その後、安芸生田や佐東郡方面で尼子方と戦闘を行い、頭崎城包囲網に参加し、天文六年末には、長男隆元を山口に人質として出すなど、大内方としての態度を明確にするに至る。

そもそも、毛利氏は、十五世紀以来、安芸だけでなく備後にも所領を拡大しており、応仁・文明の乱が終結する頃には、芸備にまたがる安芸国の一大勢力に成長していた。

岸田裕之氏によれば、安芸国人は「書違」と呼ばれる相互扶助協約を結び、紛争解決や調停の機能を果たさせていたが、中でも毛利氏が国人領主連合の盟主として力を付けていくとする。[48]

応永の安芸国人一揆以来、国人領主連合の指導的役割を果たした諸氏は、毛利氏、宍戸氏、平賀氏、高橋氏などが挙げられる。十六世紀に入り、駿河守系宍戸氏が滅亡し、高橋氏も毛利・和知・宍戸・大内氏に攻められ滅亡すると毛利氏の地位は相対的に上がることになった。このような状況下では、毛利元就の活躍云々以前に毛利氏の掌握が安芸国人の動向を左右するカギの一つとなるのである。

もう一点、重要な要素となるのが毛利氏の地理的位置である。

毛利氏は、安芸の北東部吉田庄を本拠とし、天文初頭頃には、東は備後志和地城をはじめとして世羅郡や三次郡の一部、西は壬生をはじめとする山県郡の一部、さらに北方の石見高橋氏旧領の多くを所領としていた。

一方、尼子氏は、大永年間より石見東部への侵入を繰り返し、一部については支配下に収めるなど、石見守護で邇摩郡を分郡として知行する大内氏と争奪戦を繰り返していた(49)。その推移については史料が少なく明らかにできないが、問題となる天文九年頃は、毛利元就知行注文案に見られるように、石見及び山県郡の毛利領はすべて尼子氏方に占領されており、少なくとも邑智郡については尼子氏が掌握していたと見てよい。

つまり、毛利氏は、尼子氏勢力圏のもっとも近くに位置す大内方有力国人であったのである。

以上のことから尼子氏が郡山城を攻めた理由を推測すると、第一に安芸国でも最有力の大内方国人毛利氏を攻めることによって頭崎城の包囲を解かせ、平賀氏を救出すること。第二に安芸国に軍事的圧力をかけることによって武田氏内部を安定させること。

第三に尼子氏が出兵するに当たって補給がもっとも容易な尼子氏勢力圏に隣接する大内方の要地であったこと。

そして第四に、離反した毛利氏を尼子方に引き戻すことである。このことは、先にあげたような尼子氏と毛利氏の関係からすれば、尼子方のもっとも望むところであっただろう。また、郡山城合戦をさかのぼるわずか四年前、同様の事件があったことを想起せねばならない。

天文五年三月、備後の山内氏は、尼子氏を離れ大内方に接近したことにより、尼子氏の大軍に攻められ、降伏開城している。尼子氏により居城甲山城を落とされた山内氏は、当主直通が隠居させられ、一族の多賀山通続の子聟法師が尼子氏によって新当主とされた。この戦いの経緯を記すものはないが、尼子氏は、山内氏の族滅を図ったのではなく、当主を交代させることにより、尼子方として家を存続させる道を選ばせている。

尼子詮久は、毛利氏に対しても同様の措置をとることを目的としていたのではないだろうか。詮久は、大軍を動員することによって毛利氏を圧伏し、内部から当主の交代によって尼子方に戻る行動を起こさせようとしたと見ることもできるのである。

五、いわゆる郡山城合戦の意義

以上は、あくまでも郡山城が攻撃目標として選ばれた理由であって、尼子氏を安芸遠征に駆り立てた真の理由ではない。その真の目的は先述のとおり、頭崎城の囲みを解かせ、併せて尼子方を去った安芸の大内方諸国人を自陣営に引き戻すことであったのである。

この目論見は、九月四日から開始される郡山城攻めによって部分的には成功を収めた。郡山城包囲後の九月十三日、伴氏が「心替」して尼子方に戻り、天文十年正月十二日、厳島神主友田興藤が大内氏に対して反旗を翻している。また、最大の目標であった頭崎城の包囲を解かせることも部分的には成功させている。つまり、九月二十六日までに頭崎城攻めの最高責任者である東西条代官杉隆宣は竹原小早川興景等を率いて坂に在庫しており、頭崎城包囲は主役を欠いているのである。

これに対して大内氏は、十月二日に陶隆房を岩国より出陣させ、十月四日厳島を経て、十月五日には矢野・海田に上陸している。(50)

通説では、十月四日、厳島に到着し、翌五日、広島湾東岸の矢野・海田に上陸した大内軍は、武田氏勢力圏を避け、「中郡」と呼ばれる三篠川沿いの谷を経て十二月三日、吉田庄内「山田中山」に布陣したとされる。これは、主に「房顕覚書」及び「毛利元就郡山篭城日記」を史料とするものである。これによれば、陶氏を大将とする大内軍は、海田から吉田まで直線で約四十キロメートルの道程を二ヶ月もかかっていることになる。このため、米原正義氏は、陶氏は、尼子・毛利両軍の戦いの形勢を模様眺めしていたと推測されている[51]。

しかし、厳島に十月四日に着き、翌日未明には厳島を発つほど迅速な行動をしている陶隆房が二ヶ月もの間模様眺めなどするものであろうか。「房顕覚書」の元原稿だったと推測される「房顕日々記」には、陶隆房の目的をはっきり「西条表可有出陣」と記している。つまり、陶氏の出陣は、杉隆宣の郡山城後詰の穴を埋めるための出陣だったのであり、空白の二ヶ月は頭崎城に対する包囲網の強化や、尼子氏の南下に力を得た沼田小早川氏等の日和見的国人に対する攻撃や警戒に費やされたと考えられる[52]。

以上のように始まった郡山城合戦は、大内氏の援軍が到着し後詰決戦が行われた後、尼子氏の敗北で幕を閉じる。この合戦の経緯については、木村信幸氏が詳細に検討されているのでそちらに譲るとして[53]、ここでは、この合戦の結末とそのもたらしたものについて若干の検討を加えたい。

尼子氏の敗因であるが、広島県史によれば、①大内氏の援軍、②元就の戦略家としての卓抜さ、③尼子氏が十分補給路も確保しないまま敵地奥深く遠征し、しかも戦いが長引いて冬になり、兵糧・物資の確保が困難となったこと、沼田の多い狭い吉田盆地では大軍を効果的に展開できなかったことなどが挙げられている。

しかし、このような理解は、①、②は妥当としても③、④については問題がある。まず、③については、兵糧の確保が十分であったか否かについて検証が十分でない。確かに「通路切搦」と表現される補給路の遮断が九年十一月頃から確認される。しかし、それからでも尼子軍は三ヶ月近く大軍を在陣させているのである。また、先述のとおり、郡山城は、尼子氏勢力圏のすぐ南に位置し、周辺の吉川氏、武田氏等はすべて尼子方であって敵地奥深くとは決していえないことなどである。

④については、吉田盆地に限らず中国地方の小盆地は沼沢や泥田が多く、大規模に兵を展開できるような地形では

ない。それは当時の武将たちにとっても周知の大前提であり、それが敗因につながったとはいえない。やはり、大軍で囲むことによって簡単に圧伏できると思った毛利氏が、山内氏の時とは異なり、大内氏の援軍が迫りつつあるのを見て耐え抜いたこと、及び大内氏の援軍が、犠牲を顧みず決戦を仕掛けたことなどが挙げられるだろう(54)。

尼子氏の敗走によって、天文十年正月から二月にかけては舟木小早川氏の三石城、平賀興貞の頭崎城が相次いで陥り、四月には厳島神主友田氏、五月には佐東武田氏が滅亡し、安芸の尼子氏与党は壊滅したのである。この敗戦によって尼子氏は、安芸における基盤のすべてを失い、同時に上洛の夢も断たれたのである。

大内氏は、本来の目的であった頭崎城の攻略はもちろん、十五世紀以来紛争を続けてきた安芸武田氏を完全に滅ぼし、安芸国全域を掌握することに成功した。安芸守護職もこの時に獲得したと考えられ、東西条に守護代を置き、その他の直轄領には城と城督を配置する(55)。

大内義隆は、十五世紀以来の宿敵であった少弐氏、武田氏を相次いで滅ぼし、軍事的優位を確立する。出雲で一時的に敗れるとはいえ、天文年間の後半には遠く備中まで影響力を及ぼしており、大内氏は最盛期を迎えるのである。

一方、この戦いの結果を最大限に活用したのは毛利元就である。元就は、戦後、室町幕府に対し様々な形で戦功を注進している。いわゆる「毛利元就郡山篭城日記」と呼ばれる手記もそのプロパガンダの一つであるが、これらのPRによって戦いの勝利を自分のものにすることに成功したのである。

しかし、それ以上に毛利氏にとって重要だったことは、尼子氏の大軍に包囲されてなお、大内方に留まった元就に対して大内義隆が、大きな忠誠を認めたことである。これ以後、大内氏は、毛利氏を安芸国支配の上でより重視するようになり、一方の主軸に守護代弘中氏を、もう一方の主軸に毛利氏を据えるのである。毛利氏は弘中氏とともに守護代に準じた動きをするようになり、天文十二年には大内氏の命により伴氏を滅ぼし、その遺領を与えられる(56)。また、

大内氏の備後進出にあたって、備後中郡の管轄を任されることなどもその中で理解される。(57)

このような毛利氏と大内氏との関係は、他の国人領主との関係に直接的に反映される。天文十年以降、毛利元就は、他の国人領主の愁訴などを大内氏に取り次ぐようになり、(58)天文二十年の陶隆房による大内義隆の殺害後、芸備両国国人領主の盟主としての地位を確立するのである。

おわりに

以上、天文年間前半の情勢の検討を通して明らかになったことは、従来の当該期の理解が軍記物に依拠し、事実が反映されていないということであった。そこでは毛利元就個人の重要性が強調されることになり、時代の中で固有の歴史的役割を果たした人々が切り捨てられているのである。

本稿は、天文年間前半の毛利氏と地域の関係を明らかにすることで、毛利氏を取り巻くどのような環境が毛利氏の戦国大名形成の前提として用意されたのか考察することを目的としてきた。その試みが成功したとは言い難いが、最後に一連の分析を通じて明らかになった点をまとめ、いくつかの課題を提示して終わりとしたい。

安芸郡山城合戦は、毛利氏撃破を目的として引き起こされたものではなく、尼子氏が、その戦国大名としての存立基盤を守るため、危機に晒されていた平賀氏、武田氏等の支援、直接的には頭崎城の救援を目的として引き起こされたものである。郡山城が目標とされる必然があったとはいえ、偶然と幸運の中でその大きな危機を乗り越えた毛利元就は、その結果としてのみ大内義隆の信頼及び安芸国衆のリーダー的立場を獲得したのである。(59)

その後、元就は安芸・備後両国において弘中隆兼とともに守護代的行動を取るようになり、天文二十年には陶隆房の大内義隆殺害に協力して芸備国衆の盟主としての立場を確立する。

この一連の動きの中で、まず課題となるのが守護代的行動に関しての弘中隆兼との機能の差や、具体的な権限についての問題である。また、毛利氏が戦国大名へと脱皮する外的要因としての毛利両川の創出や大内義隆への謀叛時における陶氏との協力体制の実態解明も重要課題である。しかし、もっとも重要な課題は、厳島合戦の勝利を経ての毛利氏の戦国大名化が、安芸国人領主連合の盟主という地位を前提としていたものなのか、はたまた、この守護代的地位が一定のウエイトを占めているのかという問題である。このことは、毛利氏が、国人連合が生み出した戦国大名の典型例とされていることに対して再検討を迫るものであり見過ごすことはできない。これについては、天文年間後半の動向の中から検証していく必要があるだろう。いずれにせよ、その課題は、当該期の社会全体を見据えることによってのみ明らかとなるものなのである。

註

（1）この合戦の名称については、定まった呼称はなく、「郡山城合戦」、「郡山合戦」、「郡山篭城戦」など様々に呼ばれている。本稿では、『広島県史』中世で採用されている郡山城合戦という名称に適宜大和郡山城との区別をつけるため安芸の名称を付したが、その他の呼称を否定するものではない。

（2）秋山伸隆氏は「毛利元就と郡山合戦」（『大河ドラマ「毛利元就」放送記念歴史リレーフォーラム元就歴史紀行講演記録集』大河ドラマ「毛利元就」推進協議会、一九九八年）のなかで、郡山城合戦を大内氏と尼子氏の抗争の中で捉え直すことを提唱されている。注目すべき見解であるが、郡山城合戦の原因等については従来の説の域を出るものではない。

（3）『大日本古文書』家わけ第八「毛利家文書」二五一（以後、『大日本古文書』は、『毛利』、『吉川』のように表記する）。

（4）『県史』中世、五百頁。

（5）長谷川博史「戦国大名尼子氏権力の形勢出雲国奉公衆塩冶氏の掌握と討滅―」（『史林』第七十六巻第三号、一九九三年）。
（6）長谷川博史「尼子氏の美作国支配と国内領主層の動向」（岸田裕之・長谷川博史「岡山県地域の戦国時代史研究」〈『広島大学文学部紀要』第五十五巻 特輯号二、一九九五年〉）。
（7）『萩藩閥録』巻七十三天野求馬、その他、沼田小早川氏、吉川氏などの従軍も確認できる。
（8）近藤清石『大内氏実録』（明治十八年、復刻マツノ書店一九七四年）。
（9）例えば、渡辺世祐監修『毛利元就卿伝』（三卿伝編纂所編一九四四、復刻マツノ書店一九八四年）。
（10）「天野毛利家文書」三十七（『広島県史』古代中世資料編Ｖ　一九八〇年、四二頁、以後、『県史』Ｖと表記する）によれば、香川氏の大内氏服属は天文十年春のことである。
（11）『熊谷』一六七。
（12）『熊谷』一二三、一二四、一六七。
（13）『毛利』二五二。
（14）谷重豊季『四五迫城跡発掘調査報告書』（広島県新市町教育委員会、一九九二年）。
（15）「陰徳太平記」等の軍記物によれば、元就に従軍した国人として熊谷信直、天野隆重、阿曽沼広秀、香川光景などがあげられている。この内、天野隆重は、前述のように天文四年の春にはまだ九州に在陣していた可能性があり、阿曽沼広秀も家督を継いで広秀と名乗るようになるのは天文二十年以降である。また、熊谷、香川についてはは既述のとおりである。
（16）『平賀』七二。
（17）米原正義『出雲尼子一族』（新人物往来社、一九八一年）。
（18）『吉川』三六五～三七九などを中心とする文書群。
（19）『萩藩閥録』巻四十末近九左衛門（以後、『萩閥』と表記する）。
（20）千葉文書二、石井昭氏所蔵文書（『広島県史』古代中世資料編Ⅳ、二六二頁、二八五頁、以後、『県史』Ⅳと表記する）。
（21）石井昭氏所蔵文書七、石井英三氏所蔵文書五～七（『県史』Ⅳ、二八八頁、二九三～二九四頁）。

(22) 『毛利』六九七。
(23) 『毛利』二五二この史料は、天文十三年頃に大内氏に対して提出されたものの案文で、知行地の確認、不知行地の再知行という目的があったものと推測される。
(24) 『萩閥』巻八十岡吉左衛門。
(25) 註(6)長谷川氏論文。
(26) 田坂文書(『県史』Ⅴ、一二四頁)。
(27) 吉野健志「史跡鏡山城跡の概要」(『鏡山城その歴史と意義大内氏の地方支配を探る―』東広島市、一九九九年)。
(28) 天野毛利文書三十、三十一(『県史』Ⅴ、四一頁)これらの史料は、いずれも年欠であり、『県史』の注記では天文五年とされている。しかし、その根拠となるものはない。また、頭崎城攻めの指揮を杉隆宣が執るようになるのは、天文八年頃から以降である。天文八年以降で十二月に謀叛の動きが察知できる状況が考えられるのは、天文八年のみであり、この二点の史料はいずれも天文八年のものと考えられる。
(29) 「棚守房顕覚書」十七条(『県史』Ⅲ)。
(30) 天野毛利文書三五(『県史』Ⅴ、四二頁)。なお、この年不詳正月九日付け天野興定宛大内義隆書状の本文は、「以元就約諾之辻、至坂要害差篭杉木工助候、諸篇別而御入魂可為肝要候、猶興重宗珊可申候、恐々謹言」である。『県史』Ⅴの註では天文十年とされているが、天文十年正月は、郡山城合戦の真最中であり、大内軍の主力も既に郡山城周辺に着陣している。宛先の天野興定も郡山城に篭城しており、この段階で主戦場から離れた坂要害に元就の要請で兵を入れるのは不自然である。よって、この史料は、天文九年以前のものとするのが妥当である。
(31) 天野毛利文書三二(『県史』Ⅴ、四一頁)。
(32) 野坂文書一三二(『県史』、七三四頁)。「棚守房顕日々記」と呼ばれるこの史料は、房顕自身が天文九年正月九日から天文十年正月十七日までの大内氏の動向や厳島神社と大内氏の交渉等を記したものである。寛延三年に散逸していた日々記を集めて補修したことが表紙に書かれていることから、現存の日々記は全体の一部と考えられている。また、棚守房顕はこのようなこまかな日記を多く残し、それが後年、「棚守房顕覚書」編集の際の資料になったと推測されている（松岡久人「解説」『県史』Ⅲ）。

(33) 米原正義『中国をめぐる戦国武将たち』ＮＨＫ文化セミナー歴史に学ぶ（ＮＨＫ出版、一九九七年）ほか。

(34) 『毛利』二八二。

(35) 成稿後、長門市在住の中野良彦氏から次のような史料の存在をご教示いただいた。

今度、造賀之儀頓令調略勝利候、尤神妙之至候、弥無油断機気干要候、猶隆時可中候也、恐々謹言

（天文九年）六月二十二日　　義隆（花押）

杉　次郎《隆宣》左衛門尉殿

（杉尉徳氏所蔵文書）

この史料によれば、造賀合戦は、東西条代官杉隆宣の主導の下に行なわれ、毛利氏が大内軍の一部隊として軍事行動を行っていたことを意味する。一方、史料中には「弥無油断」とあって、いまだに軍事的緊張状態にあることを示し、頭崎城が落城していないことは明らかである。

(36) 石井文書（『県史』Ⅳ、二九四頁）。

(37) 天野毛利文書三七（『県史』Ⅴ、四二頁）。

(38) 『小早川』文書一四三。

(39) 『三原市史』第一巻第五章では、「仏通禅寺住持記」の記事に拠って、天文八年四月に尼子方であった沼田小早川氏の高山城が大内氏によって攻められ占領されたとする。しかし、天文八年段階では六月に至っても沼田小早川氏と竹原小早川氏は交戦中であり、四月に大内方に復したとは考えられない。「仏通禅寺住持記」の記事は、他の記事の例から、その年の記事が必ずしも年記の後に来るものではなく、年記の前に来る場合もある。「仏通禅寺住持記」の当該記事は、天文八年と九年の項の間にあり、この高山城に関する記述は天文九年四月のことと考えられる。

(40) 佐脇敬一郎氏のご教示による。

(41) 野坂文書一三二（『県史』Ⅲ、七三四頁）。

(42) 「棚守房顕覚書」十九条（『県史』Ⅲ）。

(43) 武田光和在世中の天文九年四月、武田氏は安南郡戸坂要害を攻略している（『県史』Ⅴ、一四三一頁—十二）。戸坂は、武田氏重臣戸坂氏の本貫地であるが、その戸坂要害が攻略されたということになると戸坂氏までも一時的にせよ武田氏から離反した可能性がある。

(44) 『毛利』一四八三。

(45) 長谷川博史「戦国期出雲国における大名領国の形成過程」（『史学研究』第二〇一号、一九九二年）。

(46) 『毛利』二二〇。

(47) 『吉川』三六五。

(48) 岸田裕之「芸石国人領主連合の展開」（『大名領国の構成的展開』吉川弘文館、一九八三年）。

(49) 「日御崎神社文書」（『大社町史』史料編上）なお、同社文書によって、大永四年には幕府から石見国の内、安濃、邇摩、邑智の三郡の領有を認められていたとされるが、長谷川博史氏のご教示によれば、その根拠とされる史料は、花押、筆跡等に多くの疑問点あるとされ、慎重な検討を要する。

(50) 野坂文書一三三二（『県史』Ⅲ、七三四）。

(51) 米原氏註（32）論文。

(52) 「棚守房顕覚書」には、陶隆房は「中郡」を通って吉田に至ったとする。「中郡」とは「外郡」に対応する語句で、国の周辺部を「外郡」、国の中心に近い内側を「中郡」と呼ぶ。ちなみに賀茂郡は中郡に属す。

(53) 木村信幸「『毛利元就郡山篭城日記』の虚実」、「実像の郡山合戦」（『いぶき』No.一七・一八、一九九七年）。

(54) 秋山伸隆氏は、註（2）文献の中で毛利氏の勝因として別に毛利氏の周到な準備をあげられている。これは尼子氏の郡山城攻めを予想して、家臣に対して軍資金を拠出させたり、所領を一時返上させて、その年貢を兵糧として集めたというものである。もしそうであるなら、かなり以前から郡山城が目標となることが知られていたということになり注目される。特に所領の上表はかなり以前からの準備が必要と思われ重要である。しかし、秋山氏がその論拠としてあげられる史料は、すべて天文十一年のものであり、特にあげられている「生田内、先給遣候」とある生田は、「頭崎之時放候在所」として元就自身が記す「北の城」の至近に位置する。このことからすると、ここに見られる「先給」とは尼子氏に占領される以前に知行していた給地と考えるべきではないだろうか。また、同時期の他の宛行文書も新たに元就が大内氏から恩賞として宛行なわれた地域を対象としたものである。つまり、これらの天文十一年の史料群から、元就がかなり以前から尼子氏の来襲を予測していたと推測するのは困難といえるだろう。

(55) 大願寺文書四四（『県史』Ⅲ、一一〇〇頁）。

(56) 『毛利』二五一。

(57) 譜録渡辺三郎左衛門直（『県史』Ｖ、三八八頁）。

(58) 『小早川』文書一二五、天野毛利文書六一（『県史』Ｖ、五〇頁）

(59) 柴原直樹氏は、天文十三年以降、備後国における毛利氏の軍事指導者としての活動が明確になってくるとされる（「毛利氏の備後国進出と国人領主」〈『史学研究』第二〇三号、一九九三年〉）。これは、毛利氏の応仁の乱以降の備後国との関わりと芸石国人領主連合の盟主となった実力が背景にあるとされる。従うべき見解であるが、柴原氏のいう軍事指導者と守護代をはじめとする守護公権の関わりについて、備後山内氏の例も含めて検討していく必要があるだろう。

Ⅳ

猿懸城合戦と毛利氏の備中国経略

畑　和良

はじめに

高梁川から小田川沿いに西へ向かうと、倉敷市真備町と小田郡矢掛町の境界あたり、川を挟んで南北の山が迫ってくる地点を通過する。天然の関門を思わせるこの地点の、南からせり出した台形の山に、猿懸《さるかけ》（猿掛）城が存在した。現在も石垣・土塁・枡形《ますがた》虎口《こぐち》を含む雄大な遺構を残す当城は、はじめ備中国衆の庄《しょう》氏、天正三年（一五七五）以降は穂田《ほいだ》元清《もときよ》（毛利元就四男）の居城として、政治的・軍事的に重要な位置を占め続けた。

ところが、猿懸城について明確に沿革を辿ることが出来るのは、毛利氏が関わるようになって以後のことで、毛利氏の影響力が備中国南部に及ぶ以前の状況については、当時の史料をほとんど欠いており、詳らかにすることが難しい。また、猿懸城に毛利氏が関わるきっかけとなった毛利元就による庄為資《ためすけ》攻撃についても、その発生年次すら書物によってまちまちで、様々な説が併存したまま放置されている状況が続いている。

こうした状況をふまえ、本稿では一次史料を基幹とし従来説の形成過程にも配慮しながら、毛利氏による猿懸城攻めが何時、どのようなかたちと背景をもって行なわれたのかを明らかにしてみたい。

なお、猿懸城主庄氏については、戦国初期の日記類や次節以降に列挙する毛利氏側史料において「穂田」「穂田庄」と記載される場合がある。(1) これは、猿懸城の所在地穂田郷（穂太・穂井田とも。倉敷市真備町服部・妹《せ》の小田川より南側、玉島陶、玉島服部付近）の地名を、庄氏が家号として冠称したものと考えられる。(2) 小稿では便宜上、史料引用箇所を除き猿懸城主の姓を「庄氏」に統一し、「庄為資」などと表記することにする。

一、猿懸城合戦に関する従来説

猿懸城合戦の発生年次については、現在天文二十二年（一五五三）とする説、永禄二年（一五五九）とする説が併存している。本節では、こうした従来説が形成されるに至った過程を確認しておきたい。

猿懸城合戦の発生年代について言及した最も古い文献は、次に示す『森脇覚書《もりわきおぼえがき》』（以下『森脇』と略す(3)）と『桂《かつら》岌円覚書《きゅうえんおぼえがき》』（以下『桂』と略す(4)）である。

【森脇覚書】（傍注は「森脇飛騨覚書」による校訂個所）

一、彼表之儀、然々不存候。乍去、三村と穂田取あひ候時、三村へ為御加勢、元就様・元春様・隆景様いす《（ず）》へ井原迄御打出御陣候。三村先手にて猿懸へ相動候。其日、元春様御太将にて出被作《（させられ）》候。穂田衆罷出、三村衆を追崩罷退候。御本手衆も歴々被参候。志道二郎四郎・桂新五左衛門・臼井藤二郎と申人打死候。其外数多越度候。元春様ハ屋かけと所《（矢かけと申）》ニ御ひかへ候て、少高き所御打上、御そばにハ桂上総殿被居候。御はたをも見ず、歴々の衆、迯退被申由、後御沙汰候。元春様御抧候故、敵相退、味方運をひらき申之由候。是ハ防州・雲州御陣よりも前之事と承候。

【桂岌円覚書】

一、三村修理家親と同国穂イ田庄取合に付て、家親へ御加勢成され、備中江原まで元就様、隆元様御出張成され、
其響に三村、庄和睦仕り、御両殿様御帰陣成され、十日の内小笠原へ御出張成され候

『森脇』は吉川元春《きっかわもとはる》に仕えて各地を転戦した森脇春方《はるかた》が書き残した覚書で、元和七年（一六二一）に吉川広家《ひろいえ》から毛利輝元《てるもと》に進上された。『桂』の方は、元和八年ごろ毛利家中の人々が、元就の代から毛利氏に仕え多くの戦陣を踏んだ桂元盛《もともり》（入道岌円）の談話を記録したものである。毛利氏の戦争を実際に体験・見聞した同時代人による記録で一次史料から知られる事実と概ね一致する内容をもち、記憶の錯乱による誤差の有無を確認・補正しながら利用するならば十分信用に足る史料である。

『森脇』によれば、猿懸城合戦は備中国衆三村《みむら》・庄両氏の抗争に介入した毛利氏が、三村氏を支援するため出陣した結果勃発したものとされている。毛利元就は吉川元春・小早川隆景《こばやかわたかかげ》と共に「いすへ井原」（井原市上出部《いずえ》町、下出部町、井原《いばら》付近）まで出陣し、三村軍を先陣に立てて猿懸城に攻めかかった。ところが、吉川元春が大将として進軍した日、庄氏の軍勢が城から出撃し三村軍を敗走させた。この時、毛利軍本隊にも多数の犠牲者が出た。そのため毛利軍は総崩れとなって退却したが、元春が桂元忠《もとただ》（上総介）を連れて「屋かけ」（小田郡矢掛《やかげ》町矢掛）の小高い場所に陣取っていたため、庄氏の軍勢も退却し、毛利方は活路を開いたという。

『森脇』の示す詳細な合戦状況は、猿懸城合戦譚の祖形と言えるもので、後に成立する毛利氏関係軍記における猿懸城合戦の叙述は、おおむね『森脇』の示す筋書きに基づいている。そして、『森脇』は合戦の発生年代について、「防州・雲州御陣よりも前」との認識を示す。これは、毛利氏の防州（大内義長《おおうちよしなが》・陶晴賢《すえはるかた》）攻略戦・雲州（尼子義久《あまごよしひさ》）攻略戦よりも以前の出来事であった、というぐらいの認識である。

一方の『桂』は、『森脇』とは別系統の本文を持ち、至って簡潔な記述だが、三村・庄両氏の争いに毛利氏が介入

図　関係地図

するという構図は一致する。ただし、『森脇』に全く指摘のない三村・庄両氏の和睦について記されており、注意される。なお、『桂』に類似する合戦経緯を記すものとして、次の『御答書』[5]を挙げることができる。

【御答書】

一、元就公・隆景公被成帰陣、小笠原江可被成御取懸と御催之所に、備中ノ三村家親・同国穂田ノ庄取合ニ及候、穂田ハ連々阿州へ馳走達而候ニ付て阿州ヲ後ニ当候、三村ハ芸州江馳走ノ者ニ付テ此度力を被添候ハてハとの御意ニ而、則備中榎原江被成御出張候、五十日程候て右ノ両家和談仕候ニ付て被成帰陣候、又十日程石州出羽ニ御入候て三殿御同前ニ小笠原江被成御打出候、（後略）

『御答書』も寛永十一年（一六三四）実戦の老士（桂源右衛門または粟屋《あわや》越後守）が吉川広正《ひろまさ》に答申した覚書という。筋書きは『桂』と同一だが、毛利氏を後ろ盾とする三村氏に対し、猿懸城の庄氏が「阿州」＝三好長慶《みよしながよし》・実休《じっきゅう》と結んでいたこと、戦いが五十日ほどで終わり和談になったことなど、やや情報量が多い。

そして、『桂』『御答書』は共に、猿懸城合戦の発生年代を石州小笠原《おがさわら》氏攻略戦の直前としている。これは、「防州・雲州御陣の前」という『森脇』の認識よりも細かく絞り込んだ書き方である。

以上はいずれも元就・隆元《たかもと》・輝元時代の実戦に参加した家臣たちの証言であるが、これらの成立と前後して様々な必要性に応えるかたちで証言が加除・修正・統合され、いわゆる編纂物・軍記の類が登場してくる。

【老翁物語】

一、三村修理家親と穂田庄取相に付て、三村を御救ひ成さるべきために、元就公御両三殿、備中の井末、井原迄御打出で成され御陣取候。三村猿掛へ相動き候。穂田衆罷り出で、三村衆を追崩し候。其日元春公御大将にて跡より出させられ候。御本手衆も志道四郎次郎、桂新五左衛門、其外歴々参られ候。臼井藤次郎討死候。此外数多越度候。元春公は矢かけと申す所に御ひかへ候。少し高き所に御打上り、桂上総守御傍に罷り居り候。御籏をも見ず、歴々の衆迯退き申され候由、後の御沙汰にて候。元春公御ひかへ成され候故、敵引退き各運をひらかれ候。其後御拵へ成され、双方御意に任せ、異儀無く三村、庄和睦相調ひ、御両三殿各御同道これ有り御帰陣候。

【安西軍策】三村属毛利家事并備中猿懸城合戦事

天文廿二年備中国成合ノ三村修理亮家親ヨリ元就へ請和、次ニ自敵猿懸ノ穂田ヲ可討ト加勢ヲ乞申ニ付、二月上旬元就朝臣吉田ヲ発駕シ同十五日元就・隆元ハ備中国伊末井原ニ着陣シ元春ハ猿懸表へ打出給へハ、三村家親一千五百余騎猿懸ノ城下へ相働民屋不残焼払フ、穂田治部大輔是ヲ見テ家親ヲ追立、元春ト可決勝負トテ勢ヲ二手ニ分切テ出稠相戦、穂田カ軍将藤井四郎五郎真先ニ進テ攻ケレハ三村防カネテ引退、吉田勢ニ志道次郎四郎・椿新五左衛門・臼井藤次郎・桜井等返合討死ス、穂田弥得力元春ノ旗本ヘ切懸、元春二千余騎ヲ二手ニ分、待受戦給ヘハ、又井上河内守一族五十余騎横合ニ射立ケレハ、穂田利ヲ失即引退キ、元春モ打入給ケリ、其後穂田モ
御味方ニ成、三村・穂田宿意ノ事元就朝臣扱ニテ和睦候ナリ

『老翁物語』[6]は、寛永元年（一六二四）毛利輝元に命じられた小田木工丞《おだもくのじょう》が、「二老の覚」（『森脇』と『桂』）を「引合せ」、別の伝聞や古文書によって補完しつつまとめたものとされる。猿懸城合戦の記事は『森脇』を主体にまとめてあるが、『桂』にのみ見える三村・穂田和睦の話を末尾に付け足している。

『安西軍策《あんざいぐんさく》』（以下『安西』と略す）[7]の成立年代は不明だが、岩国出身者の作で『陰徳記《いんとくき》』に多くの材料を提供した先行軍記と考えられている。『森脇』に詳細な戦況と『桂』の和睦の話を合成したという意味では、『安西』も『老翁』の内容に似ているが、これは単純に『老翁』を焼き増ししたと言えるような書物ではない。『老翁』には採用されている桂上総守元忠在陣の記事を削除し、井上河内守元兼《もとかね》による側面攻撃に関する記事を挿入することによって、敗軍の中で吉川隊が持ち堪えた理由を説明しようとしている。三村家親《いえちか》による焼き働きの記事も、庄氏が城から出撃するに至った理由づけとして挿入されている。また、「穂田治部大輔」と人名も具体的で、その家臣として藤井四郎五郎という名まで挙げられている。『安西』作者が、他文献の記述や独自の説明的解釈を旺盛に取り込むことで先行する覚書の記録的な文章に「流れ」と具象性を与え、文学としての「軍記」に発展昇華させようと努力したことを知ることができよう。

そして、『安西』は猿懸城合戦の発生年次を、関係文献中で初めて、特定の年＝天文二十二年（一五五三）に限定する。年次比定の根拠は全く示されていないが、恐らく『森脇』の示す年代観（毛利氏の防州攻略よりも前。弘治元年

以前）の中で筆者が妥当と解釈した年代を与え、配列したものと推察される。結局、『安西』の説がその年号（天文二十二年）と共に有名な『陰徳記』『陰徳太平記』に採用され、[8]長い間「天文二十二年の猿懸城合戦」として定着していた。

ところが、昭和初期に『毛利元就卿伝』（以下『元就卿伝』と略記[9]）編纂に取り組んでいた渡辺世祐・野村晋域氏は、関係する一次史料を踏まえて再検討し、

1『桂』『御答書』に小笠原攻めの直前とあること。

2「毛利家文書」四二九号に、毛利元就が小笠原攻めに着手する前に備中経略を行なう必要性を説いた書状が存在すること。

3小笠原氏攻略は、年紀を有する一次史料によって永禄二年五～八月の事件として確認できること。

この三点によって、毛利氏による猿懸城攻めを永禄二年（一五五九）春のことと判じた。そして、このように考えれば、『お湯殿《ゆどの》の上《うえ》日記』同年五月十三日の記事に「安芸国毛利隆元備中国中切取、今日注進書、同頸之注文参」とあることと、完全に符合するとしている。

『元就卿伝』の見解は、当時の文書・記録の要点を鋭く押さえた結果導き出されたもので、永禄二年に毛利氏の備中国経略が行なわれたこと自体は疑いようがない。また、『増訂小田郡誌』にて天文二十二年説を唱えた浅尾儀一郎氏も、根拠とした『陰徳太平記』の猿懸城合戦の章に天文十九年に毛利元就によって殺害されたはずの井上元兼の活躍が描かれていることに気付いて疑問を抱き、天文二十二年説には再検討の余地があることを述懐している。[10]だが、『陰徳太平記』の影響力には計り知れぬものがあって、自治体史レベルでは天文二十二年説が圧倒的に支持を集めており、一部の歴史書において永禄二年説が採用されているといった状況である。[11]

二、二つの猿懸城合戦

以上、猿懸城合戦の叙述史を追ってみた。科学的研究手法に基づいているという点で、『元就卿伝』の永禄二年説は動かしがたい力を持っており、根拠の弱い天文二十二年説は切り捨てられそうにみえる。

しかし、次の史料からは、全く異なる結論を導き出すことができる。これは、猿懸城合戦について合戦参加者自身が記した、今のところ唯一の一次史料である。

【史料1】吉川元春書状写(12)

態申候、其元無何事之由尤可然候、先々此間者穂田（備中国）表動付、其表事々敷聞え候哉、定無心元可被思候、雖然一向無珍儀候、此方之足軽共深々と罷越候間、敵少々付候、然者志道二郎（元信）四郎越度候、不及是非候、彼人一人迄候、是とて不苦儀候、左候間備中表逗留候而も只今無諸詮事候条、内郡表打廻山中（備後国）表可調略との事候、今日至上下（備後国）・有福諸勢陣替候、三吉（致高）・江田（隆連）方事ハ定ゆ（備後国）幾表可為調略候、備中之事ハ穂田迄候、是ハ聽而可有一途候、此方へ一味候衆中要害へ番衆被差籠、人質指出、何方も堅固ニ被申付候、可御心安候、委細此者可申候間、不能多筆候、

恐々謹言

九月九日　　元春

田中左近大夫殿

福原下総守殿　　治部少輔

森脇（祐有）和泉守殿　　元春

進之候

「穂田表動付」とあり、まさに毛利氏が猿懸城主庄氏を攻撃した際のものと知れる。文中、味方の足軽が深入りして敵に付けこまれ、志道《しじ》二郎四郎が「越度《おつど》」（討死）したことが報じられている。『森脇』の記す「其日、元春様御太将にて出被作候。穂田衆罷出、三村衆を追崩罷退候。御本手衆も歴々被参候。志道二郎四郎・桂新五左衛門・臼井藤二郎と申人打死候。其外数多越度候」という状況が、事実だったことがわかる。庄氏の逆襲にあい、多くの部将を失った元春は、備後国山中表（広島県世羅郡世羅町）調略のため備中の陣営を引き払い、上下《じょうげ》・有福《ありふく》（広島県府中市上下町）まで陣替している。

さて、史料1の年次はいつごろに比定できるだろうか。宛名の森脇和泉守（祐有《すけあり》）は吉川興経《おきつね》の宿老だった人物で、主君興経を隠居させ毛利元就の次男元春を吉川家新当主として迎え入れたことで知られている。また、田中左近大夫（後の河内守）は元春が吉川家に養子入りする際、吉田郡山城《よしだこおりやま》（広島県安芸高田市）から連れてきた家臣とされる。(13)このことから、当文書は天文十九年（一五五〇）の元春による吉川家相続以後のものとわかる。また、庄氏によって討たれた志道二郎四郎元信《もとのぶ》は、天文十九年重臣井上一族を粛清した毛利元就に対し、忠誠を誓う起請文を提出した重臣の一人である。(14)志道元信は、天文二十一年（一五五二）七月二十三日の備後国志川瀧山城《しがわたきやま》（広島県福山市加茂町）攻めでも活躍しているから、(15)彼の最期を伝える史料1は、当然それ以後のものとなる。つまり、上限は天文二十一年に比定できる。

下限については、「三吉・江田方事ハ、定ゆ幾表可為調略候」という一文、宛人の一人田中左近大夫の官途変化によって判断が可能である。三吉《みよし》・江田氏は共に備後国北西部の有力国衆だが、このうち江田隆連《たかつら》（玄蕃助）は、天文二十二年四月三日、出雲の戦国大名尼子晴久《はるひさ》の誘いに乗り、毛利氏を裏切っている。(16)よって、江田氏が毛利氏と一味して「ゆ幾表」（湯木《ゆき》表。広島県庄原市口和町湯木）調略に取り組んでいた時期は、天文二十二年四月以前となる。一方、田中左近大夫については、次のような文書が残されている。

【史料２】吉川元春官途授与状写(17)

任　河内守

天文廿弐年正月四日　　元春公御在判

田中佐《左》近大夫殿

史料２によって、田中左近大夫が天文二十二年正月に吉川元春から官途を与えられ「田中河内守」に改称したことが判明する。つまり、改称前の「田中左近大夫殿」宛てで発給された史料１は、天文二十二年正月以前のものと断ずることが可能になる。

以上の考察から、史料１の備える諸条件を全て満たす時期を天文二十一年七月以降、同二十二年正月以前に限定することが可能であり、九月九日の日付から、その年次を天文二十一年（一五五二）九月と確定することが出来る。年次確定の判断に用いた史料はいずれも年紀の明確な文書ばかりであるから、恣意的な推測が入り込む余地もなく、今後この年次比定が動くことはないと考える。つまり、猿懸城合戦は天文二十一年に発生したもの、と結論づけることができる。

それでは、猿懸城合戦を天文二十一年から七年も後の永禄二年に当てる『元就卿伝』の説や、石州小笠原攻めの直後とする桂元盛の記憶は、誤りなのだろうか。

天文二十一年九月に猿懸城攻撃の指揮をとった吉川元春は、史料１の中で合戦が毛利軍の敗北に終わったこと、毛利氏に味方する在地領主たちの要害（城館）に在番衆を配置し、彼らの離反を防止するため人質も取った上で、備中国から退却した旨を報じている。つまり、天文二十一年の戦いでは決着がつかなかったのである。

【史料3】毛利元就・隆元連署書状写(18)

先日御出于今祝着候、其以後無音慮外候、仍左衛門大夫《（桂元忠）》所迄具示給之通令承知候、久代《（宮景盛）》家中于今取候哉、富田《（出雲国）》之儀其身所労、町火事旁以珍事候、弥被聞合可承候、将又動之事何も弘中《（隆兼）》・青景《（隆著）》可申談候、猿懸《（備中国）》懇望之儀三村《（家親）》分別之条、定可相調候哉、猶従是可申候、恐々謹言

卯月十八日　隆元　御判

元就　御判

岡七郎兵衛尉殿

天文二十一年十月から翌年五月ごろまで毛利元就は備後国福永《ふくなが》城（広島県神石《じんせき》郡神石高原町福永）に在番を籠めて尼子軍と戦っており、大内義長も弘中隆兼《ひろなかたかかね》に軍勢を与えて同城を救援させたことが知られている(19)。史料3の宛所岡七郎兵衛は福永籠城に参加した人物だが(20)、文中に「動之事何も弘中・青景可申談候」とあって弘中隆兼率いる救援部隊と相談して行動するよう指示されていることから、史料3は福永城合戦の最中である天文二十二年四月に書かれたものと考えられる。

この史料には「猿懸懇望之儀三村分別之条、定可相調候哉」という注目すべき一文があり、天文二十二年四月ごろ、庄為資が毛利氏に対して和睦を申し入れ、三村家親もこれを受け入れて和談が整うかにみえた時期があったらしい。ところが、同年六月六日毛利元就・隆元連署書状写(21)には、六月二日、毛利氏の軍勢が備中国浅口《あさくち》郡の小坂城（浅口市鴨方《かもがた》町小坂東）を切り崩し、「猿懸衆」を少々討取ったとある。結局和睦交渉は決裂し、毛利・庄両軍の抗争が支城の争奪へと拡大していったもの、と判断せざるを得ない。『安西』『陰徳太平記』に基づく通説では、猿懸城合戦の行わ

れた直後に毛利・三村氏と庄氏との和睦が成立して戦いが終結したように記述されることが多いが、実際には毛利氏と猿懸城の庄氏との間で戦闘が継続されていたことが知られるのである。

そもそも、天文二十一年の合戦状況を忠実に記録する『森脇』には、和睦の話そのものが出ていない。和睦の話は『桂』にみえるが、両者の伝える毛利軍の陣容や着陣地には、大きな食い違いがみられる。『森脇』は元就・元春・隆景が出部・井原まで出陣したとするが、『桂』に元春・隆景の名はない。出陣したのは元就・隆元父子であって、着陣先も出部・井原ならぬ「江原《えばら》」（荏原郷。井原市東江原・西江原・神代付近）とある。年代観ですら、『森脇』が「防州・雲州御陣の前」、『桂』が「小笠原陣の前」という具合に異なっている。後に『老翁』編者によって一つの事件として統合された『森脇』『桂』の記事だが、実は全く別の局面について言及したものであり、『森脇』の伝える天文二十一年の合戦と、『桂』の云う和睦締結で決着した合戦は分けて考えなければならないのではなかろうか。

しからば、和睦によって毛利・庄氏の抗争が終結した『桂』の云う事件は、いつのことなのか。

毛利氏に長い間抵抗してきた庄為資は、「吉備津《きびつ》神社文書」永禄元年（一五五八）卯月二十日為資安堵状[22]によって、永禄元年までは当主として活動していたことが知られる。ところが、翌永禄二年五月になると、庄四郎元資《もとすけ》が猿懸城に隣接する庄氏の菩提寺洞松寺《とうしょうじ》（小田郡矢掛町横谷）に継目安堵の判物を発給している[23]。この庄元資に関しては、従来それとして認識されていなかった次のような文書も残されている。

【史料４】庄元資判物[24]

今度早々出仕、為忠儀西方地仏（頭カ）分代官職末代宛行之条、向後弥別而可致粉骨者也、仍下知如件

永禄二

五月十六日　　元資（花押）

渡辺孫六とのへ

この文書は従来、吉川元長《もとなが》の宛行状と考えられてきた。元長が若い頃「元資」を称したため、そのように判断されたのであろう。しかし、吉川元長の元服は永禄四年（一五六一）正月のことで、史料4が書かれた年はまだ幼名鶴寿丸を名乗っていた[25]。つまり、これは吉川元長の文書ではない。史料4に捺された花押の形状は、前記した「洞松寺文書」庄元資判物のものと同一である。よって、この文書は新出の庄元資発給文書ということになる。元資は、「早々出仕」してきた渡辺孫六に対し、西方（井原市西方町か）で所領を与え、今後の粉骨忠勤を命じた。古くから庄氏の家臣だった渡辺一族[26]にとって、元資が改めて「出仕」する対象、すなわちこの時点で家督を継承したばかりの庄氏の新当主だったことを確認することができる。

これらの史料状況から、永禄二年五月ごろ、猿懸城主庄氏の家督が為資から元資へ移ったことが判明する。この庄元資については、近世軍書に「三村家親に子二人あり。兄は備中小田郡猿掛山の城主。庄の元祐（「元資」の同訓による宛字）と申ける。是は庄の家へ養子に行けるとぞ[27]」とあることに基づき、従来から三村家親の長男で庄氏に養子入りした人物とされてきた。この点については、『桂』も「三村元親《もとちか》の兄にて候」と記録しており、事実と考えられる。よって、庄氏は永禄二年五月の時点で、毛利方の三村家親長男に家督を譲り、毛利氏に服属したものと考えられる。ここに、庄・三村両氏は養子配偶による融合というかたちで和解を遂げたのである。

永禄二年五月といえば、『元就卿伝』が『お湯殿の上日記』の記述に基づき、毛利軍の備中国侵攻の事実を確認した時期と完全に一致する。すなわち、①小笠原合戦の直前に②毛利軍が備中国に攻め込み庄氏と戦い③最後には三村・庄両氏の和睦を取りまとめて帰陣したという『桂』『御答書』の記す状況は、全て永禄二年五月ごろに実際に起きていることが確認できるわけである。

以上の考察から、『森脇』の伝える天文二十一年の戦いとは別に、『桂』が記録し『元就卿伝』が検討した永禄二年の合戦も実在することがわかった。猿懸城合戦は前後二度行われたのである。

三、天文末期の大内・尼子氏戦争と庄氏

「石見牧家文書」六月八日大内氏家臣連署書状によれば、庄氏は三村氏と共に大内義隆《よしたか》から三浦貞久《みうらさだひさ》を筆頭とする美作国衆と播磨国との関係修復に「助言」するよう命じられている。この史料の発給年次は、長谷川博史氏によって天文七年～同十七年以前に比定されており[28]、少なくとも天文後期に庄氏が大内氏と結び付いて活動していた時期があったことを示している。

その後、天文二十年（一五五一）八月に大内氏の宿老陶隆房《たかふさ》（後の晴賢《はるかた》）が主君義隆を討ち、豊後大友家から迎えた晴英《はるひで》（後の義長《よしなが》）を新当主に擁立するという事件が発生する。毛利元就は隆房に同調して新生大内氏との関係を維持するが、大内氏の影響下にあった山陽道諸国は混乱し、その隙を突いた尼子晴久の大規模な侵攻を招いた。天文二十年十月、美作国に自ら出陣した晴久は、備前国赤坂郡において浦上宗景《うらかみむねかげ》と対戦[29]、翌年には鉾先を備中・備後両国に転じ、進撃の機会をうかがっていた。例えば、天文二十一年に比定される二月十九日陶晴賢書状[30]に、「雲州衆于今上口在陣之由其聞候、彼一味中至備後外内郡境目、成武略儀茂可有之候歟」とある。「上口」（備前・美作方面）在陣中の尼子軍（雲州衆）に呼応した者が備後国の境目に「武略」を仕掛けることを、晴賢は危惧していた。そのため晴賢は、万一のことがあれば毛利元就の存分に従って行動するよう、備後国衆の湯浅元宗《ゆあさもとむね》に命じている。さらに同年六月九日、大内晴英・陶晴賢主従は元宗に対し「備後境目動之儀」のため江良房栄《えらふさひで》を派遣したことを伝え、元就と相談し

て馳走するよう改めて伝えた(31)。この直後の七月二十三日、毛利元就は湯浅元宗らと合同して尼子氏寄りの国衆宮一族が立て籠もる志川瀧山城を攻め落とし、尼子晴久の「武略」の足がかりとなりかねない地点を制圧する。大内・毛利方に機先を制せられた尼子晴久は、同年十月備後国中東部に位置する福永城を攻撃し、大内・毛利氏側に与して活動していた備後国衆江田隆連を調略によって味方につけ、反攻に転じた（第二節参照）。この尼子軍の本格的介入によって勃発した備後国をめぐる大内・尼子戦争は、翌天文二十二年まで継続していく。

このころ、備中国はどのような状況にあったのか。（天文二十一年）四月五日毛利隆元書状(32)には「備中辺之儀無相替事候哉、切々承度候、仍而江良丹後守（房栄）事、為諸口評儀去比より罷上于今逗留候」とあり、備後国の情勢悪化にともない、毛利氏が隣接する備中国の動静をも気にかけていたことが知られる。

【史料5】毛利元就・隆元連署書状写(33)

態令申候、先度申談候備後動之事、三村（家親）申談儀候条、さ様之儀共付而遣書状候処、如此返札候、家親同心者去月之動しかと申談候而相延候之条、重而之儀無信用之躰候、其上当秋者雲州（尼子氏）衆必定備中口可罷出候、其時者三村・松山可為滅亡存知□実之儀を存度物候哉と聞へ候、就中松山之事、家中兵粮等はたと事尽候之条、雲へ懇望候ハて不叶趣候歟、雖然至今日三村色々申なためたる事候、然間某元様へ申上兵粮可被出之由申事、遠路之儀候之条米銭等難被遣候、御屋形（大内義長）様へ御申沙汰候而黄金被遣候者肝要候、於中国者松山肝心候之条可被仰付候、又従晴賢（陶）茂可被成御扶助之事目出候、於爰元我等も涯分可成合力候、為此急度企書状候、定従松山不日爰元へ使者可罷下候之条、御入魂所仰候、何かと申松山越度候は三村之儀可為同前候之間、御分別干要候、恐々謹言

五月廿八日　　隆元　花押
　　　　　　　元就　同

江良丹後（房栄）守殿
御宿所

この文書は年欠だが、文中に現れる陶晴賢の改名時期などによって年次を明らかにできる。すなわち、晴賢は天文二十年（一五五一）十一月十五日まで初名「隆房」を名乗っており、[34] 翌年五月三日には改名後の「晴賢」の名で史料に登場する。[35]「晴賢」の呼称がみえる史料５は天文二十一年（一五五二）以降のものということになる。また、毛利元就は天文二十三年（一五五四）五月十二日に大内義長・陶晴賢と断交し武力衝突に及んでいる。[36] 元就が大内氏と協力して備後・備中国経略に臨んでいる状況を伝えた史料５は、当然天文二十三年五月十二日以前のものとなる。よって、五月二十八日の日付をもつ史料５は天文二十一年か同二十二年のものでしかあり得ず、元就が江良房栄と「備後動之事」について相談したとあることから、天文二十一年のものと判断される。

当文書によると、毛利元就父子は先般以来問題になっていた備後国での軍事作戦について、備中の三村家親にも協力を打診した。家親はこの企てに「同心」したが、作戦が延期となり、大内氏に対して不信を抱いている旨が記されている。また、秋にも尼子氏による備中国侵攻が避けられぬ情勢で、もしそうなれば三村氏も「松山《まつやま》」も滅亡しかねないという。特に「松山」は、備蓄の兵粮なども尽き尼子氏に「懇望」＝降伏するほか生き延びる手立てがない様子だが、三村家親があれこれとなだめて今日まで何とか持ちこたえている、と窮状が記される。先にみた通り、天文二十一年は尼子晴久が戦争・謀略を伴う「武略」によって備後国への進出を試みていた時期だが、その余波は確実に隣国備中へも及んでいたのである。元就は以上の状況をふまえ、大内氏に対し兵粮米調達に必要な黄金を支給してくれるよう要請している。

「松山」とは備中松山城（高梁市内山下）のことだが、三村氏と併記され、かつ三村家親の説得で何とか持ちこたえている、との表現から、三村氏以外の大内方国衆の居城だったことがわかる。この時代の松山城主は、猿懸城主庄為資の一族とみられる庄又六であった[37]。

このように、庄氏はもともと大内・毛利氏に味方し、三村家親とも連携して尼子晴久の侵攻に抗する立場にあった。その庄氏が、天文二十一年九月には一転して毛利・三村氏と合戦するに至った原因は、尼子晴久の備中国衆への調略が本格化し庄一族が大内・毛利方から離脱するという、元就が史料5で危惧していた想像が現実化したためと考えられる。

天文二十一年九月ごろに行なわれた毛利氏による第一次猿懸城攻めは、大内義隆没後の混乱時に尼子氏方に寝返った庄氏一族を掣肘する目的で決行されたもの、と評価することができる。

まとめにかえて

小稿では、猿懸城合戦について、これまで利用されてこなかった一次史料を使用しつつ、毛利氏家臣二人が遺した覚書の微妙な表現の違いにも目配りしながら、再検討を試みた。結果、従来は天文二十二年または永禄二年のいずれかの年に集約して発生したとされてきた合戦が、実際には七年の長期にわたる抗争であったこと、覚書の叙述は記者各々の関心から抗争の発端部分と終末部分で発生した大きな戦いを切り取ったものだったことが判明した。事実としては、猿懸城をめぐる毛利元就と庄為資との抗争は、①天文二十一年九月の戦い（第一次猿懸城合戦）②天文二十二年四月の和睦交渉（不成立）③同年六月の小坂城合戦（支城の争奪）④永禄二年春の戦い（第二次猿懸城合戦）⑤同年五月の庄・三村両家和睦成立、という展開をたどったのである。

また、合戦の発端については、陶晴賢のクーデターによる政治的空白のため領国周縁部への支援が行き届かなくなった大内氏に庄為資が見切りをつけ、当時備中・備後両国に対する軍事的・政治的圧力を強めていた尼子晴久の誘いに応じ寝返ったためと推定した。その意味で猿懸城合戦は、同年七月の備後国志川瀧山城合戦や、翌天文二十二年尼子氏に通じた江田隆連が引き起こす大内氏への反乱と一連の事件として把握するのが適当と思われる。なお、『御答書』は庄氏が「阿州」こと三好氏を後ろ盾とした旨伝えるが、これは庄氏が元来細川京兆家の有力家臣（内衆）出身で[38]、三好氏とは同じ家中の同輩だったことに関連する可能性がある。確証を得ないが、細川晴元を追って畿内政権を樹立した三好長慶との政治的パイプを温存しつつ、現前の一大勢力尼子氏と軍事的に協調したのであろうか。後考を待ちたい。

　最後に、毛利氏の中国地域統合過程における猿懸城合戦の意義について言及しておきたい。毛利元就は、この戦いを端緒として初めて備中国に政治的・軍事的影響力を行使する。しかし、猿懸城合戦の経過を振り返ると、この段階で毛利氏が備中国を自らの領土として掌握しようとしていたようには思えない。例えば、第一次合戦で敗れた毛利氏は、城の攻略に執着することなく備後国へと転進し、次に元就自身が出馬するまでに七年もの月日を費やした。また、庄一族を根絶やしにするような態度で臨まず、二度にわたって融和工作を行なっている。

『元就卿伝』も引用する「毛利家文書」四二九号毛利元就自筆書状には、「是非備中之儀自然大まけ候てハ、則備後之心遣に可成候、何方よりも、備後に何たる事も出来候者、可為無興候間、是非共〳〵、備中を先大負なきやうに御短息候ハてハ不可有曲候与存計候〳〵」「小笠原表弓矢と候ても、備中口如何躰之儀も候てハ、何方之事も成間敷まて候〳〵、雲州衆追々罷出之由候間、無心元存候、国中に不慮もやと存計候〳〵」とある。備中国に元就が注意を払ったのは、あくまでも備後国の安全を確保するためであり、石見国など他方面への戦力集中を可能ならしめるためであった。はしなくも、安芸国に加え備後国を絶対確保すべき自身の勢力圏と考える元就の心情が垣間見えるが、これに対して備中国は、この段階の毛利氏にとって勢力圏の外縁部と認識されていたのである。つまり、親毛利派の国衆に助力することで尼子軍の来攻による「国中不慮」「大負」の事態を回避し、情勢の安定を保つことが出来れば事足りたのであり、大軍勢を長期間進駐させて国内を直接掌握するような意図も、その余裕もなかったものと思われる。

猿懸城をめぐる戦いが行なわれた天文二十一年から永禄二年の期間は、毛利氏が大内氏傘下で力を蓄えた上で従属国衆の立場から脱皮し、陶晴賢の主宰する大内氏権力を打倒して長年の宿敵出雲尼子氏討滅へと動く時期に当たる。勢力圏周縁の不安要素を排除し、こうした戦略行動を実現する目的で行なわれたのが、猿懸城合戦であった。そして、毛利氏は当面の課題に全力で向かう過程で、親毛利派の地元国衆三村家親を支援するかたちで備中国の安寧化を図り、彼を中核とする体制の出現を許容した。山本浩樹氏は、三村氏や宇喜多氏を「「境目」の有力な藩屏」としようとした毛利氏が、彼らの「勢力拡大と一定度の自立化を助長しさえした」との認識を示しているが[39]、具体的にはこういった事態を示しているのであろう。元来一地域の国衆に過ぎず多方面に軍勢を展開する余力のない毛利氏は、急速に勢力を拡大するために主戦場から外れた地域において盟友を育てる戦略を採った。ここに、毛利氏との関係を軸とした「衛星権力」[40]三村氏の出現をみるのである。

註

（1）例えば『蓮成院記録』延徳三年十二月条（竹内理三氏編『増補続史料大成』第四十二巻）に「為備中ホイタ庄対治」、長享二年十一月十四日釈迦三聖像賛（横川景三『補庵京華外集』上／『大日本史料』第八編之二十一）に「備中州穂田庄藤氏春資」とある。

（2）『備中誌』下道郡巻之四、猿掛城の項に「小寺先生云、為資・実近・元清共に所々に穂井田或は穂田某と書る事有、是は此城山を穂田の猿掛ともいひて下道郡の穂田郷の山つゞきたる故にしかいふより城主の姓のことくに呼しもの成べし」とある。穂田郷の範囲については、同書同巻穂北の項、または『角川日本地名大辞典』33岡山県（角川書店、一九八九年）による。なお、「猿掛山見取略絵図」（岡山大学附属図書館蔵、岡山県立博物館平成八年度特別展図録『歴史を彩るひとびと―岡山の古代・中世―』所載）にも「毛利元清古城跡」（猿懸城跡）について「本名穂井田山」と記されている。

（3）引用文、解題ともに米原正義氏校注『中国史料集』（第二期戦国史料叢書7、人物往来社、一九六六年）による。句読点も同書の翻刻に従った。

（4）引用文、解題ともに三坂圭治氏校注『毛利史料集』（第二期戦国史料叢書9、人物往来社、一九六六年）による。句読点も同書の翻刻に従った。

（5）未刊につき、岩国徴古館所蔵写本を一部翻刻し、適宜読点を施した。備中国忍山城合戦を史実通り天正九年（一五八一）とするなど信憑性が高い。成立については、田村哲夫氏「毛利氏関連軍記物語類の系統について」（『第二期戦国史料叢書9　月報』一九六六年）を参照。

（6）引用文、解題とも註（4）文献により、句読点も同書の翻刻に従った。

（7）『改訂史籍集覧』第七冊、または『中国地方戦国軍記集』（歴史図書社、一九八〇年）所収。『安西』と『陰徳記』の関係については、笹川祥生氏『戦国軍記の研究』（和泉書院、一九九九年）を参照。

（8）『陰徳記』『陰徳太平記』は、『安西軍策』の物語に更に文飾を加え、緒戦での毛利軍敗退と庄・三村両氏の講和との間に、これまでの文献に全く指摘のなかった二度目の合戦に関する物語（毛利軍が勝利する）を挿入している。恐らく、毛利軍が敗退した直後にもかかわらず唐突に毛利―三村氏と庄氏の講和が成立したとする『安西』の説に違和感を持った『陰徳記』著者が、毛利軍勝利の一戦を付け加えることによって講和に至る流れを整合的に叙述しようと考えたものと思われる。『陰徳記』の解釈は、史料に基づいた実証ではなく、物語構成上の辻褄合わせに依るものと考えられるが、筆者も猿懸城合戦は二度行われたと考えている。この点は、本文において後述する。

（9）三卿伝編纂所編『毛利元就卿伝』（野村晋域氏執筆、渡辺世祐氏監修。マツノ書店、一九八四年。初版は一九四四年刊行）。

（10）浅尾氏『小田郡誌追補　後日譚』（一九七五年）。
（11）『矢掛町史』本編（一九八二年）、『真備町史』（一九七九年）、『井原市史』1自然風土・考古・古代・中世・近世通史編（二〇〇五年）、『岡山県歴史人物事典』庄為資の項（亀井政男氏執筆。山陽新聞社、一九九四年）などは天文二十二年説を採用している。一方、戦国合戦史研究会編『戦国合戦大事典』6（森本繁氏執筆。新人物往来社、一九八九年）、山本浩樹氏『西国の戦国合戦』（吉川弘文館、二〇〇七年）は永禄二年説を採る。
（12）「御家中御書感状写」（岩国徴古館所蔵）。この文書は新発見の史料ではない。既に一九九〇年刊行の『新見市史』史料編において紹介されているにも関わらず、これまで利用する者がなかったのは残念なことである。ここでは、岩国徴古館所蔵の写本に依拠して新たに翻刻した。
（13）瀬川秀雄氏『吉川元春』（冨山房、一九四四年）を参照。
（14）「毛利家文書」四〇一号、天文十九年七月二十日福原貞俊以下家臣連署起請文（『大日本古文書』家わけ八ノ二）。
（15）「毛利家文書」二九三号、毛利元就同隆元連署軍忠状（『大日本古文書』家わけ八ノ一）。
（16）註（9）所引『元就卿伝』が一次史料に基づいて合戦の経緯を明らかにしているので、参照されたい。
（17）「藩中諸家古文書纂」五（岩国徴古館所蔵）。
（18）『萩藩閥閲録』巻八二、岡六兵衛。
（19）年代については、天文二十二年六月五日毛利隆元判物写（『萩藩閥閲録』巻一五二、飯田茂左衛門）、弘中隆兼の出陣については（天文二十一年）十月三日毛利元就書状写（『萩藩閥閲録』巻七七、馬屋原九右衛門）による。
（20）（天文二十一年）十月二十九日毛利隆元書状写（『萩藩閥閲録』巻一五二、飯田茂左衛門）、「京都大学文学部所蔵文書（古文書纂）」（天文二十二年）五月二十九日桂元澄書状（『広島県史』古代中世資料編Ⅴ）を参照。
（21）「譜録」渡辺三郎右衛門直（『広島県史』古代中世資料編Ⅴ）。年代比定については、拙稿「浦上宗景権力の形成過程」（『岡山地方史研究』一〇〇号、二〇〇三年）を参照。
（22）『岡山県古文書集』第二輯。

（23）『岡山県古文書集』第一輯。

（24）「渡辺家文書」（『下関市史』資料編Ｖ、または『山口県史』史料編中世４）。『山口県史』の付録には花押写真が掲載されているので参照されたい。『山口県史』は史料4を要検討史料と評価するが、それは同史料を吉川元長の文書と考えた場合、花押が著しく齟齬するためと思われる。

（25）「石見吉川家文書」一三〇号、永禄三年十二月十三日吉川鶴寿丸加冠状（『大日本古文書』家わけ九ノ別集）によって、永禄三年暮まで吉川元長（元資）が幼名を使用していたことがわかる。翌永禄四年正月二十七日、鶴寿丸は元服して少輔次郎を名乗ると同時に、毛利隆元から「元」の一字を与えられ、「吉川元資」と号することとなる（「吉川家文書」六三八号、同年月日毛利隆元加冠状／『大日本古文書』家わけ九ノ一）。

（26）『賦引付』文明十三年（一四八五）九月十八日条（『井原市史』Ⅲ古代・中世・近世史料編）に「庄伊豆守被官渡部帯刀丞」とある。また、永禄七年（一五六四）川面村（小田郡矢掛町西川面）鵜江神社造立棟札（『増訂小田郡誌』下巻所載）に大願主としてみえる渡辺河内守藤原資家は、庄氏歴代当主が諱の下字に使用する「資」の一字を実名に用いており、庄氏との主従関係が想定できる。

（27）『妙善寺合戦記』（『続群書類従』第二十二輯下所収）。

（28）長谷川氏「尼子氏の美作国支配と国内領主層の動向」（『戦国大名尼子氏の研究』吉川弘文館、二〇〇〇年）を参照。

（29）註（21）所引の拙稿参照。

（30）『萩藩閥閲録』巻一〇四ノ一、湯浅権兵衛。年未詳文書だが、大内家の新当主晴英の消息について「屋形上国之事去十一日豊府発足之由」とあることから、天文二十一年に比定できる。

（31）『萩藩閥閲録』巻一〇四ノ一、湯浅権兵衛。これも年未詳文書だが、大内義長が初名「晴英」を用いていることから、天文二十一年六月に比定できる。なお「義長」名の初出は天文二十二年二月六日（『お湯殿の上日記』）。

（32）「譜録」渡辺三郎右衛門直（『広島県史』古代中世資料編Ｖ）。年未詳だが、註（31）所引文書と同じく江良房栄の芸備方面派遣について述べており、天文二十一年に比定できる。

（33）山口県文書館所蔵近藤文庫『大内氏実録土代』所収文書（『広島県史』古代中世資料編Ⅴ）。
（34）天文二十年十一月十五日陶隆房感状（反町茂雄氏編『弘文荘古文書目録』弘文荘待賈古書目第44号、一九七三年）。
（35）「毛利家文書」二六二号、天文二十一年五月三日大内晴英預状（『大日本古文書』家わけ八ノ一）。
（36）註（9）所引『元就卿伝』、秋山伸隆氏『戦国大名毛利氏の研究』（吉川弘文館、一九九八年）などを参照。
（37）天正二年（一五七四）五月二十五日桂元将軍功書上写（『萩藩閥閲録』巻三九、桂善左衛門）に、「一、頸一　備中於松山、庄又六御対治之時討捕之」とある（この記事については森俊弘氏より御教示を得た）。軍功は年代順に配列されており、松山合戦の条は弘治元年（一五五五）の周防国鞍掛山城合戦と永禄五年（一五六二）の石見国河登松山城合戦との間に置かれていることから、庄又六が弘治～永禄初年頃の松山城主だったものと判明する。なお、『備中誌』上房郡巻之二、松山城主次第考之一は、庄為資の子息高資が「又六」を称したと記す。
（38）古野貢氏「細川氏内衆庄氏の展開と地域支配」（『年報中世史研究』第二十七号、二〇〇二年）。
（39）山本氏「戦国期戦争試論」（『歴史評論』第五七二号、一九九七年）。
（40）三村氏が、毛利氏に求心しながらその分国周縁部に独自の地域的権力体を形成していく様態から、試みに「衛星権力」と表現してみたのである。

【付記】　本稿の作成にあたり、貴重な史料の閲覧・利用をご許可頂いた岩国徴古館の皆様に対し、この場を借りて深甚の御礼を申し上げます。

【追記】　収録にあたって現在地名の誤り（一か所）のみ訂正した。なお、本論文で扱った天文後期から永禄初年にかけての備中国をめぐる毛利氏および庄氏の動向については、拙稿「備中南山城の縄張りとその成立背景」（『倉敷の歴史』第二九号、二〇一九年）、同「備中国の政治・軍事動向と城館」（岡山県古代吉備文化財センター編『岡山県中世城館跡総合調査報告書』第二冊備中編、岡山県教育委員会、二〇二〇年）に本稿公表以降の知見を加えたまとめがあるので参照されたい。

Ｖ　毛利元就と防府――毛利氏の防長侵攻とその受容

柴原直樹

はじめに

日本の中世を「戦乱の時代」ととらえる見方は常識と呼んでも差し支えないであろう。また政治権力の分散化がその背景にあるという指摘もよく聞くところである。こうした認識を踏まえた近年の研究では、中世村落や都市が強力な軍事力を保持していたこと、それが一面では大名権力すら掣肘するほどであったことなどが明らかにされつつある。

本稿においては、一〇〇年以上続いた大内氏の支配に替わり、毛利氏が防府へ進出する過程において、この地域の諸勢力がどのように毛利氏を受け入れたのか、その点を明らかにすることにより十六世紀半ばにおける防府地域の情勢を明らかにしたい。

なお本稿における「防府」とは、宮市に代表される地域流通圏の核となる都市的空間だけでなく、その周縁部にあたり、宮市などとともに地域流通圏を構成する地域を指すこととする。

一、毛利元就の防府進出と軍勢狼藉の予防

毛利氏が防府と深い関わりを持つようになるのは、弘治三年（一五五七）の防長侵攻時である。

弘治三年三月八日付で毛利元就・隆元父子は防府天満宮の社坊円楽坊に対し、以下のような書状を出している（『県史』〈毛利・円楽坊〉一[1]）。

　未だ申し通じず候といえども、申せしめ候、此境出張候、此時此方御同意候わば、本望たるべく候、猶此者申すべく候、恐々謹言、

これによると、この日若山に移動した元就・隆元父子が、初めて円楽坊に対し味方につくよう要請しているのである。この後三月十二日には元就・隆元父子が防府入りを遂げ、天満宮に着陣していることから、円楽坊を始めとする防府天満宮は、元就・隆元父子の要請を受け入れ、毛利軍に味方することに決したものと思われる（「新裁軍記」）。またこの日、毛利氏の指導下にあった安芸国衆が、次の契状を作成している（「毛利家文書」二二四〈『大日本古文書』〉）。

　諸軍勢狼藉の儀、非法の段、是非に及ばず候、是故毎度悪事出来候、しかる間、自今以後の儀、互いに申し談じ、此衆中、何れの被官僕従たりと雖も、誅伐を加うべく候、後日の為、相談の状件の如し、

　弘治三年三月十二日　隆元（花押）

（以下署判者七名省略）

これは、陣中における乱暴狼藉を禁じるものであり、特に地理的な範囲は明示されていないが、作成の日付から鑑みて、防府市中における乱暴狼藉を防止する目的で作成されたことは間違いないように思われる。

赤間関の事例などから推測するに、毛利隆元等が防府進駐と同日に狼藉禁圧の契状を作成した背景には、毛利軍の防府進駐を認める代償として、天満宮を始めとする防府の寺社・地下人など住民が狼藉行為の防止を、かなり強く求

めたからではないかと思われるのである(2)。

では防府住民層が、迫り来る毛利軍に対し、このような条件を提示できた背景としては、どのような事情が挙げられるであろうか。以下考えてみたい。

既に指摘されているが、天文二十四年（一五五五）十月の厳島合戦勝利後、必ずしも毛利軍の防長侵攻は順調ではなかった(3)。

毛利氏は、難航する村落の攻略にあたり、「案内者」と呼ばれるその村落に通じた人物を最大限に活用し、一村一村調略によって味方に引き込んでいくことに努めていた。しかしそれが叶わない場合、見せしめのために指導者層の処刑や家々に対する放火など、一種の破壊工作がかなり苛烈に行われたのである。

こうした山代・富田での毛利軍の戦いぶりは防府にも伝わっていたと思われ、既に町の支配階層間では毛利軍に対しどのような対応を取るべきか、何度も協議が繰り返されていたと思われる。協議を経、毛利軍による沼城攻略、続く若山城攻略により、周防最大の勢力であった陶氏の滅亡に直面した防府住民が、毛利氏の申し入れに対して出した結論は、毛利軍を受け入れ、天満宮を元就の本陣に提供するかわり、軍勢狼藉の厳格な取締を要求することにあったと思われる。

ではなぜ、侵攻者であり、周防攻略における最大の難関陶氏の排除に成功した毛利氏が、防府住民の申し出を即座に受け入れたのであろうか。

山代地下人層の攻略、須々万沼城の攻略には手間取った毛利氏であったが、その後の若山城攻略などは比較的順調に進んだとされる。しかし毛利軍の防府着陣以前に、大内義長は山口から逃亡してしまい、その後まもなく関門海峡に面する且山城に籠もってしまったことが判明したのである。

この且山城攻略をめぐっては、山陰を攻略中の次男元春に宛てたものと推測される元就の書状が残されており、そこからは、防府滞陣中の元就が抱いていたこの戦況に関する危機感が伝わってくる（『閥閲録』巻八四〈児玉〉9・10・11・14(4)）。

まず第一には、大内義長の籠もった且山城そのものの攻略の困難さが挙げられる。この城はことのほかに堅城であり、もてあますに相違ないと、攻城の困難さを指摘しているのである（「彼山無双之山にて候」「当国我等仕あまし候」）。そして第二には、軍勢不足と士気の低調である。尼子氏に備えるため、備北の国衆層はこの遠征に参加していなかったと思われ、安芸国衆層も必ずしも全軍を挙げての参加ではなかったようであり、軍勢は慢性的に不足していた（「勢衆など一円はや候わず候」）。また、参陣した備後衆も、遠国であり、兵糧不足に陥っていたらしく、且山を攻め急ごうとしていた（「備後衆なとは遠国候とて、兵糧一向候ハて、むりに上り候ハん」）。

また攻城軍の士気が奮わない背景として、防長の侍衆のみならず地下人一揆に至るまでが、毛利・大内両氏の戦況の行方に対し様子見に徹していること（「侍衆事は申すに及ばず、地下人一揆等まで二心を仕り候」）、大内義長の且山籠城が長引けば、地下人一揆が毛利軍の進退路を塞ぎかねない様子を挙げている（「かつ山こらへ候すると見懸候ハヽ、防長之者共は、路次〳〵之郷人は山々へ取り上り候て、かい共ふき候まゝ、さきへは一円得出候わず候」）。

毛利軍は山代地方を制圧するために、村落内部の対立関係などを巧みに利用し、山代地域を制圧してきたとされる。また、陶氏の本拠である富田制圧に関しては、村落内部における毛利方の地侍やその地域に関係の深い人物を「案内者」として、村落を一村一村調略していた。同時に強く抵抗する村落に対しては、地下人に対する強硬姿勢を示し、見せしめに一人二人討ち果たしたり、家の数軒でも焼き払ったものと思われる（「足軽など仕立て、案内者案内者にて彼方此方かけまわり、人の壱人二人充なりとも打ち果たし、家の五間三間ずつも焼き立て候て」）。

こうした村落の制圧方法は、当然反発も招いたと考えられ、反毛利氏勢力が村落内部に温存されたり、あるいは新たに発生し潜在化していたものと思われるのである。

さらに元就が大変危惧していたのが、侵攻軍による狼藉行為である。先に触れたとおり、この戦争に対する芸備国衆層の姿勢はきわめて消極的であり、軍勢（「勢衆」）も兵糧も不十分であった。軍勢・兵糧が十分でないということからさらに推測するならば、諸物資を運搬する陣夫なども本国から徴発することは、当然避けたであろうと思われ、それらが戦陣で必要になった折には、現地において調達するよりほかなく、勢い掠奪等の狼藉行為が頻発することとなったと思われるのである（「勢衆は一円候わず候、狼藉は皆々仕り候」）。

こうした狼藉の頻発は、当然毛利軍に対する地下人層の反発をあおる結果となり、まさに元就が危惧するとおり、侵攻軍は地下人一揆発生の危険性に晒されていたのである（「第一狼藉の事、何とも了簡無く候間、多分郷人以下之事は、はやはや覚悟も替わり候様にありげに候」）。

彼等地下人一揆は、毛利氏が軍事的に弱点を露呈させれば、即座に毛利氏に対する敵対行為を取りかねず、地下人一揆に対する元就の危惧は大変切実であったと思われる。

さらに、第三として、士気を奮わせようにも防府から遠く、元就自らが指揮のために下るわけにもいかないなど、元就自身のもどかしさも挙げられている（「罷り下り攻め候わん事も、爰元より、以ての外程も遠く候」）。距離の問題もさることながら、戦闘が長引くことにより、既に制圧した地域においても地下人一揆が発生し、毛利軍の連絡路・兵站が寸断されることを最も恐れたものと思われる。

また第四の重要な点として、厳島合戦以来毛利氏と盟約関係にあり、毛利軍よりいち早く山口占領に成功した津和野の吉見正頼の動向が挙げられる。正頼は大内氏・内藤氏とも姻戚関係にあったためか、毛利氏による大内義長・内藤隆世討滅には乗り気でなかったようである（「吉見なども屋形・内藤をけづらせ度もなき心底」）。元就が防府を発し、長門国に侵攻した場合、吉見氏が大内氏に呼応し、毛利氏を挟撃する可能性もあながち否定できなかったのである。

したがって、元就にとって防府駐屯とは、防府の交通・経済的な利便性を利用する目的だけではなく、戦闘指揮や吉見氏の離反を防ぐためのぎりぎりの選択でもあったのである。

まさに防府に進駐してきた毛利軍も窮していたのであり、防府住民はこうした毛利軍の窮地を見越し、駐屯を認める見返りとして、軍勢狼藉の禁圧を求めたのである。毛利氏が進駐当日に要求に応じ国衆間で契約を交わしたのは、こうした町の要求に応じなくてはならない状況に置かれていたからなのである。

二、毛利元就の防府進出と武家諸領主層の動向

さらに毛利氏の防府進出をとりまく状況を考えてみたい。まず第一には、元就が二心を抱いている存在としてとらえていた「侍衆」に関して取り上げる。

この地域の武将のうち、最も早く毛利方としての旗幟を鮮明にしたのは、右田（陶）鶴千代丸であり、彼は既に弘治三年（一五五七）三月の須々万沼城攻略に参加している（「閥閲録」〈宇野〉1・3）。

鶴千代丸の父右田隆康・兄隆弘は大内義隆を守って共に戦死した存在であり、陶晴賢に対する敵対心から毛利方に味方したと考えられる。

このように大内領国下の諸領主は、必ずしも当主義長の下一枚岩であったわけではなく、様々な利害関係によってその動向を定めていたのである。これは言い換えれば、必ずしも毛利氏への忠誠心から毛利氏への味方を決めたもの

とは考えられず、元就が危惧したように、戦況如何によっては、毛利氏を見限る可能性もあったのである。

次いで毛利氏への味方が確認できる存在としては、右田（御郷）隆量が挙げられる。弘治三年三月八日、陶氏の本拠である若山へ移動した毛利元就は、防府平野から山口盆地への入口に聳える右田ヶ嶽城を守備する右田隆量に対して、味方するよう求めている（『県史』「御郷」1）。これに対して右田隆量は、即日毛利氏への味方を表明しているのである（同前2）。

この後、三月十二日に毛利元就・隆元父子が防府天満宮に着陣するまで、右田隆量は逐一毛利氏に山口・防府地域の情報を伝達していたようである（「新裁軍記」）。

右田隆量は、その名が示すとおり、防府郊外の右田を本拠とした国人領主であり、大内氏の庶流でもある。防府と山口・徳地を結ぶ街道を共に扼する右田ヶ嶽城の城将であったとされるが、その本拠地右田の位置からしても、それは十分考えられることであり、大内氏としては本拠山口への最終的な防衛線として期待していたものと思われる。

大内義長・内藤隆世ら大内氏の首脳陣が、山口を維持できないと判断し、下関方面にいち早く撤退したのは、右田隆量が離反した直後であり、隆量の離反が大内氏に与えた衝撃は並々ならぬものがあったと思われるのである。では右田隆量が大内氏を離れ、毛利氏に味方したのにはどのような背景が存在したのであろうか。

これを考える上で参考になるのが、次の二通の文書である。

佐波郡右田保内隆俊本領当知行差出の事

合わせて

七丁六反半四十歩公田　百姓名也

八丁三反半公田　　　　寺社并隆俊被官等給分也

二丁五反

以上　　　　　　　　　　　　隆俊家より陶家に対する割分地也

右差出の状件の如し、

弘治四年　　　　　　　御郷美濃守

四月廿七日　　　　　　　俊郷

（後略）

隆俊本地内近年不知行注文

椙杜これを押領す　　　　道前

一五十石足　　　　　椙杜

桂兵部丞方これを押領す　　吉敷郡

一五十石足　　　　　　勝井村

内藤左衛門尉方これを押領す　　長州豊西郡

一百廿石足　　　　川棚庄

豊前京都郡

一七十石足　　　　久保吉田庄

豊前宇佐郡

一百石足　　　　　院内山城分

筑前
一三十六石足　金出
同
一四十五石足　平地正税米納む
以上
（裏書省略）

この二通の文書は、いずれも大内氏滅亡後の弘治四年（一五五八）四月に作成されたものである（『県史』「国分寺」一〇八・一〇九）。

その前半の内容は、右田（御郷）隆俊が佐波郡右田保内で当知行、すなわち現在領有している所領を書き上げたものである。ここで注目しておきたいのは、「隆俊家より陶家に対する割分地」とある二丁五反分の所領である。隆俊が当知行分として主張しているものの内には、右田隆俊が陶氏に割譲した土地も含まれているのである。

続いて後半の内容であるが、これは右田隆俊が現在不知行、すなわち支配できていない所領を書き上げたものである。ここで注目しておきたいのは、以下の点である。

まず第一に、道前の椙杜（玖珂郡）の所領が、同地の国人領主である椙杜氏によって押領されていることである。椙杜氏は、厳島合戦直後の弘治三年（一五五七）十月、安芸の国人領主小方と共に、いち早く毛利氏に同心しており、その後独力で杉隆泰の鞍掛山城を攻め落としている（「閥閲録」巻三〇〈椙杜〉４）。椙杜氏の同心により、毛利氏は一挙に周防内陸部まで進出することに成功したのであり、椙杜氏の同心は、防芸攻防の緒戦において、毛利氏が優勢を確保する上で重要な転機であったと評価できる。おそらくいち早く毛利氏の味方となった椙杜氏が、当時まだ大内方であった右田隆俊の所領を一味の報償として獲得したものと思われる。

第二には、吉敷郡勝井村が桂兵部丞によって押領されていることである。桂氏は、毛利氏の一族であり、代々毛利氏の家政運営にも関わってきた一族である。防長征服においても毛利軍の主力の一つとなり活躍したものと思われ、この勝井村もそれに対する報償であろうと思われる。

第三には、長門国豊西郡川棚庄が内藤左衛門尉（隆春）によって押領されていることである。この内藤隆春という人物は、毛利隆元の正室尾崎局の実弟である。また内藤氏は、代々長門守護代や大内氏の宿老を務め、隆春の甥隆世は、最後まで大内義長に付き従った実力者である。毛利氏は非常に早い段階から隆春の懐柔に努めており、隆春の一味によって大内氏の勢力を内部から切り崩すことに成功したと言える。川棚庄もその恩賞として与えられたものではないかと思われるのである。

この三か所以外の所領に関しては、いずれも九州の所領であり、毛利氏の勢力圏外となったことから不知行となったものと思われる。

この不知行注文は、右田氏と周防国分寺との所領争いに関して作成されたものと思われるが、これより先弘治三年（一五五七）十二月には、毛利隆元が防長両国内における所領の配分を担当していた奉行衆に次のような書状を出している。

国分寺領の儀、右田伊豆守押妨の由に候、然るべからず候、早々に還補候様に申し理るべく候、謹言、

十二月廿二日

隆元（花押）

これは、右田隆俊の国分寺領押領を咎めたものであり、早々に国分寺に所領を返還するよう、奉行から右田隆俊に勧告することを命じたものである（『県史』「国分寺」六一）。

この書状からは、以下のことが推測できる。これら一連の文書が作成されるに至ったきっかけは、右田隆俊の国分寺領押領に対し、国分寺が新領主である毛利氏に訴えたことに始まると思われるのである。

これに対し毛利氏は、即座に押領所領を還補、すなわち返還するよう右田隆俊に命じ、毛利氏から勧告を受けた右田隆俊が提出したのが、先の二通の知行注文であったのである。

そのように考えて、再度この二通の知行注文を見た時、既に滅亡してしまった陶氏への割分地を新たな当知行地に加える一方、椙杜・桂・内藤各氏という、右田隆俊と比して、今回の防長征服において、より毛利氏に対する功績が大きかった領主に奪われた所領を、不知行として申告している点が注目される。すなわち右田隆俊は、今回失った所領を、滅亡してしまった陶氏の旧領併合、ならびに隣接する国分寺領の押領によって回復しようとしていたのである。より詳しく推測するならば、右田隆俊は、毛利氏が、征服したばかりの防長支配を一日も早く安定させるため、毛利氏に協力的な国人領主の利益はある程度容認するのではないかという見通しのもと、椙杜・内藤両氏への所領譲渡を認める代償として、国分寺領押領を正当化しようとしたのではないかと思われるのである。

このように考えてみると、右田隆俊が毛利氏の防府侵攻にあたっていち早く毛利方への離反を表明したのは、厳島での勝利、それに続く陶氏の滅亡を目の当たりにし、毛利氏の勝利を確信したことによるのはいうまでもない。加えて、毛利氏の侵攻に伴い、毛利氏寄りの国人領主層により遠隔地所領を侵食されるおそれが発生したことから、いち早く毛利方を表明することにより、それを食い止めようとしたのだと思われるのである。

三、毛利元就の防府進出と寺家・社家諸領主層の動向

周防国分寺の動向

右田隆俊による国分寺領の押領が、この後どのように落着したかは定かにはできない。しかしそれに関連して、注目すべき文書が国分寺文書に残されている。

手日記　　　　　　　　防府国分寺

（一条省略）

一同足、奈美村法興寺免壱町ならび二宮差田弐段の地、近年陶殿内鮎川左馬助押領の事、
一富田保鬼武名三石足、近年陶殿衆押領の事、
一法花会祠堂足、佐波令内五石足田畠、御家人去る天文廿一年より江木方押務の事、
一吉敷郡浅田保千代丸差弐段、近年長梅軒押領の事、
一院内道見名三段半、同屋敷、去る天文廿二年より飯田殿押務の事、
（一条省略）
一吉敷郡小野保内法花寺領弐町弐段ならびに矢田令内二宮御供田三石足、近年問田殿大方押務の事、
一佐波令差田二宮免三段、近年陶殿衆押務の事、
一禅光院抱え枳部山観音堂修理田国分方壱町六段、去年より陶殿内伊香賀太郎方押妨の事、
一蔵坊抱え田島庄内稲荷免、同如法経田畠、去る天文廿年一乱の刻、小野縫殿助方子細あたわず押務の事、
一下得地小祖武光名五段、近年陶殿押務の事、
一末武妙法寺領半済分五石七斗五升足、去る二月より竹田津大和入道新儀に遣わされ候事、
一同験観寺、近年陶殿押妨により不知行の事、

一同本覚寺十五石足、近年陶殿大方勘落の事、

（一条省略）

以上

右所々子細有りて、往古より相違なく知行のところ、近年押妨せらるるにより、伽藍顚倒に及び、御祈禱断絶候の条、此の節前々の如く還補の御下知に預かり候わば、御祈禱専一たるべく候、仍て手日記件の如し、

弘治三年丁巳三月廿日　国分寺知事一室覚円（花押）

（裏書省略）

この手日記は、近年大内氏配下の諸領主により押妨された所領を逐一書き上げたものであり、随所に「陶殿内」「陶殿衆」「陶殿」と書き上げられていることが分かる。

またこれには、「還補の御下知に預かり候わば、御祈禱専一たるべく候」とある。この文言は一種の決まり文句のようなものではあるが、この手日記が、毛利氏の防府進駐からわずか九日後に書かれたものであることを考慮するならば、国分寺が毛利氏に味方するにあたり提示した条件が、陶氏を始めとする大内氏の家臣層によって押領された所領の還補であったと考えてよいと思われる。

またこの手日記に書かれた押妨の様子を詳細に眺めると、陶氏及びその被官層のみではなく、「飯田殿」「問田殿」など、大内氏の奉行人を務めるような吏僚層の名前もあることが分かる。また「竹田津大和入道」のように、その名字から、大内義長に付き従ってきた豊後出身の領主と思われる人物も押領の主体者となっていることが分かる。

また、時期がはっきりと書かれている箇所に注目すると、天文二十年（一五五一）の大内義隆滅亡後における押妨が目立つ事にも気づくのである。

この点からは、次のような背景を思い描くことができる。

大内義隆の父義興の晩年から義隆の代にかけて、大内氏配下の諸領主層が、山陽・山陰・九州の各地を転戦していた事はよく知られている。その結果大内義隆の晩年に、大内氏は肥前国から備中国に至る空前の勢力圏を築くに至るが、その過程は一進一退の攻防の連続であり、配下領主層の疲弊は相当のものがあったと思われる。

そのような状況下に置かれていたからこそ、仏神保護に熱心であった大内義隆の死後、陶氏を始めとする大内氏配下の領主層は、一斉に国分寺領を蚕食したものと思われる。陶晴賢（隆房）によるクーデターの成功状況から鑑みるに、晴賢に敵対したことがもとで闕所となった所領はそうは多くなかったと思われ、押領の黙認は、晴賢挙兵に対する協力者への恩賞という側面もあったのではないかと思われる。

また、竹田津大和入道の名も挙げられていることからは、大内氏の家督を継承させるため呼び寄せた大内義長（晴英）が、豊後国から連れてきた家臣団に与える所領としても、この国分寺領が利用されたのではないかと思われるのである。

こうした大内義長・陶晴賢の方針に対しては、当然国分寺も反発したものと思われ、それが毛利氏の進駐に対する一早い与同と、進駐直後における、不知行所領の還補請求につながったのではないかと思われるのである。

防府天満宮の動向

では、当時防府の都市的空間（宮市）を実質的に支配していたと思われる防府天満宮の動向はどうであったのであろうか。

これを考える上で注目すべき史料が、次の史料である（『県史』「防府天満宮」八九）。

陶領三田尻六拾石の事、預け申し候、此内参拾石は法印御私領たるべく候、残る参拾石は、天満宮御社領として、
土貢の儀、御進納有るべく候、仍て一行件の如し、

弘治三年卯月廿一日　　隆元（花押）

円楽坊重雄法印参

この史料は、弘治三年（一五五七）四月二十一日に、毛利隆元が防府天満宮の社坊円楽坊に対し、陶領三田尻六十石を預け置いたものである。

この三田尻に関しては、この時期より遡る大永四年（一五二四）頃、かねてより研究史上注目されている史料がある。[5]

松崎宮市津料の事、前々より大専坊受用候のところ、近年〈大永四〉その実無きの由言上につき、去年御在府の時、重ねて御下知の趣、同六月八日興方・弘頼奉書明白候のところ、この内炭薪売買の事、その役を遁がれんがため三田尻に集会せしむるの由に候、事実に於いては以ての外の儀に候、兼日より堅固に相触れ、もし違乱たらば急度注進を遂げらるべく候、聊か以て緩み有るべからざるの儀に候、恐々謹言、

大永五十二月八日　　興景　在判

護所　同

阿川孫次郎殿代

これは大永五年（一五二五）十二月に、大内氏の奉行衆から出された奉書である（『県史』「天満宮」二四）。

その内容は、この先年大永四年に防府天満宮大専坊が前々より徴収してきた松崎宮市津料を徴収できなくなっていることから、大内氏がその徴収が進むよう奉書を発給したところ、炭薪売買の者が津料を避けるため、三田尻に集会

するようになったことを咎めたものである。

このことから、当時三田尻に、佐波川上流域から炭薪を売買する人々が集まるようになっていたこと、そしてそのために天満宮による津料徴収が滞っていたことが指摘されている。

ここで注目したいのは、三田尻を大内義隆の滅亡後、陶晴賢が所領としていたこと、さらに陶晴賢の滅亡後は毛利氏が接収し防府天満宮に預け置いたという点である。

陶晴賢がこの地を所領としたのは、三田尻の経済的発展をふまえ、その利権を吸収しようとした事によるとされる。したがって毛利氏がその地を接収したのは、陶氏の有していた経済的基盤を毛利氏がそのまま引き継ごうとしたものと評価できる。

ではその地を防府天満宮の所領として預け置いたことに関しては、どのように評価できるのであろうか。

当時の所領宛行の慣行などから推測すると、この地の給付を希望したのは防府天満宮の方であろうと考えられる。その目的は、やはり経済的な伸長の著しい三田尻から所領化することにより、天満宮領を拡大し経済基盤を確保することにあったことは間違いないと思われる。

大内義隆滅亡後において陶氏が国分寺領をかなり押領していたこと、陶氏が厳島において行った経済政策などからさらに推測を続けるならば、陶氏による三田尻支配は、三田尻が経済的にさらに繁栄するように進められたと考えられる。そのためには、佐波川上流域の小商人層が三田尻に集まってくることが必要であり、陶氏は、天満宮の流通支配に抵抗する小商人層の動きをむしろ後押ししたのではないかと推測できるのである。それはまさしく天満宮にとっては危機的な状況であったが、天満宮は、毛利氏の侵攻というもう一つの危機を逆手にとり、これまで支配の及ばなかった三田尻にも経済的な支配の手を伸ばし、そこに集まる商業的な利権にも支配を及ぼしうるように手を打ったのではないかと思われるのである。

おわりに

ここまで弘治三年（一五五七）における毛利氏の防府侵攻をめぐり、当時防府地域の支配層として毛利氏に積極的に味方した右田（御郷）氏・国分寺・防府天満宮それぞれの対応を検討し、当時彼等が抱えていた諸課題を明らかにすることに努めた。

その結果、彼等、とりわけ国分寺・防府天満宮など、都市防府の構成上欠くことができない宗教施設が毛利氏に味方した背景として、大内氏家臣層、とりわけ陶氏による所領押妨の進行を指摘できた。この押領は、国分寺領の例から鑑みるに、天文二十一年（一五五二）の大内義隆打倒後激しくなったようである。またその頃より陶氏は、防府天満宮の経済基盤である宮市の経済的優位性を揺るがしかねない勢いで成長を遂げつつあった三田尻にも進出を果たし、天満宮と経済的に競合する存在となりつつあったと思われるのである。

こうした陶氏による寺社勢力への圧迫は、大内氏と尼子氏・大友氏など、当時激しくなりつつあった大名権力相互の抗争を耐え抜き、勝利するために麾下諸武士の基盤を強化するための方策であったと考えられるが、それは、寺社興行に熱心であったとされる大内義隆の排除後、一層激しくなったようである。

一方侵攻した毛利氏の側も、芸備国衆の動員が進まず、兵糧・兵力も常時不足する構造的な弱点に加え、占領地における地下人一揆発生に怯えるなど、防府住民の支持と理解を得なくてはならない事情があった。

また、日和見的な態度を示している防長国人領主層の動揺を抑え、毛利氏と距離を置こうとしていた津和野の吉見氏をつなぎ止めるためにも、一日も早く且山城の大内義長を打倒する必要があり、経済・流通・交通の要衝である防府を安定的な拠点とする必要があったのである。

こうした状況の中で、防府の最も有力な支配者であった防府天満宮は、町を戦災から守るだけでなく、自己の基盤を再強化するための要求を毛利氏に突きつけたのであり、毛利氏もまた天満宮と結びつくことによって、防府を拠点として安定的に確保しようとしたものと思われる。その結果、内陸部の小商人層の活動によって揺らぎ始めていた天満宮による防府の都市支配は、むしろ再編・拡大される結果となったように思われる。

註

（1）『山口県史　史料編中世二』所収の史料は、『県史』「毛利〈円楽坊〉」一のように省略し、家わけ名と文書番号を併記する。
（2）岸田裕之「人物で描く中世の内海流通と大名権力」（『商人たちの瀬戸内』〈広島県立歴史博物館展示図録第19冊、一九九六年〉）。
（3）布引敏雄「戦国大名毛利氏と地下人一揆」（『山口県文書館研究紀要』第二号、一九七三年）。山本浩樹「戦場の兵と農」（『中国の盟主・毛利元就』〈日本放送出版協会刊、一九九七年〉）。
（4）「閥閲録」は、「閥閲録」巻八四〈児玉〉9のように省略し、巻数〈家わけ名〉とともに、『萩藩閥閲録』（山口県文書館刊）に付された文書番号を併記する。
（5）鈴木敦子「中世後期における地域経済圏の構造」（『歴史学研究別冊（一九八〇年度）』一九八〇年）。

Ⅵ　毛利氏の兵糧政策と西伯耆国人村上氏

岡村吉彦

はじめに

戦国期の戦争を捉える視座として、物資調達や輸送などの経済問題が本格的に研究されるようになったのはごく近年のことである。とりわけ兵糧については、「戦闘員・非戦闘員を問わず、実際の戦争に関わるすべての人々の生命を直接支えるもの[1]」であるにも関わらず、戦争下における兵糧の調達のありかたや輸送の構造・実態についてはまだ十分に解明されているとは言い難いのが現状である[2]。

近年における研究動向としては、従来指摘されてきた戦国期戦争＝「兵糧自弁」論、近世的戦争＝「兵糧支給」論[3]を克服する形で、戦国期戦争下における兵糧の支給・輸送の実態を明らかにすると同時に、戦国期戦争を地域経済や地域流通構造との関わりで捉え直そうという動きが活発化しつつある。その上で現在の議論は、戦争下における物資の動向を通じて、戦国大名の財政構造や領国支配のあり方を再評価しようとする方向へと移行しつつあるといえる[4]。

この点に関して、若干研究史を整理しておきたい。

永原慶二氏は、戦争と流通との関わりについて、東国大名を事例に、その構造や特質について具体的に論じられた[5]。その中で永原氏は、後北条・今川・武田・徳川氏については、伊勢・志摩・紀伊方面の海賊商人・廻船業者を招致し、兵糧米輸送等の任に当たらせていったことを明らかにされているほか、秀吉の小田原城攻めの際の二〇万人におよぶ兵力の兵糧は伊勢の海賊商人と大湊の廻船業者により輸送されていたことを明らかにされている(6)。

この永原氏の成果を受けて、個別の戦国大名の兵糧システムについて、毛利氏を事例に、調達から現地輸送までを総括的に論じられたのが菊池浩幸氏である(7)。菊池氏によれば、①毛利領国における兵糧は、防長を中心とした公領からの年貢公事、段銭を財源として調達されていた。②それらは商人船など領国内の流通システムを利用して戦争が行われている「境目」地域に輸送され、将兵に支給されていた。③また兵糧の補給については、裕福な家臣や商人など有徳人からの融通や石見銀山の銀の軍用化が重要な役割を果たしていたといった特徴が明らかにされている。さらに、菊池氏は、毛利氏の兵糧支給政策の特質として、兵糧支給は領国内の諸階層が戦争に参加する条件であり、兵糧の支給は毛利氏の「公儀」権力としての軍事指揮権に関わる重要な要素であったという極めて重要な指摘をされている。

菊池氏の論は、大名領国の経済構造に視点を据えつつ、戦国期の兵糧システムを調達から輸送までトータル的に捉えられ、さらに「公儀」権力論まで言及されたという点で重要であるが、領国内の財政構造や流通システムに主眼が置かれているため、実際に戦線に搬送された兵糧の動向については「それが実際に最前線の将兵や城砦に手渡されていたのかどうかについては別問題であった」と指摘されるにとどまっている。その上で菊池氏は、戦線下においては地下人などの抵抗があり、米の搬送は困難を伴っていたとして、実際は「米の代わりに運搬が容易な銀を送って兵糧を現地調達していた」とされ、「境目」地域の兵糧確保における銀の重要性を強調されている。

戦争が長期化すればするほど、戦線下において兵糧が重要であったことは言うまでもないが、緊迫する最前線＝「境目」において、実際に兵糧がどのように調達され、それが各城砦や城兵にどのように支給されたか、また一方で敵方の兵糧に対する攻撃や統制がどのように実施されたかを探ることは、戦国期戦争の現実や実態をより具体的に解明する上で重要な基本的視座である。しかし、この点に関する研究は少なく、多くの余地が残されている。菊池氏は、米の代わりに銀を用いて現地調達していたとされるが、そのような「現地」の実態を明らかにするためにも、最前線＝「境目」における兵糧の動向について、より具体的に検討を重ねていく必要があろう。

本稿ではこれらの研究成果に学びつつ、戦線下における兵糧支給や大名権力による兵糧統制の実態について、毛利・尼子戦争下の戦線となった西伯耆地域を対象に具体的に論じてみることにしたい。

ここで最も注目したいのが、戦線地域において、搬送された兵糧の受け取り・保管・配布の任にあたった国人村上氏の存在である。従来の研究史においても、戦線地域における大名の兵糧政策と国人領主層の関わりについてはほとんど論じられたことがない。本稿では、戦線下における村上氏の動向を中心に、兵糧を通じてみた戦国期戦争の現実に迫るとともに、戦争下における大名権力の兵糧政策の一端について明らかにしてみたい。

本稿の構成は以下の通りである。まず第一章では、西伯耆国人村上氏の地域領主としての性格を知るために、関係史料の分析を試みる。村上氏は西伯耆に所領を持つ有力な国人領主であるが、従来の研究史においてほとんど取り上げられたことがなく、その実態は不明な点が多い。ここでは、村上氏に関する基本史料「宮本文書」（東大史料編纂所影写本）、「宮本家感状写」（前橋市宮本家所蔵）、『萩藩閥閲録』（巻一五八飯田与一左衛門組木原平蔵　山口県文書館蔵）の三つの文書群を中心に、その基本的性格に迫ってみたい。

第二章では、第一章の成果をふまえつつ、毛利氏の西伯耆地域における兵糧政策の実態と村上氏の果たした役割について考察を加えてみたい。同時に、西伯耆における要港淀江の重要性にも着目し、戦線下における毛利氏の兵糧政策の具体的構造に迫るとともに、兵糧輸送を通じて浮かび上がる戦争と地域の交通・経済との関わりについても考えてみることにしたい。

一、西伯耆村上氏の関係史料と存在形態

⑴村上氏関係文書の整理と伝来形態

戦国期における村上氏の動向が確認できる史料群は、「宮本家感状写」（前橋市宮本家所蔵　二十八点）、「宮本文書」（東京大学史料編纂所影写本　十五点）、『萩藩閥閲録』巻一五八（飯田与一左衛門組木原平蔵　十五点）である。はじめにこれらを一覧に列記し、その伝来形態について整理しておきたい（本稿末尾の《一覧表》参照）。

《一覧表》を見る限りにおいては、その伝来形態について、おおよそ次のように整理することができよう。

ここにあげた三十通の中世文書群は、もとは同一の文書群であったと思われる。Aの前橋市宮本家所蔵文書はこのうち「感状」を中心に早い段階（元和三年以前か）に適宜写し取ったものであり、BとCが全く重ならないことから、その後この文書群はBの「宮本文書」（伯耆国久米郡倉吉町宮本誠次郎氏蔵）とCの『萩藩閥閲録』所収文書に二分されたものと思われる。Cの『萩藩閥閲録』の奥書に「先祖福頼を改村上ニ相成、亀井隠岐守（茲親）様ニ遂御奉公罷居候」とあることや、寛保二年（一七四二）以降に作成されたと思われる「村上氏系図」（前橋市宮本家所蔵）に村上次右衛門（三助）の代に亀井武蔵守とともに津和野へ移住したと記述されていることからすれば、元和三年（一六一七）七月の亀井氏の石見国津和野転封の際に、一族の一部が亀井氏の家臣として伯耆を離れ、その際にこの文書群の一部を所持していったと考えることもできるが、亀井氏と村上氏の関係については明らかではない。

また《一覧表》によれば、永禄十二年以降「福頼」の姓が登場する。「福頼」は西伯耆の要港淀江の後背地に位置する地域に相当すると思われる(8)。応永二十九年（一四二二）の守護奉行人連署書状に「福頼上野守(9)」とあることから、

十五世紀前半に「福頼」と称する一族が存在したこと、伯耆山名氏の配下に位置する人物であったことが知られる。また先述したように、永正七（一五一〇）～八年頃に成立したとされる『大館常興書札抄』[10]によれば「伯州衆」の一員として「村上」「福願（頼）」の名が確認できる。このことから福頼氏も村上氏とともに「伯州衆」と呼ばれる在地勢力の一員として存在していたことがわかる。これらのことから、少なくとも十六世紀初頭までには、福頼氏・村上氏という両者が伯耆国内にいたことが指摘できる。

しかしながら福頼氏と村上氏を結びつける史料は非常に少ない。ゆえに次の史料などは注目すべきものであろう。

【史料１】（《一覧表》中の文書番号［30］。以下文書番号のみ記す）

父左衛門尉給地之事、其方相續之由聞届候、全令領知、役目等堅固可相勤者也、仍状如件、

慶長三年六月二日　（毛利輝元）御判

村上三介とのへ

これは慶長三年（一五九八）六月に毛利輝元が村上三介に対して相続を認めた安堵状である。父親の「左衛門尉」とは慶長三年一月二十九日付の毛利輝元感状（［27］）に登場する「福頼左衛門尉」と同一人物であると考えられる。ここで注目すべきは福頼左衛門と村上三介が父子の関係にあること、福頼左衛門の給地が村上三介に相続されていることである。このことは福頼と村上が同家系であることを明白に示している[11]。

村上氏と福頼がいつから同族になったかを示す徴証は乏しいが、参考までに前橋市宮本家蔵「村上氏系図」は、村上と福頼の関係について次のように記している。

村上新次郎元秀

村上天皇廿七代之後■村上遠江守也、始メハ大内義隆公御下ニ罷成、後毛利右馬頭元就公之旗下ニテ度々戦功

有之伯州汗入郡香原山之城主ト成則山下之福頼ト申所ニ居住ス、故ニ里ノ名ヲ名字ニ改メ福頼左衛門ト号ス、即チ天正ノ頃同国久米郡ニテ千七百石ヲ知行セシメ、其後子細有テ彼ノ地ヲ引退キ雲州嶋根郡ニ住ス、慶長三年之頃長子三助ヲ家督相続致サセ隠居ス

この記述によれば、村上新次郎元秀の代に大内義隆・毛利元就に属し、戦功により伯耆国汗入郡香原山城主となり、山下の「福頼」の地を与えられ、「福頼左衛門」を称したとある。また永禄七〜元亀二年の間に出されたと思われる［9］には次のように記されている。

【史料2】（［9］）

皇川福頼分三百石之内、先半分進之置候、可被仰付事肝要候、恐々謹言、

二月十六日　（毛利）元就　御判

村上太郎左衛門殿

これによれば、村上太郎左衛門が毛利元就より「皇川福頼分」の地を与えられていることが確認できるが、「皇川福頼分」がどこを指すのか、また村上太郎左衛門が誰に対して「可被仰付」なのか等々については残念ながら明らかにすることはできない。しかし、いずれも村上氏と福頼氏の関わりを示すものとして注目されよう。

このように村上氏と福頼の関係については不明な点が多い。しかし、少なくとも、十六世紀初頭までは別系統であった両家が、十六世紀末までには同族関係にあったことは指摘できよう。以下の論はこの点を前提として進めていくことにしたい。

最後に村上・福頼両氏と一連の文書が伝来した宮本家の関係について触れておきたい。前橋市宮本家には「村上家系図」「宮本氏之傳」の二本の系譜（いずれも巻物）が伝わっているが、これらによると、村上次右衛門の子息三左衛

門秀連の代になって、秀連の妻の妹が米子尾高の宮本助右衛門勝吉に嫁いだことからつながりができたと記されている。いずれにしても、これ以上の詳細は明らかにできず、後考を待ちたい。

⑵戦国期における村上氏の基本的性格――大名権力との関わりを中心に

次に《一覧表》の関係文書を中心に、戦国期の村上氏（ここでは便宜上福頼氏も村上氏と称する）の性格・動向と大名権力との関係について整理してみたい。

室町期における村上氏の態様

伯耆国内において、早い段階で村上氏の存在が確認できるのは先述した永正年間成立の『大館常興書札抄』である。同史料によると「伯州衆」の中に「村上」「村上将監」とあり、その書札礼として〝進之を少すみうすに〟〝進之をさうに〟とある。この「書札抄」は大館常興が伯耆国人衆に対して書状を発給するときの書札礼を示したものであり、必ずしも当時の伯耆国人に対して第三者が日常的・一般的に使用したものではないが、伯耆国内の国人間における相対的な位置についてはおおよそ知ることができよう[12]。このような視点でみるならば、村上氏の位置は片山・福頼・越振とともに「此ひとびとへは大概小鴨同事候」とあり、小鴨氏と同等とされている。小鴨氏とは鎌倉時代以来の伯耆国の有力国人領主で当時は伯耆山名氏の守護代であった[13]。村上氏が守護代クラスの国人層と同レベルの脇付文言を有している点は注目されよう。

また文明五年（一四七三）からさほど時間を経ない頃に書かれたとされる『応仁記』によれば、応仁の乱の際の伯耆山名氏の「分国之士卒」として「小鴨・南条・進・村上」の四氏があげられている。この四人のうち、先述した小鴨をはじめ、南条・進の三人は、伯耆山名氏の守護代であったことが確認できる。(14)このことから、村上氏が当時守護代クラスの有力国人と肩を並べるほどの存在として認識されていたこと、伯耆山名氏の軍事力の一翼を担っていた可能性が高いことがわかる。さらに『蔭涼軒日録』によれば、明応二年（一四九三）七月二十二日条に「伯耆国亦諸侍弧村上合戦有之伊豆守殿討死云々」とみられ、戦国期における村上氏の軍事的活動の一端を窺い知ることができる。

以上の点より、室町〜戦国期における村上氏については、小鴨・南条・進といった伯耆守護代クラスの有力国人と同レベルの勢力の有する存在であったこと、在地において伯耆山名氏の軍事力の一端を担うことができるほどの強大な勢力を持つ一族であったこと、といった点が指摘できよう。

周辺大名権力と村上氏

戦国時代の村上氏は、周辺大名権力との多様な関わりが指摘できる。次にこの点についてみていきたい。

①尼子氏の伯耆進出と村上氏　戦国時代において、先述した村上氏の在地基盤を最も脅かしたのが、永正年間より展開される尼子氏の伯耆進出であったと思われる。

戦国期の伯耆国内は、守護山名教之・豊之の死を契機に、山名家内部の分裂と守護代南条氏を盟主とする地域勢力の台頭により、「国総劇」(15)と呼ばれる動乱状態に陥るが、これは尼子氏が進出しやすい状況を生み出したものと考えられる。(16)尼子氏の伯耆進出はこのような動乱状態のもと、伯耆守護家の内紛に乗じた形で永正年間より展開されていったが、伯耆国人層もこの大きな動乱の渦に巻き込まれていった。特に汗入郡・日野郡・相見郡の西伯耆三郡においては、尼子氏が奉行人を派遣して直轄支配を展開していくが、伯耆守護家を掌握した後は伯耆国人層の掌握・討滅・

排除を図っており、伯耆国人層は傘下に下るか、対抗あるいは国外退去といったいずれかの選択を取らざるを得なかった。高橋正弘氏によれば、このうち尼子傘下に下ったことが確実にわかる者およびその可能性が高い者としては、菊池・末次・日野・蜂塚・河岡・片山・日野山名・小鴨・南条の諸氏がおり、また国外退去した者としては行松・村上・長田・山田・（小森）の名が指摘されている。[17] 以後の動向をみても、村上氏が尼子傘下に降ったとは考えにくく、国外退去の道を選んだ可能性が高い。

②**但馬山名氏の因幡・伯耆進出と村上氏**　尼子侵攻後の村上氏の動向については不明な点が多いが、史料によれば、但馬山名・大内・陶といった反尼子の周辺大名権力とのつながりがみられる。ここでは特に但馬山名氏とのつながりを中心に検討を加えることにしたい。

天文十年（一五四一）以降、但馬山名氏は尼子氏に奪取された因幡・伯耆の山名支配権の回復を目指して、大内氏の出雲遠征と呼応しつつ、因幡・伯耆方面の尼子勢力の排除と山名領国の回復に乗り出していく。[18] その構図は尼子と結びついた因幡守護山名久通（誠通）を没落させた後、惣領である但馬山名祐豊を中心に一族の豊定・棟豊・東楊を因幡へ派遣して統治にあたらせ、[19] 大内滅亡後は後掲の史料４・史料５に「其國毛利以介抱堪忍候」「令相談毛利父子」とあるように、毛利氏と連携する形で伯耆における尼子勢力の排除と山名一族支配権の回復を図ろうとしたものであった。

以下にあげる史料はそのような状況下で出されたものである。

【史料３】（[５]）

就其表之儀、注進之趣得其意候、伯州出張儀、相催半候之間、方々調肝要候、委細尚徳丸備後守可申候、恐々謹

言、

六月廿七日　　棟豊《（山名）》（花押）

村上新次郎殿

【史料4】（「6」）

誠先年於但州令見相已後無心元存候哉、其國毛利以介抱堪忍候由、先以可然候、殊近日下口之行責之申上之間、諸口被聞合、但州当國至伯州表、可有乱入候、然者各可被属本意候、次ニ狩源へ返礼差遣候、可被得其意候、恐々謹言、

七月二日　　東楊《（山名）》（花押）

村上新次郎殿

【史料5】（「7」）

就西国之儀、註進状令披見候、及数度申上候姿得其意候、令相談毛利父子、雲州調略不可有弓断候、委細徳丸備後入道可申候、恐々謹言、

九月廿九日　　徳寿丸

宗詮《（山名）》（花押）

村上新次郎殿

いずれも但馬山名方より村上新次郎に出されたものである。発給年代はいずれも不明であるが、史料3の差出人の

山名棟豊は『稲葉民談記』所収「当国諸家系図」の「山名家系図」によれば「永禄四辛酉五月十六日逝去、十八才」とみえる。この「山名家系図」は人物関係には検討の余地を残しているものの、祐豊・豊国など戦国期の人物については、法号が明確な場合のみ没年月日を記しており[20]、その部分に関しては信用できるものと思われる。このことから史料3は永禄三年までに出されたものと考えられる。また史料4・史料5については「其國毛利以介抱堪忍候」「令相談毛利父子、雲州調略」等の文言がみえることから、毛利氏の西伯耆進出が開始された永禄五年から富田城落城の永禄九年までの間に出されたものと比定できる。これらの点より史料3〜史料5の名宛人である村上新次郎は同一人物であると考えられる。

次に内容の検討に移ろう。まず史料3において、村上氏からの注進を受けて、山名棟豊が「伯耆進出について準備している最中であるから、その方面を調えておくことが肝要である」と答えている。村上氏のいる「其表」がどこを指すのかは明らかでないが、史料4に「其國毛利以介抱堪忍候」とあり、「其國」が伯耆を指すと思われることから「其表」についても伯耆国内の一部を指す可能性が高い。このことを前提に考えるならば、少なくとも永禄三年までには村上氏は伯耆国内に基盤を回復したものと思われる[21]。

ここで最も注目すべき点は、「就其表之儀、注進之趣得其意候」「就西国之儀、註進状令披見候」とあるように、村上氏が伯耆表の状況を因幡・伯耆の山名氏のもとへ逐一注進していることである。軍事状況下においては、緊迫した戦線の情報をいかに収集するかは重要な戦略の一つであった。そのような中にあって村上氏が但馬山名氏のもとへ伯耆〜出雲方面に関する情報を随時伝達していたことは重要である。このような状況下において、村上氏がそのような役割を担うことができた背景には、次章で述べるように西伯耆の要港である淀江との密接な関わりがあったものと思われる。

③毛利氏および統一政権下における村上氏の活動　その後、永禄九年（一五六六）に富田城が落城し、西伯耆が毛利統制下に入ってからは、一貫して毛利氏の傘下において活動している。対尼子戦争下における毛利氏と村上氏の関わりについては、次章で詳しく述べることにし、ここではその後の動きを簡単に整理しておきたい。

天正年間、因幡・伯耆においては毛利氏と織田氏の間で壮絶な戦争が展開されるが、その中において村上氏は吉川氏の傘下で働き、天正八年（一五八〇）には、吉川元春より伯耆国久米郡内の地千四百石を与えられている（[13]〜[15]）。

また天正十六年（一五八八）には、秀吉の命による京都方広寺大仏殿建立に伴う材木供出に関して村上氏もその調達にあたっている。

【史料6】[20]

急度申候、京都隙明下向候、然者内々被仰下候大佛殿材木之事、早々可指上之由候条、索縄・河普請道具有用意人数被召連、藝州井原・秋山可被罷出候、不可有御油断候、恐々謹言、

（天正十六年）
九月廿日　輝元《毛利》（花押）

福頼殿

村上氏がどの地域で採材にあたったかは定かでないが、史料[19]によれば「大仏殿之御材木并淀二丸御材木等過分ニ又於備中御伐候」とあることから、おそらく備中国内での採材に動員されたものと考えられる。秋山伸隆氏によれば、このときの毛利領国の材木供出の特徴は、「採材後の海上輸送の便を考慮した措置」により「出雲・隠岐・伯耆ではその徴証が認められないうえ、出雲に所領を有する湯原・多賀氏などが備中での採材に動員されていることか

ら考えて、石見を除く山陰側の諸国は採材の対象から除かれていたようである」とされているが、出雲国衆以外に西伯耆の村上氏も備中における採材に動員されていたことが確認できるのである。[22]

さらに史料6によれば「索縄・河普請道具有用意人数被召連、藝州井原・秋山可被罷出候」とあり、「河普請」の任にあたっていることが指摘できる。「河普請」とは付近の山中で伐採した材木を河に浮かべ「索縄」をつけて搬出する際に、河の水量が少ない場合は河底を掘ったり、河をせき止めて水量を増やしてから流したりする作業のことである。[23]このことは当時の村上氏が「河普請」「索縄」といった運材のための技術や道具を有していると同時に、それに関わる労働力を動員し派遣するだけの指導力を有していることを窺わせるものである。

このほかにも、慶長三年（一五九八）の秀吉の朝鮮出兵に際しては、蔚山において籠城しており、その戦功に対して毛利輝元より感状を与えられている（〔24〕～〔28〕）。

以上みてきたように、西伯耆国人領主村上氏は、戦国期を通じて大内・陶・山名・毛利といった中国地域に深く関わりを持つ大名権力とさまざまなつながりを持ちつつ戦国乱世を生き抜いていることがわかる。特に重要なのは、個々の大名権力の軍事行動下や領国支配下において、情報伝達・材木供出などの固有の役割を担っていることである。このことは、村上氏の多様な活動形態や、強固かつ広範な地域基盤の存在を示唆するものであるが、同時に上級権力にとっての村上氏が、西伯耆社会に関わる上で欠かすことのできない存在であり、地域支配を展開する上で村上氏の掌握が極めて重要な意味をもっていたことを顕著に示していよう。

毛利氏の兵糧政策下における村上氏の存在意義もこのような西伯耆における村上氏の地域領主的性格や活動基盤から生み出されたと考えられる。この点をふまえつつ、次章では毛利氏の兵糧政策下における村上氏の機能・動向について具体的に検討を加えることにしたい。

二、西伯耆における毛利氏の兵糧政策と村上氏

毛利氏が西伯耆においてどのように兵糧政策を実施したかについて具体的に分析を加えるにあたっては、当然ながらそれが実施されるための歴史的前提はどのようなものであったかが明らかにされなければならない。しかし、戦国期を通じて周辺諸大名の圧迫を受け中小領主層の存亡の相次いだ当地域の歴史像の複雑さや史料的な制約を考えると、これを明らかにすること自体、かなり難しい問題と言わざるを得ない。その詳細な検討は今後の課題とし、さしあたってここでは、永禄年間の西伯耆において展開された毛利・尼子間の戦争の概要について、可能な限りその具体像を描いてみることに努めたい。

⑴永禄年間西伯耆における毛利・尼子戦争の展開

十六世紀中葉の毛利氏は、まず石見地方の出羽・佐波・福屋・益田といった有力国人層と同盟関係を結び、永禄元年（一五五八）に有力国人小笠原氏を攻略し、さらに永禄五年（一五六二）六月には、石見銀山勢力本城常光を討滅することによって石見国内をほぼ制圧する。その一方で、出雲・伯耆に隣接する備後・備中方面への進出も企て、弘治年間に備後南部最大の要衝神辺城を確保して備後国を治めたのち、尼子勢力の浸透していた備中に進出し、尼子方勢力の荘氏を討滅する一方、有力国人三村氏をはじめとする国内領主層と手を結ぶことによって、永禄二年（一五五九）には備中一国に勢力を広げている。また永禄五年六月には「又従作州衆茂懇望之由候而、爰元使者下着候」[24]とあるように、「作州衆」と称される美作の国人領主勢力が毛利氏と同調する動きを示しており、毛利氏の勢力がこの時期に美作方面にまで拡大しつつあったことが指摘できる。

このように、毛利氏は出雲遠征以前、永禄五年段階で出雲・伯耆・因幡に隣接する石見・備後・備中・美作といった周辺地域に勢力を拡大している。このうち、備後・備中・美作については、天文二十一年（一五五二）以降、尼子晴久が守護職を保有しており[25]、尼子氏が山陽・畿内方面へ進出する際の勢力基盤となるべき重要な地域であったと思われる。毛利氏によるこれらの地域への進出は、中国地方へ拡大しつつあった尼子勢力を排除すると同時に、毛利氏の山陰方面への進出経路の確保にもつながり、その後の毛利氏の山陰進出を有利に展開させていく契機となったものといえよう。

このような毛利氏の中国進出の結果、永禄年間初頭における尼子氏の勢力領域は、本拠出雲を中心に、伯耆・因幡といった山陰地域に限定されつつあったといえる。しかしながら、この因幡・伯耆両国においても、例えば東伯耆においては南条氏を中心とする地域領主勢力が美作等の周辺国人勢力と結びついて反尼子的な行動をみせていたほか、因幡においても、但馬山名勢力が、尼子傘下に下った山名誠通と激しく対立しており、尼子氏の支配が実態を伴っていたとは必ずしも言い難い状況にあった。ゆえに、永禄年間における尼子氏の実質的な勢力領域は、本拠出雲と尼子直臣を派遣して直務支配を展開し得た西伯耆の両地域にかなり縮小されていた可能性が高いといえよう。

毛利氏による出雲富田城攻撃は、以上のような歴史的背景のもと、永禄六年七月より本格的に開始されるが、この出雲遠征と並行して、西伯耆方面への進出も開始されていく。その指向性は、「東西動相定候て（中略）伯州爰許間も程遠候条、行之儀頓申合候而置度候」「東西行可然様申談候ハて不叶儀候」[26]とあるように富田城西側の毛利本隊と富田城を挟んで反対側に位置する東側の包囲線の形成を目的としたものであったと思われる。

その中において、毛利氏が西伯耆北部における対富田城の攻撃拠点として最も重視したのが、尾高（泉）城および河岡城であった。当時の毛利氏がこの両城を重視していたことは「泉（尾高）・河岡一大事候、彼両城不慮候へ者、伯州一圓無曲候」とあることからも明らかである。[27]この両城については、例えば尾高城は天正三年（一五七五）の「中書家久公御上京日記」に「大仙（大山）へ参り、其より行て緒高（尾高）といへる城有、其町を打過、よなこ（米子）といへる町に着…」とあり、大山―尾高―米子―中海と結ぶ西伯耆国内の主要幹線上に位置していたと思われ、同時に城下町が形成されていることが確認できる。このことは当時の尾高城が西伯耆地域内において交通・流通上の要衝であったことを示唆するものである。

毛利氏の河岡・尾高両城の確保は、人質を差し出して尼子傘下に下っていた河岡城主河岡氏の取り込みや、尼子勢力の衰退に伴う尾高城主行松氏の居城復帰を契機として実現したと考えられるが、[28]西伯耆国内の主要幹線上の要衝を毛利氏が確保したことは、富田城への進出ルートを確保するとともに尼子勢力の出雲―伯耆間のつながりを断ち切ることにつながったと思われる。

一方、このような毛利氏の河岡・尾高両城確保に対し、尼子氏は壮絶な争奪戦を展開する。当時の西伯耆は富田城に対する物資補給中継地であったことが指摘されており、[29]尼子氏にとっても主要交通路上およびその近隣に位置する両城の存在は重要であった。特に永禄六年（一五六三）にはこの両城をめぐって尼子・毛利間で激しい争奪戦が展開されており、五月から七月にかけて尼子氏は「伯州河岡表富田衆切々相動候」[30]とあるように何度も河岡城を攻撃している。その結果当時の河岡城は「河岡表依無正義候」「彼両城難持候」といった状況に陥っていく。[31]

これに対し毛利方は、毛利直臣の小寺元武・就武父子のほか、小早川被官の末近宗久、吉川被官の境経俊の三人を西伯耆に滞在させて河岡城を守備させるとともに、[32]「久代・神邊・摂州泉・河岡至近所被差寄」「摂州・久代・神邊事ハ跡之儀も傳之儀も不入候、一日も頓ニ泉・河岡江可被罷出之由」とあるように、[33]毛利被官のみならず久代（備後宮氏）・神邊（備後杉原氏）といった備後国人衆や山名摂津守藤幸を中心とする日野山名氏を河岡方面へ派遣して守備体制の強化を図っている。

さらに、永禄六年中には山田満重を筑前表から河岡城へ城番として派遣し[34]、当方面の守備にあたらせているほか、尾高城についても杉原盛重を入城させており[35]、以後の西伯耆北部における毛利方の軍事経営は河岡城の山田満重と尾高城の杉原盛重を中心に展開していく。そして河岡氏・片山氏といった在地勢力を統制するとともに、永禄六年十一月十五日の弓ヶ浜合戦において中海を制圧し、さらに同年十二月から同七年二月にかけて長台寺・柏尾・丸山・天満といった雲伯国境に位置する尼子方諸城を順次攻略することによって、対富田城の包囲網を強化していく[36]。さらに後掲の史料7に「南条所へも追々申遣候、三村同前候、自此方茂上原右衛門太夫・古志已下、至日野差上候」とあるように、東伯耆や備中といった周辺地域の盟主的存在であり強力な地域指導力を有する南条氏・三村氏といった有力国人衆に対しても合力を要請するなど[37]、富田城総攻撃に向けて、富田城東側の西伯耆における毛利方の攻撃ラインを重層的に形成していくのである。

毛利氏が兵糧支給を実施する歴史的背景となった、永禄年間の西伯耆をめぐる軍事的状況は、おおよそ以上の通りであったといえる。

(2)西伯耆における兵糧をめぐる動向

以上の点をふまえつつ、次に当地域における兵糧をめぐる動向について、具体的に検討を加えてみたい。まず、以下の史料に注目してみたい。

【史料7】

尚〱、片平・河山へ能々可披露候、追々持せ可遣之候〱於某許外城兵粮焼失候由候間、従杵築明日三

百俵、至淀江差上候、村上太左衛門尉所へ早々人を被出、被付置候而可被請取候、但若此舟依順風遅候てハと存、銀子十枚持せ進之候、折節不有相候而少分候、銀子をも追々持せ可進之候、兵粮番衆も於此砌者いか程の限者有間敷候、はたと可相抱候、

一久代・神邊此時至溝口罷出候へと申候へ共遅々候哉、於不罷出者、此度合力之儀、得扶持間敷之由申遣候間、定而可罷出候、南条所へも追々申遣候、三村同前候、自此方茂上原右衛門太夫・古志已下、至日野差上候、はや山陣近日之儀候間、其内少之事候条、雨山頼存知之由下申候〳〵、謹言、

（永禄六年）

七月廿四日　　（毛利）元就　御判

（吉川）元春　御判

（小早川）隆景　御判

末近一郎（宗久）右衛門殿

山田民部（満重）丞殿

（『萩藩閥閲録』巻三十一山田）

【史料8】（[8]）

御状拝見具遂披露候

一御方御内衆南条方許容之儀、雖御堪忍候、弥被呼取被相抱候上者、於今者難有御堪忍之由候、尤被存候、雖然此節之儀候之条、何分様にも御分別可為祝着之由被申候、就其南条方へ以坪井若狭守被申遣候、聊無油断候、

一御兵粮米之儀、百俵約束被申候、然者五十俵御請取候哉、相残今五十俵之儀心得申候、軈而申付可被進之候、

一其表兵粮留之儀、堅固被仰付之由、尤肝要候、雖然爰許号家人奉行衆無一通等候へ共、米売買候哉、不可然儀候、就其制札被進之候、此加判之衆一通無之候者、兵粮之儀御出し有間敷候、為其制札調進之候、以此旨可被仰付候、

一安来湯原方昨日人数百程にて爰許被取退候、大東口へも数人罷退候、猶以可罷退之由申衆中数多之由候、可御心安候、猶坪井若狭守可被申候、恐々謹言、

（永禄七年）
二月十日　　　　　就之（花押）

平佐源七郎

村上太左衛門尉殿
御返報　　　　　　就之

」（「宮本文書」）

史料７は、毛利元就・元春・隆景父子より河岡城在番の山田満重・末近宗久に対して出されたものである。永禄六年七月二十三日付隆元宛元就書状(38)に「久代・神邊・摂州泉・河岡至近所被差寄」「上原日野ニ在陣候様ニ堅可被仰遣候」とあり、後半部分の内容及び時期が一致することから永禄六年のものと考えられる。また史料８は元就近臣平佐就之から村上太郎左衛門に出されたものである。史料中に「安来湯原方昨日人数百程にて爰許被取退候」とあり、これは永禄七年二月十五日付山田満重宛て小早川隆景書状(39)に「従富田湯原右京進・大谷伊賀守以下取退候」とあることから、永禄七年発給のものと考えられる。先述したように、永禄六年七月～同七年初頭は、西伯耆における毛利・尼子間の戦闘が最も激化した時期であった。両状はそのような緊迫した状況下において出されたものである。

これらの史料をもとに、西伯耆戦線における兵糧をめぐる動向について、ここから読みとれる点をいくつかあげて

おきたい。

第一に、河岡城周辺の兵糧の保管場所についてである。本文中に「於某許外城兵粮焼失候由候」とあることから、当地域に河岡城の「外城」なるものが存在したこと、そこに兵糧が置かれていたことがわかる。その場所や保管されていた兵糧がどの程度のものであるかは不明であるが、その焼失により三〇〇俵の兵糧を補給しようとしていることから、相当量の兵糧が「外城」に保管されていた可能性も否定できない。近年の城郭研究によれば、「境目」地域においては機能の異なる城郭が重層的に構成されていたことが指摘されており[40]、また毛利氏の場合は非常時に備えて「置兵糧」なるものがあったとされているが、「河岡外城」の存在は、西伯耆においても兵糧保管の機能を有する城が存在した可能性を示唆するものといえよう。

第二点として、兵糧補給の必要性が生じた背景についてである。史料によれば、「外城兵粮焼失候」とあり、戦闘が激しく展開される中で、河岡外城の兵糧が、戦火により焼失していることがわかる。このことは、河岡城をめぐる合戦がいかに激しかったかを物語るものであるが、一方で当時の戦術として相手方の兵糧（あるいはその保管場所）に対する攻撃が行われていたことを窺わせるものである[41]。相手方の補給線を断ち切る攻撃は当時の重要な戦術の一つであったと考えられるが、敵方よりこのような攻撃を受けることは当然予想できたと思われる。それゆえに、このような事態に備えた兵糧補給体制（輸送ルート）の確立を図ることは、戦争を遂行するにあたって欠かすことのできない重要な戦略の一つであったと思われる。

第三点として、兵糧の支給方法についてである。史料によれば「従杵築明日三百俵、至淀江差上候、村上太左衛門尉所へ早々人を被出、被付置候而可被請取候」「御兵粮米之儀、百俵約束被申候、然者五十俵御請取候哉、相残今五十俵之儀心得申候、軈而申付可被進之候」とある。ここからは、西伯耆への兵糧が現物（＝米）で出雲杵築より海上輸送されていること、それは淀江を窓口として搬入されていること、淀江においては村上太郎左衛門が兵糧米を受け取っていること、といった点を読みとることができる。ここで注目したいのは、永禄六年段階で毛利氏が西伯耆の要港淀江を押さえていることである。長期化する戦争においては、物資や兵員の補給ルートをいかに確保するかは重要な戦略の一つであったと考えられるが、そのために戦場に近い港や地域の要港を確保することは重要であった。菊池氏によれば、毛利氏の山陰地域における兵糧輸送に関しては、銀山・温泉津・杵築・平田・末次・安来・淀江を結ぶ広域的な海上輸送ルートが形成されていたことが指摘されているが(42)、少なくともこれら出雲・西伯耆の要港を毛利が押さえていたことは、軍事・経済上重要な意味を持っていたものと思われる。

第四点として、河岡在番の山田・末近の手元に銀が支給されていることである。藤木久志氏によれば、戦国時代の戦場では商人が兵糧を売買しており、兵糧を金銭で現地調達する方法もあったことが明らかにされているが(43)、毛利が銀を送っていることは、西伯耆においてもそのような兵糧米の買い取りが可能であったことを示唆するものである。戦時下における現物支給はまとまった量の兵糧を一度に供給できるという点では適しているが、輸送上の困難を多分に伴うものであった。そのため、米とは別ルートで銀が支給されていたのである。つまり、西伯耆戦線下における毛利氏の兵糧支給は、「米（現物）」を、出雲より海上輸送にて淀江の村上氏のもとへ送り現地の城へ支給するルートと、「銀」を兵糧が必要な城へ直接送り現地において買い取りを行うルートという、少なくとも二つのルートが存在したといえるのである。毛利氏は、このような複数のルートにより、緊迫した戦況下において、より確実な兵糧の確保を図っていたと考えられるのである。

以上、関係史料をもとに西伯耆の兵糧をめぐる動向について整理してきたが、ここで改めて注目しておきたいのが、毛利方兵糧米の受け取りにあたっている村上氏の存在である。史料を見る限りでは、村上氏は西伯耆における毛利氏の兵糧輸送構造において極めて重要な役割を担っていたことは明らかである。次に対尼子戦争下の西伯耆における村上氏の活動や毛利氏の兵糧政策下における村上氏の機能について具体的に論じてみたい。

⑶毛利氏の兵糧政策と村上氏の機能

まず、毛利氏と村上氏の関係について史料８の前半部分に注目してみたい。やや難解であるが「村上太郎左衛門の御内衆について、南条（宗勝）が受け入れ傘下に加えたことについて、これまで村上太郎左衛門は堪忍してきたが、そのような南条氏を毛利がこのたび抱えられることについては堪忍できないとのことである。その言い分はもっともであるが、このような状況下であるのでなんとか分別してほしい」とさしあたっては解釈しておきたい。すなわち、前提として当時村上氏と東伯耆国人南条氏の確執があり、毛利方の村上氏にとって、南条氏も毛利方として抱えることは許容しがたいと言っており、それに対して毛利方が村上太郎左右衛門に対して理解を求めているのである。

先述したように、毛利氏は尼子氏を攻撃するにあたって西伯耆を中心に富田城東側の攻撃ラインの形成を目指しており、そのために、南条・三村・上原・古志・杉原・宮といった東伯耆・備中・備後の有力領主層を西伯耆に動員して総力の結集を図っている。特に東伯耆に強大な勢力を有する南条氏の存在は重要であったと思われる。そのため、この村上太郎左衛門―南条宗勝間の確執に関しては、毛利は積極的にその調停に努めており、永禄六年五月二十四日には元就・元春・隆景の三人から河岡城番衆である末近・小寺・境の三人に対して「南豊（南条宗勝）・村太和合之調之由候、是又専要候」[44]と申し送っている。重要なのは村上氏と南条氏の「和合」が当時の伯耆国内の政情安定に不可欠であると認識されていた点であり、このことは南条・村上両氏が伯耆国内において極めて重要な存在として位置づけられていたことを示している。また同時に地域領主間の確執を調停し和平状態を実現することは、戦争を遂行するにあたって

「公儀」としての権力を形成する意味においても重要であったものと思われる。

次に、毛利氏の兵糧政策下において村上氏が担っていた役割について具体的に検討を加えてみたい。

第一に注目すべき点は、先述したように、兵糧米の受け取りの担い手としての存在である。これまでの検討の結果、西伯耆への兵糧支給は、「米支給」と「銀支給」の複数のルートが存在したが、このうち米については、出雲杵築より淀江へ海上輸送されており、淀江においては村上太郎左衛門がそれを受け取っていたことが確認できた。一方でこの兵糧米については、「村上太左衛門尉所へ早々人を被出、被付置候而可被請取候」とあるように、戦場の城から村上氏のもとへ人員を派遣して受け取っていた。村上氏の役割はあくまで兵糧米の保管と受け渡しのみであって、各城への搬送は兵糧米を必要とする戦場の城の責任において行われていたことがわかる。そして各城へ搬入された兵糧米は、各城で「兵粮番衆」を組織して厳重かつ慎重に管理された。このように、村上氏は西伯耆戦線における毛利氏の兵糧米支給ラインの中核を担う存在であったことが指摘できるのである。

第二に注目すべきは、毛利氏の経済封鎖政策の担い手としての存在である(45)。史料８に「其表兵粮留之儀、堅固被仰付之由、尤肝要候」とあるように、当時毛利氏が戦略として「兵糧留」を実施していることが指摘できる。「兵糧留」とは、戦略的な観点から他地域への兵糧の流通・移出を制限するものであり、これが当時の大名による経済封鎖政策の一つであったことは佐々木銀弥氏によって指摘されている通りである(46)。佐々木氏によれば、戦略としての「荷留」「兵糧留」の目的には、①敵方に対する物資の封じ込めと心理的圧迫、②籠城に不可欠な軍事的必需物資の確保があったとされている。史料で明らかにすることはできないが、尼子支配下の西伯耆が尼子の兵糧補給中継地であった可能性が高いことを勘案すれば、このときの「兵糧留」も、尼子に対する物資の封じ込めと自軍の兵糧確保といった両方の目的があったものと推察されよう。

この毛利氏の「兵糧留」政策についてもう少し具体的にみておきたい。まず史料8に「米売買」とあることから、当時淀江周辺において米を売買する商人的人物がいたことが指摘できる。「兵糧留」とは、言うまでもなく彼らに対して兵糧となる物資の自由な売買を禁じたものであるが、一方で奉行人の許可状を持っている者に対しては売買することが可能であった。しかし、中には毛利の「家人」と称して、奉行衆の許可状を持っていなくても米を買得する者があった。これに対し、毛利氏は「制札」を村上氏のもとに送り、「此加判之衆一通無之候者、兵粮之儀御出し有間敷候」とあるように、この制札に判を加えた奉行衆の証明書を持っていない者に対しては兵粮米を勝手に売ってはならないと命じている。

このことは毛利氏の「境目」地域における流通統制政策の一端を具体的に示すものであり、多くの示唆に富んでいるが、ここで注目しておきたいのは、「以此旨可被仰付候」とあるように、村上氏を通じて商人らに徹底するよう命じていることである。このことは、村上氏が淀江を舞台に活動する地域商人たちとつながりを有していたこと、また彼らに対して指導的立場にあったことを示すものといえよう。淀江商人と村上氏の具体的な関係については、史料制約上ほとんど明らかにできないが、緊迫した西伯耆戦線下において、村上氏が毛利氏の経済封鎖政策の一端を担う存在として地域商人を統制する立場にあったことは注目すべきである。

以上、毛利氏の兵糧政策と村上氏の関係について考察を加えた。限られた史料ではあるが、これだけをみても村上氏が西伯耆における毛利氏の兵糧政策において重要な役割を担う存在であったことは明白である。ではこのような村上氏の重要性はどこから生み出されたのであろうか。

まず注目すべきは、村上氏と淀江との関わりである。緊迫した状況下において、毛利方の兵糧米を淀江において村上氏が受け取ることが可能であったということは、その背景として村上氏が淀江と密接な関わりを持ち、現地において受け渡しを行いうる条件を備えていた存在であったことを示している。また同時に、村上氏が当地域を舞台に活動する商人たちとつながりを有していたということは、村上氏がこの地域をめぐる流通経済にさまざまな形で関与していた可能性を示唆するものである。第一章で述べたように、室町～戦国期における村上氏は南条・小鴨・進といった守護代クラスの国人領主と肩を並べる存在であり、また但馬山名氏の下においては情報伝達の機能を有していたことが確認できたが、そのような村上氏の在地における重要性は、要港淀江を中心に、村上氏が地域商人たちとのつながりの中で独自に形成し得た広域的かつ強固な在地基盤を背景として生み出された可能性が高いのである。

以上、本節では、対尼子戦争下の西伯耆における毛利氏の兵糧政策と村上氏の機能・活動について考察を加えた。対尼子戦争下の毛利氏にとって、西伯耆における軍事ラインを維持する上で、兵糧の確保は重要であった。その対策として毛利氏は兵糧米の海上輸送と銀の支給といった複数のルートで現地に対する兵糧補給を図っていた。また一方で、兵糧に対する統制策として、地域商人に対する「兵糧留」を実施していた。この兵糧米の確保・遮断の両面において、毛利方が重要視したのが、要港淀江であり、淀江と深い関わりを持つ村上氏であった。毛利氏にとって、西伯耆における兵糧政策を実施する上で、経済・交通上の要衝である淀江を確保することの持つ意味は大きく、淀江と深い結びつきを有する村上氏の掌握は重要であった。そのため、南条―村上間の確執の調停に努めて伯耆国内における毛利方地域領主間の平和的関係の維持を図る一方、村上氏に兵糧米の受け取り・配布の役割を与えて毛利方補給線の中核に位置づけるとともに、「兵糧留」の際には現地における商人の統制にあたらせていったのである。このことは、大名権力の地域戦略上、地域に広域的かつ強固な経済基盤を有し、独自の勢力やネットワークを形成していた人物の確保が極めて重要なものであったことを改めて示しているといえよう。

⑷塩に関する政策――「置塩」「塩留」について

ところで、対尼子戦争下において毛利氏が兵糧政策上重視していたのは「米」だけではなかった。最後に「塩」の事例について取り上げてみたい。

【史料9】

尚々急度札等立置、其方事盛重《杉原》奉行衆相共彼所ニ居候而、可遂其養事肝要候

一筆申遣候、仍先度申合差上候就塩留之儀、札之儀未不立置之由其聞候、是者小寺爰許罷下候付而遅々候哉、然処小寺事ハ因州へ用段ニ而差上候之条、彼者罷下候する間者、其方事盛重奉行衆と申談、堅固可相調事肝要候、ニ今油断其無曲事候、早々札等立置申聞辻ニ可仕事専用候、小寺因州より罷下候ハ、、則可差遣候、其代儀其方として可馳走候、為此申遣候、謹言、

九月十七日　元就《毛利》（花押）

（墨引）

山田民部丞殿《山田満重》

（「山田家文書」）

これは年不詳ではあるが、「小寺事ハ因州へ用段ニ而差上候之条」とあり、小寺元武が因幡に滞在しているのが永禄七年七月頃であることから[47]、そのころに出されたものと考えられる。つまり、史料7・史料8とほぼ同時期に出されたものと考えてよいと思われる。

史料中に「先度申合差上候就塩留之儀」とあるように、内容は「塩留」政策に関するものである。毛利氏が兵糧政策として「塩留」を実施しようとしていたが、その担当者である小寺就武が伯耆を離れているので制札をまだ立てて

いないという山田満重に対し、小寺は因幡に派遣されているので、小寺が戻ってくるまでは、山田満重を代行者として杉原盛重・毛利奉行衆と相談した上で制札を立てて早急に塩留を実施するよう命じている。このことから、対尼子戦争下の西伯耆における毛利氏の兵糧統制が、「米」だけでなく「塩」の流通をも差し留めようとしたものであったことが明白である。

戦国期において塩の確保が重要であったことは、佐々木銀弥氏によって指摘されているところである(48)。佐々木氏は戦国大名にとっての塩は「日常的な必要物資のみならず、籠城等に不可欠な軍事的必需物資」であるとされ、その確保は日常生活・軍事面問わず「領国の存亡にかかわる重要性」を持っていたとされている。その上で軍事的戦略としての「塩留」について、今川・後北条・上杉といった東国大名と九州の島津氏における事例をあげられているが、毛利氏の山陰進出下においても「塩留」が実施されていたことが確認できるのである。ここからは、山陰地域における流通物資として塩があったこと、また当地域において塩を取り扱う商人が存在していたことを読みとることができると同時に、「塩留」という戦術が東国・西国および内陸地・沿岸部を問わず、全国的にみてかなり一般的な戦術であったことを改めて裏付けている。

次に塩の備蓄についてみておきたい。菊池氏によれば、毛利氏の兵糧政策の特徴として「臨戦状態にはない城に『置兵糧』なるものを貯蔵して非常時に備えていた」とされている。この時期の戦国大名が、戦時に備えて兵糧米や塩を備蓄していたことは、佐々木銀弥氏や久保健一郎氏の研究からもすでに明らかにされているところである(49)。

この塩の備蓄に関する史料は乏しいが、山陰地域の事例として以下の史料に注目してみたい。

【史料10】

今度伯州普請付而、原手惣郡竹之儀申付候、三保（美保）・安木（安来）へハ舟之儀申付候而、彼竹差上事候、然者羽衣石置塩申

付候間、七浦并杵築地下中舩之儀、雇可申候、此由能々被申理、相調候様ニ気遣肝要候、恐々謹言、

（吉川）駿河

卯月十八日　　元春（花押）

これは「富家文書」年不詳四月十八日吉川元春書状[50]である。宛名・発給年とも欠如しているが、南条氏が毛利方を離反する前のものであるから、少なくとも天正七年以前に出されたものと考えられる。

内容によると、吉川元春が伯耆表における普請用の竹を出雲平野部の各郡に命じていること、その中で美保関と安来には船を申し付けて搬送を命じていること、また伯耆南条氏の居城である羽衣石城に塩を搬入しようとしていること、その塩の運搬のため杵築七浦と杵築地下中の船を雇うよう指示していること等がわかる。ここで注目すべき点は、元春が東伯耆の羽衣石城に「置塩」を実施しようとしていることである。このことから、毛利氏の兵糧政策の中に「置兵糧」と並んで「置塩」と呼ばれる備蓄政策があったことが確認できる。また、その搬送に際して、杵築七浦と杵築地下中の船を雇っていることから、羽衣石に送られる塩が、兵糧米と同様出雲方面より伯耆へ海上輸送されようとしていることがわかる。「米」「竹」「塩」といった軍需物資が、いずれも出雲より伯耆へ海上輸送されていることは、毛利氏の山陰における流通構造の特質の一端を示すものとして重要であろう。

むすびにかえて

以上、本稿においては、西伯耆における毛利・尼子戦争を具体的素材として、戦線地域における毛利氏の兵糧政策の実態および特質について、国人村上氏の果たした役割を中心に検討を加えた。最後に、これまで確認できたことを

今一度整理するとともに、西伯耆における毛利氏の兵糧政策の特徴についてまとめておきたい。

長期的かつ大規模な戦争下においては、戦線においていかに兵糧を確保するか、またそのための補給線や輸送ルートをいかに確保するかは、戦局を大きく左右する重要な問題であった。

毛利・尼子戦争が展開された永禄年間において、富田城の東側に位置する西伯耆は、毛利・尼子間の戦闘が激しく展開された地域となった。当時、西伯耆北部における毛利方の主要な軍事拠点は河岡・尾高両城であったが、これらの城兵を支える毛利方の兵糧は「河岡外城」に置かれていた。永禄六年七月の河岡城をめぐる戦闘の際に、この兵糧が焼失したが、この事態に対し、毛利氏は「米（現物）」の補給と、現地買い取り用の「銀」の支給という複数のルートで現地における兵糧確保を図った。

このうち、兵糧米については、出雲の杵築より船で西伯耆の要港淀江に海上輸送されていた。この淀江に到着した兵糧米を現地で受け取っていたのが、地域商人とのつながりも深く、強固な地域基盤を有する有力国人の村上氏であった。淀江に到着した兵糧米については、兵糧が必要な城から村上氏のもとへ人員を派遣し受け取っていた。村上氏の役割はあくまで兵糧米の管理と受け渡しのみであり、各城への搬送は兵糧米を必要とする現地の城の責任において行われていた。そのため運搬や管理に関しては各城で「兵粮番衆」を組織して厳重かつ慎重に行われたのである。

一方で、毛利氏は敵方に対する経済封鎖政策として、「兵粮留」「塩留」を実施していた。この背景には、当時の西伯耆社会において、地域商人による米や塩の比較的自由な交易があったことを示している。このうち「兵糧留」について、毛利氏が現地における中心的担い手として地域商人の統制にあたらせていたのも村上氏であった。しかし、商人たちの中には、毛利方奉行人の許可状がない者に対しても兵糧米を売買する者がおり、これを取り締まるため、毛利氏は「制札」を村上氏のもとに送り、この制札に判を加えた奉行衆の証明がない者に対しては兵粮米を売買しないよう堅く命じることによって、流通統制の徹底・強化を図っていたのである。

以上みてきたように、西伯耆における毛利氏の兵糧政策において、村上氏の果たした役割は大きいといえる。当時、毛利・尼子間の「境目」に位置していた西伯耆において、毛利方の補給線を確保したり、また「兵糧留」などの経済的な戦略を図る上で、村上氏の存在は重要であった。現存する関係史料群からは、村上氏の伯耆国人としての性格や、情報伝達など大名権力下における多様な活動の実態を読みとることができたが、毛利氏が村上氏を重視した背景には、このような室町～戦国期を通じて、在地商人とのつながりや周辺大名権力との関わりの中で歴史的に培ってきた広範かつ多様な地域活動基盤や経済ネットワークがあったと考えられる。同時にこのことは、戦国期の大名権力にとって、戦線地域における交通・経済上の主要拠点や、地域において強固かつ広範な活動基盤を持ちその中核に位置する人物の確保が、境目地域における戦局を大きく左右する重要な要素であったことを改めて示していよう。

以上、甚だ不十分ではあるが、毛利氏の西伯耆における兵糧政策の実態と村上氏の性格・役割について検討を加えた。最後に、自身の問題関心と合わせて今後の検討課題をいくつかあげて結びとしたい。

まず第一に、菊池氏が指摘された兵糧支給と「公儀」権力との関わりである。菊池氏は「兵糧支給こそ、領国内の領主諸階層が戦争に参加する条件であり、まさに兵糧は、大名毛利氏の『実力』を保障するものとして、その権力を維持する上で重要な地位を占めていた」とされ、それを支えたものとして、石見銀山の銀をあげられているが、このような兵糧支給と「公儀」の関係をさらに掘り下げることである。例えば、前掲の史料10より、伯耆国最大の国人領主南条氏に対して毛利氏が「置塩」を実施しようとしているが、この塩の支給は単なる戦争用の備蓄のみならず、織田勢力との対立が深まる中で、南条氏に対する毛利氏の「公儀」権力の形成という点で重要な意味をもっていた可能性も否定できない。今後の課題であるが、大名権力の領国支配において、兵糧をはじめとする軍需物資の支給が、軍事指揮権をはじめとする大名権力の「公儀」にどのように関わっているのかを具体的に追究する必要があろう。

また第二点として、山陰東部地域における物資輸送体制の具体的解明である。今回確認できる限りにおいては、毛利氏の伯耆国に対する「米」「塩」「竹」といった兵糧・軍事物資の支給は、いずれも出雲方面からの海上輸送によるものであった。毛利領国における流通構造や毛利氏の流通支配については、内海地域・防長・石見地方を中心に具体的な構造の解明がなされているが、出雲以東の山陰地域については、まだ検討の余地が多く残されている。(51) 史料10によれば、その運搬船は美保関・安来のほか、杵築七浦・杵築地下中より調達しており、このことは出雲国内の主要港を毛利氏が押さえていることを示すものであるが、輸送船・水夫の調達を含む出雲国内での流通支配体制や伯耆・因幡方面まで広がる物資輸送体制がどのように確立されたのかといった点や、菊池氏の指摘にもあるように、山陰地域での兵糧輸送ルートが毛利氏によって作られたのか、既存の流通ルートを利用したのかといった点については、今後解明すべき重要な課題であろう。

今回は戦争下における兵糧物資の支給と統制を中心に、戦争と地域流通との関わり、および戦争下における大名権力の経済政策について検討を試みたが、重要なのは「兵糧自弁」か「兵糧支給」かという対極的な議論ではなく、地域的視座に立ちつつ、個々の戦争と地域社会・地域経済との関わりをより具体的にとらえていくことである。戦国期戦争について、岸田氏は「戦国時代の戦争は、地域資源、交通・流通上の要衝や経済拠点の確保を目的にした、まさに地域社会の産業や流通経済権益の争奪戦であり、一層広域化・国際化しつつあった流通経済の動きに対応した形において、政治権力の覇権争いによってその広域化を生み出すいわば構造的変革」であったとされているが、(52) 戦争下における諸階層の経済活動や権力による経済・流通政策、あるいはそれらを可能にする地域社会の構造に光をあてることは、戦争の持つ時代的意義を明らかにすると同時に、「戦国」の時代における地域社会像をより豊かに構築する上でも重要な視点であると考えている。

註

（1）久保健一郎氏「戦国社会の戦争経済と収取」（『歴史学研究』七五五、二〇〇一年）。

（2）戦国期戦争論については、池上裕子・稲葉継陽編『展望　日本歴史十二　戦国社会』所収「第四章　戦争と民衆」（東京堂出版、二〇〇一年）、小林一岳・則竹雄一編『【もの】から見る日本史　戦争Ⅰ―中世戦争論の現在』所収「総論―日本中世戦争論の視座」（青木書店、二〇〇四年）が研究動向を網羅的に整理されている。
また戦争と兵糧・物資調達の関わりについては、藤木久志氏による『戦国社会史論』（東京大学出版会、一九七四年）、『雑兵たちの戦場』（朝日新聞社、一九九五年）、『戦国の村を行く』（朝日新聞社、一九九七年）、『飢餓と戦争の戦国を行く』（朝日新聞社、二〇〇一年）などの一連の研究をはじめ、阿部浩一氏「戦国大名領下の『蔵』の機能と展開」（『史学雑誌』一〇三―六、一九九四年）、「伝馬と水運―戦国時代の流通の発達」（有光遊学編『日本の時代史十二　戦国の地域国家』吉川弘文館、二〇〇三年）、久保健一郎氏前掲（1）論文、「兵糧からみた戦争・戦場」（『【もの】から見る日本史　戦争Ⅰ―中世戦争論の現在』第八章、二〇〇四年）、谷口眞子氏「移行期戦争論」（『戦争と平和の中近世史』青木書店、二〇〇一年）、綿貫友子氏「戦争と海の流通」（『【もの】から見る日本史　戦争Ⅰ―中世戦争論の現在』第九章、二〇〇四年）等が戦争下の兵粮調達・輸送の実態について詳細に取り上げている。

（3）高木昭作氏「『公儀』権力の確立」（『日本近世国家史の研究』岩波書店、一九九〇年）。

（4）久保健一郎氏は、戦争に規定され、また戦争をも規定する経済および経済体制を「戦争経済」と称し、北条氏領国を例に戦争下における兵糧確保の実態を収取体系から明らかにされた。氏によれば「兵糧」は領国内において年貢・公事の一部として収取され、戦争地域においてはまず軍勢自身による当座必要な分の持参がなされ、さらに領国内の蔵に保管された兵糧の現地への搬送や掠奪・買付による現地での調達が行われるとされた。久保氏前掲（1）論文参照。

（5）永原慶二氏「伊勢・紀伊の海賊商人と戦国大名」「戦国期伊勢・三河湾地域の物資流通構造」（以上『戦国期の政治経済構造』岩

波書店、一九九七年）。

（6）このほかにも鈴木敦子氏により、九州大友氏の場合は国人領主田尻・小代・三池氏を通じて有明海域の合戦における兵船調達が図られていたことが指摘されている。同氏「戦国期における有明海の交通体系—兵船動員と海賊・国人領主—」（所理喜夫編『戦国大名から将軍権力へ』吉川弘文館、二〇〇〇年）。

（7）菊池浩幸氏「戦国大名毛利氏と兵糧」（『一橋論叢』第一二三巻第六号、二〇〇〇年）。以下、菊池氏の見解は、すべてこの論文によるものである。

（8）『日本歴史地名体系　鳥取県の歴史』（平凡社）。なお、西伯耆には現南部町（旧西伯町）内にも「福頼」という地名が存在するが、同地は「在方諸事控」によれば、文化十二年（一八一五）に経乗院村から福頼村に改め、天保五年（一八三四）改称の旨を幕府に申し出たとされている。

（9）「大山寺文書」（『鳥取県史』所収）。なお、当時の伯耆守護は山名氏之である。

（10）『群書類従』巻一四五（消息部）所収。なお、この「福願」については「福頼」の誤記とされているが、「福願」の音に類似する地名や人名が当時の伯耆国内に見あたらないことや「願」と「頼」のくずし字が似ていることを考えれば「福頼」と考えてよいと思われる。

（11）前橋市宮本家所蔵の「村上氏系図」は、村上新次郎を福頼左衛門と同一人物とした上で、村上新次郎の長男を村上三助（のち次右衛門）、次男を福頼吉蔵としている。

［関係略系図］（「村上家系図」より）

村上新次郎元秀（福頼左衛門）
- 村上三介
- 福頼吉蔵
- 同左京亮
- 同三郎左右衛門　汗入郡北尾村ニテ病死
- 同四郎次郎

├同新三郎　　汗入郡留長村エ出張住ス
└村上太郎左衛門

（12）この伯耆国人衆と大館常興の書札礼との関係を論じた研究には、日置粂左衛門氏「戦国期伯耆衆の発展と書札礼」（『地方史研究』二三九号、一九九二年）がある。

（13）鎌倉～室町期における小鴨氏の性格・活動につては、拙稿「鎌倉後期の伯耆国守護と小鴨氏」（『鳥取地域史研究』第一号、一九九九年）、「伯耆山名氏の権力と国人」（『鳥取地域史研究』第三号、二〇〇一年）でその一端を紹介している。

（14）前掲（13）「伯耆山名氏の権力と国人」参照。

（15）「石清水八幡宮文書」永正三年二月二十三日幕府奉行人奉書。

（16）尼子氏の伯耆進出時期については、これまで『伯耆民談記』中の記述にみられる大永四年五月であったとされ、「大永の五月崩れ」と称されてきた。しかし、すでに高橋正弘氏により、この説は誤りであり、尼子氏の伯耆進出は永正年間であったことが指摘されている（高橋氏『因伯の戦国城郭—通史編—』一九八七年、同『山陰戦国期の諸問題』一九九一年参照。なお『因伯の戦国城郭—通史編—』については、以下『戦国城郭』と略す）。また伯耆守護山名教之と伯耆国における戦国時代の見通しについては前掲（13）拙稿「伯耆山名氏の権力と国人」にて私見を述べている。

（17）高橋氏『戦国城郭』（P39～40）。

（18）天文年間における但馬山名氏の動向については、拙稿「戦国期因幡国における守護支配の展開と構造」（『鳥取地域史研究』第五号、二〇〇三年）で若干論じている。

（19）『因幡民談記』所収の「山名家系図」によれば、豊定・東楊は祐豊の弟とある。また但馬山名氏による因幡支配については拙稿前掲（18）論文で概要を整理している。

（20）この「山名家系図」の成立時期は、登場人物より類推すれば、寛永七年以降、さほど時間を経ない頃であると考えられる。その中で没年月日・法号が記されているのは以下の四人である。

・祐豊…天正八年庚辰五月廿一日没　銀山寺殿鉄壁熈公大居士
・棟豊…永禄四年辛酉五月十六日没　後宗鑑寺厳殿瑞宗鱗大定門
・豊国…寛永三丙寅十月七日没　東林院徹庵高公大居士
・義親…天正元年癸酉正月廿九日没　極楽寺殿創江宗庵大禅定門
いずれも没時期について史料上での確認はできないが、祐豊・豊国の動向をみても、その時期はかなり史実に近いと考えられる。

(21)　天文十二年八月十日付上山実広宛山名祐豊書状（『萩藩閥閲録』巻四〇上山。以下「『閥』四〇〈上山〉」のように略す）に「伯州取退候輩令入国候」とあるように、但馬山名氏の尼子勢力に対する圧迫により、国外退去した者は因幡・伯耆国内に次第に基盤を回復していった。例えば尼子傘下に下った南条氏については天文十一年（一五四二）には反尼子勢力として大内の出雲遠征に同行しているほか、但馬山名のもとに逃れた山田（長田）氏は、天文十三年十一月に但馬山名氏より因幡気多郡の地を宛行われている。また参考ではあるが、元和四年（一六一八）成立の『森脇覚書』には、永禄五年の出来事として「伯州にて八南条・行松入国候」とみえる。

(22)　天正十六年における毛利氏の大仏殿材木供出については秋山伸隆氏「毛利氏による大仏殿材木供出をめぐって」（『芸備地方史研究』一四五号、一九八三年）が詳細に整理されている。

(23)　前掲（22）秋山論文。坂村香苗氏「中世末・近世初頭　中国地方における造営事業と木材流通」（『史学研究』第二一〇号、一九九五年）。

(24)　『閥』五五〈国司〉。

(25)　「佐々木文書」天文二十一年四月二日付足利義藤御教書（東京大学史料編纂所蔵）。

(26)　『閥』三三〈粟屋〉。

(27)　『閥』三三〈粟屋〉。

(28)　河岡城については、伯耆国人河岡氏の居城であったが、河岡氏は尼子勢の伯耆進出の際に尼子傘下に下り、人質を差し出すことにより以後も河岡城主として西伯耆における尼子勢力の一端を形成していた。しかし永禄五年に日野郡領主層を中心に西伯耆において尼子離反がおこり、中井平三兵衛・米原綱寛らの尼子直臣が退却するなど（『閥』五五〈国司〉）、反尼子の活動が活発になると、「河岡表加勢事、於于今者河山（河岡山城守）雲州ニ置候人質死去候間、多田之儀者はたときれたる迄候条、此方へ人をも出し得加勢候て、土居を相抱度由申之由候」（『閥』三三〈粟屋〉）とあるように人質の死を契機に毛利方へ下っている。毛利氏の河岡城掌握はこのように河岡氏の取り込みを通じて実現したものと考えられる。また尾高（泉）城は『大館常興書札抄』に「幸松八郎」「幸松五郎次郎」と登場する幸松氏の居城であったとされるが、尼子氏の伯耆進出で幸松氏は国外退去したとされている（高橋氏『戦国城郭』）。幸松氏の尾高城復帰は元和四年（一六一八）成立の『森脇覚書』に永禄五年の出来事として「伯州にてハ南条・行松入国候、行松は尾高いづミ家城候」とある。「覚書」であるから信憑性の是非が問われなければならないが、「横山文書」永禄六年三月八日付杉原盛重書状に「幸松殿・小二郎殿・菊肥へ、此書状何も可被相届候」とあり、永禄六年三月段階において、幸松氏と『大館常興書札抄』に幸松殿被官として登場する菊池氏が毛利方についていることは明白である。ゆえに幸松氏が永禄五年に伯耆尾高城に復帰したという記述はかなり信憑性が高いといえよう。

(29)『毛利元就卿伝』（マツノ書店）。
(30)『閥』三三〈粟屋〉。
(31)『閥』四六〈小寺〉、『閥』三三〈粟屋〉。
(32)『閥』四六〈小寺〉。
(33)『閥』三二〈粟屋〉。
(34)この山田満重の伯耆派遣の時期について、高橋正弘氏は永禄二年に比定されている（『戦国城郭』P65〜66）。高橋氏の論拠は九州表における山田満重の活動について「大庭長門守寅景普代下人小次郎、同下女宮千代貮人事、去永禄元於赤間関、山田民部丞押妨迷惑通」「彼者（山田満重　＊筆者注）事去々年高橋表以来打続辛労之段無申計候、殊至河岡、富田衆度々相働候処、以堅固覚悟、彼城抱抜」（いずれも『閥』三一〈山田〉）の二つの記述をもとに、山田満重の九州方面滞在を永禄元年のみとし、これを「去々年」のことと考えて、永禄三年にはすでに河岡表へ進出しているとの解釈に基づくものである。その結果、毛利氏の西伯耆進出は永禄二年頃に山田満重を河岡城へ派遣することによって開始されたとされる。しかし、「山田家文書」（山口県文書館蔵）によれば、永禄五年七月に高橋鑑種を毛利が取り込もうとした際の文書（永禄五年七月十六日付毛利隆元・元就連署書状）に「猶山民（＝山田民部丞満重）可申候」とあり、永禄五年七月十六日時点で、山田満重はまだ九州表に滞在していることが確認できる。このとき毛利方は山田満重を使者として高橋のもとへ派遣しており、寝返りの条件等について交渉させている。その結果、永禄六年一月には高橋鑑種は毛利陣営に加わっており（『閥』三一〈山田〉永禄六年一月二十日毛利隆元書状。なお『閥』はこの文書を「永禄五年カ」としているが永禄六年のものである）、「今度筑前表就現形之儀、最前以来彼面令逗留涯分申調、則此方一味候」とあるように、山田満重は高橋鑑種が毛利陣営に加わるまで北九州表へ滞在している。このことから山田満重の伯耆表派遣は少なくとも永禄六年一月以降となるが、永禄六年閏十二月にはすでに河岡城に在城していることが明らかであるから（『閥』三一〈山田〉）、山田満重の河岡表派遣は永禄六年に比定できる。

（35）『森脇覚書』によれば、このときの杉原盛重の尾高入城は城主幸松氏の死去にともなうものとされている。なお、毛利氏は富田城落城後、杉原盛重を西伯耆経営の中心として位置づけており、杉原氏は尾高城を拠点に国内経営にあたっている。その経営の実態を示す史料は多くないが、例えば永禄十年三月二十二日には瑞泉寺に対して会見郡内の寺領を安堵しているほか（「瑞泉寺文書」）、同年三月二十六日には田口千代若に日吉津神主職を預け置いている（「蚊屋島神社文書」）。また同年九月十六日には杉原盛重から坂口弥六に対して会見郡八幡宮領内三十五貫の地が宛われている（「中曽氏所蔵文書」）。その後、尼子勝久の挙兵により、永禄十〜十二年にかけては、尼子氏による寺領安堵がみられるが、永禄十三年以降、杉原氏は「当国軍節」としての地位を回復しており、九月には大山寺を再興している（「大山寺棟札銘」）。また天正元年に因幡武田高信が没し、「彼国不可有正躰之条」となってからは、杉原に対し「南條被仰合、御加勢肝要候」とあり（『閥』一一七〈久芳〉）、南条氏とともに因幡へ出陣するよう要請されている。以上のように、尼子没落後は、東伯耆の南条氏とともに、西伯耆においては杉原盛重が伯耆における毛利方の重鎮として位置づけられていくのである。

（36）『閥』三一〈山田〉。

（37）年月日および差出人・宛名とも不明ではあるが、『閥』三三〈粟屋〉の文書のなかに「三村事備作之衆相率、多勢にて伯州罷出候」とある。このことより、三村氏が当時「備作之衆」を率いることのできる存在であったことがわかる。毛利が三村氏に期待したものはこのような地域指導力であったと思われ、このことは戦国大名の地域支配の性格をよく表している。

(38)『閥』三三〈粟屋〉。

(39)『閥』三一〈山田〉。なおこの文書が永禄七年のものであることを証明しておく必要があろう。検討のため全文を掲載する。

年頭之慶事不可有際限候、其表長々御辛労之至候、仍太刀一腰、薄板貳面進之候、

一某許申付候番之者共、毎事被成懇切候、一段祝着候、悉皆御方御入魂在之由候、只今末近一郎右衛門尉差上候間、可然之様被仰談候者可本望候、

一其境之趣、条々先書ニ承候、得其心候、漸行之時分候間、今少之儀候之条、無退屈御短息干要候、

一片山毎事無比類馳走候条、為褒美坪井若狭守被差上候、従吾等茂申遣之条、好様可有御心得候、

一従富田湯原右京進・大谷伊賀守以下取退候、其外義久被官分之衆中多々退来候、勝利而已候之間太慶候、

一彼是末　一ニ申含候間可被仰談候、片山守護職之事相調候、尤干要候、万々任口上之条不能詳候、恐々謹言、

二月十五日　　　　隆景　御判

小早川

「　山田民部丞殿　進之候　　　　隆景　」

この書状を永禄七年のものとする根拠は以下の通りである。まず名宛人の山田民部丞満重の伯耆派遣は、前掲の註(34)より永禄六年一月以降である。ゆえにこの文書は少なくとも永禄六年以降に出されたものである。ここで取り上げている小早川隆景書状は二月十五日付であり、その点では永禄六年に比定できなくもないが、尚書の部分に「其表長々御辛労之至候」とあり、山田満重が伯耆表に「長々」と滞在していることから考えれば、永禄六年二月の可能性は低い。また、閏十二月十日付山田満重宛小早川隆景書状(『閥』三一〈山田〉)によれば、「末近一郎右衛門尉事承候、何時茂本陣内儀次第可差上候」とあり、これは前掲文書の「只今末近一郎右衛門尉差上候間、可然之様被仰談候」と一致するものと思われる。閏十二月は永禄六年であることから、この書状が発給されたのは永禄七年であると考えられる。

(40)松岡進氏「戦国期における『境目』の城と領域」(『中世の城と考古学』新人物往来社、一九九一年)。

(41) 菊池氏は毛利氏の兵糧に対する攻撃として「兵糧焼捨」を指摘されている。
(42) 温泉津を中心とした山陰の水運については、井上寛司氏「中世山陰地域における水運と都市の発達―戦国期の出雲・石見地方を中心として―」(有光友学編『戦国期権力と地域社会』吉川弘文館、一九八六年)、秋山伸隆氏「戦国大名毛利氏の流通支配の性格」(『戦国大名毛利氏の研究』吉川弘文館、一九九八年)が、その構造について詳細に論じられている。
(43) 藤木氏前掲(2)諸論文参照。
(44) 『閥』四六〈小寺〉。
(45) 軍事状況下において毛利氏が経済封鎖を行っていたことは、岸田裕之氏・秋山伸隆氏によりすでに指摘されている。岸田氏「中世後期の地方経済と都市」(『大名領国の経済構造』岩波書店、二〇〇一年。初出は一九八四年)。秋山氏前掲(42)論文。
(46) 佐々木銀弥氏「戦国大名の荷留について」(『日本中世の流通と対外関係』吉川弘文館、一九九四年)。菊池氏前掲(2)論文。
(47) 『閥』四六〈小寺〉永禄七年八月二日小寺元武宛て毛利元就感状。
(48) 佐々木銀弥氏「戦国時代における塩の流通」(『日本中世の流通と対外関係』吉川弘文館、一九九四年)。
(49) 佐々木氏前掲(48)論文。久保氏前掲(1)論文。
(50) 島根県古代文化センター編『富家文書』。
(51) 岸田裕之氏によれば、毛利氏の日本海水運ネットワークの形成は「石見銀山を占領して、温泉津を日本海水軍の本拠地として確保し、杵築を押さえて地域経済を掌握し、また島根半島の湯原氏を服属させ、尼子氏の勢力を能義郡とその周辺に局部化して石見・出雲・伯耆三国の海上の広域流通を掌握した」とされている(同氏『大名領国の経済構造』「序章　課題と史料」岩波書店、二〇〇一年)。
(51) 岸田氏前掲(50)「序章　課題と史料」。
(52) 毛利・織田戦争下における毛利方の警固船は石見方面より因幡へ派遣されており、また織田方に攻略された港として大崎・泊といった地名が確認できる。この毛利・織田戦争下における因幡方面への兵糧船・警固船輸送構造については、改めて論じたいと思う。

【付記】　東京大学史料編纂所影写本「宮本文書」の原文書については、戦前に所蔵者の転居によって鳥取県を離れた後、所在不明となっていたが、平成二十一年（二〇〇九）に東京大学史料編纂所の調査により、宮本家の系譜を引く群馬県内の個人宅に所蔵されていることが判明した。筆者も原文書を調査させていただき、今日までの伝来の経緯についても、詳細に話を伺うことができた。その成果を「『宮本文書』の翻刻と紹介」（『鳥取地域史研究』十三号、二〇一一年）としてまとめている。合わせて参照いただきたい。

村上氏・福頼氏関係文書一覧表

番号	年	月日	受給者	発給者	形態	備考	史料		
1	（天文20前）	3月3日	村上新次郎	大内義隆	書状	為慶年之儀、太刀一腰到来喜悦候、仍同一腰遣之候、将又為兵粮料黄金一枚進之候、	A	B	
2	不詳	3月19日	村上新次郎	龍崎隆輔 陶隆満	書状	為御礼儀、御太刀一腰上進之通遂披露、被成直書候、仍同一腰并黄金一枚下目被遣候、	A	B	
3	不詳	8月9日	村上新二郎	陶晴賢	書状	為祝儀太刀一腰送給候／仍同一腰進候、恐惶謹言、	A		
4	不詳	8月10日	村上新次郎	陶晴賢	書状	為祝儀御太刀一腰送給候、令披露候、仍同一振被遣之通、被用直書候、尤珍重候、恐々謹言、	A	B	
5	不詳	6月27日	村上新次郎	山名棟豊	書状	就其表之儀、注進之趣得其意候、伯州出張儀、相催半候之間、方々調肝要候、	A	B	
6	不詳	7月2日	村上新次郎	山名東楊	書状	誠先年於但州令見相已後無心元存候哉、其國毛利以介抱堪忍候由、先以可然候、殊近日下口之行責之申上之間、諸口被聞合、但州当國至伯州表、可有乱入候、然者各可被属本意候、	A	B	
7	不詳	9月29日	村上新次郎	山名宗詮 徳寿丸	書状	就西国之儀、註進状令披見候、及数度申上候姿得其意候、令相談毛利父子、雲州調略不可有弓断候、	A	B	

8	（永禄7）	2月10日	村上太郎左衛門	平佐就之	書状	御兵粮米之儀、百俵約束被申候、然者五十俵御請取候哉、相残今五十俵之儀心得申候、聽而申付可被進之候／其表兵粮留之儀、堅固被仰付之由、尤肝要候、雖然爰許号家人奉行衆無一通等候へ共、米売買候哉、不可然儀候、就其制札被進之候、此加判之衆一通無之候者、兵粮之儀御出し有間敷候、為其制札調進之候、以此旨可被仰付候、		B	
9	（永禄7～元亀2）	2月16日	村上太郎左衛門	毛利元就	宛行状	皇川福頼分三百石之内、先半分進之置候、可被仰付事肝要候、恐々謹言、	A		C
10	（元亀1）	5月9日	福頼新三郎	毛利元就	書状	御方之儀、従嶋根表御執退之由候／敵一人被討果之通／此方之儀、御親父ニ不相替可申談可申候、	A		C
11	（元亀1）	5月17日	福頼新三郎	小早川隆景	書状	就御進退之儀蒙仰趣、至吉田申上候処、御親父以来御入魂筋目と申、殊今度従嶋根頓御取退候て、別而御馳走之儀候、	A		C
12	（元亀1）	5月17日	福頼左京亮他3名	小早川隆景	書状	今度新三郎殿、従嶋根就御取退之儀、至吉田御両使被差下候、		B	
13	天正8	6月12日	福頼左衛門	吉川元長	書状	今度南条對此方、相構逆意候条可及行候／仍於伯州御愁訴之地、粂郡之内下津和分三百石、同郡之内小原三百石、同郡内闕貳百五拾石、同やくり貳百五十石之儀、進之候置候、			C
14	（天正8）	7月5日	福頼左衛門	吉川元長	書状	於方角被申談候就御所帯之儀、元春両通令披見候／惣辻千四百石之地之事、全有御知行弥可被抽御忠義事肝要候、	A		C
15	（天正8）	7月10日	福頼左衛門	吉川元春	宛行状	先度申談所帯之内、伯州久米郡北条之内東分貳百石、同郡八部之内百石、合参百石之地進置候、可有御進止候、	A		C
16	（天正12?）	3月26日	福頼左衛門	毛利輝元	書状	其地長々在陣苦労之談申も疎候、此節其表之様子承度候、替之儀六月にハ可指渡候、	A		C
17	（天正13）	7月23日	福頼左衛門	吉川元春	書状	河原山之儀、頓被仕崩候段、旁御本望不可過之段、爰元之儀御同前候、誠今度別而御短息之故、早速落去候、	A	B	
18	（天正13）	7月26日	福頼左衛門	毛利輝元	書状	今度河原山之儀、旁御馳走故無程任存分太慶此事候、御粉骨之次第無計候、	A		C

19	（天正16）	8月30日	福頼左衛門	毛利輝元	書状	大仏殿之材木并淀二丸御材木等過分ニ又於備中御伐候間、可挽之由寺沢方申越候、	A	B	
20	（天正16）	9月20日	福頼	毛利輝元	書状	急度申候、京都隙明下向候、然者内々被仰下候大仏殿材木事、早々可指上之由候之条、索縄・河普請道具有用意人数被召連、至藝州井原・秋山可被罷出候、	A	B	
21	天正19	9月25日	福頼左衛門	毛利奉行人8名	打渡状	於備中鐵田郡内打渡事／矢田村　一八百石／福頼			C
22	（慶長2前）	8月14日	福頼左衛門	二宮就辰	書状	去十二日於通路被御疵之由、萬々無心元存候／雖不及申候、御療治専用ニ候、	A	B	
23	（慶長2前）	8月15日	福頼左衛門	毛利輝元	書状	去十二日、於通路被疵之由、無心許候、養生肝要候、	A	B	
24	（慶長3）	1月7日	榎本元吉	安国寺恵瓊 福原広俊	書状	福頼吉蔵事、今度蔚山籠城仕、夜白粉骨之儀候、殊家中七人討死候、	A	B	
25	（慶長3）	1月7日	榎本元吉	毛利秀元	書状	福頼吉蔵事、今度蔚山籠城仕、夜白粉骨之儀候、殊家中七人討死候間、先々差戻候、	A		C
26	（慶長3）	1月25日	福頼吉蔵他19名	毛利輝元袖判秀吉	朱印状	今度蔚山面敵被詰取處、盡粉骨之由、従安国寺具申越候、	A		C
27	（慶長3）	1月29日	福頼左衛門	毛利輝元	感状	今度蔚山籠城、初中後苦労之通慥聞届候、寔粉骨之至無比類候、弥心懸肝要候、	A		C
28	（慶長3）	4月27日	福頼吉蔵	毛利輝元	感状	今度朝鮮蔚山唐人相動之剋令籠城、粉骨之次第、秀元・安国寺吹挙可披見候、			C
29	（慶長3？）	5月14日	福頼吉蔵	榎本元吉	書状	御吹挙之前、致披露被成御書候／御吹挙状二通返進候、仍五十疋過分存候、	A	B	
30	慶長3	6月2日	村上三介	毛利輝元	安堵状	父左衛門尉給地之事、其方相続之由聞届候、全令領知役目等堅固相勤者也、仍状如件、	A		C
31	（慶長5）	8月25日	村上三介	宍戸元次	書状	昨日者御手柄無比類様子粟　五郎左衛門具ニ申聞せ候、猶我等満足此事也、弥御心懸肝要候、	A		C

［史料］　A：前橋市宮本家所蔵「感状写」（このほか寛永年間のものが2通あり）
　　　　　B：東京大学史料編纂所影写本「宮本文書」
　　　　　C：『萩藩閥閲録』巻158　飯田与一郎左衛門組木原平蔵

第2部

家督譲与と二頭体制

I

判物から見た吉川元春の家督譲り

木村信幸

はじめに

中世、安芸・石見両国に所領を獲得し支配を展開した吉川氏についての研究は、『吉川家文書』(1)に代表される良質の史料や、史跡吉川氏城館跡(2)をはじめとして良好に保存された遺跡群が存在しているにもかかわらず、あまり進んでいるとはいいがたい。確かに、戦国大名毛利氏の領国支配という視角から、その一翼を担った吉川元春についてはたびたび取り上げられてきた。しかし、吉川氏そのものにスポットを当てた研究はあまりないと思う(3)。

そのような中で、中世の確実な史料に基づいて、吉川氏の系譜関係や所領の継承等を見直された錦織勤氏の研究(4)は注目される。限られた中世史料と、近世以降の系図や編纂物を無批判に使用してつくられた通説を、検証されたのである。また、一九九一年度からは広島県と関係町の教育委員会が共同で史跡の保存整備事業に着手しており、このうち県教委が担当する調査研究活動によって、史跡を構成するそれぞれの遺跡の構造や性格、及びそれらを取り巻く地域の様子等が次第に明らかになりつつある(5)。こうした通説の検証と新たな諸事実の解明は、今後なお一層深められなければならないだろう。

このような課題に少しでも答えるため、本稿では、吉川元春の家督譲りについて取り上げたい。これまでは、天正十年（一五八二）十二月二十日に、元春が長男元長に家督を譲ったとされる。しかし、これを裏付ける同時代史料は存在しないのではないかと思うのである。(6) そこで、第一に、この通説の史料的根拠を検証し、通説の根拠としては脆弱であることを示したい。第二に、先学によって指摘されているとおり、元春の父毛利元就は隆元に家督を譲ると判物の署判位置が変化するということに注目して、元春の家督譲りの時期に迫ってみたい。そして、最後に、こうした検証作業の中で明らかとなった吉川氏の権力構造の一端にも触れてみたい。

一、通説とその問題点

通説＝天正十年十二月二十日説の検証

『大日本史料』第十一編三の「天正十年十二月二十日条」には、「毛利輝元ノ将吉川元春、家ヲ長子元長ニ譲ル」という綱文とその典拠として次の史料1～4が掲載されている。

【史料1】

覚

一、重書之事、
一、幡竿之事、
一、弓箭方御油断有間敷儀肝要之事、
以上
十二月廿日　　元春（花押）

治部少輔殿参

（吉川六四一）

【史料2】

先年、輝弘防州乱入之節、為退治自長府至山口我等被差上候時、元就様御譲被下候御幡竿竹者従厳島、被仰請候、度々元就様被得御勝利候、某給候而以来之儀者御存知之前ニ候、不能申候、并小幡上リ相副申候、小幡者、至高野山差上之阿光坊快音被遊候、御守之儀、是又進置候、弥可為勝軍候、御大利珍重候、恐々謹言、

十二月廿四日　元春（花押）

「（切封ウハ書）（墨引）　駿河守

治部少輔殿進之候　元春」

（吉川六四二）

【史料3】

元春公ヨリ御書ヲ以テ元長公ヘ御重書、元就公ヨリ進セラルヽ御幡竿ヲ譲り玉フ、○下略、（以下に、前掲の史料1・2を掲載することを記す。）

（『吉川家譜』巻九）

【史料4】

是時ニ方り、秀吉既ニ織田氏ニ代リ大坂ニ城キ之ニ居ル、元春、之ニ屈下スルヲ羞チ、居常鞅々楽マス、此冬、家ヲ治部少輔元長ニ譲レリ、○上下略、本書、コノ記事ヲ天正十年ノ條ノ最後ニ収メタリ、

（『周防岩国　吉川家譜』）

これらの史料を根拠として、天正十年十二月二十日に、元春が元長に家督を譲ったとする通説が成り立っている。(7)この節では、通説を史料に立ち返って検証したい。

まず、四つの史料のうち史料3・4は明治以降に編纂された「家譜」である。(8)史料3の記事は、史料1・2の年欠文書に基づいて書かれたことを示している。その年代を天正十年とする根拠は『大日本史料』では省略されているが、原典では、この記事が「天正十年壬午」条の最後に収められており、その根拠として、元春は羽柴秀吉との和睦後家督を元長に譲り、天正十一年には隠居の身であったという「陰徳記」の記述を紹介している。この「陰徳記」とは、近世の吉川家臣香川景継（宣阿）が著した『陰徳太平記』のことと思われる。(9)

史料4は、織田氏に代わり大坂城を築きそこに居住する羽柴秀吉に対して、元春は屈すのを恥じ常に不愉快に思い、この冬、家督を元長に譲る、という内容である。(10)これは、『陰徳太平記』の次の記述に基づくものと思われる。(11)

備中高松ノ城ニ於テ、秀吉、輝元、和睦ノ後ハ、吾毛利家ノ危キヲ扶クル事、功ヲ終ヘ、業ヲ悉シヌ、今秀吉天下ノ兵柄ヲ執テ行状甚軽浮ニ政教奸曲也、挙世テ皆濁レリ、安以察々受汶々者乎、功成テ身退クハ、天ノ道也トテ、頓テ適子元長ニ家道ヲ譲リ…。

天正十年六月、備中高松での羽柴―毛利間の和睦後、元春は「私の役目は終わった、秀吉政権下の現在、政治も社会も乱れている、潔白な心身にそのような乱れた俗世やはずかしめをどうして受け入れることができようか」といって、元長に家督を譲った、というのである。笹川祥生氏によると、『陰徳太平記』は「岩国藩の正史ともいうべきもの」という。(12)吉川家が〝岩国藩の正史〟をもとに「吉川家譜」などを編纂するのは至極当然のことであり、これらの内容が、元春をはじめとする吉川氏の先祖を美化する傾向にあることは否めない。こうして、元春の家督譲りが天正十年のこととされ、そのことを記す史料3・4及びその根拠となった史料1・2も同年のものとされて、重書や幡竿を譲った史料1の日付に基づいて通説＝天正十年十二月二十日説が成立しているのである。

したがって、通説の年代の根拠は『陰徳太平記』の記述であり、史料1・2などの同時代史料の検討を経て導き出されたものではない。従来家督譲りに関わる史料とされてきた史料1・2の内容を検討する必要があろう。

そこで、史料1の内容を見てみたい。これは、元春が元長に重書と幡竿を譲り、「弓箭方」に油断しないことが肝要であると申し置いたものである。越後の長尾為景が子の晴景に家督を譲った際にも、吉日に「旗、文書」が相続されており、この史料1も元春から元長への家督譲与にかかわるものとして差し支えあるまい(13)。元春は、家督を譲った「覚え」としてこれを認めたのであろう。彼は天正十四年十一月に死去するので、この史料1は、天正十三年以前の十二月二十日のものである。十二月二十日という日付は長尾氏の例のように吉日の可能性もあるので(14)、これ以前に家督が譲られこの日重書等が譲られたとも考えられよう。つまり、十二月二十日に固執する理由はないのである。

次に、史料2の内容を検討する。先年（永禄十二年〈一五六九〉）大内輝弘が周防国に乱入した際、その退治のために元就は元春の軍勢を長府から山口へ派遣した。その時元就は元春に幡竿（竿竹は厳島からのもの）を譲ったが、その幡竿を元長が所望した。元春はこれを承諾し、この幡竿のおかげでたびたび元就が合戦に勝利したこと、元春がこれをもらってからのことは元長も知っていることだからと省略する。そして、「小幡・上り」（小旗・幟）を旗竿に添えて元長に与える。小幡は、高野山（和歌山県）の阿光坊快音が作ったものだ。お守りもさしあげる。ますます勝ちいくさになるだろう。元春は、元長に宛ててこのように述べたのである。

ここに出てくる幡竿は、その由緒から元春以後の吉川氏にとって〝家宝〟とされたと考えられ、史料1のそれと同一のものであろう。そのため、史料2は史料1の幡竿〝由来書〟としてこれまでは位置づけられてきた(15)。吉川氏の家や所領、権力を維持する上で必要かつ重要な「弓箭方」の勝利を、実際にもたらすものがこの幡竿等の〝霊力〟であると、史料1と2を結びつけて考えるならば、史料2を家督相続の際書かれたと見ることもできるかもしれない。

しかし、元長は、元就・元春の「勝利」を導いた幡竿の〝霊力〟ゆえに、これを望んだ（仰せ請ける・仰せ請う）のである。元春も「幡竿・小幡・上り」等の〝霊力〟により「弥可為勝軍候」と述べている。ここからは、合戦を目前とした元長の危機感や緊張感にあふれた情景と、元長の要望に応え合戦の勝利を願う元春の姿がうかがわれるのではないか。つまり、史料2は、元長の臨戦下での文書と見ることもでき、他の史料と合わせてこの文書の書かれた背景を見直す必要があろう(16)。

以上の検討により、史料1は家督譲りに関わるものであるが、史料2はそうとは言い切れないこと、史料1・2の内容からその年代を天正十年とする決め手は得られないこと、が明らかとなった。

家督譲りに関する史料

ところで、元春の家督譲りに関する史料としては、次のような文書がある。

【史料5】

又申候、こんとよしゆう《与州》へちんたち《陣立》の事、此たひハかとくはしめ《家督初》のやくめ《役目》と申、もとなか《元長》出られ候ハんとの事候、
我等事ハ、爰もとニゐ候するまゝ、ひさしく御けんさん《見参》ニいりまいらせ候まゝ、おほしめしたち候へかしと候、
うま《馬》・人いり候はゝ、御むかへ《迎》の事ハ、ちうもん《注文》にてうけたまわり候ハゝ、まいらせへく候、（中略）、かしく

五月四日　　もと春（花押）

「　　よしの原
より

七尾　五もしへ参
　　申給へ　　　　　もと春」

（小早川三八八）

このたびの伊予攻めは元長が家督を相続して最初の役目であること、元春は出陣しないで「爰もと」＝「よしの原」にとどまること、そこで石見の七尾城（今の益田市）に拠る益田元祥の妻となった娘との再会を思い立ったこと、迎えの馬・人が必要であれば注文にて承ることなどが読みとれる。

ここで注目したいのは、このたびの伊予攻めは元長が家督を相続して最初の役目だということである。伊予攻めとは天正十三年（一五八五）に行われたもの（吉別七六・七七）を指すと思われるので、史料５はその直前の同年五月四日のものと推定される。このことから、元長の家督相続は天正十三年五月以前になされたことがわかる。

これ以前の元長の出陣は、同十年、冠山（岡山市）落城により、五月三日の出陣予定を繰り上げて四月二十九日に山県（北広島町壬生・有田）まで出かけ、ここから出陣する予定であることが確認できる（吉別七九）。この後、元長は備中に一足早く出陣していた元春の軍勢と合流したと思われる。したがって、この出陣以前の家督相続はあり得ないので、元春から元長への家督譲りはこの合戦からの帰陣後（同十年の秋冬カ）から同十三年五月以前に絞られよう。

通説はこの範囲内に入っているが、前節で述べたとおり、その史料的根拠は脆弱なものである。元春の家督譲りについては、違う角度からの検討が必要であろう。

二、判物からのアプローチ

本章では、感状、知行宛行状、安堵状といった判物の発給のあり方から、家督譲りの時期に迫ってみたい。感状の発給は当主の軍事指揮権に伴うもの、また知行宛行状や安堵状は主従関係の根幹にかかわる文書であり、これらの判物の発給は当主権限に基づくと考えられるからである。

まず、研究史の豊富な毛利元就の家督譲りについて、判物発給のあり方との関係を導き出したい。毛利元就・吉川元春父子は、ともに生前に家督を長男の隆元・元長に譲り、その後も権力の中枢にあるなど共通点が見られるからである。次に、その関係を元春のケースに応用し、家督譲りの時期に迫りたい。

毛利元就の家督譲りと判物

（1）連署判物（表1）

元就から隆元に家督が譲られる時期を、通説では天文十五年（一五四六）六月ころとする[17]。そして、隆元の家督相続後は、知行宛行状や感状は、隆元が日下（日付の下の位置）、元就が奥に連署するのが原則であることが指摘されている[18]。

表1は、書止めが「一行如件」・「〜状如件」となる連署の感状・知行宛行状・安堵状を、署判の位置に注目して「元就＝日下」のものと「隆元＝日下」のものに分け、年ごとの文書数をカウントしたものである。天文十五―十六年（一五四六―四七）を境にして両者の連署状の発給数に変化が見られる。すなわち、先学の指摘通り、天文十五年以前は「元就＝日下」、同十六年以降は「隆元＝日下」が原則のようである。

しかし、この原則からはずれた例外も若干存在する。まず、天文十五年以前の「元就＝日下」という原則からはずれた例外には、同九年の「隆元＝日下」の知行宛行状がある。これは、隆元の「山口下向之時、代物百五十貫文」を供出したことに対する「給地」の宛行である[19]。隆元自身に関わることなので、隆元が日下に署判したものと思われる。

表１　毛利元就・隆元連署判物の日下署判者別・内容別・年代別の発給数

年	西暦	隆元日下				元就日下				合計
		感状	宛行	安堵	小計	感状	宛行	安堵	小計	
天文７以前	1538	0	0	0	0	0	1	0	1	1
8	1539	0	0	0	0	0	0	0	0	0
9	1540	0	1	0	1	2	0	0	2	3
10	1541	0	0	0	0	0	0	0	0	0
11	1542	0	0	0	0	1	1	0	2	2
12	1543	0	0	0	0	0	18	0	18	18
13	1544	0	0	0	0	2	0	0	2	2
14	1545	0	0	0	0	0	0	0	0	0
15	1546	0	0	0	0	0	3	0	3	3
16	1547	0	5	0	5	0	0	0	0	5
17	1548	1	2	0	3	0	0	0	0	3
18	1549	0	0	0	0	0	0	0	0	0
19	1550	0	0	0	0	0	1	0	1	1
20	1551	6	2	0	8	2	2	0	4	12
21	1552	4	0	0	4	0	0	0	0	4
22	1553	9	1	1	11	1	0	0	1	12
23	1554	52	9	2	63	2	1	0	3	66
弘治元	1555	15	12	1	28	0	0	0	0	28
2	1556	0	6	1	7	0	0	0	0	7
3	1557	0	1	0	1	0	0	0	0	1
永禄元	1558	0	1	0	1	1	0	0	1	2
2	1559	0	2	0	2	0	0	0	0	2
3	1560	0	1	0	1	0	0	0	0	1
4	1561	3	0	1	4	0	0	0	0	4
5	1562	0	8	1	9	0	0	0	0	9
6	1563	0	0	0	0	0	0	0	0	0
合計		90	51	7	148	11	27	0	38	186

注　隆元が死ぬ永禄６年８月以前のもののみカウントした。
　　検索した資料集は次のとおり。
　　・大日本古文書家わけ第八（毛利）、第九（吉川）、第十一（小早川）、第十四（熊谷・三浦・平賀）、第十五（山内首藤）
　　・萩藩閥閲録、同遺漏
　　・広島県史　古代中世資料編　Ⅰ～Ⅴ

一方、天文十六年以降の「隆元＝日下」という原則からはずれた「元就＝日下」の例外には、知行宛行状四通、感状六通がある。[20]

まず、天文十九年の知行宛行状は、いわゆる〝井上衆誅伐〟後の井上元勝宛てのものである（閥六九〈井上新左衛門〉7）。元勝は井上光兼の三男元良の子という（同伝書）。上意成敗権を確立した元就が、日下に署判することにより、生き残った井上一族への安堵の保証を高めようとしたのであろう。[21]他の三通は、多治比（安芸高田市吉田町）や北庄（広島市安佐北区・安佐南区）内を宛行ったものである。多治比・北庄は元就領なので、元就が日下に署判しているのであろう。[22]

次に、感状六通の内、天文二十三年のものは二通とも〝折敷畑合戦〟のものであり、偽文書である。[23]残る四通は、粟屋就俊と波多野就雅に宛てたものである。[24]「就」の一字から二人とも元就の「内之者」と考えられ、それゆえ元就が日下に署判しているのであろう。

このように、例外は、日下署判者と判物受取者との特別な事情・関係によって生起するものであって、あくまで原則は、天文十五年以前は「元就＝日下」、同一六年以降は「隆元＝日下」であったといえよう。[25]

（2）単独の判物（表2）

表2は、元就・隆元が単独で発給した判物の年ごとの発給数を数えたものである。隆元単独の判物は、家督相続後の天文十七年から見られるようになり、それ以前には確認できない。連署判物同様に、天文十五—十六年を境とする変化が見て取れよう。

しかし、元就は、隆元に家督を譲った後にも、知行宛行状三三通、感状一三通、安堵状六通、合計五二通の判物を単独発給している。

表２　毛利元就と隆元が単独で発給した判物の内容別・年代別の発給数

年	西暦	隆元				元就				合計
		感状	宛行	安堵	小計	感状	宛行	安堵	小計	
天文７以前	1538	0	0	0	0	24	11	2	37	37
8	1539	0	0	0	0	1	0	0	1	1
9	1540	0	0	0	0	50	2	0	52	52
10	1541	0	0	0	0	34	0	0	34	34
11	1542	0	0	0	0	2	26	0	28	28
12	1543	0	0	0	0	1	1	1	3	3
13	1544	0	0	0	0	0	0	0	0	0
14	1545	0	0	0	0	0	0	0	0	0
15	1546	0	0	0	0	0	0	0	0	0
16	1547	0	0	0	0	0	0	0	0	0
17	1548	13	0	0	13	0	0	1	1	14
18	1549	1	0	0	1	0	0	0	0	1
19	1550	0	20	0	20	0	0	0	0	20
20	1551	0	8	0	8	0	1	2	3	11
21	1552	0	3	0	3	0	1	0	1	4
22	1553	1	1	2	4	0	0	0	0	4
23	1554	0	4	0	4	1	14	0	15	19
弘治元	1555	0	1	0	1	1	3	0	4	5
2	1556	6	14	1	21	6	4	0	10	31
3	1557	1	32	8	41	0	0	0	0	41
永禄元	1558	0	12	1	13	0	2	1	3	16
2	1559	0	2	1	3	0	2	2	4	7
3	1560	0	27	2	29	0	3	0	3	32
4	1561	7	6	4	17	0	0	0	0	17
5	1562	0	1	2	3	3	0	0	3	6
6	1563	1	3	1	5	2	3	0	5	10
合計		30	134	22	186	125	73	9	207	393

注　隆元が死ぬ永禄６年８月以前のもののみカウントした。
　　検索した資料集は次のとおり。
　　・大日本古文書家わけ第八（毛利）、第九（吉川）、第十一（小早川）、第十四（熊谷・三浦・平賀）、第十五（山内首藤）
　　・萩藩閥閲録、同遺漏
　　・広島県史　古代中世資料編　Ⅰ～Ⅴ

まず、知行宛行状には、隆元が宛行った後に元就が同内容のものを発給したケースが二件あり、(26)両者の宛行状がセットになって連署判物と同様に機能したと考えられる。また、永禄六年に出雲国内を宛行った二通は、出雲方面の軍事責任者として隆元と別行動中に単独発給したものと考えられる。(27)

残る二九通の地域に注目すると、北庄・安・伴・長束・戸坂・馬木・矢賀といった佐東郡を中心とする地域が二〇通、多治比が二通、富田が二通となり、二四通までが元就領内に当たる。(28)これら元就領内を宛行われた者たちは元就の家臣である。(29)永禄六年に石見国内を宛行われた児玉就秋も「就」の字を与えられた元就家臣であろう（閥八四〈児玉弥七郎〉23・88）。残る四通を受け取った者たちも元就家臣、あるいは元就領のゆえになど元就とのつながりから元就単独の判物が発給されたと推測される。(30)

次に、安堵状六通のうち、天文二十年十二月二十一日付けの二通はほぼ同一文言である（閥九三〈井上右衛門〉5、閥一一一〈熊野五郎兵衛〉1）。このうち熊野親貞は安芸佐東郡中須を打ち渡されており（同2）、井上元光が安堵された所領も多治比など元就領内だったのではないか。永禄二年の二通は住持職と寺領の安堵であり、いずれも元就領内の周防富田にあった（寺社〈吉祥山龍文寺〉13、寺社〈建咲院〉1）。永禄元年のものは元就家臣と考えられる柏村新兵衛尉に宛てたものである。(31)残る一通は、杭公文分段銭を永末越中守に安堵したものである（閥一六八〈堅田安房家来永末与治〉3）。永末越中守は、天文十五年五月、敬秀なき後元就に入魂を誓った堀越惣中のメンバーである（閥四六〈小寺忠右衛門〉3～5）。元就単独の判物となっているのは、この元就とのつながりからであろうか。(32)

最後に、感状一三通のうち六通は弘治二年四月二十八日に一斉に発給されたもので、ほぼ同文の隆元単独の感状がある。(33)三通は永禄五年四月七日に一斉に元就家臣に宛てたものである（閥六一〈桑原藤右衛門〉3・4、閥一二三〈大多和惣兵衛〉2）。二通は、永禄六年元就と隆元が別行動をして元就が山陰方面の軍事指揮を執っていたときのものである（閥一一五ノ一〈湯原文左衛門〉３、閥四四〈村上又右衛門〉２）。残る二通のうち一通（閥一二八〈吉井源左衛門〉１）は元就単独の理由が不明であるが、もう一通は偽文書である(34)。

このように、元就が隆元に家督を譲った後に単独で判物を発給するのは、隆元と別れて行動している時を除けば、元就領内や元就家臣に関する場合であった。毛利家臣に対する単独の判物は当主である隆元が発給するのが原則であるが、元就家臣宛や元就領内に関する場合などは元就が発給していたのである。

(3) 小括　以上、毛利元就から隆元への家督譲りと判物発給のあり方について検討した結果、次のようにまとめることができる。①当主は感状・知行宛行状・安堵状等の判物を単独発給し、また連署して発給する際には日下に署判するのが原則であること。②当主が奥に署判する例外は、日下署判者と判物受取者との特別な事情・関係によって起きること。③家督譲与後であっても、特別な事情・関係がある場合は前当主（元就）が判物を単独発給したこと。

これらの手がかりをもとに、次節では吉川元春と元長の判物を検討し、家督譲りの時期に迫りたい。

吉川元春・同元長の判物の検討

前節と同様に、元春・元長の感状・知行宛行状・安堵状を収集したところ、六二通あった。そのうちの四一通が、天文十七〜天正二年（一五四八〜七四）に元春が単独で発給したものであり(35)、残る二一通をすべて示したものが表３である。元長が署判する判物は天正四年（一五七六）に元春との連署状が初めて現れ、単独のものは同八年に知行宛行状が登場する。連署状の署判の位置に注目すると、「元春＝日下」のものが同四〜十一年（一五七六〜八三）まで見られ、「元長＝日下」のものが同九〜十三年（一五八一〜八五）まで確認できる。つまり、同九〜十一年の間は、元春・元長ともに日下に署判するケースがあり、それぞれが、当主が日下に署判する原則に当たるものか、それとも当主が奥に署判する例外に当たるのかを検討する必要があろう。

最初に注目するのは、表3No.11とNo.13である。

【史料6】（表3No.11）

西禅寺住持職之事、被任和仲和尚御与奪之旨、全可有御執務之状如件、

天正拾年二月十六日　　駿河守元春（花押）

治部少輔元長（花押）

恵雍西堂

（吉別二四）

【史料7】（表3No.13）

洞泉寺住持職之事、任養宝和尚御譲之旨、守先例可被執務之状如件、

天正拾一年四月廿六日　　駿河守元春（花押）

治部少輔元長（花押）

周存首座

（家中〈洞泉寺所蔵御書〉1）

史料6・7は、西禅寺・洞泉寺の住職を、和仲和尚・養宝和尚の譲与に任せ、恵雍・周存に安堵したものである。西禅寺は明阿（経兼）の建立といい[36]、享徳元年（一四五二）段階で明阿以下七名の菩提寺となっている（吉別六）。洞泉寺は月山浄心（経信）が位牌所として建立し、以下代々の菩提寺という[37]。これら菩提寺の住職の安堵は、当主の職責と考えられるので、日下に署判する元春が天正十一年四月段階においても当主の地位にあったと思われる（小括①）[38]。

表３　吉川元春・元長が単独でまたは連署して発給した判物（1576〈天正４〉年以降）

No.	西暦	年	月	日	日下	奥	名宛人	内　容	書止	史料典拠
1	1576	天正4	3	15	元春	元長	山県熊法丸	家督安堵	一行	藩中（山県又兵衛）2
2	1576	天正4	12	4	元春	元長	伊志七郎兵衛尉	給地安堵	一行	藩中（石七郎兵衛）16
3	1576	天正4	12	4	元春	元長	伊志七郎兵衛尉	給地安堵	書下	藩中（石七郎兵衛）15
4	1576	天正4	12	4	元春	元長	伊志七郎兵衛尉	知行宛行	書下	藩中（石七郎兵衛）17
5	1577	天正5	2	28	元春	—	吉川経安	知行宛行	一行	石吉14
6	1577	天正5	6	24	元春	—	末永弥六左衛門	知行宛行	一行	藩中（末永兵八）2
7	1578	天正6	1	3	元春	元長	井上次郎右衛門尉	家督安堵	一行	藩中（井上佐太夫）6
8	1579	天正7	2	13	元春	—	宮庄経言	知行宛行	一行	吉川693
9	1580	天正8	3	13	元長	—	佐々木弥七郎	知行宛行	書下	藩中（佐々木九兵衛）3
10	1581	天正9	6	1	元長	元春	粟屋就光	家督安堵	書下	家中（粟屋氏御書）4
11	1582	天正10	2	16	元春	元長	周伯恵雍	住持職安堵	書下	吉別24
12	1582	天正10	9	3	元長	元春	吉川経安・経実	知行宛行	一行	石吉19
13	1583	天正11	4	26	元春	元長	洞泉寺周存	住持職安堵	書下	家中（洞泉寺所蔵御書）4
14	1583	天正11	6	4	元春	元長	山田次郎五郎	給地安堵	一行	藩中（山田平次右衛門）
15	1583	天正11	9	6	元春	元長	吉川経実	給地安堵	書下	石吉20
16	1583	天正11	9	6	元長	—	吉川経実	給地安堵	書下	石吉21
17	1585	天正13	2	20	元長	元春	二宮長正	家督安堵	書下	吉別342
18	1585	天正13	2	21	元春	—	二宮長正	知行宛行	一行	吉別331
19	1585	天正13	2	26	元春	—	秋上左衛門尉	別火職安堵	一行	秋上家文書167
20	1586	天正14	12	19	元長	—	桂助十郎	知行宛行	一行	藩中（桂平八）
21	1586	天正14	12	19	元長	—	中村善右衛門尉	知行宛行	一行	家中（中村家所蔵御書）

注　史料典拠は次のとおり。
・秋上家文書は『出雲意宇六社文書』所収のものを利用し，その文書番号を付した。
・その他については，本文中と同じ。

すると、No.９・10・12は、当主ではない元長が単独あるいは日下署判するという例外ということになる。No.９は、元長が単独で「吉木・都志見之内」（山県郡豊平町）を佐々木弥七郎に宛行ったものである。佐々木弥七郎は、天正三年に元春から加冠され弥七郎を名乗るが、同六年には元長から「長」の字を与えられ、元長の指示を受けて諸活動に従事している[39]。さらに、「其身一代ニ新しくしあけ候趣可然候」（弥七郎の家として新たに独立するのがよい）とされ、元長から扶助を約束されている（家中〈佐々木権兵衛家御書御感状写〉1）。これらのことから、No.９は、元長から元長家臣への判物と考えられよう。この元長の事例により、小括③を「家督相続前であっても、特別な事情・関係がある場合は、次期当主（元長）が判物を単独発給した」と読み替えることができると思われ、No.9は小括③の類例といえるであろう。

No.10は、粟屋就光に父三河守元俊・兄と思われる藤右衛門の手次どおり家督を安堵したものである。この天正九年二月、伯耆国岩倉表で藤右衛門が戦死し（石吉一四五）、当時八橋に在陣しこの方面の軍事責任者であった元長（註（16）参照）が、この安堵を主導したのであろう（小括②）。

No.12は、「大朝之内鳴瀧名」を吉川経安・経実に宛行ったものである。天正九年十月、鳥取城督の経家（経安の子・経実の父）が羽柴秀吉軍に攻められ自刃した。その直後に経安に宛てた元長書状（石吉一〇六）によると、経家と元長は「少年之時より日々夜々一所ニ候て、内外共申談水魚之半ニ候」間柄であり、「経安子ニも我等をせられ、又彼息之親ニも吾等罷成候」と述べている。このような元長と経家の関係により、元長が日下に署判したと思われる（小括②）。

次に注目したいのは、表3No.15・16である。

【史料8】（表3No.15）

経家当知行分之事、吉田申達之進置候、勿論我等申談候地之儀、是又全可有御知行候、仍状如件

天正十一年九月六日　　元春（花押）

元長（花押）

吉川小次郎殿進之候

（石吉二一〇）

【史料9】（表3No.16）

大朝庄之内桑原之事、以経家手続、全可有御知行候、仍状如件

天正十一年九月六日　　　　　元長（花押）

吉川小次郎殿

（石吉二一）

史料８は、元春・元長両人が、吉川経実に対し、父「経家当知行分」を吉田の毛利輝元に上申して進じ置くとともに、「我等申談候地」についても知行を安堵したものである。史料９は、元長が、同人に宛てて、経家の手続にしたがって大朝庄内桑原名の知行を安堵したものである。

「経家当知行分」とは、天正九年二月二十六日付け吉川経家譲状（石吉二八）に示される石見国邇摩郡内の所々のことであり、[40]「我等申談候地」とは、同年月日付け吉川経家譲状（石吉二九）に見える安芸国大朝庄内桑原名と石見国邇摩郡温泉郷内飯原村に相当しよう。[41]このうち桑原名だけが元長から安堵されていること（史料９）、飯原村は日山「公料所」（直轄領）であり、天正八年、元春が経家の父経安に進じ置き、元長もそれを承認していること（石吉一六・一八・三七）、これらの文書中には桑原名のことが記されていないことなどから、史料８の「我等申談候地」とは、厳密には飯原村を示しているといえる。つまり、桑原名は「我等申談候地」ではなく、元長が元長領の中から経家に与えた所領と考えられる。[42]

これらのことから、史料８は家督相続に伴う給地安堵（小括①）、史料９は元長の私的な安堵（小括③の類例）に関するものと考えられ、史料８の日下に署判する元春が当主と推測されよう。

また、これら史料８・９には、同日に発給された副状と考えられる吉川氏奉行人連署書状（石吉三八）が伝えられている。

【史料10】

御継目之御一行之儀、以両人被仰置之通遂披露候、則被調進之候、尤珍重候、同桑原名之儀、別而以御捻被仰出

候、可然候、委細御両所可有御演説候、恐々謹言、

森脇宗兵衛尉

九月六日　春忠（花押）

井上木工允

春佳（花押）

経安参人々御中

（石吉三八）

これは、森脇春忠・井上春佳が、経安からの家督安堵の「御一行」の愁訴を披露して、元春・元長がこれを調えられたこと、また桑原名については別に「御捻」が出されたことを、経安に伝えたものである。これによると、史料8は「御一行」、史料9は「御捻」と表現されている。「一行」[43]とは、「一行如件」をその書止文言とし、戦国〜江戸時代初期に大名毛利氏・一族や国衆が、知行宛行や家督安堵などを行う際に用いた判物のことである。当主が単独あるいは連名で署判して発給した。また、「捻」[44]とは、文書封が捻封を用いており、毛利氏等が家臣に対して知行宛行や家督安堵に関する内々の約束を行う際に用いた書状のことである。史料8は、書止が「一行如件」ではなく書下であるが、吉川氏奉行人によって「一行」と認識されている。一方、史料9は、史料8と同形式の安堵状であり、書止も同じ書下であるにもかかわらず、「捻」とされている。おそらく捻封が用いられていたのであろう。

この差が何に起因するのか考えてみると、やはり当主の判物かどうかということであろう。すなわち、史料8は、家督相続に伴う給地安堵という当主権限に基づくものであり、日下に元春が署判する当主の判物「御一行」、史料9は、元長領内の所領安堵という私的な権限によるものであり、それは判物の形式を採るものの、当主ではない元長からの内々の約束であることから「御捻」と表現されたと考えられる。つまり、この段階においても当主は元春と考え

られるのである。

表３No.14は、山田次郎五郎に対し父出雲守重直に遣わし置いた所領を安堵したものである。原則どおり元春が日下に署判している（小括①）。

次に注目するのは、No.17・18である。

【史料11】（表３No.17）

兄木工助跡職之儀、為手続其方遣之置候、給地之儀全令知行、役目等無緩可相懃之状如件

天正拾三年二月廿日　元長（花押）

元春（花押）

二宮与次郎殿

（吉別三四二）

【史料12】（表３No.18）

為父佐渡守手続、石州之内小篠名・七条名事、相加本領ニ遣置候、全知行肝要候、仍為堅一行如件

天正拾三年二月廿一日　元春（花押）

二宮与次郎殿

（吉別三三一）

史料11は、二宮長正に対して「兄木工助跡職」を安堵したものである。「元長＝日下、元春＝奥」の署判が据えてあり、家督安堵という当主権限に基づく判物の、日下に署判する元長が当主であることを示していよう（小括①）。

一方、史料12は、同人に対して、元春が「父佐渡守手続」として小篠名・七条名を安堵したものである。元春が単独で安堵していることから、No.９・16の元長のケースと同様に、元春の私的な所領に関することを推測させる（小括

③）。

実際、天正四年（一五七六）以降の家臣に対する知行宛行・安堵等は、二一例中一二例が元春・元長の連署判物によって行われている。このうち元長単独のものは、元春死後のNo.20・21を除けば既に述べたNo.9・16しかなく、これらは元長が元長領内を私的に宛行・安堵したものである。元春単独のものは残る五例であるが、No.19は、家臣ではなく出雲国神魂社神主に宛てたものである。吉川氏当主としての権限によるものではなく毛利両川としての領域支配に関するものと思われるので【追記】、史料12＝No.18を除けばNo.5・6・8の三例しかない。No.5は、次の史料13である。

【史料13】（表3No.5）

「吉川和泉守殿」

御方内々吉田江御愁訴之儀、数年雖御歎訴候、依無明所不相調候、然者、雖不甲斐々々、為我等五拾貫之地申談候、参拾貫之儀者温泉三方之内、今弐十貫者以別所進置候、全可有御進止候、仍一行如件

天正五年二月廿八日　元春（花押）

（石吉一四）

吉川経安が毛利氏に対して数年来愁訴しているにもかかわらず、明所がないため恩賞＝給地を与えられていない、そこで、元春が「五拾貫之地」の給付を約束した、三〇貫分を石見国温泉三方の内で、残る二〇貫分は別所で与える、という内容である。これには、翌二月二十九日付けの次のような元長の書状がある。

【史料14】

連年以御約束之辻、五十貫地被進置候之一行、具令披見候、御知行尤珎重候、恐々謹言、

天正五

二月廿九日　元長（花押）

和泉守殿進之候

（石吉一五）

この史料は、元春が約束した「五十貫地」を宛行うという「一行」＝史料13＝No.５を、元長が一見し、その知行を経安に安堵したものである。おそらく経安が元長にもその保証を求めたのであろう。つまり、No.５は、元長の書状＝史料14とセットになって、元春・元長の連署状と同様の機能をしているといえよう。表３で連署状が多く見られるのは、ここで経安が元春・元長双方の保証を得ようとしたように、吉川家臣のこうした要望に応えたものといえる。すなわち、天正四年ころには吉川氏の最高意思決定は元春・元長両人によってなされ、単独の判物は元春・元長それぞれの私的なものであったと思われる。おそらくNo.６・８は、ともに元春の個人的な給付であろう(45)。

さて、No.18に戻って、ここで二宮長正に遣わされた小篠名・七条名は、天正二年に父佐渡守が元春から与えられたもので、「小石見之内」(46)（島根県浜田市）にあった（吉別三四三）。小石見は、国人領主福屋氏滅亡後、吉川氏の支配下に置かれたようで、この中に元春領が設定されたのであろう。つまり、史料12＝No.18は、元春領の所領安堵ゆえに元春が単独発給していると考えられる。

以上のことから、元長は、天正四年ころには吉川氏の最高意思決定に加わり、同十一年九月以降同十三年二月以前に家督を相続しているといえる。同十三年正月六日には、元長は西禅寺の「座牌」を定めている（吉別一四五）。吉川氏の菩提寺に関することであり、既にこの段階においても元長が家督を相続しているといえよう。

このことを踏まえて、元春の家督譲りにかかわる史料１の年代をもう一度考えてみたい。これまで述べたことから、史料１は天正十一(47)～十三年の十二月二十日のものと年代を絞ることができる。このうち、十三年十二月二十日には元長は上洛中であり、このような時期に史料１のような性格の文書が出されたとは考えにくい。おそらく史料１は、日山城あるいは〝吉川元春館(48)〟において直接元春から元長に手渡されたものと思われる。つまり、史料１は天正十一・

十二年のものと推定される。

したがって、元春から元長への家督譲りは、天正十一年九月以降、同十二年十二月以前に行われたと、さらに絞り込むことができるであろう。これは、天正十年の秋冬から同十三年五月以前という前章第二節の推定とも合致するのである。

むすびにかえて――「元春―元長体制」の成立

以上、二章にわたって、元春の家督譲りの時期について検討した。天正十年十二月二十日とする通説の根拠は脆弱であること、そこで判物発給のあり方に注目したところ、天正十一年九月以降、同十二年十二月以前に家督譲りが行われたと推定されるのである。

最後に、こうした検討の中で明らかになった、吉川氏の最高意思決定を行った「元春―元長体制」について述べ、むすびとしたい。このような体制は一体いつごろ何を契機として形づくられるのであろうか。表3以前の元春・元長の活動を追ってみたい。

毛利元就が病気がちとなった永禄末年から、元春は、小早川隆景・福原貞俊・口羽通良とともに「御四人」として輝元を補佐し、戦国大名毛利氏の領国支配に当たったことはよく知られている。元亀二～三年（一五七一～七二）ころ、毛利氏は石見銀山の公領化、防長段銭収納体制の整備、毛利氏奉行人の掟の制定など領国を引き締める政策をとったが、これらの政策は「御四人」によって推進されたのである(49)。元長が輝元と関係を取り結び、父元春の機能を継承しようとするのもちょうどこのころのことである。

元亀二年二月、元長は、毛利元就・輝元に対し疎意ないことを血判起請文でもって誓う（吉川一一四五）。同五月二十日、輝元は元春父子に対し疎略にしないという神文を元長に提出し（吉川一一八八）、その二ヶ条目で「御方承候儀、一言も不可有他言事」を誓う。輝元は元長に「互いに深い信頼の絆で結ばれ、秘密を共有できる間柄」であることを約束したのである。[50] 二人にとっての祖父毛利元就が死去するのは、この約一月後のことである。

元亀三年には元春と同様に安芸国衆熊谷信直の娘を妻とする備後国衆山内隆通の子元通と、翌四年には元春とともに「御四人」を構成する福原貞俊の子元俊と、それぞれ兄弟契約を結ぶ（山内二四六・二四七、吉川六六〇・六六一）。[51] 天正二年（一五七四）四月、石見国邇摩郡に本拠を置く一族の吉川経家が家督を相続すると、「石州辺より上の事を八万事被御心付候」よう指示したり（石吉二六・一二三）、同年十月には経家等とともに芸但和睦に向けての政務に携わっている。[52] 翌天正三年には元春とともに出雲に出陣し、出雲・伯耆両国の国衆等から起請文を受けるが、このうち三刀屋・小鴨・南条からの三通は元春・元長両名宛てであった（吉川六一一～六一三）。また三沢為虎からのものは元長に宛てた兄弟契約であった（吉川六六二）。このような国衆等との起請関係の成立は、父元春が築いてきた国衆等との関係を元長が自分の代に引き継いだものといえよう。[53] 以後、元長も国衆等からの愁訴を受け毛利氏への取次を行うようになるが、その際元春・元長両名による談合（相談）を経るようになる（閥一三〇〈福原忠兵衛〉５、吉川六一八、石吉八五）。

また、元長は「家の人体」として「家之儀」を執り行っていたことが知られる。天正八・九年ころ、元春は三男経言の進退問題について経言に宛てた書状の中で、「元長事ハ家之儀を被存候」とか、「元長家の人体の事候」とか、「元長ハ家ニ生つき候」などと述べている（吉川一二二九・一二三四・一二四〇）。元長は家督相続以前から元春の後継者として「家之儀」を執り行っていたのである。「家之儀」とは吉川家中の支配のことであり、表３に見られる家臣に対する家督安堵や知行宛行、ほかに軍事指揮を具体的な内容とするものと思われる。

このように、元長は、元亀末〜天正初年ころから、国衆等との関係や「家之儀」を元春から継承し、ともに担ってきたのである。したがって、元春から元長への家督継承は、スムーズに問題なく進んだであろう。(54)この「元春―元長体制」は、兄毛利隆元、父元就の相次ぐ死を目の当たりにした元春が、元長を吉川当主の職務にともに当たらせて後継者として育成し、かつ自らは毛利氏の領国支配に積極的に参画し難局を乗り切ろうとして、採用されたのではないだろうか。

こうした新旧両当主（当主と次期当主、家督継承後は前当主と新当主）が共同で最高意思決定を行い権力を行使する体制(55)は、連署判物に象徴されよう。元春相続以前の吉川氏では、こうした新旧両当主による家臣宛ての連署判物は存在しない。しかし、『吉川家文書』の中には、前当主が新当主のもとで政務に当たっていると見られる書状が、何点かあるように思う。(56)こうした伝統・慣習の上に、「元春―元長体制」が成立すると推測されるが、これらの論証については、別稿を期したいと思う。

註

（1）　東京大学史料編纂所編『大日本古文書　家わけ第九』。ほかに関連史料として次のようなものがあり、本稿では、次のとおり略記して本文中に示す。
○『大日本古文書』は次のように略記して文書番号を付す。…吉川家文書別集→吉別、石見吉川家文書→石吉、吉川家文書→吉川、毛利家文書→毛利、小早川家文書→小早川、山内首藤家文書→山内。
○『萩藩閥閲録』『同遺漏』は閥・閥遺と略記し巻数〈家名〉文書番号で表記する。第四巻所収の「防長寺社証文」は寺社と略記し〈寺社名〉文書番号で表す。

○「山口県文書館収蔵文書」及び「岩国徴古館所蔵文書」は、次のように略記して〈家名等〉を付す。毛利家文庫　譜録→譜録、藩中諸家古文書纂→藩中、吉川家中并寺社文書→家中。

このうち『広島県史　古代中世資料編』Ｖに掲載されている史料は、〈家名等〉の後にその文書番号を示した。

（２）遺跡の現状、将来にわたる保存管理方法等については、大朝町教育委員会編『史跡吉川氏城館跡保存管理計画策定報告書』（一九九〇年）にまとめられている。

（３）吉川氏に関する主な研究としては次のようなものがある。

①瀬川秀雄『吉川元春』（一九四四年。なお、一九八五年と一九九七年に徳山市マツノ書店から復刻発行されている）。

②河合正治「吉川元長の教養―戦国武将の人間像―」岸田裕之編『戦国大名論集　六　中国大名の研究』（一九八四年）。なお、『戦国大名論集』所収の論文については、初出の雑誌名・発行年は省略した。以下同じ。

③同「戦国時代の吉川氏」『広島県文化財ニュース』No.六一（一九七四年）。

④久枝秀夫「第四章　中世の大朝町」『大朝町史』（一九七八年）。

⑤錦織勤「鎌倉期の吉川氏に関する基礎的考察」（『鳥取大学教育学部研究報告』〈人文・社会科学〉第三四巻、一九八三年）。

⑥同「吉川氏の歴史」前註（２）所収。

また、戦国大名毛利氏の領国支配という観点から吉川元春を取り上げた主な論考には、次のようなものがある。

⑦河合正治「元就教訓状と毛利両川体制の形成」（『日本歴史』第三三三号、一九七六年）。

⑧加藤益幹「戦国大名毛利氏の奉行人制について」（藤木久志編『戦国大名論集　一四　毛利氏の研究』、一九八四年）。

⑨池享「戦国大名領国支配の地域構造―毛利領国を例として―」（『歴史学研究』一九八〇年大会報告別冊）。

⑩舘鼻誠「戦国期山陰吉川領の成立と構造」（『史苑』第四六巻一・二号、一九八七年）。

（４）前註（３）⑤・⑥錦織論文。

（５）広島県教委によって、次のような報告書が刊行されている。

①『史跡吉川氏城館跡　万徳院跡―第一～三次発掘調査概要―』（一九九三～一九九五年）。
②『同　小倉山城跡―御座所跡試掘調査概要―』（一九九五年）。
③『同　吉川元春館跡―第一～三次発掘調査概要―』（一九九六～一九九八年）。
なお、これらの成果をもとに、地元町が遺跡を公園として整備する予定であり、既に千代田町（現　北広島町）の万徳院跡は二十一世紀の公開に向けて着々と整備工事が進んでいる。

（6）例えば、元春の吉川家相続に関しては、興経と交換された起請文や大内義隆の裁許状、石見国人小笠原氏の祝状がある（吉川四二四・四二五・四三〇・四三一～四三四）。また、経言（後の広家）の相続の場合は、毛利輝元や小早川隆景の書状、国人等や家臣の起請文などがある（吉川六七七～六七九・二〇二・六八〇～六八三）。
一方、元長の家督継承に関しては、毛利氏の安堵状や国衆等からの書状は伝えられていない。

（7）この通説に立つものには、前註（3）①瀬川著書、同③河合論文、同④久枝論文などがある。

（8）史料3の『吉川家譜』は、吉川氏歴代当主の事績をまとめたもので、明治十年（一八七七）につくられた。三齣構成で、齣ごとに編修者が異なり、そのスタイルも当主ごとにまとめた第一齣（巻一・二）と編年順の第二齣（巻三～十五）とがある（第三齣は不明、以上『吉川家譜序言』参照）。史料4の『周防岩国　吉川家譜』は『吉川家譜略』のことで、同様に歴代当主の事績を当主ごとに簡潔にまとめた一冊本である。明治四年（一八七一）九月までの記述があり、これ以降の編纂であることは確実である。おそらく、膨大な内容と齣ごとに異なったスタイルの『吉川家譜』を、当主ごとの様式に統一し、簡潔にまとめ直したものであろう。
なお、いずれも岩国徴古館が所蔵しており、広島県立文書館収蔵の写真版を閲覧した。

（9）笹川祥生「『陰徳記』と『陰徳太平記』の成立」松田修・笹川祥生共編『正徳二年板本・陰徳太平記』解題第二章注15（上巻一六頁、一九七二年）。なお、『吉川家譜』の引く「陰徳記」の記述は、『陰徳太平記』巻第六九及び七四（下巻八八〇・九五三頁〈後註（11）〉）にある。

（10）前註（3）①瀬川著書四〇〇頁には、『江譜拾遺』に同内容の記事があることを記している。

（11）巻第七六（前註（9）下巻九七九頁）。また、高松講和後「人ノ下風ニ立テ軍セン事無念ナル志ノ坐テ、其年元長ヘ家督ヲ譲」

るという記事（巻第七四〈下巻九五三頁〉）もある。
（12）前註（９）笹川論文（上巻一五頁）。
（13）相田二郎「武家に於ける古文書の伝来」『史学雑誌』第五〇編第一号（一九三九年）。後に『日本古文書学論集８　中世Ⅳ　室町時代の武家文書』（一九八七年）に収録される。
（14）元春の父毛利元就も、長男隆元に対して「今日吉日之事候之條、重書進」せている（毛利三一一）。前註（13）相田論文参照。
（15）例えば史料３及び前註（３）①瀬川著書口絵キャプション・二三一頁。
（16）元長は、天正九年（一五八一）七～十月ころ伯耆国八橋（鳥取県琴浦町）に在陣し、父元春とは別行動を取っている（吉別三五・八八、石吉一五一、吉川一二四一、山県家文書一二・一四）。年欠弥生八（三月八日）付け黙然（吉川元長）自筆書状（吉別八六）の「我等事、今度初而一分在陣候、因伯間ニ以上十三ヶ所之要害を抱申事候、此気遣我等一人トして仕候」というのは、まさにこのことを示していると思われる。ゆえにこの文書も天正九年のものと推定される。また、同文書中には、「去冬之深雪ニ罷出」とあり、前年の冬に出陣したことが知られる。この出陣とは、西禅寺に逗留した後に出羽（島根県邑南町）へ向かった十一月末日のこと（吉別一四六）を指していると思われ、元長は天正八年十一月末から新庄を離れていたことが知られる。例えばこのような状況において元長が幡竿を所望したと想定できるのではないか。
なお、山県家文書は、長沢洋「山縣家文書について」（『広島県立文書館紀要』第二号、一九九〇年）を参照した。
（17）渡辺世祐『毛利元就卿伝』（一九四四年、一四一頁）。なお、白井比佐雄氏は、この説の根拠の一つ（隆元は天文十五年〈一五四六〉八月十七日以降に任官状・加冠状を発給すること）が誤りであることを指摘し、隆元が知行宛行状に副署し、任官状を発給し始める同十一年から十五年ころの毛利氏内での隆元の位置づけを明らかにすることの重要性を指摘されている（「任官状から見た毛利隆元の家督相続」広島県草戸千軒町遺跡調査研究所編『草戸千軒』№一九一、一九八九年）。
（18）河合正治『安芸毛利一族』（一九八四年、一五二頁）。秋山伸隆『戦国大名毛利氏の研究』（一九九八年、第一編第三章六〇頁）。
（19）「芸備郡中士筋者書出」所収文書一一（『広島県史　古代中世資料編』Ⅴ）。
（20）他に、寄進状が一通ある（「巻子本厳島文書」四五〈『広島県史　古代中世資料編』Ⅲ〉）。これは、天文二十三年六月、宮内（廿日市市）において五十貫の在所を厳島社へ新たに寄進したものである。大内・陶氏への「現形」直後のことであり、毛利家臣でない厳島社への寄進ゆえか、元就が寄進を主導したことを示すためでもあろうか、日下に署判している。

(21)　閥五六〈桜井半左衛門〉2、閥一二八〈三上喜左衛門〉20、一五一〈大呑十郎兵衛〉1。

(22)　毛利四一〇によると、北庄の属す佐東、多治比、中村、くるめ木（以上安芸国）、富田、富海、末武（以上周防国）が元就領であることが知られる（前註（3）⑧加藤論文一六一頁参照）。また、閥一五一〈大呑十郎兵衛〉1と同年月日に元就は単独で佐東内を七人の家臣に宛行っているが、このうち五人が北庄内を宛行われている（後註（28）参照）。

(23)　閥七三〈粟屋孫次郎〉4、閥九二〈波多野源兵衛〉5。偽文書であることは、前註（18）秋山論文による。なお、同年の隆元日下の連署判物にも〝折敷畑合戦〟の偽文書が一通ある（閥一五〈国司隼人〉23）。

(24)　閥五九〈平佐権右衛門〉3、閥九二〈波多野源兵衛〉3・4・7。なお、西条明神山塀際合戦の感状は、「隆元＝日下」のものが二通あるが日付が異なり（閥五二〈兼重五郎兵衛〉1、閥一三〇〈渡辺仁右衛門〉6）、天文二二年と永禄元年の感状は、その合戦が実在したか確かめる他の徴証を欠くので、偽文書の可能性もある。

(25)　この変化は、より厳密には天文十五年四月二十八日から同十六年六月二十九日の間に行われた（閥一七〈児玉三郎右衛門〉44・45、閥四六〈小寺忠右衛門〉15）。この間に隆元が家督を相続したのであろう。

(26)　閥一六〈志道太郎右衛門〉24と閥九五〈柳沢九左衛門〉3。隆元の知行宛行状は閥一六〈志道〉23と閥九五〈柳沢〉4。

(27)　閥一三〈山内縫殿〉9＝山内二二四、閥一四四〈洞玄寺〉7。永禄五年一二月、隆元は豊前松山城の後詰として出雲を発ち、翌年八月に死亡するまで元就とは別行動をとっていた（前註（17）渡辺著書四七七〜四八一頁）。

(28)　二四通は次のとおり。

・北庄など…閥三一〈山田吉兵衛〉56、閥九三〈福井助左衛門〉1、閥一二三〈大多和惣兵衛〉34、閥一六一〈阿武郡裁判　柳井七左衛門〉1、閥遺漏五〈三増源五郎〉2＝譜録〈足軽其外御判物写〉1、譜録〈伊藤半左衛門景尚〉1、譜録〈河野与三左衛門通知〉2、譜録〈佐伯木工茂共〉1。

・下安…譜録〈井上市郎兵衛定之〉1。

・上安…閥一四六〈竹内平兵衛〉1。
・伴…閥八八〈小倉善右衛門〉1＝閥一一二〈小倉源右衛門〉7、閥一〇一〈児玉伝右衛門〉10。
・阿土…閥一〇〇〈児玉惣兵衛〉24。
・長束…譜録〈木村亦右衛門清房〉1。
・五ヶ…閥一七〇〈村上太左衛門家来　飯田弥兵衛〉2。
・戸坂…閥九二〈山県小伝次〉4＝閥一三三〈山県四郎三郎〉24、閥一一九〈福井十郎兵衛〉8。
・深川…閥八九〈臼井勘左衛門〉4。
・馬木…閥一六一〈阿武郡裁判　江山市郎左衛門〉1。
・矢賀…閥一三四〈浦四郎兵衛〉4。
・多治比…閥一一二〈小倉源右衛門〉6＝閥一四一〈小倉玄柳〉1、長府毛利文書〈元就公御手書〉6。
・富田…閥一九〈児玉四郎兵衛〉12、閥一三四〈浦四郎兵衛〉5。

(29)　松浦義則「戦国大名毛利氏の領国支配機構の進展」（藤木久志編『戦国大名論集　一四　毛利氏の研究』一三二頁、前註（3）⑧加藤論文一六二頁）。

(30)　弘治二年八月林孫右衛門は、重ねて銀山への使者を勤めたことにより元就から野間領内を宛行われている（閥一五八〈佐世孫左衛門組　林勘右衛門〉3）。天文二十三年八月十五日波多野次郎兵衛尉は「田壱町」を、同二十日目代対馬守は「五貫目」を給与される（閥一四八〈山形新左衛門〉9、譜録〈門多五郎左衛門信行〉1）。同十六日元就は佐東郡を中心とする地域を宛行っており（前註（28）のうちの七通＝前註（22））、これらもこの地域内の給与と推測される。もう一通は閥九〇〈神田彦右衛門〉1である。

(31)　閥遺一の二〈柏村角左衛門〉2。彼は弘治二年元就から新兵衛尉に任官され、親族と思われる新右衛門は多治比に所領を持っている（同1・3・4・5）。

(32)　同様の元就書状が閥四六〈小寺忠右衛門〉12にある。ともに竹原小早川氏（元就三男隆景）に申し理る、申し調えると述べていることから、国衆との間のことゆえ元就の発給なのかもしれない。

(33)　元就感状とそれに対応する隆元感状は次のとおり。閥七四〈粟屋縫殿〉11と10。閥七四〈粟屋縫殿〉13と12。閥一六五〈神田六左衛門〉5と4。閥一六五〈神田六左衛門〉6と3。閥一六五〈三分一六右衛門〉1と2。閥一六五〈北野孫兵衛〉1と同〈三分一左兵衛〉1。

(34)　閥九二〈波多野源兵衛〉6。この感状はいわゆる厳島合戦で敵二人を討ち取ったというものである。厳島合戦で敵頚三をあげた渡辺長は「惣並ニ」感状が出されなかったことを後年記している（閥二八〈渡辺太郎左衛門〉17）。なお、前註（18）秋山著書第一編第二章五〇・五一・五四頁参照。

(35)　このほかに、毛利元就と元春の連署状が七通、毛利隆元を加えた三名連署状が三通ある。

(36)　吉別一の端書による。経兼の法名が明阿であることは、吉川一〇〇五・一二二七等による。なお、この端書によると、月山の実名は経信といい道秀の子息という。経信の法名が月山浄心であることは吉川二八一・二八六、閥一二一〈周布吉兵衛〉119、家中〈洞泉寺所蔵御書〉1等により確認される。『大日本古文書』の編者は道秀を経憲としているが、経信は経見の二男（吉川三五・二四九・二五一・二五八・二六〇等）であるから、道秀は経見と思われる。ちなみに経見の法名は法秀（吉川二四九・二五八等）とも確認されるので、道秀・法秀といったのではないか。

(37)　家中〈洞泉寺所蔵御書〉1・結縁簿写。

(38)　前節（3）小括でまとめた①のことである。以下、②・③も同様に略記して本文中に示す。

(39)　藩中〈佐々木九兵衛〉には、佐々木弥七郎が元長の指示を受けて諸活動に従事していることを示す史料が多数存在する。

(40)　これが毛利輝元によって安堵されるのは、天正十五年九月二日のことである（石吉八・二三）。同年八月十八日付けで吉川経安・経実は連署して「従吉田様御扶持当知行之事」で始まる付立（石吉四〇）を提出しており、直接的には輝元はこれに応じたものといえよう。

(41)　これらに安芸国大朝庄内成瀧名（鳴滝名）を加えた所領が、天正十五年九月二十日に元長の跡を継いだ経言（元春三男＝後の広家）から安堵される（石吉二二）。

(42) 元長領が存在することは、表３No.９の元長単独の知行宛行の存在や、日御碕社造営のために「雲伯石棟別」が「愚領（元長領）」「元長・経言領」にも賦課されたことから明らかである（『新修島根県史』所収「日御碕神社文書」一二）。
(43) 岸田裕之「解説」同編『戦国大名論集　六　中国大名の研究』一九八四年、四六六頁）。
(44) 岸田裕之「『新出湯浅家文書』について―その翻刻と解説―」（『国立歴史民俗博物館研究報告』第二八集、共同研究「中世荘園遺構の調査ならびに記録保存法―備後国太田荘―」一九九〇年、二四三〜二五八頁）。
(45) No.６は不明であるが、No.８は、一族の宮庄家を継いだ三男経言に対し、「少分限」なので元春が私的に給与したものではないか（吉川九八二）。
(46) 前註（16）山県家文書一。
(47) 「宇野主水日記」天正十三年十一月条（『広島県史　古代中世資料編』Ⅰ所収No.二一八〇）、石吉一〇一など。
(48) 元春は元長に家督を譲ると日山城を元長に渡し「石・吉野原」に移ったと考えられる。これについては木村「中世史料から見た『吉川元春館』の建設時期」（前註（５）③―第三次発掘調査概要―）を参照されたい。
(49) 『広島県史　中世』（一九八四年）六二一〜六二二頁（松浦義則氏執筆）。
(50) 元長は幼名を鶴寿といい、永禄四年（一五六一）正月、毛利隆元から加冠され一字を受け元資と名乗る（石吉一三〇、吉別三三七、吉川六三八）。元亀四年十月ころ元資は元長と改名したようで（吉川六六〇・六六一、吉別三三三）、この元亀二年段階にはまだ元資と名乗っていた。しかし、煩雑となるので、本稿では元長と統一して表記した。
(51) 広島県立文書館『特別展　毛利元就文書展―乱世に生き手紙を駆使する―』解説パンフレット三頁（一九九七年）（松井輝昭氏執筆）を参照した。
(52) 吉別一四八・一八七。これらは万徳院建立に関する史料である。この史料の解釈・年代については、木村「文献資料から見た万徳院」（前註（５）①―第１次発掘調査概要―）を参照されたい。
(53) 前註（３）⑩舘鼻論文七四頁。
(54) それゆえ、毛利氏からの安堵の保証も不要であり、家督継承を祝う国衆等からの書状も発給されなかったのではないだろうか。

一方、前註（6）で述べた元春の家督相続は毛利という他家からの吉川家相続であり、経言の場合は元長の不慮の死によるものである。ともに、元春から元長へのスムーズな継承とは違い、不自然な家督の継承であるから、その継承が正当であることを示すためにも大名による安堵などの〝保証〟が必要だったのではないだろうか。

（55）山室恭子氏は、新旧双方の当主から並行して文書（判物）が出される状態を〝二頭政治〟と表現されている（『中世のなかに生まれた近世』一九九一年）。

（56）例えば、之経当主期の駿河入道（経信）や、経基当主期の伊豆守（之経）、国経当主期の駿河守（経基）、興経当主期の三重之上様（国経）は、当主の「下として」政務に当たっていると思われる（吉川二八一・二七八・三四七・三五二〜三五四、吉別三六五、藩中〈石七郎兵衛〉1など）。

【付記】本稿は、『史跡吉川氏城館跡　吉川元春館跡―第三次発掘調査概要―』「第Ⅲ章考察　3　中世史料から見た『吉川元春館』の建設時期」（一九九八年）の一部に加筆したものである。その内容は、一九九八年七月十二日芸備地方史研究会大会において報告した。

【追記】「表3　吉川元春・元長が単独でまたは連署して発給した判物（1576〈天正4〉年以降）」の№19に関する次の記述は、その後の研究成果により次のように修正が必要である。

（誤）「№19は、家臣ではなく出雲国神魂社神主に宛てたものである。吉川氏当主としての権限によるものではなく毛利両川としての領域支配に関するものと思われる」

（正）「№19は、家臣ではなく出雲国神魂社神主秋上良忠に宛てたものである。天正十一年（一五八三）の神魂社再興事業を契機として、元春は次男の仁保元棟の所領「大庭」を取り上げ、元春直轄領として領有した。№19は元春による元春領内の権益安堵である（小括③）」

また、「元春―元長体制」については、元就―隆元との対比から考えた次の小論を参照していただきたい。この小論では、吉川元春館の建設時期からの検討を加え、天正十一年九月以降に速やかに元春は隠居を決意して元長に家督を譲り、隠居所の建設に着手し、翌天正十二年六月までには元春が隠居所の館に転居していたことを明らかにした（木村信幸「吉川元長の家督相続」広島県文化財協会『広島県文化財ニュース』第二二五号、二〇一五年）。

Ⅱ

毛利隆元の家督相続をめぐって

秋山伸隆

はじめに

平成二十五年（二〇一三）は、毛利隆元が永禄六年（一五六三）八月四日安芸国佐々部（安芸高田市高宮町）で急死してから四五〇年目にあたる。安芸高田市歴史民俗博物館では、関係各方面のご理解とご協力を得て、特別展「毛利隆元―名将の子の生涯と死をめぐって」を開催することになった。本稿は、特別展図録のために、隆元の「家督相続」の問題を中心に論じたものである。

一、山口滞在と安芸帰国

隆元は大永三年（一五二三）父毛利元就と母吉川氏（吉川国経の娘。法名妙玖）の長男として生まれた。この年の八月十日、元就は毛利家の家督を相続して郡山城に入城するが、隆元の誕生がその前か後かは不明である。隆元の幼名も伝わっていない。成長した隆元は、父元就の官途が「治部少輔」であったため、「少輔太郎」と称することになる。

隆元の姿が史料上で初めて確認できるのは意外と遅く、天文六年（一五三七）十二月一日、人質として山口に送られ、宿舎である大蔵院に到着したときのことである（「毛利隆元山口滞留日記」『毛利家文書』三〇二）。同六日、大内義隆に「御供衆九人」と一緒に対面し、十九日には義隆の加冠により元服し、義隆の偏諱を受けて隆元と称した（『毛利家文書』三〇二・三九七）。隆元十五歳のときのことである。

隆元が山口から吉田に戻った時期についてもはっきりしない。「山口滞留日記」は、天文七年六月二十八日の次に「卯月廿七日」の記事を載せて終わっており、以降の記事はない。しかし、天文九年九月十四日、元就が天野氏家臣に宛てた書状に「少輔太郎（隆元）防州ニ候条」とあることから、この時点で隆元がまだ山口にいたことが確かめられる（「右田毛利家文書」四二一・四三。『山口県史』史料編中世３四四六〜四四七頁）。このとき、天野興定は元就に加勢するため郡山城に籠城していた。万一興定が討死した場合、隆元と一緒に山口に滞留している興定の嫡子米寿丸（隆綱）が天野家を相続できるよう、元就として努力することを約束しているのである。

隆元帰国の時期と関連して注目されるのは、毛利家の執権志道広良が天文十年（一五四一）十月十二日、伊勢神宮の御師村山四郎大夫に送った書状である（「贈村山家返章」『広島県史』古代中世資料編Ｖ一二六〇頁）。広良は書状の中で「去年春防州下参候、当年夏帰国候、尼子至吉田取出候、防州依御加力大敵退散候」と述べている。広良は天文九年春山口へ下向し、天文十年夏吉田に帰国しているのである。なお、このとき広良は「既行年七拾五歳候」と述べている。

広良は天文六年の隆元山口下向の際も随行しているので、天文九年の山口訪問の目的は、大内義隆から隆元の帰国許可を得ることであったと推測される。この推測が正しいとすれば、隆元は郡山合戦が終了した後、天文十年夏に吉田に帰国したとすることができる。

吉田に戻ってきた隆元は、いつから毛利家の嫡子としての公的な活動を開始するようになるのだろうか。

隆元が発給した判物としてもっとも早いものは、天文七年（一五三八）八月七日の国司右京亮宛の一字書出である（閥閲録巻一五）。ただし、この一字書出は、閥閲録巻一五之一国司隼人家所収の感状と同じく、偽文書である可能性が高い(1)。天文八年（一五三九）十一月十二日の粟屋弥五郎宛の実名書出（閥閲録巻四九）については、とくに不審なところはない。このとき隆元は山口に居たから、何か特別な事情があって（粟屋弥五郎は隆元に随行した御供衆の一人か）、隆元から実名（「方泰」）を与えられたものと思われる。

隆元発給文書がまとまって確認できるのは、天文十一年（一五四二）正月二十四日である。この日、隆元は飯田次郎九郎らに官途書出を五通発給している（閥閲録巻五〇・六三・一四五・一四六・一六八）。

一方、隆元が元就と連署した文書の初見は、天文十二年（一五四三）三月十八日児玉四郎兵衛尉宛の感状である（閥閲録巻一九）。これに続く富田城攻めの感状は、すべて元就（日下）・隆元（奥）連署状として発給されている（『毛利家文書』二八三、閥閲録巻七八・九三・九七・一〇九・一一四・一一九・一三三）。

要するに、山口で元就の後継者としての地位を認められた隆元は、天文十年夏吉田に帰国して、翌年春から単独で判物を発給しはじめ、同十二年からは元就と連署感状を発給するようになり、毛利家の嫡子としての公的な活動を本格的に開始したとみてよいであろう。

二、家督相続

隆元が家督相続した時期は、天文十五年（一五四六）あるいは翌十六年と推定されている。たとえば『毛利元就卿伝』（一四〇～一四一頁、マツノ書店、一九八四年）は、元就の隠居、隆元の相続の年月日は詳らかではないとしつつも、

「毛利家譜」等の天文十六年八月十二日説については、これは隆元が大内義隆の推挙によって備中守の官途を得た日に過ぎないと否定している。次に「常栄公御家督之証考」(毛利家文庫三公統54)の天文十六年説に言及している。この天文十六年説は、この頃、元就・隆元連署状の署名の順序が、日下＝元就、奥＝隆元から、日下＝隆元、奥＝元就に変化することに着目するものである。

これについて『毛利元就卿伝』は、天文十五年四月二十八日児玉就忠宛知行宛行状(「児玉家文書」『山口県史』史料編中世2七二二頁)は日下＝元就、副署(奥)＝隆元である。しかし、同年八月十七日(粟屋元宗宛・閥閲録巻七四)から翌十六年六月にかけて隆元単独署名の官途書出などがあり(閥閲録巻四九・一四六・一五八など)、天文十六年六月二十九日、七月二日の元就・隆元連署状(閥閲録巻四六・一六八、「永末家文書」八〈『山口県史』史料編中世2八七四頁〉)では、日下＝隆元、副署＝元就となっていることを根拠として、隆元相続は天文十五年四月二十九日以後、八月十七日以前であることは明瞭であり、大体天文十六年六月前後のことであるとしている。

しかし、連署状の署名の順序の変化と隆元単独署名文書の出現を一緒に論じるのは、明らかに混乱している。前述したとおり、隆元単独署名の官途書出は、天文十一年正月には出現しているから[(2)]、天文十五年八月十七日の粟屋元宗宛の隆元官途書出があることをもって家督相続がそれ以前とするのは誤りである。「常栄公御家督之証考」が注目した連署状の署名の順序の変化からは、天文十五年四月から翌十六年六月までの間に家督相続が行われたという結論に達するのは当然である。

それでは、相続の時期をもう少し限定することはできないだろうか。

まず注目されるのは、二月九日付けで元就が「尾崎」＝隆元に「重書」を譲っていることである(『毛利家文書』三一一)。代々相伝の「重書」の譲渡は、家督の譲与と一体の関係にあるから、連署状の署名の順序の変化とあわせ考えて、これが天文十六年（一五四七）のものであるとすれば、隆元の家督相続は天文十六年二月とすることができる。ただし、家督の譲与と「重書」の譲渡は、必ず同時ということではなかろう。そもそも元就から隆元への「譲状」は存在しない。家督譲与から「重書」の譲渡までの間に、少し時間が経過する可能性は十分に想定できるので、二月九日付けの元就書状をもって天文十六年二月家督相続と断定することはできない。

加えて気になるのは、宛所が「尾崎」となっていることである。「尾崎」は郡山城内の隆元の居所である。ただし隆元は、はじめ「本城」と呼ばれる東南の一支峰の郭にいて、後に「粟掃井新丸」（粟屋掃部助と井上新左衛門尉が守る郭）に移転したらしい（『毛利家文書』七五〇）。これがのちの「尾崎」であるが、隆元が「尾崎」と呼ばれている史料の初見は、管見の範囲では天文十八年九月である（「福原文書」『広島県史』古代中世資料編Ｖ二〇九頁）[3]。二月九日「重書」譲渡の元就書状の年次推定は、隆元の「尾崎」移転の時期の問題とあわせて、慎重に検討する必要がある。

隆元家督相続の時期を検討するうえで重要なのは、①四月十二日志道広良言上状（与三右衛門尉・右京亮充）（『毛利家文書』五九〇）である。元就から桂元忠を通じて広良に、「自今以後之事、大小事共ニ何事も不可有御存知候、諸篇若殿より可仰操之」という元就の意向が伝えられたという。これについて『毛利元就卿伝』（二六八頁）は、弘治三年（一五五七）四月十二日に防府の本陣より桂元忠を吉田の広良のもとに遣わして家政を隆元に譲りたいという希望を漏らしたとしている。

しかし、これを弘治三年のものとするのは無理である。元就は、このことを広良から隆元に言上するとともに、その日の内に隆元から返事をするようにと指示している。弘治三年四月であれば、隆元は元就とともに防府の本陣にいたから、吉田にいる広良がその日の内に隆元に会うことは不可能である。書状の内容から見て、元就・隆元・広良の三人は同じ場所、吉田にいたことは間違いない。

さらに宛所の両名のうち「与三右衛門尉」は井上元景（元有）、「右京亮」は国司元相である。井上元景は天文十九年の井上衆討滅の際、井上元兼らとともに討たれており、弘治三年説は成り立たない(4)。

広良は井上元景、国司元相を呼び、このことを伝えたが、両人としては隆元に言上しにくいのではないかと考え、この書状をもって隆元に言上することにした、と述べている。元就が急ぐ理由を桂元忠に尋ねたところ、元忠は、広良はあまりに長い間吉田に祗候しているので、このことが決着すれば本領の志道に戻してやりたいというのが元就の考えだと答えたという。

このことに関連して注目されるのは、②四月六日付けの志道広良言上状である（『毛利家文書』五九二）。内容は「備後石見之御一味中」（国衆）からの使者・書状の取次役の割振に関する提言であるが、その中で広良は「此一際調申候て、御いとま可被下候、惣別某八十罷成候ての進退身上事ハ廿年いせんより　大殿さまへ金石ニ申定候条、其筋目与三右衛門尉方右京亮方へ度々申候」と述べている。①の広良を志道に戻してやりたいという元就のことばは、②の「御いとま可被下候」という広良の希望をかなえようとするものであろう。なお、広良はこのとき八十歳になったと述べている。前出の「贈村山家返章」所収の志道広良書状では、天文十年に七十五歳と称しているから、この書状は天文十五年のものと考えられる。

このように考えると、①②の広良言上状は、内容も登場する人物も共通するところが多く、ともに天文十五年のものとすべきであろう。③五月二十七日毛利元就自筆書状（広良宛、『毛利家文書』五八七）、④五月二十八日毛利元就自筆書状（広良宛、同五八八）、⑤五月二十八日志道広良言上状（国司就信→隆元宛）（同五九三）も、その内容の説明は省略するが、一連のものであろう。

このように考えると、元就と志道広良に隆元を加えた三者で、天文十五年四月から五月にかけて、元就から隆元への家督譲与についての協議が行われ、それから約一年の間に家督相続が行われたことは確実であろう。ただし、その時期を具体的な月日でもって特定することは困難で、やはり現時点での結論としては、天文十五年四月から翌十六年六月までの間に家督相続が行われたとするしかない(5)。

おわりに

家督を相続した隆元は、天文十七年（一五四八）六月には譜代家臣に対する感状を単独で発給するようになる（閥閲録巻二八・三五・三八・四一・五二・五六・五八・七四・七八・九三・一四六・一六八など）。同十九年（一五五〇）二月には隆元単独署名の宛行状が現れ（閥閲録巻五九）、井上衆の闕所地を譜代家臣に分配する宛行状も隆元単独で発給している（閥閲録巻九・一七・二八・四九・五二・五九・六九・七四・八四・八六・九五・一〇八・一二五・一二八・一三〇・一六六など）。

このように、毛利家の当主としての活動を天文十年代後半から開始した隆元は、永禄六年（一五六三）急死する。隆元の毛利家当主としての活動期間は十七〜八年であるが、それは毛利氏が国人領主から戦国大名へと大きく発展する激動の時期であった。

今回の特別展「毛利隆元」が、これまで父元就の陰に隠れて目立たなかった隆元の実像を明らかにし、その役割を再評価するきっかけとなることを期待したい。

註

（1）秋山伸隆『戦国大名毛利氏の研究』六〇～六三頁（吉川弘文館、一九九八年）。なお、隆元は、天文九年七月の井上新左衛門、井上新三郎宛の二通の感状（閥閲録巻六九・九三）に元就と連署しているが、これらも偽文書と考えられる。

（2）この点は、白井比佐雄氏が既に指摘されている（白井「任官状から見た毛利隆元の家督相続」〈『草戸千軒』一九一〉）。

（3）秋山『戦国大名毛利氏の研究』（前掲）一七一～一七二頁。

（4）井上井元景は元有と改名する。天文十六年の井上与三右衛門尉元景と天文十七年の井上与三右衛門尉元有の花押は同じである（「永末家文書」三・四〈前掲〉）。また、井上衆討滅の様子を記した「よし田あはい」書状によれば、「与三右衛門殿事ハ七月十二日ニたかはらにてうちはたされ候」とある（「譜録」井上孫六『広島県史』古代中世資料編Ⅴ二三一頁）。

（5）この時期の毛利氏と隆元については、岸田裕之「大内義隆代における武家故実書と毛利氏『国家』成立史」（岸田『大名領国の政治と意識』第二編第三章、吉川弘文館、二〇一一年）を参照されたい。

Ⅲ 毛利氏五人奉行制の再検討

水野椋太

はじめに

天文十九年（一五五〇）七月の井上氏一族誅伐は、戦国期の毛利氏権力の展開過程における一つの画期とされる。同年十二月に赤川元保・国司元相・粟屋元親（以上、毛利隆元奉公人）、桂元忠・児玉就忠（以上、毛利元就奉行人）による五人連署の打渡状が発給されるが、そのことに注目した松浦義則・加藤益幹両氏が、五人奉行制の成立を説き、その展開過程について考察をおこなっている(1)。松浦・加藤両氏による五人奉行制の検討は、五人奉行を基軸とし、その展開過程の考察を通じて、戦国期毛利氏の権力構造を解明しようと試みた重要な研究である。そこでは、戦国大名がどのように公権力化したのかを探る一九七〇年代の研究潮流のなか(2)、公権力を行使する官僚機構を毛利氏に見出そうとする視点から、五人奉行制に注目している。すなわち、官僚機構をどのように整備したのか、という観点から研究が進められたといえよう(3)。

また五人奉行制に関するそれぞれの指摘をみると、松浦氏は五人奉行について、「天文十九年から永禄期にかけて毛利氏奉行人として毛利氏政治の中枢を占めた」人物として赤川元保らをあげている(4)。すなわち、五人奉行は永禄年間まで存在していたという認識であり、論文中においても永禄年間よりのちは、吉田奉行という呼称を用いているが、五人奉行を中心とする毛利氏譜代家臣による奉行人制自体は天正十五年（一五八七）までみられるとする。加藤益幹氏も、五人奉行制は天正十五年まで、嫡子による世襲を伴いつつ、存続していたと指摘する。[5]

一方で、両氏の研究に対し、疑問として浮かび上がってくるのは、五人奉行制が天正十五年まで存続するとしても、五人奉行の活動は天文十九年以来、一貫したものであったかという点である。確かに天正十五年まで、五人奉行と位置づけられている人物（家）による連署はみられるものの、それは天文十九年以降、政治状況などの影響を受け、変化がなかったのかどうか、詳細に検討をおこなう必要があると考える。したがって、先行研究において言及の乏しかった戦国期の毛利氏を取り巻く政治状況と五人奉行の動向とを連関させながら、考察し、動態的に五人奉行の活動や果たした役割について、捉え直すことにしたい。

そこで本稿では、毛利隆元が家督相続する天文十五、十六年頃から毛利隆元が亡くなる永禄六年（一五六三）までを考察の中心とする。この時期は、毛利氏が安芸の一国衆から大内氏を滅ぼし、領国が急激に拡大する時期にあたり、奉行人の活動もそれに伴い、顕著にうかがえる。また、当主である隆元の死は、五人奉行の活動に大きな影響を及ぼしたと推測され、その影響について、のちの毛利輝元期（本稿では、永禄末年から元亀年間とする）との違いをふまえつつ、言及したい。

一、天文十九年以前の隆元・元就奉行人

1、隆元・元就奉行人による共同執行の開始

天文十九年（一五五〇）十二月に五人奉行制が成立したと先行研究は、指摘するものの、これより前の奉行人の活

動は史料数も少ないためか、言及が乏しい。そのなかでも加藤氏は、天文十九年より前の奉行人の活動を一名もしくは二名程度の連署や元就近臣の登用という点から「国人領主の家政機関的なものを脱していない」と指摘する。(6)しかし、連署人数の少なさといった点から「国人領主の家政機関」としてしまうのも早計であろう。重要なのは、人数の多少よりも奉行人の具体的活動が天文十九年以降と比較した場合、どのように異なるのかである。そこでまず、天文十九年以前の毛利氏奉行人の動向について、考察したい。

天文十九年以前の毛利氏の動向における重要な出来事として、元就から嫡子隆元への家督相続があげられる。家督相続の時期は、元就と隆元の連署位置から天文十五年から翌十六年にかけておこなわれたと考えられており、(7)その点をふまえ、同時期の毛利氏奉行人受発給文書をみると、井上元景（のち元有、以下元有とする）、国司元保、児玉就忠、児玉就方らによる連署や彼らが宛所になっているものがある。その一つに、天文十五年五月十日付の毛利氏奉行人による起請文があり、宛所は備後国堀越惣中の構成員となっている。堀越惣中は、堀越城主敬秀死去に伴い、元就に跡目の決定を委ねるなど、毛利氏に庇護を求めた。(8)彼らとのやり取りは、天文十五年から翌十六年にかけて頻繁におこなわれており、(9)そこにみえる井上元有と国司元保は隆元奉行人と考えられ、(10)児玉就忠・就方は元就奉行人である。この事実に注目するならば、隆元の家督相続前後より隆元奉行人と元就奉行人による共同執行が始まったとみてよいだろう。

先行研究では、打渡状の発給や知行宛行に関する文書を検討の中心としていたため、このような奉行人が他氏との意思伝達に関与している点は、あまり注目されてこなかった。確かに、打渡状の発給からは、天文十九年十二月に五人奉行制が成立したと捉えられよう。しかしその場合、隆元・元就奉行人による共同執行が隆元の家督相続前後に、すでに開始していた事実を見逃してしまう。すなわち、隆元・元就奉行人による共同執行という点に注目するならば、天文十九年十二月に大きな画期は求められないであろう。

また、隆元奉行人として活動していた井上元有は、同年七月の井上氏一族の誅伐で亡くなるが[11]、このことは同時に隆元奉行人の構成者が失われたことをあらわしている。つまり、天文十九年十二月の連署打渡状にみえる隆元奉行人とは、井上元有の死に伴い、その構成者に変化が生じたものであると理解でき、連署打渡状における隆元奉行人の構成者の背景に、井上氏一族誅伐による影響がみられることをここでは指摘しておきたい。

2、天文十九年十二月の隆元・元就奉行人連署文書

天文十九年十二月、隆元・元就奉行人による連署打渡状が発給され、翌二十年も含めると表1に示すとおりである。重複するものを除けば、七通確認できるものの、五人連署はこのうち一通のみであり、残りは赤川元保を除いた四人連署である。先行研究では、五人連署による打渡状を根拠として、天文十九年に五人奉行制の成立を説く。松浦氏は「(家臣に対する—筆者註)威信を現実的な権力として定着させるためには、それに相応する新たな機構が必要」として、五人奉行制を位置づけ、加藤氏は「独立した官僚体制として、公権力の機能を担い始め」たものと評価する[12]。

ここで改めて重要と思われることは、天文十九年十二月という井上氏一族誅伐後の時期に、隆元・元就奉行人による打渡状が発給されている事実である。井上氏一族誅伐後に福原貞俊以下家臣連署起請文が作成されたことは有名であるが[13]、その条文中において、「殿様」「上様」というように、隆元・元就をそれぞれ示す記載が取

典　拠
『広Ｖ』譜録宍戸藤兵衛親明 1
『広Ｖ』譜録羽仁七郎右衛門君雄 2
『閥閲』巻 140 高四郎左衛門 4
『山 3』妙蓮寺蔵文書（末国家文書）37
『広Ｖ』藩中諸家古文書纂中村弥三 1
『閥閲』巻 164 市川又左衛門 1
『広Ⅳ』広島大学所蔵三上文書 1

表1　天文19、20年の隆元・元就奉行人連署文書

No.	年月日	宛　所	元就奉行人		隆元奉行人		
			桂元忠	児玉就忠	赤川元保	国司元相	粟屋元親
1	天文19年12月10日	宍戸左馬助	○	○		○	○
2	〃	羽仁新右衛門尉	○	○		○	○
3	〃	高四郎左衛門	○	○		○	○
4	天文19年12月11日	末国左馬助	◎	◎		◎	◎
5	〃	中村弥次郎	○	○		○	○
6	天文19年12月18日	市川太郎左衛門尉	○	○	○	○	○
7	天文20年5月4日	三上民部丞	◎	◎		◎	◎

註：花押が実際に確認できるものは「◎」，写などで判となっているものは「○」とした．
略称一覧：『萩藩閥閲録』…『閥閲』，『広島県史　古代中世資料編Ⅳ，Ⅴ』…『広Ⅳ，Ⅴ』，『山口県史　史料編　中世3』…『山3』

られている。この時期、すでに毛利氏の家督は隆元が相続しているものの、依然として毛利「家中」における元就の存在や影響力は大きく、そうした元就の存在を前提に、天文十九年七月以降、隆元・元就が一体となって毛利「家中」の統制に臨んでいく(14)。そのことをふまえるならば、隆元・元就奉行人による連署打渡状の発給は、隆元・元就が一体となって政務をおこなっていく意思のあらわれと受け取れる。その意味において、天文十九年十二月の打渡状から、松浦氏の指摘する「新たな機構」が創出されたとも捉えられよう。

しかしながら、前節で確認したように、隆元・元就奉行人による共同執行という点においては、隆元の家督相続前後にはすでに始まっており、その点に注目するならば、新たな機構が成立したとまでは言い難い。また、加藤氏の指摘する公権力の機能を担いはじめたという点も、打渡状の発給先が毛利「家中」内の人物にとどまっており(15)、この点も天文十九年以前と比較した場合、大きく異なるわけではない。そもそも、戦国大名研究における公権力とは、領国内諸階層に対し、普遍的に行使していく側面が重視されてきたことに鑑みるならば(16)、毛利「家中」内の人物に対する打渡状の発給をもって、公権力の機能を担いはじめたと位置づけることは妥当ではないと考える。

すなわち、天文十九年十二月に五人奉行制の成立が説かれるものの、この段階に五人奉行制という制度的な官僚機構や公権力の担い手としての五人奉行を求めるこ

とは難しいと思われる。このことは、赤川を除いた四人連署が多数を占める点や天文二十一年から同二十三年の間に連署がみられない点[17]、そして発給先が毛利「家中」内の人物に対する打渡などにとどまっている点からも指摘できよう。したがって、重要なのは隆元・元就奉行人がどのような過程を経て、毛利「家中」に留まらない公権力を行使していくのか、その展開過程の検討なのであり、以上の検討課題について、次章で考察をおこないたい。

二、五人奉行の形成過程

1、天文二十四年の隆元・元就奉行人連署文書

本章では、隆元・元就奉行人による連署が再びあらわれる天文二十四年（一五五五）以降の彼らの動向をみていきたい。まず検討したいのは、天文二十四年の厳島合戦後の五人連署による安芸国厳島大願寺宛ての次の史料である。

【史料１】毛利氏奉行人連署判物（「大願寺文書」『広島県史　古代中世資料編Ⅲ』九四、以下「大願寺」と略す）

御社頭廻家之事、悉以畳被レ置候、自今以後家作仕候者、堅可レ有二御制止一候、貴寺可レ有二御裁判一候、仍一行如レ件、

天文廿四
　壬十月十八日
　　桂　左衛門大夫（元忠）（花押）
　　国司　右京亮（元相）（花押）
　　児玉　三郎右衛門尉（就忠）（花押）

粟屋
右《元親》京亮（花押）
赤川
左《元保》京亮（花押）
大願寺　参

この史料は、秋山伸隆氏が述べるように、室町幕府や大内氏奉行人連署奉書の定式からみれば、明らかな混乱や不備がみられ、官途書の採用などから文書に公的な性格をもたせるための試みがうかがえるが(18)、ここでは、この文書が発給される以前に、大願寺の円海が元就奉行人の桂・児玉両人を宛所として書状を発給している点に注目したい(19)。書状の内容から、円海が求めたのは「御奉書一通」であり、この願い出に基づき、史料1が発給されたといえよう。さらに、円海の願い出を受けたのは、桂・児玉の元就奉行人であり、彼らを通じて、円海の願い出は、元就のもとに届けられたと考えられる。実際に発給された史料1は、元就奉行人のみで発給されていない点からも、元就と隆元が合議をおこなったうえで(20)、元就・隆元奉行人によって伝達することを意図したと考えられる。一方で、桂元忠の名が日下にみられることから、彼がこの案件の担当であったと考えられ、これは円海の願い出を最初に受けたことによるものと思われる。

ここで注目したいのは、この連署が毛利「家中」外の大願寺への発給という点である。天文十九年十二月段階では、毛利「家中」内の家臣に対する打渡状の発給であったのに対し、毛利「家中」外の大願寺への発給は、隆元・元就奉行人による文書発給の範囲拡大を示すものである。それを可能にしたのは、陶晴賢を厳島で破るという軍事的成功が背景にあると思われ、円海が「御奉書一通」を勝者である毛利氏に求めている点は、毛利氏を上位権力として重視していたといえよう[21]。また、これまでの五人連署は打渡状の発給であり、奉書形式の文書は発給していない。先例が存在しないなかでの発給が、毛利氏当主の判物で使われている「仍一行如レ件」という書止文言を採用するに至ったと考えられ、それは秋山氏が述べるように公的な性格をもたせる試みであったといえよう[22]。

隆元奉行人				典　拠
赤川元保	国司元相	粟屋元親	その他	
○	○			「譜録」小方三郎左衛門忠次（山口県文書館蔵）
○	○	○		『閥閲』巻135高井小左衛門31
○	○			『閥閲』巻135高井小左衛門14
		□		『閥閲』巻61宇野与一右衛門3
○	○	○		『閥閲』巻135高井小左衛門32
□	□	○	兼重元宣○	『山２』守田家文書1
◎	◎	◎		『山３』今川家文書50
◎	◎	◎		「平賀」125
○	○	○		『山４』粟屋家文書7
□	□	□	赤川元久□ 兼重元宣□	『広Ⅴ』藩中諸家古文書纂中村弥三4
○	○	□	赤川元久○ 兼重元宣○	『閥閲』巻90弘権之允6
○	○	○	赤川元久○ 兼重元宣○	『広Ⅴ』長府毛利家文書御判物類平佐氏其他へ当る2
○	○	○	兼重元宣○	『広Ⅴ』防長風土注進案27
◎	◎	◎		「熊谷」132
□	□	□		『閥閲』巻43出羽源八17

２、防長侵攻・平定期の隆元・元就奉行人連署文書

弘治二年（一五五六）に入ると、毛利氏による防長侵攻が本格的に始まる。同時に隆元・元就奉行人による連署文書が多数あらわれ、併せて特徴的な連署文書もみられるようになる。

弘治二年七月から十一月にかけて、阿曽沼・平賀・出羽・熊谷各氏の芸石国衆に対し、打渡状が発給されており[23]、阿曽沼、平賀、出羽の三氏は周防国内の打渡、熊谷氏は安芸国内の打渡となっている。これらの打渡状の特徴として、周防国内を対象とする打渡状に元

表２　弘治２年の隆元・元就奉行人連署文書

No.	年月日	宛　所	打渡，宛行案件の対象地域	元就奉行人	
				桂元忠	児玉就忠
1	弘治２年２月８日	小方対馬守	周防国玖珂郡久原	○	○
2	弘治２年４月10日	高井彦二郎	周防国玖珂郡楊井庄		
3	弘治２年４月29日	高井彦次郎	〃		○
4	弘治２年６月３日	右田鶴千代丸	周防国吉敷郡宇野令，玖珂郡生見郷	□	□
5	弘治２年６月15日	高井雅楽允	周防国玖珂郡日積		○
6	「弘治２年７月２日」	守田宗左衛門尉	周防国熊毛郡束荷・小周防，吉敷郡姫山	□	○
7	弘治２年７月23日	阿曽沼殿御役人	周防国熊毛郡小周防	□	□
8	〃	平賀殿御役人	周防国熊毛郡室積，玖珂郡与田保	□	□
9	（弘治２年）７月28日	正覚寺	周防国玖珂郡日積・楊井庄	□	□
10	弘治２年８月29日	中村次郎左衛門	安芸国安南郡熊野		
11	〃	弘七郎次郎	〃		
12	弘治２年10月11日	平佐七郎右衛門尉	安芸国安南郡矢野		
13	弘治２年10月20日	小寺佐渡守	周防国玖珂郡多田，安芸国賀茂郡西条		○
14	弘治２年10月28日	熊谷殿代細迫左京亮	安芸国賀茂郡西条，安南郡熊野，佐西郡小方		
15	弘治２年11月17日	出羽民部大輔	周防国都濃郡	□	□

註：花押が実際に確認できるものは「◎」，写などで判，花押影となっているものは「○」，花押や判の記述が見られず，署名のみのものは「□」とした．
No.6は礼紙のみ正文であり，本紙は現存しないため写により補っている．なお，発給年月日については，礼紙に記載されている年月日（異筆）による．
略称一覧：『萩藩閥閲録』…『閥閲』，『大日本古文書　家わけ第14　熊谷家文書・三浦家文書・平賀家文書』所収「熊谷家文書」「平賀家文書」…「熊谷」「平賀」，『広島県史　古代中世資料編Ⅴ』…『広Ⅴ』，『山口県史　史料編　中世２〜４』…『山２〜４』

就奉行人の桂と児玉の花押は据えられておらず、署名のみになっていることがあげられる。さらに、熊谷氏に対する打渡状は、隆元奉行人による打渡である点も注目される。以上のことから、周防国内の打渡は元就奉行人を加えておこなおうとしたと推測できるが、この点は隆元・元就奉行人の性格を論じるうえで重要な点と思われるので、他の事例もみてみたい。

　表２は弘治二年の隆元・元就奉行人の連署文書の一覧である。表２から安芸国内のみを対象地域とする案件は、隆元奉行人による発給が確認できる。しかし、表２No.２の高井氏宛てのものは、周防国内を対象とする案件にもかかわらず、隆元奉行人のみであり、異例といえる。

表2No.2の内容は、楊井庄の仮屋三郎左衛門尉が保有している名職などを高井彦二郎に預け遣わすものであるが、この文書が発給された後に、同じ高井氏に対し、別の文書が改めて発給されている（表2No.3）。その内容は、仮屋三郎左衛門の保有する名田職から海田四郎左衛門尉の保有する名田職を預け遣わすことに変わっているものの、宛行という行為自体には変わりはない。ここで注目したいのは、連署に元就奉行人の児玉就忠が加わっている点である。初め、隆元奉行人のみによって発給されていたにもかかわらず、後の文書に児玉就忠が加わっていることは、元就の関与をうかがわせる。次の一連の史料をみてみたい。

【史料2】毛利元就書状（「粟屋家文書」『山口県史　史料編中世4』四、以下「粟屋」と略す）

（モト第二紙切封ウワ書）
「（墨引）　　　右馬頭
備中〔守〕□殿進之候　　　元就」

正覚寺（守恩）愁訴之儀被レ申候、書立之前六十六石余にて候、此分尤可レ然候之条、可レ被レ遣候、然者於二某元一行等
被二相認一候者、可レ令二加判一候、恐々謹言、
（弘治二年）七月三日　　　元就（花押）
（毛利隆元）備中守殿進之候

【史料3】毛利隆元宛行状（「粟屋」五）

事能要（玖珂郡）害御在番之儀申談候付而、於二日積之村内一六十七石足之事進置候、全可レ有二御知行一候、猶奉行共可レ申候、
仍一行如レ件、
弘治弐
七月廿八日　　　隆元（花押）

正覚寺守恩首座参

【史料4】毛利氏奉行人連署書状案（「粟屋」七）

（モト端裏書カ）
「奉書案文」

玖珂郡日積村杉伯州跡廿壱石足、同但馬守跡三石足、伊賀崎跡壱石六斗、小林給七石足、瑞雲寺領十八石足、末寺西光寺十五石足、楊井庄長楽寺六石足、以上六拾六石六斗足事、被㆓進置㆒候、去三月御取退之砌、為㆓新給㆒弐■■《百石》足御約束雖㆓被㆑申候、諸人支配ニ無㆓明所㆒之条、先以如㆑此候、重而都濃郡入㆓御手㆒候者、不足分之儀、可㆑被㆑省㆑宛候、恐々謹言、

（弘治二年）
七月廿八日

元保　在判
元親　同
就忠
元相　同
元忠

正覚寺

史料2の傍線部から、元就は正覚寺に与える一行（判物）を隆元の方で認めるようにとし、そののち自ら加判すると述べている(24)。しかし、実際に発給された宛行状の史料3をみると、隆元の花押のみが据えられ、元就の花押は確認できない。さらに史料3の傍線部から、奉行人による副状が発給されたといえ、それが同日付の五人連署の史料4である。案文であるが、史料4もまた、阿曽沼氏や平賀氏に対する打渡状と同じく元就奉行人の桂、児玉の署名は存在するものの、花押が据えられていない。

以上の事例をまとめると、次の二点が指摘できよう。一つは、元就、および元就奉行人が隆元、および隆元奉行人

と同所に存在しなかった点である。実際、弘治二年三月に桂元忠は吉川元春らとともに、石見国で活動していたことが確認でき、(25)元就自身も同年七月末に、芸石国境付近へ出陣していたことが史料にみえる。(26)つまり、正覚寺への宛行状発給の際、元就と隆元が同所に存在しなかったため、隆元単独の宛行状発給になったと指摘できる。

もう一つは、本節の初めに指摘した、周防国内を対象とする案件に、元就奉行人の署名がみられる点である。正覚寺や阿曽沼氏、平賀氏の事例は、隆元奉行人と元就奉行人が同所に存在しないにもかかわらず、五人連署（元就奉行人は花押を据えていない）の形で発給をおこなっている。ここから、五人連署で発給をおこなう意図があったと推測できよう。実際、この時期、隆元・元就奉行人の共同執行に元就の関与が確認できる。次の史料5をみてみたい。

【史料5】毛利元就自筆書状（『毛利』四二六）

尚々、諸村おとしつけさまの事ハ、於二若山一如二申候一、五人して平等に申付候て可レ然と存候外無レ他候、惣別ハ、元就内之者ハ一円存候ハて、赤左、両右して申付候而こそ可レ然候へとも、左太、児三右も相副候て〔候へハ〕、元就も旨儀ヲ可レ聞候、さやうに候ハてハ、両三人計之さはきにて候者、諸事あまりにせうし、不レ可レ然事のミたるへく候と存候付而、両人之事をは申たるにて候、両三人して何事も〱可レ然さはき候者、左太、三右事も、元就事も、一円不レ入物にてあるへく候〱、（後略）

史料5は、元就の自筆書状で隆元に与えられたものである。本史料は、先行研究においても、五人奉行制の成立に関わる重要な史料として用いられてきたものの、(27)いつ頃のものか明確に言及されていない。しかし傍線部から、周防国若山の在陣時に発給されたといえよう。毛利軍の若山への陣替が弘治三年の三月であることをふまえると、(28)この書状は防長侵攻時のものとして位置づけられ、この時期、波線部にみえるように、元就が桂と児玉を加え、自らの意を反映させようとしていたと指摘できる。

一方で、史料5の破線部から、「両三人」すなわち赤川、国司、粟屋による「さはき」に対し、元就自身が納得していないことが読み取れ、この発言の背景には、先述した弘治二年の状況があると思われる。隆元と元就が同所に存在しない時期に、隆元奉行人のみが花押を据えた打渡状を発給していたことは先述した。その後、隆元と元就が同所に存在すると思われる時期（弘治二年十月以降）においても、[20]表2から、安芸国内のみを対象地域とする打渡は、隆元奉行人によっておこなわれていることが確認できる。弘治三年に元就は、自身の家臣に対する給地宛行について、「おもて衆」（毛利氏の譜代家臣を指すと思われる）と比較して、周防国内の富田や富海といった安芸国から遠い地を宛行わなければならないことに不満を述べているが、[30]この「おもて衆」に対する宛行地に、安芸国内の矢野、西条、大野、小方がみえる。これは、表2の隆元奉行人による打渡の場所と一致する地名であり、毛利氏の譜代家臣に対する打渡は、隆元奉行人によって推進されたことをうかがわせている。そのため、史料5において、隆元奉行人によって事が進んでいく状況を目の当たりにした元就は、「諸事あまりにせうし」と述べるに至ったと考えられる。

また、隆元自身も「由宇津々其外正覚寺取次候とて、粟右一人シテ計物こと申候間、我々申事ニ、今度此面諸村申付さま事ハ、五人シテ無二油断一地下より申さまをも聞」く必要があると述べ、[31]周防国正覚寺の取次において、粟屋元親に対し不満を抱き、五人での統一した行動を求めている。隆元自身も自らの奉行人の統制に苦慮していたといえよう。

そして、大内氏滅亡後の弘治三年八月以降、五人と旧大内氏家臣との連署をおこなうなど、五人の連署文書が防長両国の寺社を中心に発給される。さらにこののち、五人を宛所とする文書も確認でき、安芸国衆の阿曽沼氏や隆元、元就も彼らに対して、文書発給をおこなっている。[32]第一章で確認したように隆元の家督相続以来、隆元・元就奉行人による共同執行が開始されるが、その一方で、本章で述べてきたように、赤川元保ら五人による共同執行は、厳島合戦以降の防長侵攻・平定の過程において、意図的におこなわれ、そのあり方が形成されつつあった。したがって、先行研究が注目してきた五人奉行は、防長侵攻・平定の過程で、その実体が形成されていったと考えられる。その意味において、この時期、五人奉行制は防長両国支配を目的、対象として、整備されつつあったとみることも可能であるが、問題はそれがどのように展開していくのか、すなわち、官僚機構の整備という視点で捉えられるものなのか、次章ではこの点について検討をおこないたい。

三、永禄年間以降の五人奉行

弘治四・永禄元年（一五五八）以降、五人連署文書も減少していくが、これは防長平定が一通り終了したことに伴うものである。さらに永禄元年二月以降には、五人奉行と旧大内氏奉行人による連署もほとんどみられなくなる。(33)そのようななか、周防国防府安楽寺の寺領に関する弘治四年三月十三日付吉田奉行人奉書案に「吉田　五人奉行衆」の文言がみえ、案文作成時に「五人奉行衆」として、五人の存在が捉えられていたことが確認できる。(34)

また、弘治四年十一月十一日付毛利隆元覚書では、防長両国を対象として、「五人衆之外にて公事愁訴披露之儀、可二停止一事」と隆元が述べており、(35)「五人衆」の文言からも、やはり五人奉行の存在が、明確に意識されていたのである。それに加えて、旧大内氏奉行人を防長両国支配から切り離したこの時期、五人奉行に公事愁訴の披露を一本化させることを通じて、彼らを防長両国支配の中心的存在として位置づけようと隆元自身が構想していたと推測される。つまり、防長平定が終わってまもなくの頃、毛利「家中」内外に示された五人奉行を中心とする毛利氏独自の防長両国支配体制を構築しようとしていたと捉えられよう。

一方で、防長平定後には、毛利氏は石見・出雲国への進出を本格的に開始し、同時に北部九州における豊後大友氏との戦いも展開していく。そのため、永禄五年末からは、元就が出雲国、隆元が防長両国にそれぞれ在陣し、二人が同所に存在しない状況が生じた。それに伴い、五人奉行の共同執行も困難な状況になったと推測される。例えば永禄五年十二月に、毛利氏の親類衆口羽通良と児玉元実（のち元良、就忠嫡子）、桂元忠の元就奉行人による連署がみられるが(36)、これはこの時期、すでに隆元が防長両国へ出陣しているため、それに伴い、隆元奉行人の署名がみえないことを示している。

さらに山陰・北部九州を対象とする二方面における戦争遂行は、隆元と元就が同所に存在しない状況を創出したのみならず、五人奉行の転出をも生じさせた。永禄五年に比定される九月十一日付赤川元保宛て毛利隆元書状写の文中に(37)、「至二其表一下向候哉」とあり、ここから、五人奉行の赤川元保が「其表」＝防長に「下向」していた事実が読み取れる。つまり、赤川元保は永禄五年九月の段階で、隆元の側を離れ、防長両国で活動していたのである。さらに赤川元保の動向に注目すると、興味深い事実が判明する。

永禄六年八月四日の隆元死後に、赤川元保が五人奉行とともに連署していることが確認できる史料が、一点存在する(38)。その内容は、松崎（防府）天満宮大専坊・密蔵坊の住持職と牟礼郷昌啓院領に関する奉書であるが、この史料で注目すべき点は、防長両国支配の中心的存在の市川経好が連署にみえる点である。彼が五人奉行との連署のなかにみえる理由は、山口在番を務め、防長支配をおこなっていたことによるものと推測される。

さらにその他の史料に、市川経好・赤川元保・竺雲恵心の三名の名がみえ、松崎天満宮大専坊・密蔵坊の住持職の件に関して、毛利元就と桂元忠の指示を受けていることがわかる(39)。市川経好の役割は先述した通りで、竺雲恵心は、毛利氏の外交僧として永禄年間に活動していた人物である。彼らは隆元死後に、防長両国に関する案件の文書に連署しており、防長両国の支配を担っていた。このような三人に対し、桂元忠が文書発給をおこなっており、とくにこれまで共に連署をおこなっていた赤川元保が宛所にみえる事実は、注目されよう。

また、松崎天満宮に関する別件の史料において、「爰元依レ為二遠路一、時之注進不レ輙之旨言上候」という文言がみえ、桂元忠・児玉元良・国司元相の三名が連署している。(40) 異筆年代を信じるならば、永禄八年六月は、毛利氏は尼子氏との戦争中であり、桂元忠らが出雲国に在陣していた時期にあたる。そのような状況下、「爰元」（防長）からは「遠路」であるために、「注進」することが容易ではないと宛所の恵心・市川・赤川の三人が「言上」したのである。やはりこのことからも、赤川元保が桂・児玉・国司の三人と行動を別にしていたことは、明らかである。

したがってこれらの事実は、五人奉行の活動の変容を示すものといえよう。赤川元保は永禄十年に誅伐されるが、(41) 右の考察から誅伐以前に、防長両国で活動していたことは明らかである。そして赤川元保が防長両国へ「下向」するに至った要因は、彼が「在関衆」として活動していることからも、(42) 北部九州方面における軍事対応によるものと考えられる。

また、永禄初年まで防長両国の案件に関して、五人連署による文書発給がみられるのに対し、(43) 隆元死後には、ほとんどみられなくなる。防長平定後の弘治四年時点では、「五人衆」に公事愁訴の一本化を企図していたように、五人奉行を防長両国支配の中心に据えようとしていた。しかし、永禄年間の山陰・北部九州を対象とする二方面における戦争遂行が、五人奉行の居所を異にする事態を引き起こしたことで、彼らが防長両国支配の中心的役割を充分に果たすことは、困難になった。このことは同時に、市川経好ら山口在番の者たちに防長両国支配を委ねていくことにつながったと考えられ、永禄年間に市川経好の防長両国における活動が本格化していく事実は、防長両国における五人奉行の位置づけの変容を示すものといえよう。(44)

さらに隆元死後の毛利氏奉行人の重要な点として、粟屋一族（元種・元真・就秀）が連署者のなかにあらわれることがあげられる。[45]次いで、元就が亡くなる前後の元亀年間には、元就家臣の大庭賢兼や井上就重、児玉就方らもあらわれるようになり、[46]隆元存命時の連署者と構成の変容がうかがえる。つまり、隆元死去以降は、これまでみられなかった連署者があらわれるようになるのである。それと並行するように、五人奉行による連署文書についても五人連署のものは減少していくのだが、そこで次の史料をみてみたい。

【史料6】毛利氏奉行人連署書状写（『閥閲』巻一五〇臼杵平左衛門—八）

御判《輝元公》

御方当知行、於㆓防州佐波・吉敷而郡㆒拾六貫地之事、義隆（大内）様任㆓御証判旨㆒、可㆑被㆓宛下㆒之通言上之趣遂㆓披露㆒、被㆑成㆓御分別㆒候、尤珍重候、弥無㆓相違㆒進止干要候、恐々謹言、

永禄拾三

十月十日　　元良 判

元種 判

雲州在陣

元武

篠原隠岐守殿

右の史料は、篠原隠岐守に対する知行宛行に関するものである。注目すべき点は、児玉元良と粟屋元種の花押が据えられているのにもかかわらず、国司元武の花押が据えられていないことと、元武の横に「雲州在陣」の文言が存在する点である。つまり、この文書の作成時に、国司元武は出雲国に在陣していた。[47]なぜ、国司元武が連署しなければ

ならなかったのかという理由は判然としないものの、このように奉行人の揃わない状況が、戦争遂行によってもたらされたことは重要であろう。

確かに、五人奉行（赤川を除く四家）による連署や文書発給は、先行研究で指摘されるように、天正十五年（一五八七）まで嫡子に継承されながらおこなわれる。(48)その意味において、五人奉行制が、天正十五年まで維持されたとみることはできよう。しかし、本章で確認してきた通り、防長侵攻・平定期にみられた五人連署や五人奉行が宛所となるといった五人を意識したあり方が、永禄年間で次第に確認できなくなる点は見逃せない。すなわち、輝元期の二、三人連署といった五人連署ではない形が多数を占めていく状況は、永禄初年までのあり方とは異なる形で五人奉行が活動していったことを示している。つまり、五人奉行制として説明されてきた奉行人制の内実は、各時期によって異なるのであり、それは戦争遂行といった政治状況と密接に連関しながら、変容したのである。そしてこのことからは、官僚機構の整備を企図したと必ずしも捉えられない戦国期毛利氏権力の実態がうかがえるといえよう。

おわりに

本稿で述べてきたことをまとめたい。まず、松浦・加藤両氏は、天文十九年（一五五〇）十二月に五人奉行制が成立し、公権力を行使する機構が構築されたとする。(49)確かに、天文十九年十二月が五人連署の初見であるが、この段階は、井上氏一族誅伐に伴い、隆元奉行人の構成者に変化が生じていたのであり、隆元・元就奉行人による共同執行という点に着目すると、それは隆元の家督相続前後にすでに確認できる。また、打渡状の発給範囲は毛利「家中」内の人物にとどまっていることからも、この段階に先行研究が指摘する五人奉行制の成立を求めることは難しいと思われる。むしろ重視すべきなのは、毛利「家中」外への発給がみられるようになる天文二十四年の厳島合戦後と考える。

次に、弘治二年（一五五六）の防長侵攻期には、隆元奉行人によってのみ事がなされることに対し、元就自身は納得がいかず、元就奉行人を「相副」える形で、自身の意を反映させようとした。また、隆元自身も隆元奉行人の統制に苦慮していた点も重要である。つまり、隆元と元就それぞれが、奉行人の統制に努めていたのである。そして、弘治三年四月以降、五人による連署や五人を宛所とする文書がみられ、弘治四年末には、隆元自身が「五人衆」に防長両国の公事愁訴を一本化しようとするなど、五人の存在や彼らの活動は、公的な存在として位置づけられつつあった。すなわち、弘治年間の防長侵攻・平定期を通じて、五人奉行は毛利「家中」内外に示されたといえる。

このようにして形成された五人奉行の活動も、永禄年間以降、山陰・北部九州を対象とする二方面の戦争遂行、赤川元保の「下向」、隆元の死により、恒常的に維持し難くなっていったと考えられる。具体的には永禄初年までみられた五人連署の実施や五人奉行による防長両国を対象とする公事愁訴の一本化を困難なものとしたといえるのである。また、輝元期に入り、二、三人の連署が多数みえる事実は、弘治年間にみられたような意図された五人連署のあり方と対照的である。併せて、五人奉行以外の奉行人も連署に参入していく事実もふまえると、隆元死後の時点に、五人奉行制の大きな段階差が認められるのである。

したがって、五人奉行の活動は、従来指摘されてきた官僚機構の整備を企図し、整然とした奉行人制として展開していくというより、戦争遂行や当主の死、それに伴う奉行人の変容といった毛利氏を取り巻く内外の諸要因に大きく規定される形で、展開していったと捉えるほうが実態に即していよう。そして、官僚機構の整備を企図したと必ずしも捉えられない五人奉行の実態からは、戦国期毛利氏権力の一側面がうかがえ、同時にこのことは、大名権力の強化や進展という見方で戦国期の大名権力を一概に捉えられるものではないことを示していると思われるのである(50)。

註

（１）松浦義則「戦国大名毛利氏の領国支配機構の進展」（藤木久志編『戦国大名論集一四　毛利氏の研究』吉川弘文館、一九八四年、初出一九七六年）、加藤益幹「戦国大名毛利氏の奉行人制について」（同、初出一九七八年）。

（２）石母田正「解説」（石井進ほか校注『日本思想大系二一　中世政治社会思想　上』岩波書店、一九七二年）。

（３）論文名からもうかがえるように、松浦氏は五人奉行を「領国支配機構」の中枢と捉え、それがどのように「進展」するのか、すなわち官僚機構の発展という視角から毛利氏の領国支配の検討を進めている（前掲註（１）松浦論文）。また加藤氏が、「官僚機構の整備拡充は、大名が領国内に公権力を発揮するための体制として不可欠」（前掲註（１）加藤論文、一四八頁）と指摘する点は、大名権力の公権力化と官僚機構の整備が密接に関係することを示していよう。そのため、官僚機構の整備という視点から加藤氏は、五人奉行の考察をおこなっている。

（４）前掲註（１）松浦論文、一三一頁。

（５）のちに松浦氏も五人奉行制の呼称を用いて、天正十五年まで存続したと指摘する（松浦義則「戦国大名毛利氏の領国支配」〈『広島県史　通史編中世』広島県、一九八四年、六二〇頁〉）。

（６）前掲註（１）加藤論文、一五三頁。

（７）秋山伸隆「毛利隆元―名将の子には不運の者―」（『芸備地方史研究』三〇〇、二〇一六年）。

（８）村井祐樹編『東京大学史料編纂所研究成果報告二〇一一―一小寺家文書』（画像史料解析センタープロジェクト「デジタル画像分析に基づいた古文書料紙の研究」グループ、二〇一一年）文書番号一から一四（以下、『小寺』と略す）。

（９）『小寺』四など。

（10）井上元景は、志道広良が隆元へ言上する際の宛所に名前がみえ（『大日本古文書　家わけ第八　毛利家文書』五八九など、以下『毛利』と略す）、国司元保については、判然としない部分が多いものの、『萩藩閥閲録』巻五五国司与一右衛門所収系譜（以下、『閥閲』と略す）によると、隆元奉行人として活動する国司就信の前代にあたる国司筑後守が「左馬允」を名乗っていたことが確認できる。国司元保が「左馬允」を名乗っていることからも、同一人物の可能性が考えられ、ここでは隆元奉行人として位置づける。
(11) 「語録　井上孫六景光」(『広島県史　古代中世資料編Ⅴ』二、以下『広Ⅴ』と略す)。
(12) 前掲註(1)松浦論文、一三一頁。前掲註(1)加藤論文、一五三頁。
(13) 『毛利』四〇一。
(14) 岸田裕之氏は、「約束之書違、おきて法度之儀」(『毛利』七一二)の文言に注目し、この時期、元就と隆元が一体となって毛利「家中」の統制に臨もうとしていたことを指摘する(岸田裕之「大内義隆代における武家故実書と毛利氏「国家」成立史」、同『大名領国の政治と意識』吉川弘文館、二〇一一年)。
(15) 表1の市川太郎左衛門尉は、伊勢御師の村山氏の応対にあたった人物であり(「贈村山家返章」『広Ⅴ』一など)、天文十九年の家臣連署起請文(『毛利』四〇一)のなかではその名がみえず、弘治三年の家臣連署起請文(『毛利』四〇二)に現れる。弘治三年の家臣連署起請文にその名がみえることから、本稿では毛利「家中」内の人物として捉える。
(16) 例えば、池享「戦国大名権力構造論の問題点」(同『大名領国制の研究』校倉書房、一九九五年、初出一九八三年)。
(17) この間の隆元・元就奉行人による共同執行の事例としては、「国司右京亮・児玉三郎右衛門可ㇾ申聞ㇾ候」(『閥閲』巻七八井上七郎左衛門—四)という、いわゆる奏者文書中にみえる国司元相、児玉就忠の二名があげられる。
(18) 秋山伸隆「戦国大名毛利氏領国の支配構造」(同『戦国大名毛利氏の研究』吉川弘文館、一九九八年、初出一九八五年)二六二・二六三頁。
(19) 「大願寺」九二。
(20) 例えば、厳島合戦後の感状発給の方針については、隆元が感状の案文を認め、元就の承認を得ようとした事実が指摘されている(『毛利』二八四、秋山伸隆「毛利氏発給の感状の成立と展開」前掲註(18)秋山著書)。
(21) 大願寺と毛利氏の関係は、天文二十三年の防芸引分以前からみえることからも「大願寺」四二など)、厳島合戦以前に、すでに大願寺と毛利氏は結びついていたといえる。
(22) 前掲註(18)秋山論文。

(23)「今川家文書」（『山口県史　史料編中世３』五〇、以下『山３』と略す）、『大日本古文書　家わけ第十四　平賀家文書』一二五、『閥閲』巻四三出羽源八―一七、『大日本古文書　家わけ第十四　熊谷家文書』一三二。
(24) なお、傍線部の「某元」は「其元」の意味として解釈する。また、「某」は「其」の当て字と考えられる。
(25)「毛利博物館蔵文書（毛利家旧蔵文書　諸家文書）」（『山口県史　史料編中世２』二〇、以下『山２』と略す）。
(26)「毛利家文書」（『出雲尼子史料集（上巻）』九二三、広瀬町、二〇〇三年）。
(27) 前掲註（１）松浦論文。
(28) 山本浩樹『戦争の日本史12　西国の戦国合戦』（吉川弘文館、二〇〇七年）九三頁。
(29) 弘治二年十月に、志道才徳丸（『閥閲』巻三二口羽衛士―一七）や中丸小五郎（「中丸家文書」『山口県史　史料編中世４』二二、以下『山４』と略す）に対する元就・隆元連署宛行状の発給が確認できる。
(30)『毛利』四一〇。
(31)『毛利』七一六。
(32)「今川家文書」（『山３』四〇）、『閥閲』巻七九杉七郎左衛門―一〇、『閥閲』巻一五国司隼人―八〇、「熊野新宮本願庵主文書」（『熊野本願所史料』一三四、清文堂出版、二〇〇三年）など。
(33) 元就家臣として活動する大庭賢兼を除き、ほとんどみられなくなることが指摘されている（和田秀作「毛利氏の領国支配機構と大内氏旧臣大庭賢兼」村井良介編『論集戦国大名と国衆一七　安芸毛利氏』岩田書院、二〇一五年、初出一九九〇年）。
(34)「上司家文書」（『防府市史　史料Ⅰ』六六八）。なお、五人奉行の史料表記として、松浦氏は前掲註（５）書で、「阿弥陀寺文書」を紹介しているが、正しくは「上司家文書」と考えられる。
(35)『毛利』六五〇。
(36)「国造千家所持古文書類写」（『大社町史　史料編古代・中世』一四八六）。
(37)『閥閲』巻一一〇石川弥右衛門―六。『閥閲』において本史料は、永禄四年のものとされているが、本稿では、以下の理由から永禄五年のものと考えたい。永禄四年八月十七日に赤川元保が他の五人奉行とともに連署していることが確認できるが、以後年次が明確なものでは永禄八年六月十日の連署となる（『閥閲』所収、「防長寺社証文」巻二五天満宮社僧大専坊―三二一、以下、「天満宮」と略す）。これは後述するように、すでに防長両国へ赤川が下向したのちのものである。村井良介氏は、永禄五年三月に、丹下氏が毛利氏への面会のため、赤川元保に「対面」していたことを指摘している（村井良介「毛利氏の山陽支配と小早川氏」〈同『戦国大名権力構造の研究』思文閣出版、二〇一二年、初出二〇〇〇年〉）。この指摘に基づくならば、永禄五年三月の段階で、赤川元保は毛利隆元の近くに存在していたことになる。そのため、永禄四年九月に防長両国に下向しているとは考え難く、永禄五年九月とするならば、これ以降「在関衆」として活動していくことからも、矛盾なく本史料を位置づけることが可能である。

(38)「天満宮」三三一。

(39)「天満宮」三三〇、「防府天満宮文書」（『山2』三四四）。

(40)「防府天満宮文書」（『山2』九六）。

(41)岸田裕之『毛利元就―武威天下無双、下民憐愍の文徳は未だ―』（ミネルヴァ書房、二〇一四年）八七・八八頁。

(42)『閥閲』巻一三八兼重勘左衛門―九。ここにみえる連署者が「在関衆」である。

(43)発給年次の明確なものでいえば、永禄三年十二月二十一日付毛利氏奉行衆連署奉書写（『閥閲』巻九〇周田八郎右衛門―一、ただし、児玉元時が連署に加わっている）などがあげられる。この文書を含め、永禄三年頃までは五人連署による発給が多数確認できるものの、永禄四年以降、その発給数は減少する。

(44)永禄初年頃には、市川経好が五人奉行との連署をおこなう事例や五人奉行とともに宛所になる事例がみられるものの（『萩藩閥閲録遺漏』巻五の三町人高橋某家―一、『閥閲』巻六九信常弥右衛門―九など）、本文で指摘したように、永禄六年以降に市川経好、赤川元保、竺雲恵心による連署などがあらわれる。こののち、市川経好を中心とする防長両国支配が展開していく。

(45)「龍王神社文書」（『山4』一五）など。

(46)「粟屋」一二など。

(47)この時期毛利氏は、出雲国に侵攻してきた尼子勝久軍との戦闘をおこなっているが、元就の病により、輝元や小早川隆景は安芸国へ帰国しており、吉川元春らが毛利軍の中心であった。このようななか、国司元武は輝元の側を離れ、出雲国で活動していた。

(48) 前掲註（1）加藤論文。

(49) 前掲註（1）松浦・加藤論文。

(50) 例えば松浦氏は、「大名としての権力強化を絶えず志向した」と戦国期毛利氏権力を評価しているが（前掲註（1）松浦論文、一四五頁）、本稿で明らかにしたことをふまえるならば、このような評価に対しても再考が必要と考える。

【付記】本稿は、令和元年度公益財団法人高梨学術奨励基金若手研究助成による研究成果の一部である。

【追記】本稿初出後（二〇二〇年十二月）、刊本史料で表２に含めるべき史料の見落としがあったことに気づいた。論旨に関わる部分でもあるため、その史料について、若干の説明をおこないたい。見落としていた史料は、「河田家文書」（『山２』一二）の弘治二年五月十八日付毛利氏奉行人連署奉書である。連署者は、日下から粟屋元親、粟屋就秀、赤河《（川）》元保の隆元奉行人で、内容は、河田神助に周防国玖珂郡伊賀道郷内森道案跡名田職を預け遣わすというものである。周防国内を対象とする案件に関して、隆元奉行人のみで発給している点において、表２№２の高井氏の事例と同様といえる。表２№２の高井氏の事例に引き続き、河田氏の事例は、弘治二年の防長侵攻時に隆元奉行人が主導・推進する状況が生じていたことをうかがわせるものである。

第3部

芸備領主との関係

Ⅰ　安芸国衆保利氏と毛利氏

長谷川博史

はじめに

戦国大名毛利氏の権力構造は、「国衆」と「家中」から成り立っているとされている。「国衆」は、室町期以来の一揆結合を前提に、なお毛利氏との同格性を有する国人領主であり、研究史によれば典型的に存在したのは安芸・備後・石見三ヶ国であるとされている。[1] 特に、安芸国の「国衆」については、応永十一年（一四〇四）と永正九年（一五一二）の国人一揆契状[2]が残され、その地域的特徴は顕著である。しかし、応永十一年の一揆契状署判者の中に戦国期毛利氏「家中」を構成する家が含まれていたことは周知に属する。一体、毛利氏の「家中」とは何であったのか。これは研究史的にも、戦国大名の基盤としての家臣団の性格を論じ、また近世大名への展開方向を論じる有力な視角として極めて重視されてきた課題である。[3]

しかし、「家中」において法に基づく内部秩序[4]が形成されたとしても、それは毛利氏が大名権力として存立するための いかなる条件であったのだろうか。戦国期毛利氏による「国衆」の統制策は、実際のところ、やがて「家中」へ一元化していく方向性を持っていたと言えるのであろうか。本稿においては、このような問題関心から、あらためて戦国期毛利氏にとって「国衆」とは「家中」とは何であったのかを解明する手がかりとして、「国衆」と「家中」の境界に着目し、その実態的考察を試みたいと思う(5)。
「国衆」と「家中」の境界と言っても、具体的に何を素材とするかが極めて重要であるが、ここで検討を加えたいのは「保利」氏という謎の一族である。史料に現われる「保利」氏は、「国衆」と「家中」のどちらにも相通ずる性格を持っているように思われるからである。一揆契状の署判者にもその名の見られない「保利」氏が、一体いかなる存在であるのか。まず、この点から考察を進めてみたい。

一、「保利」氏について

中世の諸領主には、複雑な政治情勢のなかで滅亡していく家も多く、その本拠地などすら明らかでないものも存在する。そのような中でも安芸国の保利氏は、有力な「国衆」に名をつらねながら、室町・戦国期の史料に断片的にあらわれ、やがて消えていった存在として特に注目される。既述のように、安芸国といえば、国人領主の存在形態や国人一揆の実態を具体的に知りうる、研究史的にも著名なフィールドである。にもかかわらず、一揆契状などに一切その名を確認できない保利氏が、一体どこに本拠を持ち、どのような性格と動向を示す存在であったか、これまでよくわからないとされてきた。

そこでまずはじめに、保利氏の性格を窺わせる事例をいくつか取り上げてみよう。

①応仁文明の乱において、安芸国高田郡の毛利氏は当初東軍（細川方）に属していたが、文明三年（一四七一）に至って、西軍（山名・大内方）に転じた。次の史料は、これに関わるものである。

雖未申通候、以次令啓候、抑毛利殿御事、以御取合當家御一味自他肝要候、今度色々御芳志之次第、坂殿・堀殿より承候間、具京都へ注進仕候、左京大夫（大内政弘）可致御礼候、餘難謝御芳志候間、先當郡内一所可進置候之由、坂殿申入候、已後者雖無差儀候、細々可申入候、又蒙仰候者本望候、当郡弓箭事落居不可有幾程候、早々以面上諸篇可得御意心中候、毎事期後信候、恐々謹言、

閏八月六日　　行房（安富）（花押）

福原殿御陣所

この史料は、文明三年の大内氏家臣安富行房の書状であり[6]、行房は大内氏の分郡安芸国東西条に入部した直後であり[7]、鏡山城（現広島県東広島市）にあって賀茂郡内の争乱終息を図っていたものと思われる。

ここで注目されるのは、惣領毛利豊元を西軍に誘った際の福原氏の「色々御芳志」について、坂氏・堀氏が安富氏へ取り次いでいる事実である。この「堀」氏こそ、「保利（＝〝ほり〟の変体仮名）」氏ではないかと推測されるからである。毛利氏庶子家である福原氏や坂氏は、室町期においては時に惣領家と対立し、「惣領を中心とする『一家中』としての盟約的な衆中組織」の代表的存在として惣領家と肩を並べる存在であった[8]。長禄四年（一四六〇）の庶子家麻原氏の追放後[9]は、こうした惣庶間対立は基本的には解消されたが、文明三年の福原氏・坂氏の動向は未だ非常に自立的である。その意味では、同じ一族の坂氏が福原氏の大内氏に対する忠儀を証明し、大内氏から福原氏への給地宛行を取り次ぐことは不思議でないと思われる。問題は、毛利氏一族にもその名を確認できない堀氏がなぜ坂氏とともに現われるのかという点である。この点の解明を急ぐ前に、保利氏の性格を窺わせる別の事例をさらに追ってみたい。

②天文九年（一五四〇）、毛利氏は出雲国尼子詮久率いる軍勢の攻撃を受け、吉田郡山城近辺において激しい戦闘を繰り広げたが、「毛利家文書」にはこの郡山合戦における戦功等を書き立てた一連の注文が残されている[10]。これらの注文は、毛利氏方全体についての戦功ではなく、毛利氏「家中」の戦功を記録したものであり、記された多数の人名

のほとんどについて毛利氏の家臣であると確定することができる。このことは、逸早く参陣した安芸国衆天野興定の家臣が一切記されていないことによっても証明され、また、基本的には毛利氏が大内氏配下の一国人領主にすぎないことからすれば、当然のことと言ってもよい。ところが、その注文の中に、「頸一　保利殿内山田討取候」（「於山県河井」）、「保利殿被官三人・中間二人」（「於相合搦人数十一月廿六日」）との記述が見られる。これは、毛利氏「家中」の井原氏についての「井原殿被官一人」（同上）という記述と、全く同様のものである。保利氏とは、国人領主段階の毛利氏によって、家臣の戦功を記録される存在であったことが知られる。

③天文二十三年（一五五四）の四月十六日、毛利隆元は重臣の福原貞俊に対し、石見国吉見氏を攻撃中の陶晴賢加勢のため毛利元就が下向することを危惧し、替りに自ら出陣したい旨の書状を遣わした[11]。その理由の一つとして隆元は、「備後諸境目敵出候共、吉川・宍戸と備後ニのこり候する衆計にてハ、一向成ましく候、其故ハ、當国衆も定、平賀・天野・保利・熊谷・野間以下罷下へく候、残而ハ吉川・宍戸迄候、隆景ハ宇賀嶋ニからかい候へく候、爰元家来之衆さへ多分罷下候ハてハ、無勢たるへく候間、家中之衆悉吉見可罷下候、さやうに候てハ、勢衆と申事ハ一向あるましく候、なにを以備後へ罷出、手合を可仕候哉」と述べており、備後国へ侵攻してくる可能性の高い出雲国尼子氏に対抗できる戦力を、安芸国に残しておきたいと考えていたことが知られる。

　この史料は、毛利氏が安芸国最大の国衆となり、大内氏から付与された軍事指揮権を安芸国衆に対して行使していた段階のものであるが、特に注目されるのは、安芸国衆の中に「保利」の名が記されていることである。従って保利氏は、平賀・天野・熊谷・野間の各氏と肩を並べる、安芸国の有力国衆であったものと推測される。

　さらに、永禄四年（一五六一）、毛利元就・隆元父子は小早川隆景の本拠高山城を訪れ、数日にわたって宴を催しているが、これに同行した人物の中に「保利中務少輔」が見られる[12]。この人物は、宴席における座配から推測して、同行した安芸国衆熊谷氏・平賀氏等と同格に扱われていた可能性が高い。

このように見てくると、保利氏の性格はかなり複雑であると言わなくてはならない。③のように、保利氏の基本的性格はあくまでも「国衆」であるが、①②のような毛利氏やその一族との強い結び付きを見れば、単に「国衆」としただけではその性格を捉えきれないと思われるからである。そこで、保利氏がどのような存在であったのかを考える決め手となるのが、次の史料である。

富田社官田辺大蔵丞・同与三郎事、今度令籠城、忠儀之由、祝着之至候、然間望之地事無余儀可遣之候、此旨可被仰与候、恐々謹言、

十二月廿日　　　　　　　　輝元（花押）

　　　　　　　　　　　　　元就（花押）

保利紀伊守殿御陣所

今度富田俄及籠城付而、田辺大蔵大夫父子、御要害差籠、尾頸八幡丸矢倉二三間、致御番、無二以覚悟昼夜之切搦、別而遂馳走候事、無比類候、為其勲功、富田八幡宮横屋職并宇賀庄八幡領申調之、御両殿御判被遣之候、弥御祈念不可有油断候、恐々離言、

十二月廿八日　　　　　　　紀伊守隆重（花押）

田辺大蔵大夫殿

同　与三郎殿

これら二通(13)は、永禄十二年（一五六九）に尼子勝久が尼子氏再興を企図して出雲国へ乱入し、かつての本拠富田城

（島根県安来市）を攻撃した際、籠城して戦った富田八幡宮社家の田辺氏に対し、毛利氏が恩賞を与えた時のものである。これらが一連のものであることは言うまでもないが、この場合、一通目の宛名「保利紀伊守」と二通目の差出「紀伊守隆重」は同一人物であると考えるのが普通である。しかし、二通目の「紀伊守隆重」とは、当時富田城の城番を務めていた安芸国衆天野隆重である。従って、これらの史料を見る限り、天野隆重は保利隆重とも呼ばれていたと考えざるをえない。果たして、永禄四年の「保利中務少輔」や永禄十二年の「保利紀伊守」という保利氏の官途・受領名は、天野隆重のものと時期的にも一致するのである。[14]

二、保利氏＝志芳堀天野氏の実像

天野氏は、比較的よく知られた安芸国衆であるが、その実像は意外なほどに不鮮明である。[15]

安芸国衆天野氏は、伊豆国天野郷を本拠とした天野氏の子孫であり、南北朝動乱期に別系統の二つの家が賀茂郡志和盆地（現広島県東広島市）に入部し、政光系天野氏が志芳堀、遠顕系天野氏が志芳荘東村を領した。以後中世後期を通じて、志芳堀天野氏（政光系天野氏）は財崎城・金明山城などを本拠に志和盆地の北西部を基盤とし、志芳東村天野氏（遠顕系天野氏）は米山城・生城山城などを本拠に志和盆地南東部一帯に基盤を有していた。志芳堀天野氏が近世初頭に断絶し、その相伝文書も失われたのに対し、[16]志芳東村天野氏は、後に毛利元就の七男元政を当主に迎え、近世には萩藩の毛利氏一門（右田毛利家）として存続したため、まとまった文書（「天野毛利家文書」[17]）を伝来した。[18]

天野隆重とは、以上の二系統の内の志芳堀天野氏（政光系天野氏）当主である。[19]その本拠である「志芳堀」は近世には「志和堀村」となり、「藝藩通志」によれば、近世村の「志和堀村」は「保利」とも書かれたと記されており、[20]

この系統の天野氏が、本拠地の地名を名字に冠する場合があったとしても不思議ではない。前章に引用した天文二十三年の正月二日毛利隆元書状において、「保利」氏とは別に「天野」氏が記されていることも、「保利」は志芳堀天野氏、「天野」は志芳東村天野氏を指していると考えられる。

大内氏が滅亡する以前の段階において、史料的に確認できる志芳堀天野氏の所領は、佐東郡「小河内」(21)(現広島市安佐北区)、筑前国志摩郡「岩任名之内拾町地」(22)を除き、いずれも志和盆地内部に所在している。その本拠である「志芳堀」には大宮神社が所在するが、正平二十年(一三六五)十月の同社蔵大般若波羅蜜多経奥書(23)によれば、同社は「志芳庄八幡宮」「志芳庄西村八幡宮」等と称されており、領主である大願主は天野遠藤である。従って、「志芳荘西村」(その範囲や「志芳堀」との関係は不明)は志芳堀天野氏の所領であった可能性が高く、天野遠藤は志芳堀天野氏である可能性が高い。志芳東村天野氏の所領構成も、大部分が志和盆地に集中し、周辺にいくつかの知行地(西条の原村・飯田村の内(24))が存在するという点では、同様である。また志和盆地西南端には、隣接する安南郡の国衆阿曽沼氏知行分も存在した(25)。さらに、大内氏滅亡の前後には二系統の当主以外の人物が分立した時期もあり、弘治三年(一五五七)の安芸国衆傘連判契状には、志芳堀天野隆重と志芳東村天野元定以外に天野隆誠が署判をしている(26)。従って、両天野氏のそれぞれについて言えば、安芸国衆の中でも特に規模の小さな部類に属すると言わなくてはならない。

両天野氏は、基本的にそれぞれ別の「国衆」として同盟関係を維持し続けており、応永十一年(一四〇四)と永正九年(一五一二)の安芸国人一揆契状においても、天野氏は二系統の代表者と思われる人物(応永十一年には宗政と昌儀、永正九年にはそれぞれの当主である元貞と興次)が署判している。また、十六世紀の初頭以降、両天野氏間においては「悴者・中間」から「下人」にいたるまで人返し協約が結ばれていった(27)。表1は、大永～天正年間の史料に現われる両天野氏の家臣の名字を列挙したものである。特に志芳堀天野氏については史料が少ないため推側を交えざるをえないが、両天野氏に共通する名が財満・内藤・中村・三戸の各氏程度に限られることは、両氏間の協約関係の積み重ねによって、この段階に至るまでそれぞれの権力体の自立性が保たれていたことを窺わせている。

家臣団の構成に関して両天野氏に共通する特徴は、家臣の出自が志和盆地に収まらない広がりを持っていることである。

例えば、安芸武田氏支配下の諸領主の一族や末裔である可能性がある家として、志芳堀天野氏では小河内氏・国重氏・山田氏、志芳東村天野氏では熊谷氏・己斐氏・品河氏・山県氏等を挙げることができる。また毛利氏配下の高田郡内諸領主の一族（毛利氏「家中」の同族）である可能性が高い家としては、志芳堀天野氏の市川氏・桂氏・河村氏・内藤氏・中村氏・三

表１　大永～天正年間の史料に現われる両天野氏の家臣一覧（同名を除く）

志芳東村天野氏		志芳堀天野氏	
秋山氏	1名	（石蔵氏）	1名
阿野氏	1名	市川氏	11名
石井氏	6名	伊藤氏	9名
石河内氏	1名	牛尾氏	1名
河野氏	1名	小河内氏	1名
熊谷氏	6名	甲斐氏	1名
己斐氏	2名	桂氏	2名
小畠氏	1名	鎌田氏	4名
財満氏	17名※	河村氏	1名
品河氏	1名	国実氏	1名
渋賀氏	1名	国重氏	1名
内藤氏	1名※	（蔵田氏）	1名
長（張）氏	6名	財満氏	6名※
長松氏	8名	（棚守氏）	2名
中村氏	2名※	傳氏	1名
三戸氏	2名※	内藤氏	3名※
三宅氏	22名	中村氏	4名（3名か？）※
山県氏	1名	新野（入野）氏	1名
若槻氏	1名	野尻氏	7名
脇氏	1名	野瀬氏	1名
		原田氏	1名
		東村氏	1名
		（祝師氏）	1名
		槇森氏	1名
		三戸氏	4名※
		見渡（三戸）氏	1名
		宗像氏	2名
		室田氏	1名
		（森氏）	1名
		矢田氏	3名
		山田氏	4名

注：志芳東村天野氏については、大部分は「天野毛利文書」（『広島県史古代中世資料編Ⅴ』）所収文書、一部「村山家檀那帳」（同上）と「贈村山家返章写」（山口県文書館所蔵）によった。志芳堀天野氏については、表２による。両家に共通する名字に※を付した。（　）内の名字は、志芳堀天野氏の家臣と確定できないものである。

表２　志芳堀天野氏の家臣

人　物　名	典	拠
石蔵助左衛門尉	1581. 12	村山家檀那帳〈雲州熊野〉※
市川孫四郎	1541. 6. 12	金山伴陣軍忠状
市川助七	1541. 6. 12	金山伴陣軍忠状
市川孫四郎	1575. 1	手要害合戦頸注文
市川孫七郎	1575. 1	手要害合戦頸注文
市川孫八郎	1575. 1	手要害合戦頸注文
市川宮菊丸	1581. 12	村山家檀那帳〈志芳堀〉(贈村山家返章写〈自松山〉)
市川藤九郎	1581. 12	村山家檀那帳〈雲州熊野〉
市川ぬい（縫殿允）明勝	1581. 12	村山家檀那帳〈志芳堀〉(贈村山家返章写)
市川右近大夫明忠	?. 1. 18	贈村山家返章写※
市川藤蔵人明共	?. 3. 6	贈村山家返章写（贈村山家返章写）
市川与三兵衛尉重友	(1590). 8. 13	贈村山家返章写
伊藤小四郎	1541. 6. 12	金山伴陣軍忠状
伊藤弥四郎	1575. 1	手要害合戦頸注文
	1581. 12	村山家檀那帳〈志芳堀〉
伊藤新四郎	1575. 1	手要害合戦頸注文
伊藤源太郎珍秀	1581. 12	村山家檀那帳〈雲州熊野〉(贈村山家返章写)
伊藤木工助（親俊カ）	1581. 12	村山家檀那帳〈志芳堀〉(贈村山家返章写)
伊藤木工允重正	?. 1. 15	贈村山家返章写（贈村山家返章写）※
伊藤右衛門尉重忠	1581. 12	村山家檀那帳〈志芳堀〉(贈村山家返章写)
伊藤甚兵衛	1581. 12	村山家檀那帳〈志芳堀〉
伊藤神兵衛尉明種	?. 8. 13	贈村山家返章写※
牛尾善兵衛明次	1581. 12	村山家檀那帳〈志芳堀〉(贈村山家返章写)
小河内左京亮（進）重保	1581. 12	村山家檀那帳〈志芳堀〉(贈村山家返章写)
甲斐勘兵衛尉	1575. 1	手要害合戦頸注文
桂重賢（又右衛門尉・采女守（允））	1581. 12	村山家檀那帳〈雲州熊野〉(贈村山家返章写)
桂左京亮重信	?. 11. 吉	贈村山家返章写※
鎌田源三郎	1541. 6. 12	金山伴陣軍忠状
鎌田源右衛門明信	1581. 12	村山家檀那帳〈志芳堀〉(贈村山家返章写)
鎌田源三兵衛明時	1581. 12	村山家檀那帳〈志芳堀〉(贈村山家返章写)
鎌田出雲守明延	?. 3. 21	贈村山家返章写（贈村山家返章写）
河村新左衛門尉重時	1575. 1	手要害合戦頸注文
	1581. 12	村山家檀那帳〈備中松山・志芳堀〉
	1590. 12. 13	贈村山家返章写（贈村山家返章写）
国実平三	1575. 1	手要害合戦頸注文
国重藤四郎	1575. 1	手要害合戦頸注文
蔵田弥三郎	1581. 12	村山家檀那帳〈雲州熊野〉※
財満勘左衛門尉	1575. 1	手要害合戦頸注文
財満内蔵助明栄	1581. 12	村山家檀那帳〈備中松山・志芳堀〉(贈村山家返章写)
	1590. 12. 13	贈村山家返章写
財満左京亮重久	1581. 12	村山家檀那帳〈志芳堀〉(贈村山家返章写)
財満越後守行久	1581. 12	村山家檀那帳〈志芳堀〉(贈村山家返章写)
財満木工允明秀	?. 2. 25	贈村山家返章写※
財満孫次郎明兼	?. 3. 5	贈村山家返章写（贈村山家返章写）
たなもり治部	1581. 12	村山家檀那帳〈志芳堀〉※
たなもり甚六	1581. 12	村山家檀那帳〈志芳堀〉※
傳助七郎	1575. 1	手要害合戦頸注文
内藤源太郎	1575. 1	手要害合戦頸注文
内藤明吉（弥太郎・右衛門大夫）	?. 10. 28	贈村山家返章写
	1581. 12	村山家檀那帳〈志芳堀〉
内藤右京進重吉	?. 4. 2	贈村山家返章写※
中村左近将監	1581. 12	村山家檀那帳〈志芳堀〉

中村左近将監行氏	?	贈村山家返章写※
中村左近将監重治	?. 1. 18	贈村山家返章写（贈村山家返章写）
中村内蔵人佑明秀	1581. 12	村山家檀那帳〈志芳堀〉（贈村山家返章写）
中村助四郎明氏	1581. 12	村山家檀那帳〈志芳堀〉（贈村山家返章写）
新野（入野）内蔵助重忠	1581. 12	村山家檀那帳〈志芳堀〉（贈村山家返章写）
野尻平左衛門尉吉次	1581. 12	村山家檀那帳〈志芳堀〉（贈村山家返章写）
野尻内蔵大夫明善	1581. 12	村山家檀那帳〈志芳堀〉（贈村山家返章写）
野尻彦右衛門尉明甚	(1590). 8. 13	贈村山家返章写
野尻木工允明秀	?. 4. 1	贈村山家返章写※
野尻太郎兵衛信直	?. 3. 24	贈村山家返章写（贈村山家返章写）※
野尻太郎兵衛尉信栄	?. 4. 1	贈村山家返章写（贈村山家返章写）※
野尻土佐守吉直	?. 3. 24	贈村山家返章写（贈村山家返章写）※
野瀬小四郎	1541. 6. 12	金山伴陣軍忠状
原田助七郎	1575. 1	手要害合戦頸注文
東村藤右衛門尉	1590. 12. 13	贈村山家返章写
祝師兵部大夫	1581. 12	村山家檀那帳〈志芳堀〉※
槇森重永（余三郎・玄蕃允）	1581. 12	村山家檀那帳〈志芳堀〉（贈村山家返章写）
三戸新右衛門尉重親	1581. 12	村山家檀那帳〈雲州熊野〉（贈村山家返章写）
三戸宗左衛門尉明善	1581. 12	村山家檀那帳〈志芳堀〉（贈村山家返章写）
三戸弥六左衛門尉明次	?. 3. 10	贈村山家返章写※
三戸助四郎明嘉	?. 3. 1	贈村山家返章写※
見渡（三戸か？）源四郎	1575. 1	手要害合戦頸注文
宗像弥四郎	1575. 1	手要害合戦頸注文
宗像兵部大夫明広	?. 3. 28	贈村山家返章写※
室田与三右衛門尉	1575. 1	手要害合戦頸注文
森清右衛門尉	1581. 12	村山家檀那帳〈雲州熊野〉※
矢田宗兵衛尉	1581. 12	村山家檀那帳〈雲州熊野〉
矢田	1581. 12	村山家檀那帳〈備中松山〉
矢田東市允明貞	1593. 3. 13	贈村山家返章写（贈村山家返章写）
山田	1540.	郡山城諸口合戦注文
山田新四郎	1541. 6. 12	金山伴陣軍忠状
山田十郎兵衛	1581. 12	村山家檀那帳〈志芳堀〉
山田十郎左衛門尉明泰	?. 3.6	贈村山家返章写（贈村山家返章写）※
結城小七郎	1575. 1	手要害合戦頸注文

注：本表は、以下の史料から志芳堀天野氏家臣であると推定される人物を、名字は五十音順、同じ名字の人物については概ね年代順に列挙したものである。また二ヶ所以上見出せる人物については、年代の明確な史料によって配列し、他の典拠史料は（　）内に記した。

①天文９年（1540）の郡山諸口合戦注文（「毛利家文書」287号）に見られる「保利」氏の家臣。

②天文10年（1541）６月12日金山伴陣軍忠状（「萩藩譜録」羽仁七郎右衛門君雄〈『広島県史古代中世資料編Ｖ』１号〉に見られる、天野隆重の家臣。

③天正３年（1575）１月の備中手要害合戦頸注文（「毛利家文書」375号）において、天野元明の手に属して戦功をあげている人物。

④天正９年（1581）の「村山家壇那帳」（『広島県史古代中世資料編Ｖ』）の雲州熊野・備中松山・志芳堀の項に名をつらねている人名。志芳堀天野氏への帰属関係を直接示す史料ではなく、特にこの史料にしか現れない石蔵・蔵田・たなもり（棚守）・祝師・森の五氏については、慎重な検討が必要であるので、一応の区別のため※を付した。

⑤贈村山家返章写所収書状（山口県文書館所蔵）によって、志芳堀天野氏の意を奉じるなど家臣であることが確認できる人物、及び同所収書状の発給者の内、志芳堀天野氏の偏諱（行・重・明・珍）を受けた同氏の家臣である可能性が高い人物。なお、慎重な検討が必要な人物については、一応の区別のため※を付した。また、志芳堀天野氏の偏諱を受けた可能性もある人物として、本表以外にも今中重満・入江重吉（重好）・山崎重正・山県重次・山県重正の名が確認できるが、慎重な検討が必要であるので、本表からは除外した。

判断の拠り所の多くが、一局面の軍事編成、志芳堀・出雲国熊野・備中国松山への居住、推測を含めた偏諱という点にすぎないので、志芳堀天野氏への帰属性の度合いなどは不明である。

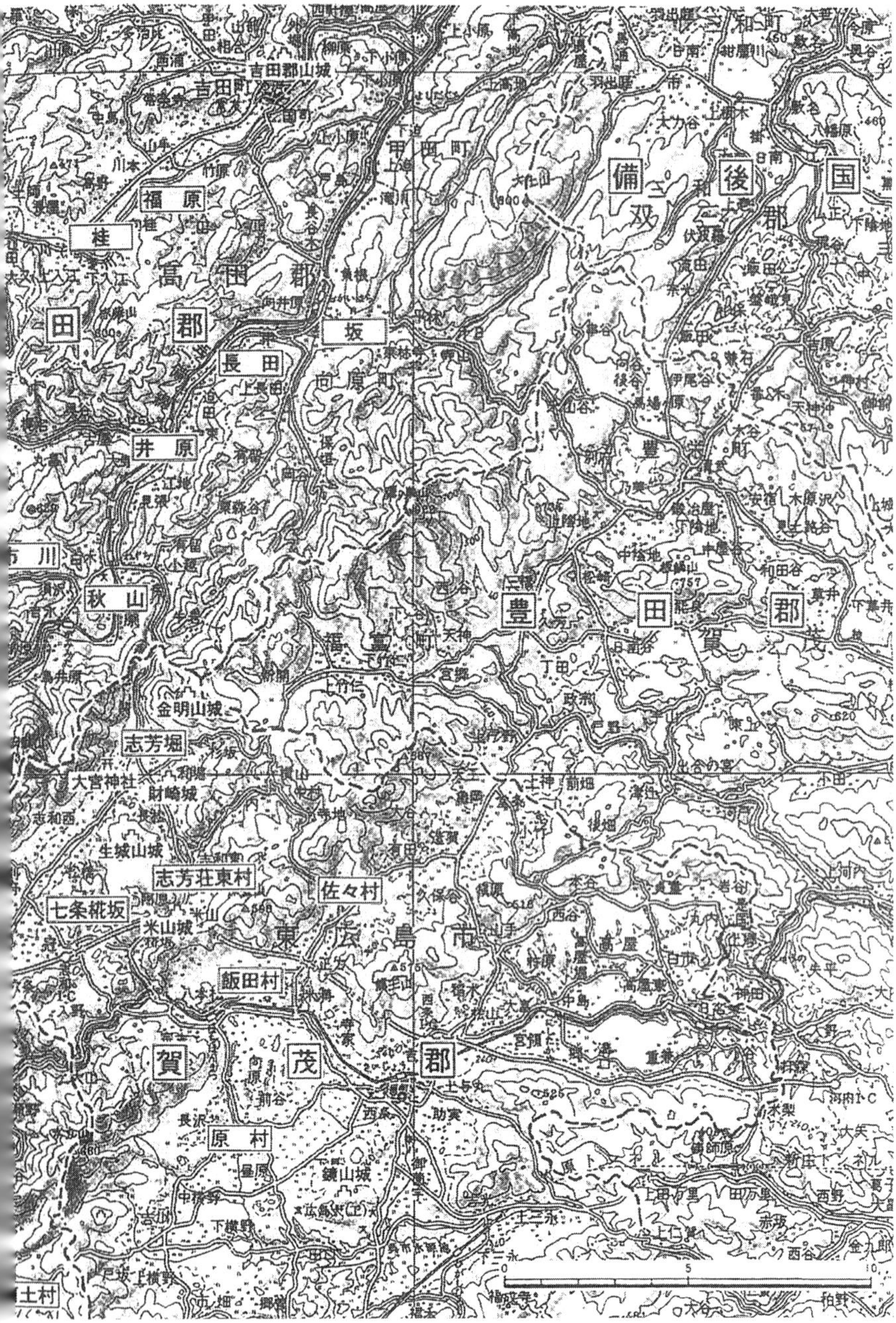
吉田郡山城
吉田町
福原
桂
髙田郡
長田
坂
向原町
甲田町
井原
備後国
豊田郡
賀茂郡
秋山
金明山城
志芳堀
大宮神社
財崎城
生城山城
志芳荘東村
佐々村
七条椛坂
米山城
東広島市
飯田村
原村
鏡山城

山
県
郡
小河内
安
北
郡
三入荘
可部荘
佐
東
郡
金山城
己斐城
安
南
郡

戸氏、志芳東村天野氏の秋山氏・内藤氏・中村氏・三戸氏等が挙げられる。[29]さらに志芳堀天野氏の財満氏・宗像氏、志芳東村天野氏の石井氏・財満氏・脇氏等[29]は、大内氏の分郡「東西条」に本拠を持つ領主の一族であると推測される。[30]

検討の手がかりが名字だけである以上、同名の領主との実際の血縁関係を特定することはできないので、これらの推測からは蓋然性を論ずることしかできない。ただ、これら家臣は、安芸武田氏や大内氏が滅亡する以前から既に両天野氏家臣として活動している例が見られ、天野氏配下に組み込まれていく契機は多様であったと思われるので、古くからの密接な交流を窺わせている。[31]

両天野氏の基盤である志和盆地は、条理遺構の見られる早くから開けた土地である。また少なくとも戦国期には、八木の渡し―深川―湯坂峠―志和盆地―西条盆地という陸路の幹線経路の通過点にあり、また毛利氏の本拠吉田から西条盆地・山陽道沿いへ出ていく最短経路に位置していた。盆地内に残された、堀市・新市・十日市・六日市・馬宿などの地名は、志和盆地が持つこのような地理的条件を裏付けている。「志芳賣升[32]」の存在は、一種の経済圏としての独自性を示しており、盆地内に拠点を持つ諸商人の活発な商業活動と独自な秩序の存在を窺わせている。両天野氏家臣の特徴的な構成を生み出したと思われる周辺諸領主との交流は、その基盤の地理的条件にも大きく規定されていたと考えられる。

以上のような交流をもう少し具体的に検討するため、天野隆重を例に婚姻関係を見てみたい。これもまた、後世の系譜[33]によらざるをえないため蓋然性を論ずることしかできないが、その特徴は顕著である。まず、天野隆重の母は毛利氏一族福原広俊の息女であり、隆重の室は福原貞俊の息女であるとされている。また隆重の最初の室は、高田郡中郡衆井原氏の息女であるとされている。この内の福原氏については、慶長十年（一六〇五）の八月四日毛利輝元書状[34]において、福原広俊に対して「五郎右衛門事も、御方親類にても候」と述べており、この時期に至っても毛利氏内部

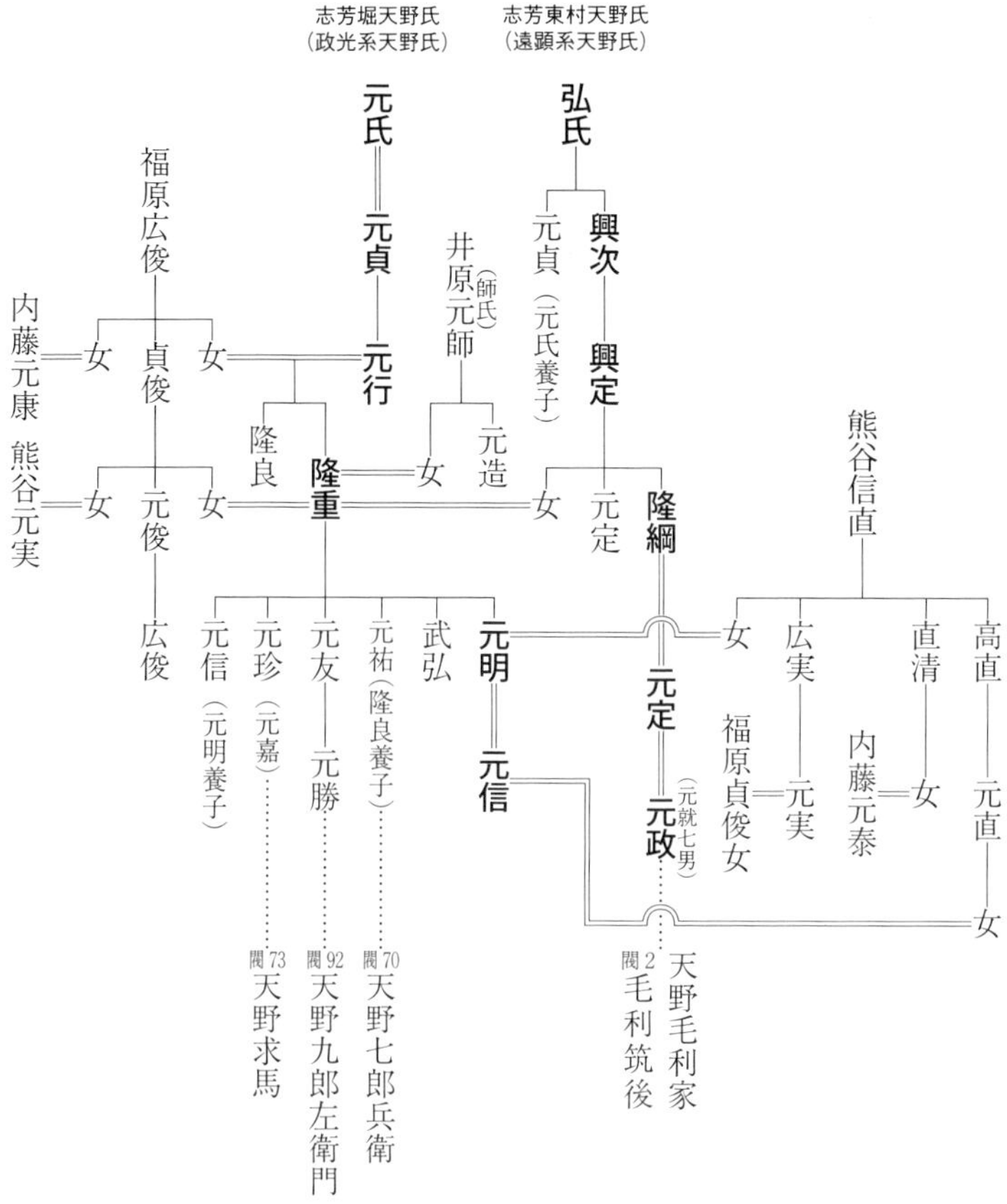

両天野氏関係系図

においては、志芳堀天野氏（当主は五郎右衛門尉元信）と福原氏（当主は貞俊の嫡孫広俊）が「親類」であると認識されていたことが知られる。

ここであらためて想起されるのが、第一章において取り上げた①の事例である。文明三年、大内氏に対する福原氏の忠儀を坂氏とともに取り次いだ「堀」氏は、やはり志芳堀天野氏であると考えられる。福原氏と志芳堀天野氏の婚姻関係が、この時期にまで遡るものであるかどうかは不明であるが、両氏間の歴史的に密接な関係を窺わせる事実として非常に注目されよう。

とりわけ、堀氏＝保利氏＝志芳

堀天野氏の基盤が、賀茂郡の高田郡境に位置し、福原氏・坂氏の本拠地と西条盆地を結ぶ地点に位置していたことは、これらの領主間結合が地理的条件にも規定されていることを示している。これは、大内氏対細川氏という二大勢力の狭間で、近接する中小規模の領主層が取り結んでいた関係の具体的内容を窺わせる事実と考えられる。

中小規模の諸領主が取り結ぶ婚姻関係とそれが形づくる領主間結合については、武田氏分郡内の事例が知られるが[35]、志芳堀天野氏をめぐる婚姻関係については、以上のように高田郡内の中小領主との間において緊密に展開しており、いわゆる「国衆」との間において展開されるに至っていない点が注目される。決して規模が大きいとは言えない志芳堀天野氏が、志和盆地で完結しない広範な周辺地域の同程度の規模の諸領主との間に、婚姻関係を含めたネットワークを形成していた点は、「国衆」志芳堀天野氏のより実態的な姿を示すものではないかと推測される。

三、保利氏と戦国大名毛利氏

次に問題となるのは、以上のような保利氏＝志芳堀天野氏の実態的存在形態と、大名権力や「国衆」連合による地域秩序との関わりである。

大内氏時代の志芳堀天野隆重は、志芳東村天野氏など他の安芸国衆とともに大内氏の麾下にあって合戦に参陣し、特に天文二年（一五三三）には大内義隆に従い肥前国神崎郡において戦功を挙げている[36]。「隆重」という実名も義隆の偏諱を受けたものと思われ、弟の隆良は、天文二十年、大内義隆とともに長門国大寧寺において自刃している[37]。これらの事実は、志芳堀天野氏の大内氏に対する強い従属性を示している。従って志芳堀天野氏は、大内氏との関係において基本的に毛利氏と同格なのであり、あくまでも毛利氏などと領主連合を形成する「国衆」であった。これは、大内氏を討滅した後の戦国大名段階の毛利氏領国においても基本的に変わることはなく、例えば天正三年（一五七五）正月の手要害攻城戦において、毛利氏の軍勢が「毛利手」「小早川手」「完戸手」「平賀手」「阿曽沼間手」「天野手」「熊谷手」「天野中務少輔手」（以上安芸国）「山内手」「上原手」「田総手」「馬屋原兵部大夫手」（以上備後国）「細川野州手」「平川手」「長手」（以上備中国）から構成されており[38]、各国衆（毛利氏を含む）の家臣（「家中」）からなる「手」勢の連合軍という形をとっていたことによっても裏付けられる。ちなみに「天野手」は志芳東村天野元政の手勢、「天野中務少輔手」は志芳堀天野元明の手勢を指している。

しかしながら、第一章の事例②のように、毛利氏「家中」の戦功等を列挙した天文九年の「郡山城諸口合戦注文」に志芳堀天野氏の家臣の名が記されているなど、保利氏＝志芳堀天野氏と毛利氏との関係については、他とは異なる特徴をいくつか指摘することができる。

志芳東村天野氏と毛利氏との個別の関係は、大永五年（一五二五）に当主天野興定が毛利元就と起請文を交わすまでは不明であるが、天文二十三年（一五五四）五月には、当主天野隆綱が、陶隆房と断交した毛利氏と逸早く起請文を交わし[40]、永禄十二年（一五六九）には毛利元就の七男元政が家督を継承するなど[41]、非常に緊密な間柄であったことが知られている。しかし、天文九年の郡山合戦においていち早く参陣した志芳東村天野興定の手勢[42]は、毛利氏の「諸口合戦注文」に現われていない。

毛利氏と志芳堀天野氏の固有の関係を最も端的に示す事実は、永禄年間の豊前国松山城・出雲国富田城における天野隆重の軍事的貢献である。

永禄五年（一五六二）後半の毛利氏は、尼子氏討滅のため全軍を挙げて出雲国へ侵攻していたが、同時に大友氏との戦争をも並行して遂行しなければならない状況にあり、年末には毛利隆元が出雲国を発して、安芸国厳島に参宮し、周防国岩国にて越年の後、永禄六年正月に防府へ着陣したとされている。[43]天野隆重は隆元に随行して厳島へ参宮し、正月早々に豊前国松山城（現福岡県苅田町）へ派遣されたものと推測される。[44]大内氏旧臣杉氏の居城松山城は、周防灘に面した要衝であり、当時は対大友氏の最前線に当たり大友氏の激しい攻撃にさらされていた。天野隆重はこの緊迫した情勢下を切り抜け、同年五月毛利氏・大友氏の講和成立に至るまで、松山城を死守したものと思われる。この間、特に注目されることは、隆重が杉松千世（重良）配下の軍忠を毛利氏当主の隆元へ注進している事実である。[45]

永禄九年十一月に尼子氏が滅亡し、その本拠富田城（現島根県安来市）は毛利氏に接収されたが、出雲国撤収後の翌十年七月以前、毛利氏は天野隆重に富田城在城を命じた。[46]しかし、永禄十二年七月頃より、富田城は尼子氏再興を企てて出雲国へ乱入した尼子勝久の攻撃を受け、隆重は再び危機的な状況に置かれた。翌元亀元年（一五七〇）に毛利氏本隊が出雲国へ進軍し、二月十四日の布部山合戦に勝利したことによって、この危機的状況は漸く打開された。

以上のように毛利氏は、対大友氏戦における最重要拠点である豊前国松山城や、尼子氏滅亡後の出雲国富田城を天野隆重に任せており、しかも天野隆重は大友氏や尼子勝久の攻撃をほとんど単独で防ぎ切っている。同様のことは、天正三年（一五七五）、毛利氏による備中国三村元親討滅後、三村氏の本拠であった松山城（現岡山県高梁市）城主として隆重の嫡男元明が在城を命じられ、[47]以後、対織田戦争の前線に位置する重要拠点としてここを確保したことと共通している。万一これらの軍事拠点が失われたならば、毛利氏領国全体に極めて深刻な影響を及ぼしたであろうことは想像に難くない。このような例は、志芳東村天野氏を含めて他の安芸国衆には見られず、志芳堀天野氏の著しい特徴である。

特に注目されるのは、隆重が単に幼少の杉松千世の補佐としてではなく、その軍忠を毛利氏へ注進する軍事指揮官として松山城へ差し籠められたという点である。富田城在城についても、城領を与えられてはいるが知行替えではなく、尼子氏旧臣を含む城衆の軍事指揮官として派遣されたものと思われる。これは、毛利氏の隆重に対する相当な信頼がなければありえないが、毛利氏による志芳堀天野氏の掌握度が非常に強かったことをも窺わせている。

このような事態が何に起因するのかを考える手がかりとしてまず注目されるのは、天文二十一年（一五五二）正月十日、天野隆重の四男元友（少輔四郎・雅楽允）が毛利隆元の加冠を受け、以後毛利氏「家中」の一員となった事実である[48]。これは、大内義隆が重臣陶隆房に敗れて自刃した前年九月から幾許も経っていない時期のものであること、ほぼ同時に安芸国衆熊谷信直の三男広実も隆元の加冠を受けて毛利氏「家中」組み込まれていることから見て[49]、極めて重要な意味を持っていると考えられる。毛利氏は、大内氏の混乱に乗じた安芸国衆統制策として、その支配領域に最も近接する志芳堀天野・熊谷両氏の子息を「家中」に取込んだ可能性が高い。毛利氏による国衆の子息の家臣化は、類例の多い国衆の同族・庶流の家臣化よりも、さらに重要な意味を持ったものと思われる。これは、人質的側面をも有していたのではないかと推測され、毛利氏が志芳堀天野・熊谷氏を掌握するための効果的な手段であったと思われる。また、志芳堀天野氏・熊谷氏側から言えば、子息を毛利氏「家中」へ送り込むことは毛利氏と結んで生き残るための有効な手段であったと考えられる。

伊勢神宮の御師村山武親は、天正九年に毛利氏領国を巡り奉賀を募ったが、この時の「檀那帳」[50]によれば、志芳堀天野氏は、隆重嫡男元明が「備中松山」、三男元祐は周防国山代郷五ケの内の「藤谷」（現山口県岩国市）、隆重と五男元珍は「出雲熊野」[51]（現松江市）にいたことを確認できる。その本拠である「志芳堀」には、一族と思われる「天野掃部寮」をはじめ志芳堀天野氏の家臣が見られるのみである。隆重とその子息たちは、明らかに分散して配置されている。

このような毛利氏による施策が抵抗なく実現される背景には、前章で明らかにされたような中小規模の領主層が取り結ぶネットワークの存在があると考えられる。それは、毛利氏「家中」に組み込まれた国衆の子息が志芳堀天野・熊谷両氏に限られ、両氏の基盤が毛利氏支配下の高田郡に隣接するという歴史的地理的位置を勘案すれば、妥当な推測と考えられる。天文九年の「郡山城諸口合戦注文」において、毛利氏とは同格であるはずの志芳堀天野氏の被官・中間が記されていることは、偶然にもせよ、このような歴史的地理的条件に規定された毛利氏と志芳堀天野氏の実態として格別親密な関係を、垣間見せる事実と言えよう。

さらに言えば、志芳堀天野氏とは、毛利氏の側から見れば、地理的に性格的にも、いわゆる中郡衆（内藤氏・井原氏・秋山氏・三田氏など高田郡南部の三篠川流域の在地領主）の、もう一つ外縁部に位置していたと考えられる。中郡衆は元来自立した中小規模の国人領主であり、毛利氏が永正八年（一五一一）に軍役銭納入を誓約させて以後、毛利氏一族・譜代家臣とはやや一線を画しながらも毛利氏「家中」の一員となっていった[52]。大内氏滅亡後においても、毛利氏の権力編成原理として、志芳堀天野氏はあくまでも「国衆」であって、中郡衆などとは明確に区別されているが、高田郡に隣接し古くから高田郡の在地領主層とも緊密な結び付きを有していた志芳堀天野氏は、高田郡の在地領主層が毛利氏「家中」に組み込まれていくなかで、毛利氏と特に緊密な関係を形成したと推測されるのである。

保利氏＝志芳堀天野氏が、「国衆」でありながら毛利氏「家中」に相通ずるような動向を示していることは、以上のような同氏の歴史的性格によるものと考えられる。

四、保利氏＝志芳堀天野氏の断絶

保利氏＝志芳堀天野氏は、慶長十年（一六〇五）七月二日、当主の元信が熊谷元直とともに毛利氏によって討ち果たされ、断絶した。

この事件は、通常熊谷元直誅伐事件と称され、毛利氏領国における近世的支配体制への転換の契機として非常に重視されている[53]。その発端は、前年に始められた萩城普請において、天野元信が城門の内に運び込ませた「五郎太石」という石材を、益田元祥の内の者が盗んだとする事件である。これによって生じた熊谷氏・志芳堀天野氏と益田氏との対立が、輝元の上洛遅延を招き、また熊谷元直・天野元信らが毛利氏による調停を受け入れず、元直が毛利氏との絶縁を口にしたことから、毛利氏による粛清を受けたものである。これにより、元直夫妻と同子息、元信と三人の幼い子息など計十一名が殺害され、六名が追放処分を受けた[54]。

毛利氏側の主張によれば、熊谷氏の当主元直は、毛利氏当主に無断で種々の婚姻関係を取り結んだほか、機密漏洩、元清の跡目継承の画策、軍律違反、豊臣政権との直接交渉など、事々に専横が目立ったという。加えて、豊臣・徳川政権が禁止するキリスト教を信仰し、度々毛利氏から咎められていた[55]。

また、天野元信についても、朝鮮侵略戦争（慶長の役）の蔚山城籠城戦において、宍戸元続の命令に従わず守備に付かなかったほか、関ヶ原の合戦に際して近江国大津城から無断で大坂へ立ち戻り、輝元が木津において領国没収の報に接した際には妻子を密かに和泉国堺へ逃れさせ、また萩城普請奉行に任じられながら普請を妨げ、輝元の上洛を遅延させたとしている[56]。毛利氏の主張する元信の罪状は熊谷元直に比べれば格段に少ないが、「豊前（熊谷元直）と諸事一具ニ同心候て、家中くるわかし相妨候[57]」と述べているように、毛利氏は、熊谷元直と結束して毛利氏内部を混乱させた点を重く見たのである。

毛利氏と緊密な関係にあり、また多大な軍事的貢献によってそれを維持してきた保利氏＝志芳堀天野氏は、なぜこのような形で断絶したのであろうか。この問題は、当該期の毛利氏権力の全体的分析を踏まえる必要があり、なお今後の課題とせざるをえない点も多いが、ここでは志芳堀天野氏の拡大、及び熊谷氏との関係に注目し、考えうる可能性について述べてみたい。

志芳堀天野氏の毛利氏に対する多大な軍事的貢献は、志芳堀天野氏の所領の飛躍的拡大をもたらした。

既述のように、大内氏滅亡以前の段階において、志芳堀天野隆重は志和盆地の内のみならず、筑前国志摩郡内、安芸国佐東郡小河内に権益を得た時期があった。また、弘治四年（一五五八）に確認できる安芸国「西条」の内の知行[58]も、大内氏時代以来のものである可能性が高い。また永禄年間前半までには、長門国大嶺荘（現山口県美祢市）・周防国山代郷（現山口県岩国市）において計四〇〇貫地を知行し[59]、永禄十年には富田入城に伴う城領として出雲国能義郡吉田村・俊弘荘（現島根県安来市）において計八〇〇貫地[60]、これ以外に永禄十二年には富田籠城に対する扶助として出雲国内の計一二〇〇貫地を宛行われた[61]。この後隆重は、富田城からさほど遠くない出雲国意宇郡熊野城に五男元珍（元嘉）とともに入って、富田城主毛利元秋（元就の五男）を補佐したので、熊野にも城領を与えられたと思われる。天正八年（一五八〇）には、吉川元春より伯耆・因幡両国内の計一〇三〇石地が隆重へ宛行われた[62]。

隆重の子息たちについても同様な所領の拡大を確認できる。隆重の嫡男元明は、永禄十年以前に家督を継承し、本領を含む安芸国内の所領を安堵されたと考えられ、また元亀二年（一五七一）には出雲国庄原村（現島根県出雲市）にも権益を持っていたが[63]、天正三年に備中国松山城へ入城すると、さらに三村氏旧領などを含む城領が与えられたものと思われる。次男武弘は、永禄十二年に「苗代」に権益を持っていたことが知られ[64]、これは安芸国安南郡苗代（現広島県呉市）であると推測される。三男元祐は叔父隆良の遺跡を嗣いだが、元明とともに松山城に在城し、毛利氏から備中国上房郡古瀬（現岡山県高梁市）において一〇〇貫地を宛行われており、天正四年には出雲国美談荘（現島根県出雲市）内にも知行分を持ち、天正九年には周防国山代郷藤谷村（現山口県美和町）に居住していたことが知られる[65]。

毛利氏「家中」に入った四男元友も、当初毛利氏から志和盆地の「七条かは坂」「阿野分」を宛行われ、さらに永禄十年には出雲国出東郡の「氷室百貫」「波根・竹辺百貫」（現島根県出雲市）を宛行われている。[65]元友は、元亀元年に「氷室」をめぐる給地の差合により、宍戸氏と知行権を争ったが、天正十一年、子息元勝の代に至り替地として出雲国島根郡「圓福寺百貫」（現松江市）を宛行われた。[67]

さらに時期を下って、毛利氏惣国検地の結果を示す『八箇国御時代分限帳[68]』によれば、本宗家に当たる元信（元明の養嗣子）は、志和盆地内の本領部分と推定される安芸国賀茂郡内と、松山城の城領であると推定される備中国上房郡・賀陽郡内の、計七一四〇石余を確保しており、これは基本的には従来の基盤を安堵されたものと考えられる。隆重から出雲国熊野城（とその城領）や長門国大嶺荘・周防国山代郷内の知行地、伯耆・因幡国内の給地などを継承した元珍[69]は、備後国怒歌郡へ知行替えとなり従来の権益はすべて失っているが、三二八三石余を確保している。毛利氏「家中」の元勝は、旧来からの志和盆地内の知行分と思われる安芸国賀茂郡内と、波根保・建部（竹辺）郷内の知行分と推定される出雲国出東郡内など計一〇一八石余を与えられている。系譜関係が明らかなこれら三名の石高の総計のみについて見た場合でさえも、志芳東野天野氏など毛利氏一門を除けば、三浦氏・吉見氏・平賀氏・益田氏に次ぐ規模であり、熊谷・三沢・山内・椙社・三吉・宍道・阿曽沼・口羽・佐波氏以下、多くの「国衆」領を上回っていたことが知られる。なお、『分限帳』に表れる天野氏の石高の総計は、益田氏の総計をも上回っている。

従って、十六世紀中期までの志芳堀天野氏と、十六世紀最末期のそれとを比較すれば、明らかにその所領規模が（他の「国衆」以上に）飛躍的に拡大したことを確認できるのである。このことは、毛利氏領国内における志芳堀天野氏の位置づけが少なからぬ変化を遂げ、防長移封による打撃もとりわけ大きかった可能性を窺わせている。

隆重の六男として生まれ、隆重嫡男の元明の養子として志芳堀天野氏の当主となった元信が、このような志芳堀天野氏の変化をどのように認識していたのかは詳らかでない。ただ、隆重の五男元珍が永禄五年（一五六二）の生まれとする『閥閲録』の系譜を信用すれば、元信の成長期は既に志芳堀天野氏の拡大以後のことと推定される。その意味では、文亀三年（一五〇三）の生まれと推測され、天正十二年（一五八四）に没するまで、志芳堀天野氏を支えた隆重との間には、大きな認識の差があったと考えてよいであろう。毛利氏の挙げた罪状に見られる元信の行動には、軽率と言わざるをえない面が多く、その背後には、毛利氏への貢献によって拡大した領国内屈指の「国衆」としてのプライドや不満など、鬱屈した感情が見え隠れしているように思われる。[70]

しかし、より重要な問題は、なぜ志芳堀天野氏が熊谷氏と行動をともにしたのかという点であると思われる。これは、言うまでもなく熊谷元直が元信の舅であるからであり、また元直という人物の個性に強い影響を受けた結果でもあると推測されるが、事の本質は両者の個人的関係にとどまらないと考えられる。ここであらためて想起されるのが、第二章において触れた毛利氏「家中」の天野元友と熊谷広実の存在である。

熊谷氏は、戦国大名毛利氏との関係において、志芳堀天野氏と共通する性格を持つ「国衆」である。[71]もっとも、熊谷氏は天文年間初期以前には安芸武田氏支配下にあって周防国大内氏方とは対立関係にあり、歴史的に志芳堀天野氏とは異なる経緯を辿っているし、戦国大名毛利氏に対する軍事的貢献や所領の分散化などの点においても志芳堀天野氏のような顕著な特徴を見出せない。しかし、熊谷氏の本拠は安北郎の三入荘・可部荘にあって高田郡南部と隣接しているうえ、非常に早い時期に元就から宛行状を遣わされていることは、[72]毛利氏への強い従属性を示している。特に、毛利氏が武田氏を滅ぼし、熊谷氏と婚姻を重ねてきた武田氏旧臣層を直接掌握したことは、熊谷氏と志芳堀天野氏が類似した性格を持つに至る重要な前提であったと思われる。

熊谷信直の三男広実が、天野元友とともに、大内義隆没後の早い時期に毛利氏「家中」へ組み込まれたことは、その歴史的地理的背景を前提とする毛利氏による「国衆」統制策の一環である。[73] 熊谷氏と志芳堀天野氏の婚姻関係（熊谷信直の娘と天野元明、熊谷元直の娘と天野元信）は、おそらくこうした施策の延長線上に形成されたものと推測される。その意味では、志芳堀天野氏と熊谷氏の結束は、毛利氏によって形づくられた側面を持っていたと考えられる。この結束は、毛利氏への強い従属性をテコに基盤の確保・拡大を図った天野隆重と熊谷信直（一五〇七～一五九三）の世代よりも、拡大後の毛利氏領国において近似する境遇にあった天野元信と熊谷元直（一五五五～一六〇五）の世代に至り、さらに強められた可能性が高い。

たしかに熊谷元直誅伐事件は、毛利氏がなお根強く残存した「国衆」連合的枠組みを打破するために断行したものと評価してよいであろう。しかし、紛争の一方の当事者であり有力な「国衆」でもあった益田氏に対する処分が行なわれなかったことを勘案すれば、毛利氏による志芳堀天野氏などに対する「国衆」統制策自体が生み出した矛盾を解消するためのものであった側面にも、注目しておく必要があると考えられるのである。

おわりに

保利氏という謎の一族を検討していく過程において、以下のような様々な事実と課題が見出せたように思う。まず第一章では、従来その本拠地などすら明らかでなかった「国衆」保利氏について、これが志芳堀天野氏であることを明らかにした。そして、第二章において志芳堀天野氏の実像を検討し、その結果、規模に比して家臣の出自が広範囲にわたり、地理的条件や婚姻関係から見て、隣接する高田郡内の中小領主層との結び付きが特に深い存在であったことなど、興味深い発見があった。保利氏＝志芳堀天野氏について最も注目される問題点は、基本的には毛利氏と対等な「国衆」でありながら、その動向が毛利氏「家中」に相通ずる側面を持っていた点である。第三章においては、この点について、第二章の結論である毛利氏「家中」を構成する高田郡の中小領主層と志芳堀天野氏のネットワークの存在を重要視した。これが天文九年の郡山合戦において既に「家中」に類似する扱われ方をする背景であり、このような歴史的条件がなければ、毛利氏が隆重の子息を「家中」に組み込み、また豊前国松山城・出雲国富田城・備中国松山城といった極めて重要な軍事拠点を任せて、同時に一族を分散化させるという、他の安芸国衆に対しては見られない強力な統制が可能であったとは考えがたいと思われる。しかしこのことは、近世に向けて志芳堀天野氏が毛利氏「家中」へ順調に組み込まれていく過程とはならなかった。第四章においては、この点に関して、近世初頭における志芳堀天野氏の断絶について考察し、毛利氏による志芳堀天野氏の統制策自体が結果的に同氏の断絶をもたらした側面を指摘した。

このような保利氏＝志芳堀天野氏の性格や動向は、戦国期毛利氏にとって「家中」と「国衆」の壁がいかに高いものであったかを際立たせている。この壁は、一体何によってもたらされたものであろうか。毛利氏の「国衆」統制は、対織田戦争・豊臣政権の諸政策・防長移封など、大きな画期を経ながら、全体としては段階的に強化されていったと考えられるが、志芳堀天野氏のような性格の領主が、なぜ必ずしも順調に「家中」に組み込まれなかったのであろうか。これは結局のところ、冒頭において述べたように、戦国期毛利氏の「家中」とは何であったのかを考える一つの重要な手がかりではないかと思われる。

この問題を志芳堀天野氏の事例のみから論じることは勿論不可能であるが、毛利氏が志芳堀天野氏の「国衆」的側面をなかなか打破しきれなかった理由は、その基盤が安芸国内において特に強く大内氏の勢力の及んだ賀茂郡内に所在し、大内氏への直接的な強い帰属性が存在し、実態としての毛利氏への強い従属性にもかかわらず、大内氏との関係における毛利氏との同格性が大内氏滅亡後も根強く両者の関係を規定したためと推測される。その意味では、毛利氏「家中」と他の「国衆」を分かつものとは、毛利氏「家中」を構成する諸階層自体の変質やその主体的結集によるものではなかったと言ってよい。このことは、毛利氏の「家中」が、法に基づく内部秩序を形成し、規模も大きく、また十六世紀前半に肥大化していった、特徴的な性格を有するものであったことを軽視するものではないが、「家中」とは、何よりも他の「国衆」（及びその「家中」）の存在を前提としてはじめて強く意識される集団であったと考えられる。徳川政権下における毛利氏の「家中」という言葉が、当初より既に旧「国衆」を含むものであったことは、他の大名の存在を前提とする認識によるのであって、その意味では、戦国期と全く同様な事態であるとも考えられる。「家中」内部に形成される法や「公儀」性は、戦国期大名権力がそれとして存立するために不可欠な種々の権限（個別国衆領を越えた領域において行使される軍事指揮権・公役賦課権など）を行使するための一つの基盤にはなりえても、その必要条件ではないのである。

「公儀」性が標榜されなければならない背景には、必ずその権力が構造的に抱え込んでいる桎梏が存在したはずである。戦国期毛利氏について言えば、その大名権力としての「公儀」性（「国衆」としてのではなく）は、歴史具体的には他の「国衆」との関係の中においてはじめて要請され、重い意味を持つ観念であり論理であったと考えられる。従って、毛利氏がいかに特殊な形態の「家中」を基盤としていようとも、戦国期大名権力の本質は、あくまでも他の「国衆」やその領内の民衆との関係の中にこそ見出だされなければならないと考えられるのである。

註

（1）『広島県史　中世』（一九八四年）六一二頁以下、秋山伸隆「戦国大名毛利氏領国の支配構造」（『史学研究』一六七号、一九八五年）。

（2）応永十一年九月二十三日安芸国人一揆契状（「毛利家文書」〈『大日本古文書』家わけ八〉二四号。以下同文書は同書による）、永正九年三月三日安芸国人一揆契状（「天野毛利文書」〈『広島県史　古代中世資料編Ⅴ』〉一二号。以下、同文書は同書による）。

（3）松浦義則「戦国期毛利氏『家中』の成立」（『史学研究五十周年記念論叢』一九八〇年）、矢田俊文「戦国期毛利権力における家来の成立」（『ヒストリア』九五、一九八二年）。

（4）享禄五年七月十三日福原広俊以下家臣三二名連署起請文（「毛利家文書」三九六号）、天文十九年七月二十日福原貞俊以下家臣二三八名連署起請文（同四〇一号）、弘治三年十二月二日福原貞俊以下家臣二四一名連署起請文（同四〇二号）。

（5）池享「戦国大名権力構造論の問題点」（『大月短大論集』一四、一九八三年。のち同氏著『大名領国制の研究』〈校倉書房、一九九五年〉に収載）は、「家中」論の限界性を明らかにし、「分国」支配の解明の重要性を説いたものである。ただ、熊谷元直誅伐事件などによる人的結合関係の清算が、公儀権力の確立であるとするその結論は、人的結合関係の内容が問われなければならず、なお検討を要する。また鴨川達夫「戦国大名毛利氏の国衆支配」（石井進編『都と鄙の中世史』吉川弘文館、一九九二年）は、備後国山内氏を例に、毛利氏の国衆統制は、天正十年を境に池氏のいう「人格的結合関係」が解消され、「公儀」支配が確立し、国衆も家中に包括されたとしている。「公儀」支配と「国衆」統制が一挙に進展するとみるその結論には疑問を感じるが、毛利氏の権力構造を十六世紀中葉の状況から固定的に捉えてはならないとする点は、非常に重要である。この大名権力と「国衆」との関係及びその変化をどれだけ具体的に追究し、その特質を明らかにできるかが、困難ではあるが戦国大名研究のいまだに変わらぬ課題であると思われる。本稿は、そのような試みの一環である。

（6）『福原家文書　上巻』（渡辺翁記念文化協会、一九八三年）什書（三）。

（7）七月十三日陶弘護書状（「毛利家文庫新整理券」〈『広島県史　古代中世資料編Ⅴ』〉一号）。

（8）河合正治「戦国大名としての毛利氏の性格」（『史学研究』五四、一九五四年）。

（9）文明元年九月毛利豊元訴状案（「毛利家文書」一三一号）。

（10）郡山城諸口合戦注文（「毛利家文書」二八七号）。

(11)　四月十六日毛利隆元自筆書状（「毛利家文書」六六五号）。
(12)　毛利元就父子雄高山行向滞留日記（「毛利家文書」四〇三号）。
(13)　「竹矢家文書」（島根県立図書館所蔵影写本、『新修島根県史　史料篇1古代・中世』〈一九六六年〉四四九・四五〇頁所収）。
(14)　弘治三年十二月二日安芸国人傘連判状（「毛利家文書」二二六号）や、永禄六年と思われる五月五日天野隆重書状（「厳島野坂文書」〈『広島県史　古代中世資料編Ⅱ』〉九四七号。以下、同文書は同書による）には、「天野中務少輔」とある。また、永禄十年七月二十四日毛利元就・同輝元連署宛行状写（『萩藩閥閲録』巻七三）には、「天野紀伊守」とある。
(15)　『広島県史　中世』四八四頁。
(16)　志芳堀天野氏の断絶については、後述する。なお、志芳堀天野氏の系統の子孫の文書としては、『萩藩閥閲録』に三家を確認できる。巻七〇〈天野七郎兵衛〉は天野隆重の三男元祐の子孫、巻七三〈天野求馬〉は隆重の五男元珍（元嘉）の子孫、巻九二〈天野九郎左衛門〉は隆重の四男元友の子孫の伝来文書である。
(17)　『広島県史　古代中世資料編Ⅴ』に「天野毛利文書」として所収。『萩藩閥閲録』巻二〈毛利筑後〉、同遺漏巻二ノ三〈毛利筑後〉が、これに当たる。なお、同家伝来のものとされる「天野家証文」（山口県文書館所蔵）は、内容的には志芳堀天野氏の相伝文書の写であるが、既に「閥閲録」の編者永田政純が喝破したように、いずれも近世に入って作成された偽文書である。
(18)　これら二家の天野氏については、研究史上においても混同が見られる。その多くは、両氏の基盤があまりに近接しており、また毛利氏一門となった志芳東村天野氏が天野氏の嫡流であるという認識が生み出す些細な誤謬である。文明十年に志芳東村天野弘氏から子息の興次へ志芳荘全体が譲与され（「天野毛利文書」八号）、天文二十二年に毛利隆元が、志芳東村天野氏を「天野」、志芳堀天野氏を「保利」と記している（「毛利家文書」六六五号）ように、志芳東村天野氏が毛利氏一門となる以前においても、両家の間に何らかの優劣がなかったとは言い切れない。これは系譜類に志芳堀天野隆重の祖父元貞が、志芳東村天野氏からの養子（弘氏の実子）であったと記されていることとも関連していると推測される。しかし、志芳堀天野氏の相伝文書が失われている以上、両氏の関係については特に慎重な判断が必要であると思われる。後述するように、戦国期の動向を見るかぎり両家はあくまでもそれぞれが自立した「国衆」であって、現実の政治過程においてどちらかが従属した事実は確認できない。

(19) 隆重が志芳堀天野氏の家督を父元行から何時継承し、また子息元明へ何時譲ったのかは明らかでない。元行は天文二十三年（一五五四）まで生存を確認でき（天文二十三年二月吉日天野元行寄進状写〈山口県文書館所蔵「贈村山家返章写」〉）、弘治四年（一五五八）には元明が隆重と連署して志芳東村天野氏との契状の奥に署判している（弘治四年九月二日天野隆重・同元明連署契状〈「天野毛利文書」七九号〉）からである。しかし、隆重は、享禄元年（一五二八）末に没した大内義興に「渋谷要害」における「被官手負註文」を提出し、義興から感状（卯月二十七日大内義興感状〈「天野毛利文書」二八号〉）を受けており、これ以前に家督を継承していた可能性が高い。また、永禄十年（一五六七）、隆重は長門国大嶺荘・周防国山代郷内の権益を自らの死後五男元珍へ譲りたい旨を毛利氏に申請したが、毛利氏は元明の「合点」を得た上でこれを承認している（九月十三日毛利元就・同輝元連署書状写〈『萩藩閥閲録』巻七三〉）ので、隆重が同年出雲国富田城へ入城した際には、既に家督の継承を終えていたと考えられる。

(20)『芸藩通志』巻七八。

(21) 天文二十一年二月二日毛利元就・同隆元連署知行注文（「毛利家文書」二六一号）に、「保利知行」とある。

(22) 天文四年六月十六日大内義隆宛行状写（『萩藩閥閲録』巻七三〈天野求馬〉）。

(23)『広島県史　古代中世資料編Ⅳ』一〇六七～七二頁。『賀茂郡志』（一九一六年）によれば、「天文十四乙巳年には天野中《（務）》少輔隆重再建の寄進ありと云ふ」とあるが、大宮神社が志芳堀天野氏の所領内にあったことは事実と思われる。

(24) 寛正六年十二月二十九日大内政弘預ケ状（「天野毛利文書」七号）、年未詳六月十九日政弘預ケ状（同九号）。

(25) 天文年間末期の九月二十四日毛利元就・同隆元連署宛行状写（『萩藩閥閲録遺編』巻二ノ三）に「阿曽沼知行奥屋」とあり、志和盆地西南端の奥屋にまで阿曽沼氏の権益が延びていたことを確認できる。

(26)「毛利家文書」二二六号。天野隆誠については、天文二十年十月二十七日天野隆誠他二名連署起請文（「天野毛利文書」六六号）において、志芳東村天野氏の当主隆綱に対して、「郷重」「誠金」という人物とともに隆綱と「申談」ずることを誓約している。

(27) 弘治四年九月二日天野隆重・同元明連署契状（「天野毛利文書」七九号）。岸田裕之「戦国期安芸国における農民緊縛の歴史的発展」（『史学研究』一四〇〈一九七八年〉付論、のち同氏著『大名領国の構成的展開』〈吉川弘文館、一九八三年〉収載）。

(28) 内藤氏は、安芸武田氏の家臣にも見られるので、この系統である可能性も指摘できる。

（29）財満氏については、例えば大永三年八月十日安芸東西条所々知行注文（「平賀家文書」〈『大日本古文書』家わけ十四〉二四三号。以下、同文書は同書による）において、孫太郎・新右衛門が飯田村一〇〇貫を知行していたことが知られ、『芸藩通志』巻八二においては篠村の財満氏を播磨国から下向して天野元政に従った家として紹介している。宗像氏は、『芸藩通志』巻八二において、熊野跡村（現広島市安芸区）と菅田村（現広島県東広島市黒瀬町）の宗像氏を紹介している。石井氏については「石井文書（『広島県史　古代中世資料編Ⅳ』）を参照。脇氏については、文正元年十二月二十三日大内政弘袖判宛行状写（「萩藩譜録」脇彦右衛門信之〈『広島県史古代中世資料編Ⅴ』〉一号）において、脇直泰が原村一五貫足を宛行われている。大永三年の東西条所々知行注文（「平賀家文書」二四三号）によれば、これらの権益・在所はいずれも当時の「東西条」の領域内であったことが知られる。いずれの家も多くの分派が散在していた可能性が高く、以上の事例はその断片であると考えられる。

（30）「村山家檀那帳」（『広島県史　古代中世資料編Ⅴ』の「雲州熊野」に見られる「蔵田弥三郎」も、その名前からすれば、西条盆地の土着勢力蔵田氏の一族が志芳堀天野氏の家臣となったものである可能性を指摘できる。同様な例は他にも見られたと推測される。

（31）安芸「国衆」の家臣団（「家中」）の構成については、明らかでない家が多い。史料的に確認できる志芳東村天野氏について見ると、大永年間の家臣として、己斐氏・三戸氏・熊谷氏・秋山氏・中村氏・山県氏等の名を確認することができ（「天野毛利文書」一七・一八・一九・二一・二二・二三号）、古くからの広範囲の交流を窺える。もっとも、「国衆」の家臣にその所領以外に基盤を持つ存在の一族・同族が含まれる事例は、他にも多く見られ、例えば天文十八年四月十八日平賀隆宗軍忠状（「平賀家文書」一六九号）に見られる平賀氏の家臣についても、坂・児玉・北・福原・三吉・金子の各氏などは、そのような存在である可能性が高い。坂氏は、毛利氏から送り込まれた坂元祐であり、他にもこれに類似する存在が見られたと推測される。
　ただ、天野氏については、大内氏・毛利氏などの介入による新規家臣化と同時に、中小規模の領主層間において自生的に取り結ばれる関係に基づく家臣化が、かなり一般的に存在したのではないかと推測される。それは、後述する婚姻関係の結ばれ方によっても、また高田郡・安北郡・佐東郡に基盤を持つと推測される家の一族・同族が既に大永年間から相当数含まれ、その中には同名が多数存在する家もあって定着していたことなどによっても窺うことができる。ちなみに、隣接する国衆阿曽沼氏の家臣（天文二

(32)　十一年七月二十六日阿曽沼広秀軍忠状写〈『萩藩閥閲録』巻三五〉に見られる井上・野尻・吉野・熊野・牛尾・野村・山崎・重富・江丸の各氏など）については、同様の特徴を確認できない。
(33)　天文二十三年二月吉日天野元行寄進状写（「贈村山家返章写」）。
(34)　田村哲夫編『近世防長諸家系図総覧』（マツノ書店、一九八〇年）、岡部忠夫編『萩藩諸家系譜』（マツノ書店、一九八三年）。
(35)　『福原家文書　上巻』什書（十一）。
(36)　『広島県史　中世』三三四〜六頁。
(37)　四月二日大内義隆感状写（『萩藩閥閲録』巻七三〈天野求馬〉）。
(38)　「房顕覚書」（『広島県史　古代中世資料編Ⅲ』一一三二頁）など。
(39)　天正三年一月備中国手要害合戦頸注文（「毛利家文書」三七五号）。
(40)　大永五年六月二十六日天野興定起請文（「天野毛利文書」一四号）。
(41)　天文二十三年五月二十八日天野隆綱起請文案（「天野毛利文書」六七号）。
(42)　十一月二十二日桂元忠書状（「天野毛利文書」八三号）。元政の米山入城は、翌元亀元年四月のことである（同八五号）。
(43)　九月十八日大内義隆書状（「天野毛利文書」三四号）。
(44)　『毛利元就卿伝』（マツノ書店、一九八四年）五二九頁。
(45)　天野隆重は、永禄五年十二月吉日、厳島神社へ長門国大美祢において五貫地を寄進し（「厳島野坂文書」九四五号）、翌年正月四日福原貞俊書状写（『萩藩閥閲録』巻七一〈小野貞右衛門〉）には、既に「当時天野隆重（松山城へ）被罷籠之儀候条」と記されている。
(46)　正月二十七日杉松千代家臣連署軍忠状写（『萩藩閥閲録』巻七九〈杉七郎左衛門〉）によれば、杉氏家臣の神代・守田・内藤の三名が天野氏に宛てて、杉松千代被官手負衆の注文を提出し、天野氏からの注進を受けて毛利隆元が袖判を据えている。
(47)　永禄十年七月二十四日毛利元就・同輝元連署宛行状写（『萩藩閥閲録』巻七三〈天野求馬〉）。
(48)　正月二十四日毛利輝元書状写（『萩藩閥閲録』巻七〇〈天野七郎兵衛〉）など。

(48)　天文二十一年正月十日毛利隆元加冠状写（『萩藩閥閲録』巻九二〈天野九郎左衛門〉、天文二十三年十月二十三日毛利元就・同隆元連署宛行状写（同上）、弘治三年十二月二日福原貞俊以下家臣連署起請文（「毛利家文書」四〇二号）などによる。

(49)　天文二十一年正月二十二日毛利隆元加冠状写（『萩藩閥閲録』巻四二〈熊谷与右衛門〉）、弘治三年十二月二日福原貞俊以下家臣連署起請文（「毛利家文書」四〇二号）などによる。

(50)　「村山家檀那帳」（『広島県史　古代中世資料編Ⅴ』一二八三頁以下）。

(51)　熊野城（現島根県松江市）の西麓には、隆重の屋敷跡と言われる場所が残されている。天野八幡宮の名称も、志芳堀天野氏の名残である。

(52)　岸田裕之・秋山伸隆『安芸内藤家文書・井原家文書―その翻刻と解説―』（『広島大学文学部紀要』四九―特輯号一、一九九〇年）の解説を参照。高田郡南部に基盤を持つ「中郡衆」は、応永十一年の安芸国人一揆契状（「毛利家文書」二四号）に井原在教が名を列ねているように、それぞれが独立した国人領主であった。永正八年十月、毛利氏在京時・在山口時の際の役銭納入を毛利氏に誓約した一連の起請文は、「毛利家文書」一九五～二〇三号。

(53)　利岡俊昭「長州藩における近世大名領の成立」（『地方史研究』六八・六九、一九六三年）。

(54)　『大日本史料』第十二編―三、二八一～三四二頁。

(55)　毛利輝元自筆熊谷元直罪状書（「毛利家文書」一一七九号）。

(56)(57)　毛利輝元自筆天野元信罪状書（「毛利家文書」一一八〇号）。

(58)　弘治四年九月二日天野隆重・同元明連署契状（「天野毛利文書」七九号）に「某西条ニ知行之在所」とある。

(59)　永禄五年十二月吉日天野隆重寄進状（「厳島野坂文書」九四五号）、九月十三日毛利元就・同輝元連署書状写（『萩藩閥閲録』巻七三〈天野求馬〉）。なお、これらの権益も大内氏時代以来のものである可能性が高い。

(60)　永禄十年七月二十四日毛利元就・同輝元連署宛行状写（『萩藩閥閲録』巻七三〈天野求馬〉）。

(61)　永禄十二年十二月二十日毛利元就・同輝元連署宛行状写（『萩藩閥閲録』巻七三〈天野求馬〉）。

(62)　七月八日吉川元春書状写（『萩藩閥閲録』巻七三〈天野求馬〉）。

（63）元亀二年十二月二十三日天野元明寄進状写（「贈村山家返章写」）。
（64）永禄十二年七月吉日天野武弘寄進状（「大願寺文書」〈『広島県史　古代中世資料編Ⅲ』〉一四五号）。
（65）「古瀬（巨勢）」については正月二十四日毛利輝元書状写（『萩藩閥閲録』巻七〇〈天野七郎兵衛〉）、「美談」については天正四年十一月十九日天野元祐寄進状写（「贈村山家返章写」）、「藤谷」については天正九年「村山家檀那帳」（『広島県史　古代中世資料編Ⅴ』）。
（66）「七条かは坂（七条椛坂）」については、弘治四年九月二日天野隆重・同元明連署契状（「天野毛利文書」七九号）に「七条かは坂之事、少輔四郎拝領候」とある。「阿野分」については天文二十三年十月十三日毛利隆元宛行状写（『萩藩閥閲録』巻九二〈天野九郎左衛門〉）。「氷室」「波根・竹辺」については永禄十二年十二月二十日毛利元就・同輝元運署宛行状写（『萩藩閥閲録』巻九二〈天野九郎左衛門〉）。
（67）閏正月二十三日毛利輝元書状写（『萩藩閥閲録』巻九二〈天野九郎左衛門〉）。なお、この給地差合については、木村信幸「戦国大名毛利氏の知行宛行とその実態」（『史学研究』一七四、一九八七年）を参照。
（68）岸浩編『資料毛利氏八箇国御時代分限帳』（マツノ書店、一九八七年）。
（69）隆重没後における長門国大嶺荘・周防国山代郷内所領の元珍への相続は、既に永禄十年段階で嫡男元明の「合点」を得、戦時に元明指揮下に入る条件を以て、毛利氏から許可されていたものである。系譜によれば隆重は天正十二年三月に没したが、隆重所領の元珍への相続は、出雲国内所領については天正十一年五月二十七日に毛利氏によって承認・安堵され、吉川氏から宛行われた因幡・伯耆国内所領については同年六月五日に吉川氏によって承認・安堵されている。『萩藩閥閲録』巻七三〈天野求馬〉の諸文書による。
（70）『萩藩閥閲録』巻七三〈天野求馬〉の系譜に、「天正十二年三月七日死、寿八十二歳」とあることによった。従って、あくまでも推測である。
（71）戦国期の熊谷氏については、『可部町史』（一九七六年）。
（72）六月三日毛利元就書状（「熊谷家文書」〈『大日本古文書』家わけ十四〉一二一号）。

(73)　広実は、永禄五年十一月、毛利氏によって討滅された本城常光の居城であった須佐高矢倉城（現島根県出雲市）の城主に任命され、城下とその周辺部に所在する須佐五〇〇貫・乙立三五貫・古志一〇〇貫を宛行われた。広実は、永禄十二年に尼子勝久が出雲国へ乱入した際にも、高矢倉城を守り抜いている。熊谷氏の場合当主信直に同様な動向が見られず、これが志芳堀天野氏と最も異なる点であるが、神戸川沿いの要衝に位置し、対尼子勝久の戦略的重要拠点の一つであったと思われる高矢倉城を熊谷信直の子息が城主として確保していることは、志芳堀天野氏と共通する側面を有する事実であると言える。『萩藩閥閲録』巻四二〈熊谷与右衛門〉による。

【付記】　史料の閲覧に際し、広島県立文書館・山口県文書館のお世話になった。厚くお礼を申し上げたい。なお、本稿の概要は、一九九五年度広島史学研究会大会日本史部会において報告した。

【追記】　現在の所在地名は、現行の自治体名に改めた。

Ⅱ

備後国衆・杉原盛重の立場
――毛利氏との主従関係を中心として

木下和司

一、序

近年の戦国大名・国衆論の活況を受けて、芸備地方でも戦国大名毛利氏以外の国衆に対する研究が進められている。例えば長谷川博史氏の「安芸国衆保利氏と毛利氏」は、安芸国衆・志和堀天野氏を取り扱ったものであり[(1)]、村井良介氏の「安芸国衆小早川氏「家中」の構成とその特質」は、安芸国衆小早川氏の「家中」をテーマとしたものである[(2)]。また、木村信幸氏は、「備後国多賀山氏の基本的性格」に於いて備北の多賀山氏について国衆としての性格を明らかにしている[(3)]。これに対して中世に備後外郡と称された備南の国衆については、その研究が殆ど進んでいないのが現状である。戦国期に備南の有力国衆であった両宮氏（下野守家・上野介家）及び杉原惣領家が滅んでいるため、史料的な制約が大きいことがその一因と考えられる。しかし、杉原惣領家を継承したと推測される杉原盛重は、毛利氏領国の東部における二つの要衝、備後神辺城と伯耆尾高城の城主を兼任し、山陰方面で吉川元春の旗下として対尼子・対織田戦線で活躍した史料が多数残されている（表1、本稿末に掲載）。本稿ではこれらの盛重に関する史料分析を通じて、備後国衆・杉原盛重と戦国大名毛利氏との主従関係について考えてみたい。

戦国期の杉原氏に関する専論は管見に入っていない。しかし、戦国期の神辺城を廻る統治や争乱に関して部分的に杉原氏に触れた論文や毛利氏の山陰支配に関しても杉原氏に触れた論文が存在し、それらが本稿の先行研究にあたる。以下にそれらの論文を列挙する。

●神辺城関係の論文

①松浦義則氏「戦国末期備後神辺周辺における毛利氏支配の確立と備南国人層の動向[4]」では、杉原氏と備南の国人領主との関係及び杉原氏の所領である「杉原領」の構造に関する見解が述べられている。戦国期杉原氏の研究に関してベースとなる論文である。

②村井良介氏「中・近世移行期の備後地域の地域構造[5]」及び「戦国期における領域的支配の展開と権力構造[6]」では、地域経済圏としての「神辺領」について触れられている。

③小栗康治氏「毛利輝元書状の年代確認についての考察—広島城築城をめぐる初出書状の検討—[7]」では、天正十二年（一五八四）八月の毛利氏による杉原景盛討滅に関する経緯をまとめられている。

④横畠　渉氏「豊臣期毛利氏の備後国における動向—神辺周辺を対象として—[8]」では、小栗氏と同じく杉原景盛討滅の経緯をまとめられると共に、景盛討滅後の毛利氏による神辺城の直轄化についても触れられている。

●毛利氏による山陰支配関係の論文

⑤長谷川博史氏「毛利氏の山陰地域支配と因伯の諸階層[9]」では、山陰支配に関して杉原盛重と吉川氏の関係を、岩国徴古館に残る（天正九年）六月廿一日付け吉川元長宛の「杉原盛重書状」を素材にして述べられている。

⑥舘鼻　誠氏「戦国期山陰吉川領の成立と構造[10]」では、杉原盛重による西伯耆支配が、尾高城主行松氏の支配権を継承したものであることを明らかにしている。

⑦高橋正弘氏『因伯の戦国城郭　通史編[11]』では、永禄年間初頭（一五五八年頃）から天正十二年にわたる杉原氏の

伯耆・因幡での活動に詳しく触れている。

何れも杉原氏に関する専論ではないため、戦国期の杉原氏に関する記述は各論考の目的上、必要な部分に触れられているだけである。これら先行研究に対して本稿は、戦国期の杉原氏の中心人物である盛重の系譜、及び、盛重に対して大きな影響力を持ったと考えられる毛利氏との主従関係について一次史料に基づいた分析を加えてみたいと考えている。

二、杉原盛重の家系

杉原氏は伊勢平氏貞平流に属する家系であり、同族には大和氏と三重氏がいる（図１）。備後の国人としての歴史は、南北朝期に現れる杉原光房・親光兄弟、杉原信平・為平兄弟より始まる。光房は深津郡杉原保を領し[12]、杉原惣領家に属する人物である。信平の家系は御調郡木梨庄を本領として木梨氏を名乗る一流と[13]、沼隈郡にあった高須社を本領とする高須氏に分かれる[14]。為平の家系は史料上で跡付けることが難しいが、戦国期に山手杉原氏として登場してくる[15]。また、京都にも戦国期に歌人として有名な杉原賢盛（宗伊）を出す京都系杉原氏と呼ぶ一族がいる[16]。鎌倉時代中期から南北朝期の杉原氏は、鎌倉・室町幕府の奉行人を務めていたことが確認できる。室町中期以降になると杉原一族は、同族である大和氏・三重氏も含めて幕府奉公衆に転じている[17]。

『萩藩閥閲録』巻六八「杉原与三右衛門書出」によれば、盛重は備後地域で山手杉原氏と呼ばれる家系に属している。前述のように杉原為平を祖とする山手杉原氏の家系は一次史料によって正確に裏付けることは困難である。戦国期の系図には匡信・理興・直良・盛重・直盛・春良・元盛・景盛が現れてくる（図１）。しかしながら、匡信につい

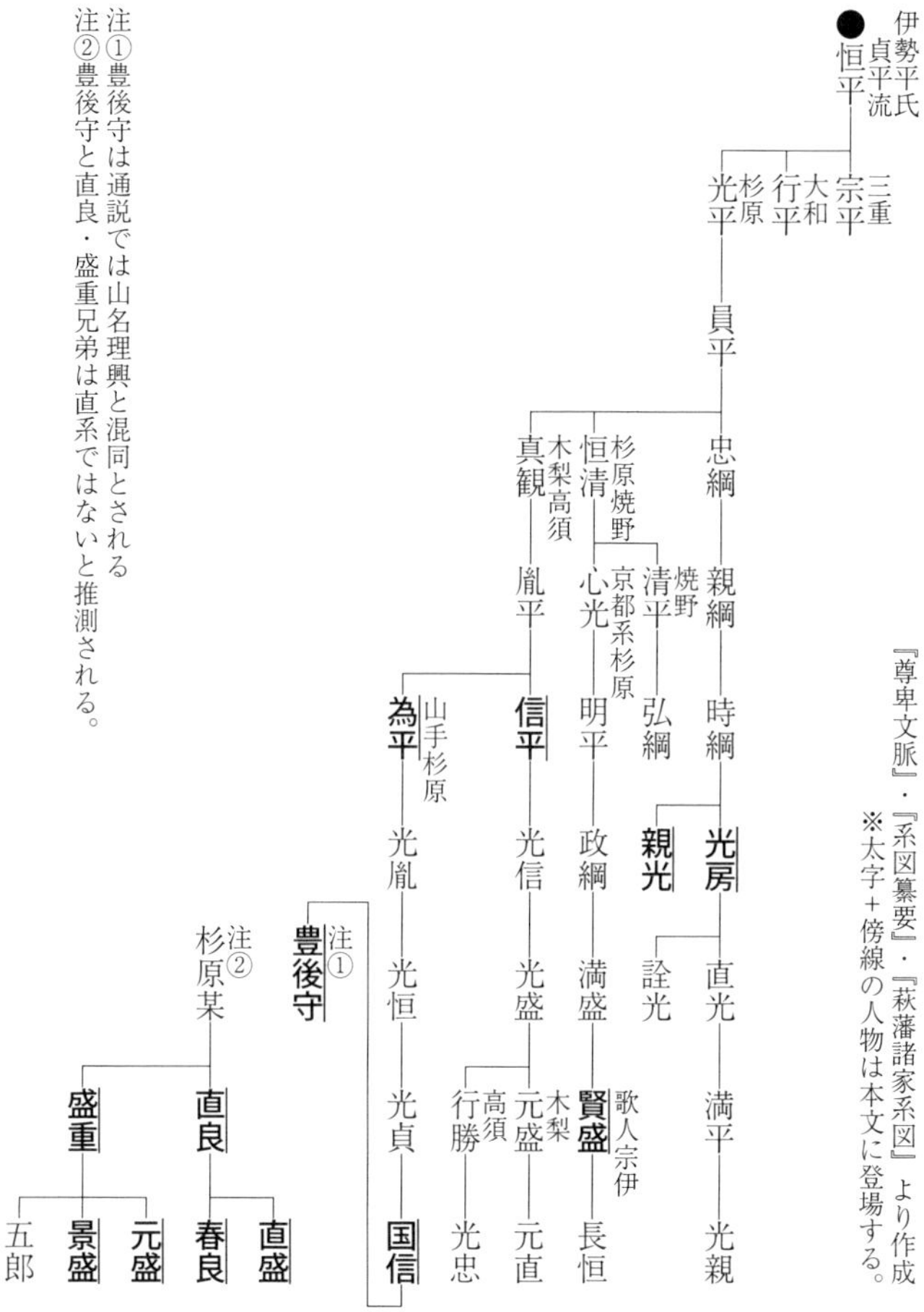
伊勢平氏
貞平流
●恒平
三重
宗平
大和
行平
杉原
光平
員平
忠綱
杉原焼野
恒清
木梨高須
真観
親綱
焼野
清平
京都系杉原
心光
胤平
時綱
弘綱
明平
信平
山手杉原
為平
光房
親光
政綱
光信
光胤
直光
詮光
満盛
光盛
光恒
注①
豊後守
満平
歌人宗伊
賢盛
木梨
元盛
高須
行勝
光貞
注②
杉原某
直良
盛重
光親
長恒
元直
光忠
国信
直盛
春良
元盛
景盛
五郎
『尊卑文脈』・『系図纂要』・『萩藩諸家系図』より作成
※太字＋傍線の人物は本文に登場する。
注①豊後守は通説では山名理興と混同とされる
注②豊後守と直良・盛重兄弟は直系ではないと推測される。

図１　杉原氏略系図

ては信頼性の高い史料では実在の確認がとれない。また、理興については山名姓であることが明らかであり、天文年間（一五三二～五五）に現れる杉原豊後守（実名不詳）と混同されていることを以前に論証した。[18]また、直良以下については一次史料によってその実在を確認できるが、[19]豊後守と直良・盛重を直系とすることには問題が残る。[20]盛重は直良の弟となっているが、弘治三年（一五五七）頃、吉川元春の強い吹挙を受けて神辺城主になったとされる。但し、盛重が神辺城主となった経緯には、もう少し複雑な事情が推測されるため、次章では戦国期の神辺城主の系譜を整理してみることにする。

三、戦国期神辺城主の系譜と戦国大名・毛利氏

『備後古城記』等、近世初頭に備後地域で成立した地誌類によれば、神辺城は建武年間に備後守護朝山景連によって築かれたとされるが、良質な史料による確認はとれない。[21]応永八年（一四〇一）以降、備後守護を世襲した但馬山名氏の記録を調べると、[22]永享年間（一四二九～一四四一）から文明年間（一四六九～一四八七）における山名氏の拠点は備後府中の八尾山城（国府城）であったことが分かる。[23]神辺が備後の要衝として現れてくるのは、大永年間（一五二一～一五二八）になってからである。一次史料により神辺城主として確認がとれるのは山名理興が最初であり、天文五年（一五三六）三月以降に理興が八尾山城から神辺城に拠点を移したと推定される。[24]天文十二年、大内義隆とともに尼子氏を月山富田城に攻めていた理興は遠征軍の不利を悟ると、多くの備後国衆とともに大内氏を裏切り、富田城へ駆け込んでいる。[25]この裏切りにより天文十二年から同十八年に及ぶ神辺合戦が惹き起される。天文十八年九月、大内・毛利連合軍の猛攻に耐えかねた理興は、出雲に向かって神辺城を落延びたとされる。[26]理興没落後の神辺城は大

内氏の直轄城となり、城番として大内氏の重臣・青景隆著が置かれている(27)。

天文二十三年五月の防芸引分以降、弘治三年二月に杉原盛重が神辺城主として現れるまで、神辺城主に関する一次史料は確認されない(28)。しかし、毛利氏が防芸引分後に神辺城を攻略したことは確実だと思われる。その根拠は、厳嶋合戦を最重要戦略目標とする毛利氏にとって、背後の重要拠点である神辺城が大内方であることは挟撃の危機であり、許容できなかったと考えられることにある。毛利氏の神辺城攻略時期を示す明確な史料は確認されないが、天文二十三年十月には備後外郡衆が小早川隆景とともに備後国宇賀島（現尾道市向島町）攻めに向っており(29)、この頃までには攻略を完了していたと思われる。神辺城攻略後、毛利氏はその直轄城化を考えたと推測されるが、毛利氏にとっては防長征服戦が最重要課題であり、その余裕はなかったと思われる。備南を代表する国衆は宮氏と杉原氏であるが、宮氏は天文二十一年七月の志川滝山合戦によりほぼその命脈を絶たれている(30)。宮氏以外で神辺城主となって備南を抑えられる国衆は杉原氏以外には考えられない。このため、毛利氏は備南の有力国衆であった杉原豊後守を神辺城主として選んだと推測される。杉原豊後守は天文十五年十二月に山名理興の重臣として神辺城に籠っていたが、天文二十一年四月には毛利氏と同盟関係を結んで大内方に転じている(31)。杉原豊後守が神辺城主となった直接の根拠は確認されないが、それを推測させる史料に「毛利弘元子女系譜書」がある(32)。この系譜書によれば、毛利興元娘、即ち元就の姪は「御もじ、初ハ山内殿へ御座候、其後竹原殿へ御座候、其後杉原殿へ御座候、其後同盛重へ御座候」とあって、まず山内豊通に嫁ぎ、その後、小早川興景に嫁いでいる。興景は天文十二年に病没しており、興元娘が杉原殿に嫁いだのは、天文十二年以降のことになる。天文十二年以降の杉原氏惣領は、天文十五年に山名理興の旗下で神辺城に籠っていた杉原豊後守と考えられることから、前述の系譜書に現れる杉原殿は豊後守を指していると思われる。天文二十三年十月頃、豊後守は神辺城主となるのに際して、毛利氏との婚姻関係を結んだものと推測される(33)。

杉原豊後守は弘治三年二月頃までには死去し、杉原盛重が後継者になったと思われる。[34]前述の系譜書によれば盛重は、豊後守の妻であった元就の姪をやはり妻として迎えており、盛重も毛利氏と婚姻関係を結んで神辺城主となったと考えられる。毛利氏は杉原豊後守の没後も、備南の要衝である神辺城を直轄城としたかったと考えられるが、この時にも備南の国衆の反発を招く可能性が高かったため、次善の策として備南の有力国衆であった杉原氏から神辺城主を選んだと推測される。[35]神辺城主となった盛重は、弘治三年頃から吉川元春の旗下で石見の戦線で活躍し、その頭角を現している。[36]更に、永禄六年頃、神辺城に加えて西伯耆の要衝・尾高城をも委ねられている。[37]この頃から毛利氏の伯耆関係の史料に「杉原」・「盛重」・「神辺」という言葉が頻出するようになり、毛利氏の対尼子戦線で中心的な役割を果していたと推測される。[38]杉原氏が毛利氏の支配下に入ったのは、神辺合戦後であるから早くても天文十九年以降と考えられる。毛利元就と言う人物の芸備の国衆に対する「芸備衆も当家よかれと内心共ニ存候衆は更不覚候〳〵」という認識から考えて、[39]旗下に加わって僅かに五、六年の備後国衆に、領国の東部を限る南北二つの要衝である神辺城と尾高城を任せるということは、異常なことと考えられる。言葉を変えれば、盛重には元就の異常に厚い信頼があったことになる。

時代が少し下るが天正年間に、芸備の国衆である天野隆重・杉原盛重が毛利氏領国における全体的な統治に関っていたことを示す史料が存在する。天正年間のものと推測される「益田元兼・同元祥連署書状」には、「隋而自吉田貞俊・通良・児玉三一昨日富田着候、盛重・隆重昨日被罷出御談合半候、定而南北之御行御儀定可為今明日候」とある。[40]この書状によれば福原貞俊、口羽通良、児玉元良と杉原盛重、天野隆重が富田において「南北之御行」を談合していたことが分かる。貞俊・通良は所謂「御四人」に属しているから、書状に名を書かれていないが、吉川元春、小早川隆景もこの談合に加わっていたと考えられる。つまり、杉原盛重と天野隆重は芸備の国衆でありながら、毛利氏領国全体の統治を議論する立場にあったことになる。天野隆重は毛利氏の本領吉田に隣接する志和堀の領主であり、毛利氏の一門である福原広俊の娘を母とし、隆重の妻も福原貞俊（広俊の嫡子）の娘であった。天野隆重は、地理的にも婚姻関係においても毛利氏に非常に近い安芸国衆であった。隆重は、永禄六年には豊前国苅田松山城を大友氏の猛攻から守り抜き、永禄十二年にも出雲国月山富田城を尼子氏の激しい攻撃から守り抜いて、元就の厚い信頼に応えている。この関係を長谷川博史氏は「「国衆」と「家中」の境界」と表現されている[41]。これに対して、杉原盛重は毛利氏とは地理的に離れた備南の国衆であり、且つ、杉原豊後守以前には毛利氏との直接的な婚姻関係も確認されない家系を出自としている。この杉原盛重が、なぜ天野隆重と並ぶような毛利元就の厚い信頼を得られたのだろうか。その理由は、天文年間の前半に山手杉原氏に嫁いだ一人の女性にあると考えられる。次章では山手杉原氏の婚姻関係を考えることで、毛利元就と杉原盛重の接点を考えてみたい。

四、毛利元就と杉原盛重を結ぶ女性

『萩藩閥閲録』巻六八「杉原与三右衛門書出」には小早川隆景及び宍戸隆家室五龍御寮人が、山手杉原氏の惣領兵庫頭直良室に宛てた書状が残されている。言うまでもなく五龍御寮人は毛利元就の次女である。この二通の書状を以下に引用する。

【史料1】小早川隆景書状

そのゝちは、はるかに久しく申うけたまハり候ハす候、きんねん《（近年）》ハはう〳〵ゆミや《（弓矢）》しけく候てさいちん《（在陣）》ゆへ、文
ニてさへ申候事も候ハてくちをしく候、[a]さてハそれさまの御事、やとひ申たきとの《（熊谷宿直）》のふなをへ申事候、ひとへに

〱御とうしん《同心》御うれしくまいらせ候、もと就ふし《元就父子》の事もとうせん《同然》の申され事候、五りう御れう人《五龍御寮人》の事、
ようせう《幼少》より御とりそたての事候まゝ、このときいま一たん御とゝけ候へかしとそんし候、くわしくはのふなを
へ申候、めてたく又々かしく

六日　　　たか景　御判

「おつぼねまいる　申給へ　　　又四郎

たか景」

【史料２】 宍戸隆家室五龍御寮人書状

一ふてとりむかゐまいらせ候、まつ〱ぬた《沼田》よりいよ《伊予》へ五もし事御やり候、それニつき候て、それさまの事、かやう申へく事ならす候、はゝかりおゝく候へとも、まへ〱より御ふちの事候まゝ、それさまの事、御いり候て給候へと、たかかけ《小早川隆景》よりも申され候や、ひょうもし《兵庫頭》さま御いけん候て、御とうしん《同心》のよし、ぬた《沼田》よりのつかゐ《使い》、こゝもとへすくにこし候て申候、ま事に御うれしくこそ候へ、いよ〱御とうしん《同心》めてたく《目出度く》、かしくこの御返事により候て、きつと御むかへ《迎え》にてもまいらせ候へく候、くわしくはのふなを《熊谷信直》へたかいへ《宍戸隆家》より申さるへく候、この御返事にしかとの事うけ給候、やかて〱御むかへ《迎え》まいらせ候へく候、御悦、又々かしく

「　　　　　　　　ゟ

はもしさままいる　申給へ　　　　しん」

※史料１・２ともに傍線は著者が追加した（以下同様）。

この二通の書状は、宍戸隆家の嫡女と伊予の守護大名河野氏との婚姻に関するものであり、『萩藩閥閲録』の編者

は発給年次を永禄十年（一五六七）としている。しかし、西尾和美氏は毛利氏と河野氏の同盟関係構築が、天文二十三年（一五五四）五月の防芸引分に関係した沖口対策だとして、前述の婚姻に関する書状の発給年次を天文二十三年まで遡らせている[42]。沖口対策とは、厳嶋合戦を想定した場合の来島村上水軍の毛利方への引き込み策を指している。毛利氏は、来島村上氏と主従関係を結んでいた河野氏との婚姻により、来島村上氏を味方に付けようとしたと考えられる。西尾氏は、ここで述べた婚姻の直接の当事者は隆家娘と河野氏の旗下にあった来島通康だとされている。しかし、『萩藩譜録』「椙原伊織定良書出」に集録されている天文二十四年二月廿二日付け「河野通宣宛行状」は、史料1・2に見える隆家の娘の侍女として伊予へ同行した杉原直良室に、通宣が化粧料を給与したものと推測されることから、隆家娘の輿入れ先は河野通宣であったと考えられる[43]。

史料1・2ともに隆家嫡女が小早川隆景の養女として河野氏に輿入れする際に、杉原直良室が侍女として伊予へ行くことに同意したことへの礼状である。熊谷家系図によれば直良室は、熊谷信直の妹が安芸国人白井氏に嫁いで儲けた女性である[44]。このため、傍線部ａ・ｄにあるように、この件に関して小早川氏・宍戸氏から信直を介して直良に申入れがなされ、直良が侍女となることを勧めたことが分かる（傍線部ｃ）。しかし、重要なのは傍線部ｂの記述であり、直良室が五龍御寮人の乳母を務めていたことである。つまり、山手杉原氏の惣領・直良には毛利元就の娘の乳母であった女性が嫁いでいたことになる。この女性は熊谷信直の姪にあたっており、山手杉原氏は熊谷氏とも親しかったことになる。また、直良と嫡子直盛の偏諱「直」は熊谷信直から与えられたと推測される。直良には嫡子直盛以外に次子春良がいる。春良は天文二十三年に吉川元春を烏帽子親として元服しており、天文十年前後の出生と推測される[45]。直盛はそれ以前に生まれているから、直良と信直の姪の婚姻は天文十年以前であったことになる。天文年間の初め頃から山手杉原氏と熊谷氏には婚姻関係に基づく繋がりがあったことが分かる[46]。

熊谷信直は、永正十四年（一五一七）の有田合戦で父元直を毛利元就に討たれたために、毛利氏とは敵対関係にあったが、天文年間の初め頃、安芸の分郡主であった武田氏から離反して毛利氏と同盟関係を築いている(47)。恐らくこの頃、信直の姪は五龍御寮人の乳母を務めていたと考えられる。この時、信直の姪は元就の大きな信頼を得て、天文十年以前に杉原直良に嫁いだと推測される。そして、この女性を仲介として山手杉原氏と毛利氏の間に信頼関係が醸成され、杉原盛重も元就の信頼を得たものと推測される。この信頼関係がベースとなって、永禄年間以降、盛重が神辺城主と尾高城主を兼務し、毛利氏領国全体の軍事行動に関わることになったと考えられる。また、熊谷信直の娘は、元就の次男で吉川家の養子となった元春の室となっており、『陰徳太平記』のいう盛重の神辺城主への抜擢を強く主張したとされる吉川元春との関係も、信直の姪が媒介したと推測される。

五、備後国衆・杉原盛重と毛利・吉川両氏の関係について

杉原盛重と毛利元就

本節では、具体的な史料を挙げて、毛利元就の杉原盛重に対する信頼について考えてみたい。毛利元就は、杉原盛重に備後外郡の要衝神辺城と西伯耆の要衝尾高城を任せて、毛利氏領国全体に関わる軍事行動に参画させている。そこには元就の盛重に対する強い信頼があったと推測される。『毛利家文書』・『益田家文書』・『熊谷家文書』等を眺めてみると、そのことを感じさせる史料が存在する。この節では、史料を提示しながら、元就の盛重に対する信頼について考えてみたい。

【史料３】毛利元就書状(48)

猶々、信之一通之旨、誠々難謝候〳〵、
自信直御方へ之状、具披見申候、誠無残所懇之段、喜悦之至候、何篇にも可然様得指南申、又旨儀をも可申候、
我等事ハ善ニても悪ニても、本人之事候間、くるしからす候、旁以可然様御談合あり度事候〳〵、信之御事、別
而御懇意之御存分、難申盡所、能々先御心得候而可給候、伯州表之事、肝心候間、盛重之返事、今日可到来候
条、以其上、いよ〳〵可被相定候と存候〳〵、石原（出雲）罷着候者、則可承候〳〵、かしく
　　十月十日　　元就（花押）
　　　　　　　　　　　　右馬
（切封ウワ書）
「
　元春参　申給へ　　元就」

この史料に認められる「石原」という地名は、現鳥取県安来市広瀬町石原の京羅木山城砦群を指すと考えられるから、毛利氏が尼子氏を月山富田城に攻めていた永禄六～九年（一五六三～六）頃のものと考えられる。この頃、杉原盛重は富田城攻めの東部戦線にあたる西伯耆の平定に当たっていた[49]。この史料には「伯州表之事肝心候間、盛重之返事、今日可到来候条以其上いよ〳〵可被相定候と存候〳〵」（傍線部）と書かれており、伯耆の戦線に於いて盛重が中心的な役割を果たしていたことが分かる。また、盛重からの返事を見て今後の毛利氏の戦略を決めると書かれていることから、毛利元就の盛重への信頼が非常に厚かったことが確認できる。

他にも（年欠）三月九日付け内蔵助宛「毛利隆元書状[50]」には、「従杉原之左右今日者可到来候、儀定之事候者可申候」とあり、また、（年欠）極月十九日付け益田元祥宛「吉川元長書状」にも「自盛重于今無返事付而、不相定趣ニ候[51]」とあって、毛利元就・隆元だけでなく、吉川氏からも盛重に対して厚い信頼が寄せられていたことが分かる。

杉原盛重とその主従関係（一）――杉原氏「家中」を中心として

前節で述べたように杉原盛重は、毛利元就やその一族から厚い信頼を受けていたことが分かる。この盛重個人への信頼がベースとなって、毛利元就は備後外郡の要衝神辺城を杉原氏に委ねたと考えられる。しかし、安芸国衆の盟主的立場から主君であった大内氏を倒して戦国大名への道を切り開いた毛利氏は、備南の有力者であった杉原氏を備後外郡国衆の盟主的地位にある神辺城主に任じることにリスクを感じていたと推測される[52]。このリスクに対して毛利元就がかけた保険が、盛重を吉川元春の旗下に置いて、西伯耆の要衝尾高城の城主に任命することであったと考えられる。下克上のリスクを低減するために、より大きな権力を与えることは矛盾して見えるが、輝元による天正十二年八月の杉原景盛討滅に際してこの元就の目論見は非常に有効に働いたと考えられる[53]。以下に、杉原盛重の主従関係分析を通して元就のかけた保険について述べてみたい。

杉原盛重が中世的な「家中」と呼ばれる組織を有していたことは、天正六年（一五七八）六月の播磨上月城の合戦に於いて、杉原盛重が児玉元兼の戦功を賞賛した書状に、「返々、被及鑓候事、無其隠候、淵底家中之者申事候」とあって確認が取れる[54]。盛重が神辺城主と尾高城主を兼ねることで、永禄六年（一五六三）頃以降、杉原氏「家中」は二つの拠点を持つことになった。備南及び西伯耆での杉原氏「家中」による所領打渡坪付け等を調べると、杉原氏「家中」として奉行人層であった二十三氏の在地領主が確認される。これをまとめて表２に示す。二十三氏の内、菊池・吉田・長氏と出身地が不明の五氏を除く十五氏は備南の在地領主と考えられ、杉原氏「家中」における奉行人は、殆どが備南の在地領主で占められていたことになる。しかし、西伯耆の尾高城でも備南の在地領主が奉行人の主流であったことは、奉行人という立場が所領争い等において重要な意味を持つことから、西伯耆の在地領主達が不満を募らせていたと推測され、備南と西伯耆の在地領主間には対立があったと考えられる。この対立が、杉原氏が備南及び

表２　杉原氏「家中」に属していたことを確認できる家系

No	家系	実名（仮名）又は　官途	国	備　　考
1	所原氏	肥後守（137・138）	備後	「水野記」の深津郡本庄村に記載あり。
2	加藤氏	左衛門家久（3）	備後	神辺城城麓の平野郷の打渡奉行人。
3	馬屋原氏	孫兵衛（81）、河内守俊久（124・128） 宗次（132）、善三郎（34）	備後	「福山志料」に馬屋原孫兵衛の名がある。「備後古城記」の深津郡坂田に馬屋原監物、孫兵衛とみえる。
4	高橋氏	左馬丞（81）	備後	「福山志料」に高橋右馬丞資高と見える。
5	別所氏	与三左衛門（81）	備後	「福山志料」に別所三八と見える。
6	志田氏	李助（81）	不明	
7	入江氏	隠岐守（82）	備後	「福山志料」に入江利勝と見える。
8	山根氏	三郎右衛門（82）	備後	『資料八箇国御時代分限帳』（岸浩氏、マツノ書店　1987）No.993。
9	梅原氏	藤左衛門（82）	不明	
10	壇上氏	監物（82）	備後	「備後古城記」の沼隈郡佐波に檀上監物とみえる。
11	横山氏	四郎右衛門尉（81・118）、右馬助（118）	備後	沼隈郡津之郷小森の国人領主の庶子家カ。
12	菖蒲氏	左馬允（124・132）	備後	「福山志料」に菖蒲左馬介とみえる。
13	三吉氏	徳兵衛（124）	備後	三吉隆亮の庶子家カ（『萩藩閥閲録』巻113草刈六左衛門、及び『県史Ｖ』岩国藩中諸家古文書纂「森脇繁生書出」14号。
14	広江氏	宗詮（124）	不明	
15	大塚氏	平右衛門（124）	備後	「福山志料」に大塚内蔵允とみえる。
16	長谷川氏	次郎左衛門（124）	不明	
17	佐藤氏	九郎右衛門尉（118）	備後	「備後古城記」の沼隈郡浦崎に佐藤与左衛門とみえる。
18	能毛氏	飛騨守（118）	不明	
19	安原氏	四郎右衛門尉（118）	備後	「備後古城記」の安那郡東中条に安原甚次郎とみえる。
20	谷本氏	新蔵人丞（15・16）	備後	「福山志料」に谷本縄方とみえる。
21	菊池氏	肥前守（15・32）	伯耆	「大館常興書札抄」伯耆衆之事に菊池肥前守とある。
22	長氏	左衛門大夫（82）	伯耆	「大館常興書札抄」伯耆衆之事に長左衛門尉とある。
23	吉田氏	木工允元政（128）	出雲	『大社町史　史料編古代中世　下巻』二一七九号参照。

※①（　）内の番号は、表１の史料番号を指す。
※②「水野記」は『県史　近世資料編　Ⅰ』によった。
※③「備後古城記」は檀上本によった。
※④『県史Ｖ』は、『広島県史　古代・中世資料編Ｖ』を指している。

西伯耆に於いて強力な在地支配を敷くことを大きく阻害したと考えられる。

備南に於いて杉原氏が強力な在地支配を敷けていなかったことは、天正十二年八月の杉原景盛討滅後に、毛利輝元が備南に於ける杉原氏の所領書立を見て、「神邊城付立委細披見候、存外少分之儀候、是ニて城抱も不成事候間、令仰天候」と嘆いていることから確認が取れる[55]。一次史料から永禄六年以降の盛重の活動を見ると、伯耆・因幡での軍事活動が中心となっており、神辺城は城代と考えられる所原肥後守に任せられていたと推測される[56]。盛重が神辺に不在であったことが、備南で強力な在地支配を進展させることを妨げたと考えられる。他方、西伯耆では永禄十三年八月の「大山寺蔵棟札銘」には「信心大檀越、備後国住武、源朝臣杉原左近尉盛重、当国在軍節」とあって、盛重は備後からの進駐軍と認識されている[57]。また、天正十二年四月の会見郡馬場村八幡宮再興棟札には「備後国安那郡村尾郷神辺城主　杉原兵庫頭景盛」とあって、天正十二年段階でも備後の国衆であるとの認識は変わっていない[58]。尾高城に於いても杉原氏「家中」の奉行人の主流が備南の在地領主であったことへの反発から、天正十二年段階でも杉原氏は備後からの進駐軍と見られていた[59]。このことから、西伯耆でも杉原氏は強力な在地支配を展開できていなかったことが分かる。

杉原氏は、備南の要衝神辺城と西伯耆の要衝尾高城を擁しながら、どちらに於いても強力な在地支配を発展させる事ができなかった。毛利元就は杉原氏に出身地である備南以外に西伯耆という大きな拠点を与えた。しかも、元就は杉原氏の活躍の中心を備南ではなく、西伯耆に設定した。このことが原因となって、杉原氏は備南でも西伯耆でも強力な在地支配を展開できなかったことになる。神辺城は留守居の城代に任せざるをえなかったために、永禄十二年八月には藤井氏を中心とした備後の浪人一揆により神辺城を簡単に落とされるという失態を演じている[60]。また、西伯耆でも進駐軍として見られていたために、天正十二年八月三日、杉原景盛の羽柴秀吉への内通が明らかになったとして毛利輝元が景盛討伐を決めると、その僅か二週間後に景盛は西伯耆の佐陀に於いて討たれている[61]。この原因は、西伯耆に於ける杉原氏の権力構造が、毛利氏の支持に大きく依存していたためと考えられる。つまり毛利氏の強い後ろ盾があって初めて、杉原氏は伯耆の在地領主を支配できていたことになる。

以上のように杉原氏「家中」の構成から杉原氏の主従関係を考えた場合、神辺城と尾高城という二つの大きな拠点を有していたことが、強力な在地支配を展開する上で大きな弱点になっていたことが分かる。次に、「家中」以外の主従関係から、毛利元就が杉原氏の下克上に対してかけたもう一つの保険を考えてみたい。

杉原盛重とその主従関係（二）――杉原氏「家中」以外を中心として

この節では杉原氏「家中」には属さず、杉原盛重と一定の主従関係を持っていた在地領主との関係から、毛利元就が杉原氏の下克上に対してかけたもう一つの保険について考えてみたい。ここでいう一定の主従関係とは、感状授与、所領給与、偏諱授与、官途・受領の授与等の関係を指している。杉原氏「家中」に属さず、杉原氏と主従関係を有した在地領主を表3にまとめる。備南では、横山・三吉・三吉鼓・粟根・屋葺・河上の六氏がおり、西伯耆の田口氏・坂中氏、備中の河相氏、出雲の湯原氏・西氏とも主従関係が確認される。ここでは、備南の横山氏、備中の河相氏、出雲の西氏に注目してみたい。

①横山氏　横山氏は沼隈郡津之郷の国人領主である。横山氏に伝来した古文書には永禄期に書かれた盛重からの書状が数通残されており、伯耆での盛重の活動を知る根本史料になっている[62]。盛重が神辺城主となったころの横山氏惣領は備前入道盛資、嫡子は九郎左衛門尉盛政である。天正三年（一五七五）正月六日、盛政は盛重から「備中守」の受領名を与えられており、横山氏が盛重と主従関係にあったことが分かる[63]。しかし、横山氏の嫡流は常

表3　杉原氏と一定の主従関係を持っていた家系

No	家系	実名（仮名）又は　官途	国
1	杉原氏	兵部丞（144）、次郎左衛門（103）、彌六（103）、民部丞（103）	備後
2	横山氏	盛資（7）、盛政（15・16・73）	備後
3	粟根氏	助十郎（4）、市介（31・61・74）、助七（31）	備後
4	河上氏	善六（79・80）	備後
5	三吉氏	丹後守（125）	備後
6	鼓氏	右京亮（12・40）、又四郎（118）	備後
7	屋葺氏	次郎五郎（2・3）	備後
8	河相氏	勘解由左衛門尉清久（6）、彌太郎清重（8）、小三郎（33）	備中
9	坂中氏	弥六（45）	伯耆
10	田口氏	千代若（44）	伯耆
11	西氏	兵庫助春俊（64）	出雲
12	湯原氏	豊前守春綱（127）	出雲

※（　）内の番号は、表1の史料番号を指す。

時、神辺城に出仕していないことから盛重の「家中」には属していなかったと思われる(64)。但し、横山氏の庶子家には杉原氏の「家中」に属した者がいる。それは四郎右衛門尉及び右馬助である。二人とも備後及び伯耆で給地を打ち渡す奉行人を務めており、盛重の「家中」に属していたと考えられる(65)。おそらく二人は盛資の庶子か横山氏庶子家の出身者で杉原氏の家政を担当したと思われる。熊谷氏や天野氏の庶子家が毛利氏「家中」に属したのと同様の現象であろう。急速に拡大する領国の経営に人材の不足を感じた毛利氏は周辺の有力国衆の庶子家を「家中」に取込むことでその不足を補っていた。一方、有力国衆にとっても庶子家を毛利氏「家中」に送り込むことで毛利氏の動きを早く知ることができるメリットがあった(66)。これと同様のことが盛重の「家中」にも起こっていたと推測される。備後国衆馬屋原氏や三吉氏の庶子家に属する人物にも杉原氏「家中」で奉行人を務めた例があり、毛利氏の旗下で急速に所領を拡大した有力国衆に共通する現象ではないかと思われる(67)。

次に、横山氏と杉原氏の関係で興味深い史料について考えてみたい。杉原景盛が横山盛政に宛てた天正七年のものと推測される書状には、美作での織田氏との戦いに出陣する横山氏に対して人質を提出することが求められている(68)。この人質の送り先は吉川氏の本領である安芸国大朝新庄となっており、横山氏の人質は杉原氏にではなく、吉川氏に対して出されたことになる。横山氏は杉原氏だけでなく、杉原氏の上級権力である吉川氏との間にも主従関係を結んでいたと推測される(69)。また後年、杉原元盛が弟景盛によって謀殺された時、横山氏は小早川隆景を通じて毛利輝元への取り成しを依頼している(70)。更に天正十二年八月、景盛の羽柴秀吉への内通が明らかとなったのに際して、隆景が横山氏の所領の保全を神辺に在番する毛利氏奉行人に対して依頼した書状には「吉田江馳走之仁候」との表現があり(71)、根本的には横山氏は毛利氏との間に主従関係を結んでいたことが確認される。つまり、備南の国人領主である横山氏は毛利氏が直接掌握していた国人領主であったことになる。杉原盛重との間に主従関係を有していたが、盛重が吉川氏の旗下に入っていたため吉川氏に対して人質を出している。地理的な関係から小早川氏との関係が深かったために、盛重の死後、杉原氏の内紛に危機感を募らせた横山氏は小早川隆景を通じて毛利氏に忠誠を誓ったと思われる。備南の在地領主で横山氏と同様に盛重の旗下にあった粟根氏や三吉鼓氏、三吉氏なども毛利氏が直接掌握していた在領主だと思われる。

②河相氏（備中）　備中の国人領主・河相氏と杉原盛重の主従関係について述べてみたい。永禄二年（一五五九）三月、河相清久が盛重に味方することの見返りとして、盛重は清久に給地一五〇貫を宛て行っている(72)。永禄二年二月、備中猿掛城主・穂田為資が三村家親を備中松山城に攻めている。この戦いに関連して、家親は毛利氏に救援を求めており、盛重が備中国後月郡川相（現井原市芳井町川相）の国人領主である河相氏を調略により毛利方に

引き入れたと推定される。この時、河相氏は毛利氏とも直接に主従関係を結んだと推定される。その根拠は、永禄三年六月に毛利氏奉行人より清久が直接給地を与えられていることにある。(73)以上から河相氏も杉原盛重と主従関係を有していたが、毛利氏が直接掌握していた国人領主であったことになる。

③西氏（出雲）　西氏は出雲大社の社家国造千家の重臣である。元亀三年（一五七二）十二月、千家義広は西春俊に証状を与え、義広の弟彦三郎一期の後は、春俊が権検校の上座であることを保証している。(74)この西春俊は、元亀四年二月七日付けで杉原盛重から兵庫助の官途を与えられており、(75)西氏が盛重との主従関係を有していたことが分かる。出雲大社の権検校筆頭は出雲の有力者と考えられることから、盛重は出雲国でもかなりの勢力を持っていたと推測される。(76)一方、西春俊の実名春俊の「春」は、吉川元春の偏諱と考えられ、西氏は元春とも主従関係にあったことになる。ここでも備南で見たのと同様に、二元的な主従関係が認められる。つまり、盛重と春俊の主従関係は元春の了解の下に結ばれたと考えられ、西氏は、杉原盛重との間に主従関係を有していたが、吉川（毛利）氏からも直接掌握されていた在地領主だと考えられる。やはり出雲でも毛利氏は、盛重が有力な在地領主との間に強い主従関係を結ぶことを規制していたことになる。

以上のように、杉原氏の「家中」に属さず一定の主従関係を有した家系は、毛利氏から直接掌握されていたことが、備南に限らず備中、出雲でも確認される。ここで問題となるのは、杉原氏「家中」が杉原氏惣領との間に一元的な主従関係を持っていたのに対し、横山氏、河相氏、西氏等「家中」に属していない在地領主は、杉原氏と毛利氏との間に二元的に近い主従関係を有していたことになる。

山名理興の没落後、神辺城は大内氏の直轄城となり、備南の横山氏、三吉氏、栗根氏、屋葺氏等は大内氏との間に主従関係を結び、大内氏城番の支配下に入ったと考えられる。(77)しかし、天文二十三年（一五五四）の防芸引分に際して、備南は毛利氏支配下に入ったため、大内氏の支配下にあった備南の在地領主層は毛利氏との間に主従関係を結び直したと推測される。そして、杉原豊後守が毛利氏のバックアップを受けて神辺城主となるに及んで、備後外郡の盟主として杉原豊後守は毛利氏の了承のもとに横山氏等、備南の在地領主と主従関係を結んだと考えられる。杉原豊後守の後継者として神辺城主となった杉原盛重は、杉原豊後守の「家中」を継承すると共に、備南の在地領主層との主従関係をも引継いだと考えられる。このことから備南の在地領主層には、杉原盛重と主従関係を結ぶと共に、毛利氏にも直接掌握されていたものがいたことになる。これら在地領主層と杉原氏との間の主従関係は、毛利氏と杉原氏の間の関係に強く依存していたと考えられる。盛重一代の間は、毛利氏と杉原氏の関係は強固なものであったために、杉原氏と備南の在地領主層の間の主従関係に大きな問題は生じなかった。しかし、盛重の没後、嫡子元盛と庶子景盛の間に相続争いが生じ、天正十二年（一五八四）、景盛が毛利氏から羽柴秀吉への内通の疑いを懸けられるに及んで事情は一変した。横山氏や三吉氏を初めとした備南の在地領主層は、地理的に縁の深い小早川隆景を通じて毛利氏への忠誠を誓ったと推測され、杉原氏と備南の在地領主層との主従関係は脆くも崩れ去った(78)。

杉原盛重と主従関係を結んだ在地領主の中には、横山氏や河相氏、西氏のように毛利氏の強い規制が働く存在があった。毛利氏自身は、大内氏から安芸・備後中部の在地領主の盟主であることを許され、その立場を最大限に利用して自己の勢力を拡大してきた(79)。毛利元就は杉原盛重に山陽道の要衝である神辺城を任せるに当たって、杉原氏が神辺城を中心とした強力な在地支配を確立することを望まなかった(80)。このため、杉原氏と主従関係を結んだ在地領主の中に、横山氏や河相氏、西氏など、毛利氏が直接的に強い影響を及ぼすことが出来る在地領主を置き、杉原氏が強力な在地支配を展開することを牽制したと考えられる。ここに現れる二元的な主従関係が、杉原氏の強力な在地支配を規制するために毛利元就がかけた二つ目の保険であった。

六、おわりに

杉原盛重には毛利氏一族からの厚い信頼があり、これが備後南部の要衝神辺城と西伯耆の要衝尾高城を任せられた理由であることを述べてきた。現在の通説では、神辺合戦に於いて盛重の活躍を見た吉川元春の強い推挙で盛重は神辺城主となったとされている。これを裏付けるような一次史料は確認されず、『陰徳太平記』の史観がベースとなって記述されたものである。しかし、第四章で述べたように、杉原氏と毛利氏の間には安芸国衆熊谷氏と杉原氏の婚姻関係に基づいた交流が天文年間の初期からあったと考えられる。この関係がベースとなって、毛利元就は杉原盛重の武将としての器量を認め、神辺城と尾高城を任せたと考えられる。しかしながら、大内氏の旗下で形成してきた国衆とのネットワークを武器に大内氏を打倒し、戦国大名となった毛利氏にとって杉原氏と備南の在地領主達が強く結び付くことは脅威であった。このため、杉原氏「家中」に属さずに杉原氏と主従関係を有した備南の国人・土豪層の中には、横山氏や三吉氏のように毛利氏が直接掌握している在地領主を存在させていた。毛利氏は、この二元的な主従関係によって杉原氏が備南に於いて強力な在地支配を敷くことを牽制していた。

西伯耆に於いては、杉原景盛が毛利氏によって討ち果たされる段階になっても、西伯耆の在地領主層にとって杉原氏は進駐軍に過ぎなかった。毛利氏が杉原氏に領国の東部を限る重要拠点二ヶ所を任せるに際してかけた保険は、見事に働いたことになる。つまり、杉原氏の権力は毛利氏からの信頼に強く依存していたと考えられる。杉原盛重はこのことを強く認識しており、毛利氏に強い忠誠心を持って臨んでいたと思われる[81]。しかし、杉原景盛の代になって右記の認識が薄れ、毛利氏への強い忠誠心が明確に見えなくなったことが、毛利輝元が景盛討伐を決めた大きな要因だ

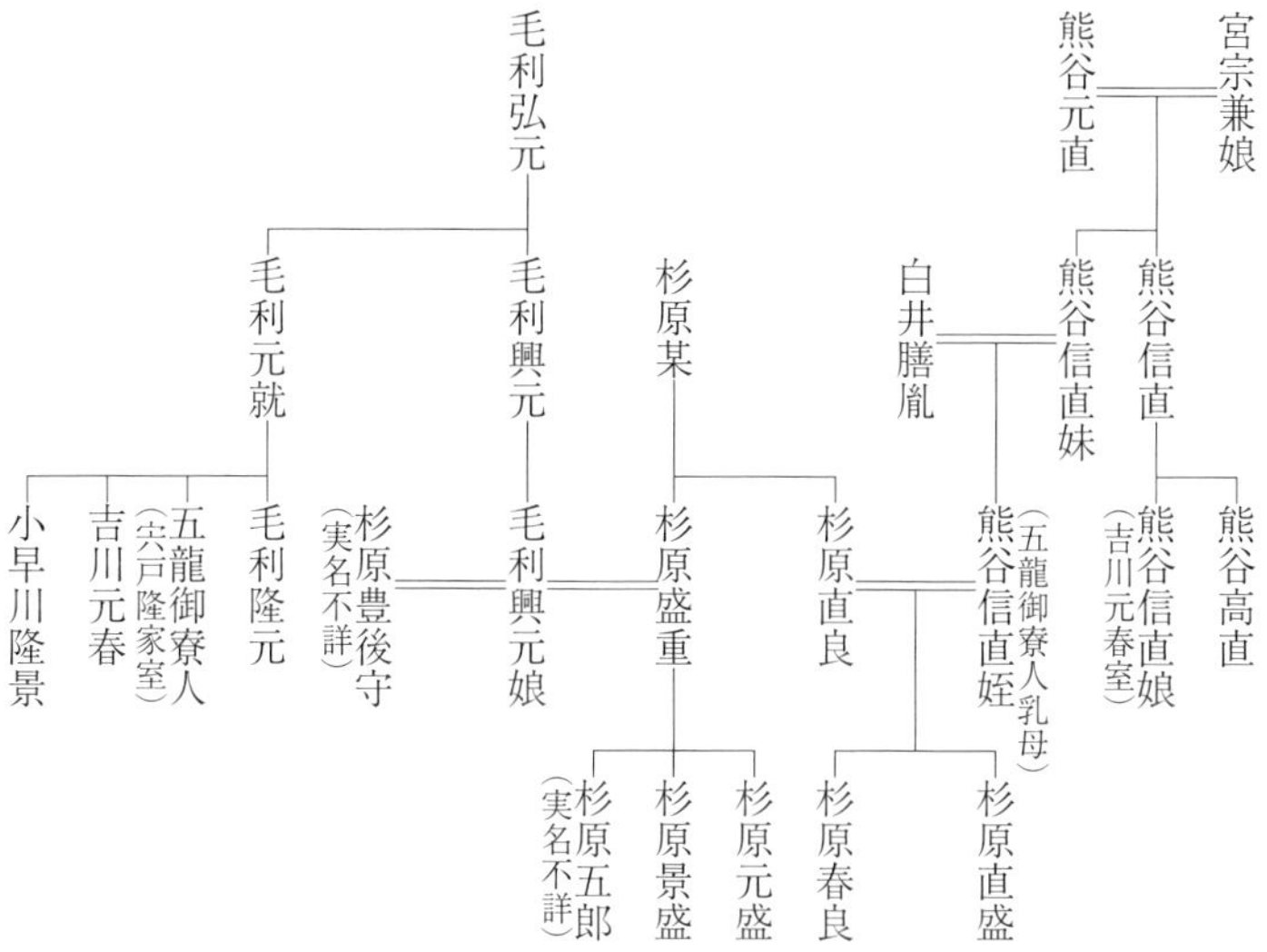

図２　杉原盛重とその婚姻関係

『熊谷家系図』・『毛利家系図』・『萩藩諸家系図』より作成

と思われる。

安芸国衆と備南の国衆の間にも、婚姻関係をベースとした同盟関係が存在したと思われる。[82] 例えば、熊谷信直の母は宮若狭守宗兼の娘であったし、前述したように杉原直良室は安芸国衆白井氏の娘で熊谷信直の姪であった。熊谷氏は、天文年間の前半に毛利氏とも婚姻関係を結ぶことになるから、熊谷氏を結節点とした安芸国衆と備後外郡国衆のネットワークが考えられる（図２）。この国衆間のネットワークの中でもう一度、備南の有力国衆である宮氏・杉原氏と毛利氏の関係を見直してみる必要があると思われる。[83] この見直しを元に毛利氏領国に於ける杉原盛重の立場も再考する必要があると考えており、今後の課題にしたいと思っている。

表１にまとめたように、杉原盛重に関しては戦国期の備後国衆と毛利氏の関係を考察する上で興味深い史料が多数存在しており、今後の研究に資することが出来るのであればという思いが、本稿を纏めた理由の一

つである。本稿が、備後外郡に於ける国衆論の活性化に寄与できれば幸いである。

註

（1）長谷川博史氏「安芸国衆保利氏と毛利氏」（『内海文化研究紀要』二五、一九九六年）。
（2）村井良介氏「安芸国衆小早川氏「家中」の構成とその特質」（『古文書研究』五二、二〇〇〇年）。
（3）木村信幸氏「備後国多賀山氏の基本的性格」（『芸備地方史研究』二四八、二〇〇五年）。
（4）松浦義則氏「戦国末期備後神辺周辺における毛利氏支配の確立と備南国人層の動向」（『芸備地方史研究』一一〇・一一一、一九七七年）。
（5）村井良介氏「中・近世移行期の備後地域の地域構造」（『歴史科学』一六八、二〇〇二年）。
（6）村井良介氏「戦国期における領域的支配の展開と権力構造」（『日本史研究』五五八、二〇〇九年）。
（7）小栗康治氏「毛利輝元書状の年代確認についての考察─広島城築城をめぐる初出書状の検討─」（『芸備地方史研究』二五四、二〇〇七年）。
（8）横畠渉氏「豊臣期毛利氏の備後国における動向─神辺周辺を対象として─」（『芸備地方史研究』二六四、二〇〇九年）。
（9）長谷川博史氏「毛利氏の山陰地域支配と因伯の諸階層」（『戦国期大名毛利氏の地域支配に関する研究』所収、二〇〇三年）。
（10）舘鼻誠氏「戦国期山陰吉川領の成立と構造」（『史苑』第四六巻第一・二号、一九八七年）。
（11）高橋正弘氏『因伯の戦国城郭　通史編』（自費出版、一九八六年）「第二章第一節　あらたなる動き」、「第三章第一節　草刈・宇喜多・南条氏の離叛」、「第三章第三節　羽衣石・尾高の落城」。
（12）従来の定説では杉原保は御調郡内に比定されていたが、二〇〇八年、福山市北吉津町の胎蔵寺釈迦如来の胎内経に「奉納　日本国備後州深津郡椙原保常興禅寺」とあって、杉原保が深津郡にあったことが確認されている（二〇〇八年十月広島県立歴史博物館スポット展示資料・中世文書を読む（四）「胎蔵寺の文書から」）。
（13）『萩藩閥閲録』巻五三「木梨右衛門八書出」。

(14)『萩藩閥閲録』巻六七「高須惣左衛門書出」、『萩藩閥閲録遺漏』巻四の二「高須直衛書出」、及び、『萩藩譜録』「高洲長左衛門盛英書出」(『広島県史　古代中世資料編Ⅴ』、以下「広島県史」は「県史」と略称する)。

(15)『萩藩閥閲録』巻六八「杉原与三右衛門書出」。尚、杉原氏一族に関する一般的な記述は、『県史　中世』「Ⅳ　戦国の騒乱と毛利氏の統一」五〇三～五〇八頁(河村昭一氏執筆部分)を参考としている。

(16) 拙稿「備後杉原氏の祖、平光平について―公家近習武士から幕府奉行人への転身―」(『芸備地方史研究』二三四、二〇〇三年)。

(17) 拙稿「備後杉原氏と南北朝の動乱」(『芸備地方史研究』二四二、二〇〇四年)。

(18) 拙稿「大永七年九月の備後国衆和談と山名理興」(『芸備地方史研究』二七四・二七五・二七六号、二〇一一年)。

(19) 註(15)参照。

(20) 杉原惣領家に属すると確認できる人物は、永正十二(一五一五)年十二月二日「足利義稙三条御所移徙次第」(『益田家文書』二六四号)に走衆としてあらわれる杉原四郎が最後である。杉原惣領家の極官は伯耆守であることから、天文年間に現れる杉原豊後守は杉原氏の庶子家から出て惣領家を継いだと思われる。杉原豊後守の没後に、杉原盛重は豊後守の室であった毛利興元の娘と婚姻関係を結んでおり、豊後守と盛重を直系とすることには問題がある(図1参照)。

(21) 朝山景連が南北朝時代の初期に備後守護であったことは、建武三(一三三六)年十月四日付け朝山次郎佐衛門尉宛「足利直義御判御教書」(京都大学文学部所蔵文書『県史　古代中世資料編Ⅴ』所収)によって確認がとれる。しかし、神辺築城と朝山氏の関連を示す信頼性の高い史料は確認されていない。

(22)『大日本古文書　山内首藤家文書』七八号により応永八年三月に山名時熙が備後守護に任じられたことが分かる。また、同文書所収・一四六号により永正九年十月に山名氏惣領となった誠豊までは山名氏が備後守護であったことが確認される。

(23)「薩戒記」永享九年八月一日条(『県史　古代中世資料編Ⅰ』)及び「渡辺家先祖覚書」(田口義之氏《史料紹介》「渡辺家先祖覚書」備陽史探訪の会『山城志』第七集、一九八四年)。

(24) 註(18)参照。

(25) 表1　史料番号(163)。

(26)（天文十八年）九月七日付け福原貞俊宛「毛利元就書状」（「福原文書」『県史　古代中世資料編Ｖ』）。
(27)（天文十八年）十一月三日付け湯浅五郎次郎宛「大内義隆書状」（『山口県史　史料編中世３』阿武地区「湯浅家文書」一一〇号）。
(28)表１　史料番号（２）・（３）。弘治三年二月、杉原盛重は神辺城麓にある平野・湯野の所領を屋葺氏に宛行っており、神辺城主と考えられる。
(29)（天文二十三年）十一月八日付け福屋上野守宛「毛利元就・同隆元連署書状」（『出雲尼子史料集』八六二号）。『向島町史　通史編』第二章・第一節・四「室町から戦国時代にかけての歌島の海賊」一五三～一五四頁（松井輝昭氏出筆部分）参照。
(30)天文二十一年十一月廿八日付け「大内晴英感状」（『山口県史　史料編中世３』「湯浅家文書」九号）。
(31)天文十五年十二月廿二日付け乃美小太郎宛「大内氏奉行人連署書状」（『大日本古文書　小早川家文書』「附録　浦家文書」一四号）。（天文二十一年）四月六日付け杉原豊後守宛「大友義鎮書状」（『萩藩閥閲録』巻六八　杉原与三右衛門書出）。
(32)『大日本古文書　毛利家文書之二』一九一号。
(33)毛利氏は、神辺城という重要拠点を備後の有力国衆である杉原氏に委ねるに当って、毛利氏との婚姻関係を重要視したと考えられる。このため、杉原豊後守は毛利興元娘との婚姻関係を結んだと推測される。毛利氏が備後・安芸・石見の国衆支配において、主従関係の補完手段として婚姻関係を重視したことが指摘されている。（鴨川達夫氏「戦国大名毛利氏の国衆支配」、石井進編『都と鄙の中世史』所収、吉川弘文館、一九九二年）。
(34)註（28）参照。
(35)盛重が豊後守から神辺城主を継承するに際して、興元娘を妻としたことは、盛重が豊後守の子息ではないことを示している。直系の子息であれば、興元娘は義母にあたるから、神辺城主となる際にこの女性を妻にする必要はなかったと思われる。
(36)表１　史料番号（４）・（５）。
(37)尾高（泉山）城が毛利方の手に落ちるのは永禄五年六月と考えられる（『萩藩閥閲録遺漏』巻四の一・（永禄五年）六月廿三日付け（宛所欠）「毛利元就・同隆元連署書状」）。また、表１　史料番号（15）には、「尚々幸猋殿・小二郎殿・菊肥へ、此書状何も可被相届候」とあって、盛重は永禄六年三月には尾高城主であった行松氏及びその重臣菊池肥前守を保護下においていたと推測されることから、尾高城を預かったものと考えられる。
(38) 表1　史料番号(17)・(18)・(24)・(25)・(26)・(29)・(31)。
(39) 『毛利家文書之二』四一八号。
(40) 表1　史料番号(90)。
(41) 註(1)参照。
(42) 西尾和美氏『戦国期の権力と婚姻』(清文堂出版、二〇〇五年)第一章「厳嶋合戦前夜における芸予の婚姻と小早川隆景」参照。
(43) 天文二十四年二月廿二日付け、むめき殿宛「河野通宣宛行状」(『愛媛県史　資料編古代・中世』一七九四号)。また、恵良宏氏が調査された「椙原文書」(「椙原文書について―慶長以前の紹介―」『宇部工業高等専門学校研究報告　第十二号』所収、一九七一年)には、本文記載の史料1と「河野通宣宛行状」の原文書が確認されるため、これらの文書が同一の家系に伝来していたことが分かる。
(44) 「熊谷家系図」(『大日本古文書　熊谷家文書』所収)によれば、熊谷信直の妹に「府中白井御方　息女一人」とあり、この息女が杉原直良の室にあたると考えられる。
(45) 天文廿三年十二月廿九日付け杉原千寿宛「吉川元春加冠状」(「椙原文書について―慶長以前の紹介―」『宇部工業高等専門学校研究報告　第十二巻』所収、一九七一年)。
(46) 杉原直良が、安芸国衆である熊谷信直の姪を正室に迎え、自身と嫡子・直盛に信直の偏諱を受けていることは、直良・盛重の属した家系が杉原氏の庶子家であったことを表していると考えられる。天文年間の備後の有力国衆の実名を調べてみると、山内隆通、三吉隆亮、木梨隆盛、有地隆信のように大内義隆の「隆」を受けたものや、和智豊郷、上原豊将、古志豊綱のように備後守護山名氏の通字「豊」を受けたものがいる。つまり、備後・安芸の有力国衆は備後守護家及び戦国大名である大内氏からその偏諱を受けるのが通例であったことになる。ここで直良も盛重もこの通例にあたらないことから、直良・盛重は備南の有力国衆の直系ではないと考えられ、直良・盛重は杉原氏の庶子家を出自としていると推測される。
(47) 『可部町史』「第三章　古代・中世の可部／第六節　毛利氏と熊谷氏」松岡久人氏執筆部分参照。

(48) 表１　史料番号(21)。
(49) 表１　史料番号(15)・(16)・(17)。
(50) 表１　史料番号(19)。
(51) 表１　史料番号(83)。
(52) 表１　史料番号(23)に「神辺外郡衆馳走候者、一方之勢数ニてあるへく候」とあり、毛利氏領国において神辺外郡衆の勢力が大きなものであったことが分かる。「神辺外郡衆」というように「神辺」を冠して呼ばれていることから、神辺城主は備南の盟主的な地位にあったと考えられる。この地位は、大永八年頃から天文十八年まで備南を実質的に支配した神辺城主・山名理興の後継者であることにも由っている。また、理興の没落後、大内氏の神辺城番青景隆著によって理興の旗下にあった備南の在地領主たちの再編成がおこなわれている（川岡勉氏『室町幕府と守護権力』（吉川弘文館、二〇〇二年）、第五章「大内氏の知行制と御家人制」参照）。このことからも大内氏城番の没落後に神辺城主となった杉原豊後守は、備南の盟主と認識されたと考えられる。尚、杉原豊後守は神辺城主であった山名理興の重臣であったことからも、毛利氏が神辺城主に選ぶのに相応しい人物であったと推測される。
(53) 表１　史料番号(141)。
(54) 表１　史料番号(84)。
(55) 表１　史料番号(151)。
(56) 表１　史料番号(137)・(138)。
(57) 表１　史料番号(57)。
(58) 表１　史料番号(132)。
(59) 杉原盛重が毛利氏から尾高城を任せられたことによって、備南の在地領主達も西伯耆に所領を獲得したと考えられる。新たに所領を獲得した備南の在地領主と西伯耆の在地領主間に所領を廻る争いが起こったことは想像に難くない。所領争論を裁く担当者は、備南の在地領主が主流である杉原氏「家中」の奉行人であるから、争論は地縁や血縁の深い備南の在地領主に有利に展開したと思われる。ここに、西伯耆の在地領主から杉原氏が進駐軍とみなされる原因があったと考えられる。

(60) 表1　史料番号(50)・(51)・(52)。
(61) 表1　史料番号(148)。
(62) 『県史　古代・中世資料編Ⅳ』所収、沼隈地区「横山文書」。
(63) 表1　史料番号(73)。
(64) 註(4)参照。
(65) 表1　史料番号(81)・(118)。
(66) 註(1)参照。
(67) 表1　史料番号(81)・(124)。
(68) 表1　史料番号(88)。
(69) この時の人質かどうかは不明ながら、横山氏からの人質を吉川元春が直接に掌握していたことは、(年欠)卯月十二日付け横山盛政宛「吉川元春書状」(『県史　古代・中世資料Ⅳ』所収、「横山文書」九号)により確認が取れる。
(70) 表1　史料番号(142)。
(71) 表1　史料番号(143)。
(72) 表1　史料番号(6)。
(73) 表1　史料番号(10)。
(74) 元亀三年極月廿日付け西春俊宛「国造千家義広証状」(『大社町史　史料編古代中世　下巻』一八七二号)。
(75) 表1　史料番号(64)。
(76) 表1　史料番号(76)・(77)・(78)。

天正四年の出雲国鰐淵寺本堂建立に対して、杉原盛重は奉加を求められており、盛重の所領が出雲にもあったと推測される。補註(9)参照。

(77)（年欠）八月廿七日付け屋吹八郎二郎宛「青景隆著・弘中隆兼連署書状」（『県史　古代中世資料Ⅴ』所収、県内補遺「福山志料所収文書」一一号）に於いて、八郎二郎が大内氏に対して御家人となることを申請し、承認されたことが分かる。同様に山名理興旗下にいた横山氏や三吉氏等も大内氏の神辺城番のもとに属したと考えられる。

(78) 表1　史料番号（142）・（143）・（144）。

(79) 表1　史料番号（163）には、「神辺七年従大内殿被取詰候、其已来備後中郡を八日頼様御裁判候、外郡ハ西条之守護ニ被差上候」とあって、神辺合戦後に毛利元就は安芸に加えて備後中郡をもその支配下に置いたことが分かる。

(80) 表1　史料番号（161）には、「雖然其城（富田城）并神辺ハ郡山同前候」とある。この史料は天正十三年のものと推定されるが、毛利輝元は神辺城を毛利氏の本城郡山城及び山陰支配の要衝富田城と並ぶ重要拠点と認識していた。富田城は毛利一門である毛利元秋の支配下にあったが、神辺城は備後国衆である杉原氏の支配下にあり、神辺城に於いて杉原氏が強力な在地支配を確立することは、毛利氏にとって危険であるとの認識があったと推測される。

(81) 表1　史料番号（104）参照。杉原盛重が病没する半年前、体調を崩していた時の書状であるが、毛利氏・吉川氏への強い忠誠心が読み取れる文面になっている。

(82)『熊谷家文書』所収「熊谷家系図」。

(83) 西尾和美氏は「終章　戦国末期における芸予の婚姻と地域勢力」（同氏『戦国期の権力と婚姻』清文堂出版、二〇〇五年）の中で、「戦国期武家の婚姻が個別的、あるいは当事者の家相互間の間題としてとらえられるのみならず、上位の領主と家臣団あるいは国人という地域権力を構成する領主間各層のネットワークに下支えされている構造を重視すべきこと」と述べられている。芸備の国衆についても、婚姻関係に基づく国人間のネットワークの存在が重要であると考えており、今後の課題としたいと思っている。

表１　杉原盛重・元盛・景盛関係史料

史料番号	和暦	西暦	月日	文書名	宛所	出典・内容
(1)	(年欠)	—	六月十五日	毛利元就・同隆元連署状	桂元忠 児玉就忠	『萩藩閥閲録』巻89 「久芳小兵衛」3号 ・久芳賢直と杉原盛重の間の仲介を元忠、就忠に指示
(2)	弘治三年	1557	二月九日	杉原盛重宛行状	屋葺次郎五郎	『県史 Ⅴ』第3部県内補遺 「福山志料所収文書」13号 ・屋葺氏に平野・湯野等の所領を宛行う
(3)	弘治三年	1557	二月十六日	屋葺次郎五郎給地坪付	屋葺次郎五郎	『県史 Ⅴ』第3部県 「福山志料所収文書」14号 ・史料 (2) の給地坪付け
(4)	弘治三年	1557	五月二日	杉原盛重感状	粟根助十郎	『新修　広島市史　第6巻』 「知新集所収文書」山代孫右衛門 ・石州日和要害合戦での戦功を賞する。
(5)	弘治四年	1558	三月三日	毛利氏奉行人連署書状	久利六郎	『山口県史　史料編中世4』 岩国徴古館「久利家文書」33号 ・久利氏の杉原盛重に対する 馳走を賞し、恩賞給与を約束する
(6)	永禄二年	1559	三月廿三日	杉原盛重判物	河相清久	『岡山県古文書集　第四輯』 「備中　川合家文書」2号 ・河相氏の毛利方への馳走に対して、所領を宛行う
(7) (注①)	(永禄二年カ)	(1559カ)	七月廿六日	杉原盛重書状	横山盛資	『県史 Ⅳ』「横山文書」4号 ・石見における尼子氏との合戦状況を連絡する
(8)	永禄二年	1559	八月十五日	杉原盛重加冠一字書出	河相清重	『岡山県古文書集　第四輯』 「備中　川合家文書」3号 ・河相彌太郎の元服に際して、「重」字を与える
(9)	(年欠)	—	極月一日	毛利元就書状	吉川元春	『萩藩閥閲録遺漏』巻5の1 「二宮兵左衛門差出」1号 ・神辺へ派遣した使僧が帰ってきたことを伝える
(10)	永禄三年	1560	六月廿五日	毛利氏奉行人連署宛行状	河相清久	『岡山県古文書集　第四輯』 「備中　川合家文書」4号 ・河相清久に対して備中の所領を毛利氏が宛行う
(11)	永禄三年	1560	八月十九日	杉原盛重寄進状	法鐘寺	『県史 Ⅳ』「法道寺文書」1号 ・備後国御領の所領を法鐘寺に寄進する
(12)	永禄三年	1560	九月五日	杉原盛重宛行状	皷右京亮	『県史 Ⅳ』福山志料所収 「三吉鼓文書」1号 ・備後国竹田の所領を鼓氏に宛行う
(13)	(永禄五年)	1562	三月二日	熊谷信直書状	杉原春良	『萩藩閥閲録』巻68 「杉原与三右衛門」6号 ・安芸国新庄市における杉原直良の討死を弟春良に伝える
(14)	(永禄五年)	1562	六月廿三日	毛利元就・同隆元連署状	宛所欠	『萩藩閥閲録遺漏』巻4の1 「川尻浦斉藤源左衛門」3号 ・伯耆国泉山（尾高）城が毛利方により攻め落とされる
(15)	(永禄六年)	1563	三月八日	杉原盛重書状	横山盛政 谷本 新蔵人丞	『県史 Ⅳ』「横山文書」1号 ・芸豊和談が成立したことを横山氏と谷本氏へ伝える
(16) (注②)	(永禄六年)	1563	三月十二日	杉原盛重書状	横山盛政 谷本 新蔵人丞	『県史 Ⅳ』「横山文書」2号 ・富田城攻めの状況を横山氏と谷本氏へ伝える

史料番号	和暦	西暦	月日	文書名	宛所	出典・内容
(17)(注③)	(永禄六年)	1563	七月廿三日	毛利元就書状写	隆元	『萩藩閥閲録』巻33 「粟屋勘兵衛」18号 ・杉原盛重が参戦する伯州河岡表での戦況を報せている
(18)	(年欠)	—	九月十七日	毛利元就書状	山田満重	『山口県史　史料編中世3』 山口県文書館「山田家文書」39号 ・盛重、奉行衆と相談して塩留めの立札を立てるように指示する
(19)	(年欠)	—	三月九日	毛利隆元書状	内蔵助	『山口県史　史料編中世3』 「小川氏所蔵文書」1号 ・盛重よりの使者が到着してから陣替をきめる事を伝達する
(20)	(年欠)	—	八月四日	毛利隆元書状	政所元通	『山口県史　史料編中世2』 毛利家旧蔵文書「田中家文書」17号 ・杉原盛重へ礼銭二百疋を渡すことを指示している
(21)	(年欠)	—	十月十日	毛利元就書状	吉川元春	『熊谷家文書』148号 ・盛重から伯耆の戦況を聞いて戦略を決めると伝える
(22)	(年欠)	—	九月廿九日	毛利隆元書状	杉原盛重	『県史 Ⅴ』 「萩藩譜録　中村彦左衛門忠矩」6号 ・木梨隆盛に所領の件を分別させるように指示している
(23)	(年欠)	—	(月日欠)	毛利元就書状	毛利隆元	『毛利家文書　2』 427号 ・神辺外郡衆は大きな勢力であるから、重要であると伝える
(24)(注④)	(永禄六年カ)	(1563カ)	十一月二日	毛利元就書状写	粟屋就方	『萩藩閥閲録』巻33 「粟屋勘兵衛」16号 ・伯耆の河山氏を盛重、宮景盛等とともに支援することを指示
(25)	永禄六年	1563	十一月廿四日	毛利元就感状写	垣田内蔵丞	『山口県史　史料編中世3』 山口県文書館「長府桂家文書」1号 ・杉原盛重が注進した伯耆天満での戦功を賞している
(26)	(永禄六年)	1563	十二月廿日	毛利元就書状	岡宗光良	『山口県史　史料編中世3』 阿武地区「岡家文書」3号 ・伯州の合戦において杉原盛重方として戦ったことを賞する
(27)	(永禄六年カ)	(1563カ)	後十二月十九	杉原盛重書状	横山盛政	『県史 Ⅳ』「横山文書」5号 ・横山盛資の病を心配していることを伝える
(28)	(年欠)	—	五月廿七日	杉原盛重書状	横山盛政	『県史 Ⅳ』「横山文書」3号 ・出雲若しくは伯耆の戦況を横山氏へ報せている
(29)	(永禄七年)	1564	正月廿一日	吉川元春書状	山田満重	『山口県史　史料編中世3』 山口県文書館「山田家文書」55号 ・伯耆天満城のことが盛重の努力で上手くいったことを伝える
(30)	永禄七年	1564	二月二日	杉原盛重判物	河相彌太郎	『岡山県古文書集　第四輯』 「備中　川合家文書」5号 ・給地として備中国出部高屋の所領を河相氏に宛行う
(31)	永禄七年	1564	二月六日	杉原盛重感状	粟根市介 粟根助七	『新修　広島市史　第6巻』 「知新集所収文書」山代孫右衛門 ・伯耆米子に於ける合戦の戦功を賞する
(32)	(年欠)	—	三月十四日	吉川元春書状	山田満重	『山口県史　史料編中世3』 山口県文書館「山田家文書」27号 ・杉原盛重の天満山普請に対する協力を労う

史料番号	和暦	西暦	月日	文書名	宛所	出典・内容
(33)	永禄七年	1564	三月廿八日	杉原盛重判物	河相小三郎	『岡山県古文書集　第四輯』「備中　川合家文書」6号 ・給地として備中国出部中条の所領を河相氏に宛行う
(34)	(年欠)	—	卯月八日	杉原盛重書状	皷右京亮	『県史 Ⅳ』「三吉鼓文書」20号 ・伯耆天満山での働きを賞し、所領の給与を約束する
(35)	永禄七年	1564	卯月廿七日	杉原盛重山伏司補任状	法鐘寺	『県史 Ⅳ』「法道寺文書」2号 ・家来中の山伏司の任命権を法鐘寺に与える
(36)	(永禄七年)	1564	卯月廿八日	小早川隆景書状	山田満重	『山口県史　史料編中世 3』山口県文書館「山田家文書」60号 ・伯耆天満山について判形が必要なことは盛重よりも連絡があった
(37)	(永禄七年)	1564	七月廿四日	毛利元就他二名連署書状	末近宗久 山田満重	『山口県史　史料編中世 3』山口県文書館「山田家文書」28号 ・杉原氏と久代氏の伯耆溝口への出陣を催促していることを伝達
(38)	(年欠)	—	(月日欠)	毛利元就自筆書状	吉川元春	『吉川家文書　2』1167号 ・盛重よりの書状で龍尾に城衆を派遣したことを確認したと伝達
(39)	永禄七年	1564	九月十六日	杉原盛重感状	粟根東市助	『新修　広島市史　第6巻』「知新集所収文書」山代孫右衛門 ・伯耆江尾要害における合戦の戦功を賞する
(40)	永禄七年	1564	九月十六日	杉原盛重感状	鼓右京亮	『県史 Ⅳ』「三吉鼓文書」21号 ・伯耆江尾要害における合戦の戦功を賞する
(41)	(年欠)	—	二月廿八日	杉原盛重宛行状	宛所欠	『県史 Ⅳ』「鼓文書」15号 ・加給として備後竹田の内で田一町を与える
(42)	永禄九年	1566	三月廿日	杉原盛重書状	山田満重	『山口県史　史料編中世 3』山口県文書館「山田家文書」110号 ・伯耆中之馬場の所領が宛行われるように元春等に働きかける
(43)	永禄十年	1567	三月廿二日	杉原盛重寄進状	瑞仙寺	『新修米子市史　第7巻』第一節文書の部30号 ・伯耆瑞仙寺に対して前々の如く寺領を寄進する
(44)	永禄十年	1567	三月廿六日	杉原盛重預ヶ状	田口千代若	『新修米子市史　第7巻』第一節文書の部78号 ・比江津神主職を預け置く
(45)	永禄十年	1567	九月十六日	杉原盛重宛行状	坂中弥六	『新修米子市史　第7巻』第一節文書の部41号 ・伯耆国相見郡八幡之内三拾五貫目を宛行う
(46)	(永禄十一年)	1568	五月四日	杉原景盛書状	児玉元良	『萩藩閥閲録』巻82「柏村茂右衛門」1号 ・伯耆生山における柏村四郎右衛門尉の戦功を注進する
(47)	(永禄十二年)	1569	三月十九日	吉川元春・小早川隆景連署状	井上就正	『萩藩閥閲録』巻38「井上彦左衛門」38号 ・筑前での大友との戦の検使として盛重とよく相談するよう伝える
(48)	(永禄十二年)	1569	四月廿八日	吉川元春・小早川隆景連署状写	兼重元宣 粟屋元通	『下関市史　資料編Ⅴ』「堀立家証文写」71号 ・盛重・宍道・有地等に早々に大友方と戦うように催促した

史料番号	和暦	西暦	月日	文書名	宛所	出典・内容
(49)	(永禄十二年)	1569	壬五月廿八日	吉川元春軍忠状	毛利元就 毛利輝元	『吉川家文書　1』513号 ・壬五月廿四日、神邊衆が伏勢を務めている
(50)	(永禄十二年)	1569	八月十一日	福原貞俊書状	三戸元貞	『萩藩閥閲録』巻56 「三戸平左衛門」5号 ・八月七日神辺陣での戦功を注進することを約束する
(51)	(永禄十二年)	1569	八月廿五日	毛利元就・輝元連署書状	村上祐康	『萩藩閥閲録』巻132 「村上太左衛門」4号 ・神辺城を敵方より取り返したことの戦功を賞する。
(52)	(永禄十二年)	1569	十月十五日	小早川隆景書状	宛所欠	『県史 V』「乃美文書正写」29号 ・神辺を攻めた藤井氏が備後山野と備中高屋の間にいる
(53)	永禄十二年	1569	十月十六日	毛利元就・輝元連署書状	国司元武	『萩藩閥閲録』巻138 「相嶋孫左衛門」8号 ・八月七日神辺陣での小者左衛門の戦功を賞する
(54)	(永禄十二年)	1569	十一月六日	細川藤賢副状写	細川通薫	『山口県史　史料編中世4』 下関文書館蔵「細川家文書」11号 ・八月、神辺城に阿波衆が攻寄せた時の戦功を賞賛する
(55)	(永禄十二年)	1569	十一月九日	足利義昭御内書	細川通薫	『山口県史　史料編中世4』 長府博物館「細川家文書」13号 ・八月、神辺城に阿波衆が攻寄せた時の戦功を賞賛する
(56)	元亀元年	1570	六月朔日	足利義昭書状	杉原盛重	『大日本史料　第10編第4冊』 「光源院文書」 ・伯耆国の光源院領を返し付けるように命令する
(57)	永禄十三年	1570	八月吉日	大山寺所蔵棟札銘	—	『鳥取県史　2　中世』資料編　244号 (「大山寺所蔵文書」) ・信心大檀越、備後国住武、源朝臣杉原左近尉盛重
(58)	(元亀元年)	1570	十月十四日	毛利元就書状	国司就信	『萩藩閥閲録』巻55 「国司与一右衛門」2号 ・出雲清水山を杉原盛重と伯耆衆が攻落したことを伝える
(59)	(元亀元年)	1570	十月十五日	立雪斎恵心書状	国司就信	『萩藩閥閲録』巻55 「国司与一右衛門」3号 ・国司元信が富田と伯州の神辺殿に使いしたことを知らせる
(60)	(元亀元年)	1570	十一月二日	毛利元就・輝元連署書状	児玉与八	『萩藩閥閲録』巻100 「児玉惣兵衛」33号 ・杉原盛重に出雲羽倉に向けて出陣するように指示する
(61)	元亀二年	1571	二月廿六日	杉原盛重感状	粟根市介	『新修　広島市史　第6巻』 「知新集所収文書」山代孫右衛門 ・二月六日の伯耆国延合戦での戦功を賞する
(62)	(年欠)	—	(月日欠)	毛利元就書状写	吉川元春 小早川隆景	『山口県史　史料編中世3』 山口県文書館「林潤介家文書」11号 ・盛重からの返事を聞いてから今後の動きを相談したいと伝える
(63)	(元亀三年)	1572	九月十二日	毛利輝元書状	小早川隆景 吉川元春等	『毛利家文書　2』771号 ・盛重と三澤氏が揉めたが、盛重に分別させたことを伝える

史料番号	和暦	西暦	月日	文書名	宛所	出典・内容
(64)	元亀四年	1573	二月七日	杉原盛重受領書出写	西春俊	『大社町史　史料編古代・中世　下巻』1874号 ・出雲大社の権検校・西春俊に兵庫助の官途を与える
(65)	天正元年	1573	五月三日	杉原盛重寄進状	光源院	『大日本史料　第10編第4冊』「光源院文書」 ・光源院領として伯耆国汗入郡桑和庄内興恩寺を寄進する
(66)	(天正元年)	1573	五月三日	小早川隆景書状	杉原盛重	『萩藩閥閲録』巻117「久芳五郎右衛門」33号 ・因幡を安定にするために、南条氏と協力するように要請する
(67)	(天正元年)	1573	八月二日	足利義昭御内書案	宮　二通 杉原 一通等	今谷明氏『室町時代政治史論』所収 ・織田信長を討伐するために、入洛することを指示する
(68)	(天正元年)	1573	九月廿七日	吉川元春書状	久芳賢直	『萩藩閥閲録』巻117「久芳五郎右衛門」27号 ・因幡鹿野城を攻めるように盛重と南条氏に指示したことを伝える
(69)	(天正二年)	1574	三月廿六日	吉川元春書状写	田公次郎左衛門尉	『出雲尼子史料集』巻1773号 ・盛重と南条氏に因幡に出陣するように催促したことを伝える
(70)	(天正二年)	1574	三月廿七日	吉川元春書状	山田重直	『山口県史　史料編中世3』山口県文書館「山田家文書」34号 ・盛重と南条氏に因幡に出陣するように催促することを伝える
(71)	(年欠)	—	九月三日	杉原元盛書状	横山盛政	『県史 Ⅳ』「横山文書」8号 ・神辺城の様子を細々と伝えてくれるように要請している
(72)	(年欠)	—	十月廿日	高須景勝書状	横山盛政	『県史 Ⅳ』「横山文書」6号 ・杉原元盛の母が死去したことを知らせなかったことを詫びる
(73)	天正三年	1575	正月六日	杉原盛重受領書出	横山盛政	『県史 Ⅳ』「横山文書」18号 ・備中守の受領を与える
(74)	天正四年	1576	二月九日	杉原盛重感状	粟根市介	『新修　広島市史　第6巻』「知新集所収文書」山代孫右衛門 ・因幡宮石における戦功を賞する
(75)	(天正四年)	1576	三月十日	毛利輝元書状	毛利元康	『山口県史　史料編中世3』厚狭地区「厚狭毛利家文書」6号 ・因幡宮石で盛重と協力してよく戦ったことを賞する
(76)	(天正四年)	1576	三月廿九日	杉原盛重書状	毛利輝元	『大社町史　史料編古代・中世　下巻』1939号 ・出雲大社の本堂建立に奉加することを約束する
(77)	(天正四年)	1576	三月廿九日	杉原盛重書状	吉川元春	『大社町史　史料編古代・中世　下巻』1940号 ・出雲大社の本堂建立に奉加することを約束する
(78)	(天正四年)	1576	三月廿九日	杉原盛重書状	児玉元良 国司元武	『大社町史　史料編古代・中世　下巻』1941号 ・出雲大社の本堂建立に奉加することを約束する
(79)	天正四年	1576	八月廿八日	杉原盛重宛行状	河上善六	『県史 Ⅴ』「萩藩譜録　河上傳兵衛光教」1号 ・五郎右衛門尉跡、善十郎跡を宛行う
(80)	(年欠)	—	十二月廿日	杉原盛重書状	麓回、御領等上使中	『県史 Ⅴ』「萩藩譜録　河上傳兵衛光教」2号 ・河上善六の新給を召し返したので、先給を相違なく与える

史料番号	和暦	西暦	月日	文書名	宛所	出典・内容
(81)	天正四年	1576	霜月三日	杉原氏奉行人瑞仙寺領坪付	瑞仙寺御納所	『新修米子市史　第７巻』第一節文書の部 32 号 ・伯耆久坂の瑞仙寺領の坪付けを与える
(82)	天正五年	1577	十一月七日	杉原氏奉行人雲光寺領坪付	雲光寺	『新修米子市史　第７巻』第一節文書の部 102 号 ・伯耆会見郡小松村内寺領分坪を与える
(83)	(年欠)	—	極月十九日	吉川元長書状	益田元祥	『益田家文書　2』383 号 ・盛重からの返事がないために、今後の方針が定まらないと伝える
(84)	(天正六年)	1578	七月朔日	杉原盛重書状	児玉元兼	『萩藩閥閲録』巻 17 「児玉三郎右衛門」８号 ・播磨上月城合戦での戦功を注進することを約束する
(85)	(天正六年)	1578	七月朔日	杉原盛重・天野隆重連署状	吉川元春 小早川隆景	『萩藩閥閲録』巻 17 「児玉三郎右衛門」９号 ・播磨上月城合戦での児玉元兼の戦功を報告する
(86)	(天正六年)	1578	七月二日	吉川元春・小早川隆景連署状	粟屋元種 児玉元實	『萩藩閥閲録』巻 17 「児玉三郎右衛門」10 号 ・播磨上月城合戦での児玉元兼の戦功を報告する
(87)	天正六年	1578	八月十日	毛利輝元感状	児玉元兼	『萩藩閥閲録』巻 17 「児玉三郎右衛門」12 号 ・播磨上月城合戦での児玉元兼の戦功を賞する
(88)	(天正七年)	1579	六月廿八日	杉原景盛書状	横山盛政	『県史 Ⅳ』「横山文書」14 号 ・出陣に際して人質を吉川氏の本拠地新庄へ出すように指示
(89)	(天正七年)	1579	七月廿七日	吉川元春・杉原盛重外三名連署状案	小早川隆景 福原貞俊他	『吉川家文書　2』1339 号 ・但馬山名氏の支援について、戦線の状況を伝える
(90)	(年欠)	—	八月廿一日	益田元兼・同元祥連署書状	久利左馬助	『山口県史　史料編中世 4』 岩国徴古館「久利家文書」45 号 ・美作の情勢に関して福原貞俊、天野隆重、杉原盛重等が談合
(91)	(天正七年)	1579	九月七日	吉川元春書状	小早川隆景	『小早川家文書 1』386 号 ・杉原盛重を美作の戦線へ派遣することを約束する
(92)	(天正七年)	1579	九月八日	毛利輝元書状写	吉川元春	『久世町史　資料編　第１巻』765 号 ・美作の戦線に杉原盛重を派遣したことを聞いて安心したと伝達
(93)	(天正七年)	1579	十月三日	吉川元春書状	龍門久重	『久世町史　資料編　第１巻』775 号 ・杉原盛重が美作国山内に出陣していることを伝える
(94)	(天正七年)	1579	十月十一日	穂田元清書状	棚守元行	『県史 Ⅱ』「厳嶋野坂文書」1327 号 ・杉原盛重、毛利元康が美作国山内に出陣していることを伝える
(95)	(天正七年)	1579	十一月二日	小早川隆景外二名連書状	吉川元春 吉川元長他	『吉川家文書　2』1210 号 ・杉原盛重が美作国山内にて勝利を得たとの報告があったと伝える
(96)	(天正七年)	1579	十一月三日	吉川元春書状写	志道元保 吉川元長	『県史 Ⅴ』 「萩藩譜録　椙杜六郎廣連」３号 ・杉原盛重を美作国山内に残して、備中国四畝へ転戦すると伝える
(97)	(天正七年)	1579	十二月十七日	吉川元春書状	湯原春綱	『萩藩閥閲録』巻 115 ノ 1 「湯原文左衛門」44 号 ・南条氏が裏切ったので杉原盛重等を伯耆に向わせたと伝える

史料番号	和暦	西暦	月日	文書名	宛所	出典・内容
(98)	(年欠)	—	卯月十二日	吉川元春書状	横山盛政	『県史 Ⅳ』「横山文書」9号 ・人質となっている長松の労に労いを伝える
(99)	(天正八年)	1580	五月朔日	杉原盛重書状	岡伯耆守	『山口県史　史料編中世3』阿武地区「岡家文書」21号 ・伯耆の戦線の全般的な状況を伝える
(100)	(天正八年)	1580	八月廿二日	天野隆重書状	湯原春綱	『萩藩閥閲録』巻115ノ2 「湯原文左衛門」69号 ・祝山の救援について、元春、盛重を説得すると伝える
(101)	天正八年	1580	十月七日	杵築大社遷宮儀式入目次第	社奉行願成寺等	『大社町史　史料編古代・中世下巻』2004号 ・権検校上官として西春俊の名が見える
(102)	(天正八年)	1580	十一月廿九日	小早川隆景等他二名署書状	湯原春綱塩屋元政他	『萩藩閥閲録』巻51 「小川右衛門兵衛」16号 ・祝山の救援について、元春、盛重に直に申し入れると伝える
(103)	天正九年	1581	五月吉日	飯山在番藝州住人次第不同	—	『萩藩閥閲録遺漏』「備中國上房郡有漢村庵之落書写」1号 ・飯山在番に杉原次郎左衛門、同彌六、同民部丞と見える
(104)	(天正九年)	1581	六月廿二日	杉原盛重書状	吉川元長	長谷川博史氏「毛利氏の山陰支配と因伯の諸階層」所収文書 ・羽柴勢が攻めてくれば、息三人に全兵力を付けて差向けると伝える
(105)	(天正九年)	1581	七月廿八日	杉原景盛書状写	山田重直	高橋正弘氏『因伯の戦国城郭通史編』所収「山田家古文書」 ・伯耆国橋津における戦功を吉川元長へ注進すると伝える
(106)	(天正九年)	1581	八月四日	杉原景盛書状写	山田重直	高橋正弘氏『因伯の戦国城郭通史編』所収「山田家古文書」 ・伯耆国水越における戦功を吉川元長へ注進すると伝える
(107)	(天正九年)	1581	八月廿一日	杉原景盛書状写	山田重直	高橋正弘氏『因伯の戦国城郭通史編』所収「山田家古文書」 ・伯耆国長瀬における戦功を吉川元長へ注進すると伝える
(108)	天正九年	1581	八月十五日	杉原盛重感状	粟根東市佑	『新修　広島市史　第6巻』 「知新集所収文書」山代孫右衛門 ・伯耆国三徳山の合戦における戦功を賞する
(109)	天正九年	1581	十月十二日	杉原盛重寄進状	大山西明院	『新修米子市史　第7巻』第一節文書の部49号 ・伯耆国久古庄内の地頭散田を寄進する
(110)	(年欠)	—	十一月廿日	吉川元春書状	吉川経言	『吉川家文書　2』1243号 ・杉原元盛より以前に申出のあったことの状況を尋ねる
(111)	天正九年	1581	十二月廿五日	小鷹山観音寺所蔵位牌	—	高橋正弘氏『因伯の戦国城郭通史編』所収「伯耆志所収文書」 ・当寺開基小鷹城主前播州刺史見性院殿大安宗江大居士
(112)	(天正十年)	1582	正月七日	杉原元盛書状	横山盛政	『県史 Ⅳ』「横山文書」16号 ・年等の祝儀に対する礼状
(113)	(天正十年)	1582	卯月九日	吉川元春・元長連署書状写	山田重直	高橋正弘氏『因伯の戦国城郭通史編』所収「山田家古文書」 ・羽柴勢の備前出陣に対して杉原元盛等が八橋を固める

史料番号	和暦	西暦	月日	文書名	宛所	出典・内容
(114)	(天正十年)	1582	卯月廿四日	吉川元長書状写	吉川経安	『附録　石見吉川家文書』98号 ・全兵力を備前へ向わせるが、富田元秋、杉原元盛は伯耆に残る
(115)	天正十年	1582	六月十日	杉原元盛山伏司安堵状	法鐘寺	『県史 Ⅳ』「法道寺文書」3号 ・盛重の案堵状の通りに山伏司補任権を案堵する
(116)	(天正十年)	1582	六月十二日	杉原元盛書状写	山田重直	高橋正弘氏『因伯の戦国城郭通史編』所収「山田家古文書」 ・羽衣石城攻めでの戦功を賞する
(117)	(天正十年)	1582	六月十二日	桂春房書状写	山田重直	高橋正弘氏『因伯の戦国城郭通史編』所収「山田家古文書」 ・杉原元盛が伯耆国馬野山に陣替することを伝える
(118)	(天正十年)	1582	八月九日	杉原元盛書状	横山右馬助他	『県史 Ⅳ』福山志料所収「三吉鼓文書」5号 ・皸又四郎竹田給地の踏出しを調査するように指示する
(119)	(天正十年)	1582	八月十三日	杉原元盛書状	高須元勝	『萩藩閥閲録遺漏』「高洲彌三」6号 ・二分村に関する愁訴の状況を伝える
(120)	(天正十年)	1582	八月廿日	杉原元盛書状	高須元勝	『萩藩閥閲録遺漏』「高洲彌三」5号 ・二分村に関する愁訴を直接に輝元、元春に申入れたことを伝える
(121)	天正十年	1582	壬九月廿四日	大山寺棟札銘	—	『鳥取県史　2　中世』資料編　245号 ・杉原又二郎平朝臣　景盛　(花押)と見える
(122)	天正十年	1582	十一月十九日	備後国安那郡御領村下分給地坪付	法鐘寺	『県史 Ⅳ』「三宅文書」1号 ・法鐘寺に対して備後国安那郡御領村において給地を与える
(123)	天正十一年	1583	三月五日	経重寄進状	雲光寺侍者	『新修米子市史　第7巻』第一節文書の部103号 ・田地八反半并畠方弐反小門前屋敷共内田弐反を新たに寄進
(124)	天正十一年	1583	三月五日	雲光寺領坪付	雲光寺	『新修米子市史　第7巻』第一節文書の部　104号 ・小松村雲光寺寺領坪付之事
(125)	天正十一年	1583	卯月六日	杉原景盛受領書出	三吉又右衛門尉	『県史 Ⅳ』「三吉文書」3号 ・三吉又右衛門尉に「丹後守」の受領を与える
(126)	(天正十一年)	1583	五月廿七日	杉原景盛書状	横山盛政	『県史 Ⅳ』「横山文書」15号 ・音信として贈られた樽二、肴の礼を伝える
(127)	(年欠)	—	六月八日	杉原景盛書状	湯原春綱	『萩藩閥閲録』巻115ノ4「湯原文左衛門」175号 ・人質の息女を吉川元春、元長の命により新庄へ送ることを伝える
(128)	天正十一年	1583	八月十九日	馬屋原俊久・吉田元政連署書状	雲光寺	『新修米子市史　第7巻』第一節文書の部　105号 ・雲光寺に給地替えを行うことを伝える
(129)	(年欠)	—	十二月一日	小早川隆景書状写	高須景勝	『県史 Ⅳ』「横山文書」19号 ・横山盛政からの内緒の申入れについて確かに承知したと伝える
(130)	(天正十二年)	1584	三月十一日	毛利輝元書状	熊谷就真	『萩藩閥閲録』巻127「熊谷彦右衛門」31号 ・三月十五日には遅れることなく神辺城へ入るように指示する
(131)	(天正十二年)	1584	三月十一日	毛利輝元書状	熊谷就真	『萩藩閥閲録』巻127「熊谷彦右衛門」34号 ・早々に出立して神辺城へ入るように重ねて指示する

史料番号	和暦	西暦	月日	文書名	宛所	出典・内容
(132)	天正十二年	1584	卯月上旬	馬場村八幡宮再興棟札	—	高橋正弘氏『因伯の戦国城郭 通史編』所収「伯耆志所収文書」 ・「備後国安那郡村尾郷神辺城主　杉原兵庫頭景盛」とある
(133)	(天正十二年)	1584	卯月五日	毛利輝元書状	井原元尚	『山口県史　史料編中世3』阿武地区「井原家文書」72号 ・早々に出立して神辺城へ入るように要請する。
(134)	(天正十二年)	1584	卯月十九日	毛利輝元書状	井原元尚	『山口県史　史料編中世3』阿武地区「井原家文書」73号 ・神辺には秋山元信等が在番しているので早々に入城するよう指示
(135)	(天正十二年)	1584	五月十九日	毛利輝元書状	山縣又五郎	『萩藩閥閲録』巻129「山縣惣兵衛」8号 ・吉川元長のもとに寄ってから杉原景盛に使いするように指示する
(136)	(天正十二年)	1584	七月一日	毛利輝元書状	井原元尚 熊谷就真	『山口県史　史料編中世3』阿武地区「井原家文書」42号 ・神辺家中に混乱が起きていると思うが、堅固に在番するように指示
(137)	(天正十二年)	1584	七月三日	毛利輝元書状	井原元尚 熊谷就真	『山口県史　史料編中世3』阿武地区「井原家文書」43号 ・所原肥後守とよく相談して堅固に神辺の在番を務めるように指示
(138)	(天正十二年)	1584	八月一日	毛利輝元書状	井原元尚 熊谷就真 等	『山口県史　史料編中世3』阿武地区「井原家文書」44号 ・所原肥後守とよく相談して堅固に神辺在番を務めるように指示
(139)	(天正十二年)	1584	八月一日	毛利輝元書状	(宛所欠)	『県史Ⅴ』「岩国徴古館所蔵文書・野上家ノ御書」1号 ・神辺城への使いを国司元武、兼重彌三郎に指示したと伝える
(140)	(天正十二年)	1584	八月一日	毛利輝元書状	粟屋就方	『萩藩閥閲録』巻33「粟屋勘兵衛」54号 ・国司元武、兼重彌三郎、児玉元兼を神辺に使わすことを伝える
(141)	(天正十二年)	1584	八月三日	毛利輝元書状	湯浅将宗	『山口県史　史料編中世3』阿武地区「湯浅家文書」45号 ・杉原景盛討伐のため、急ぎ伯州へ攻め上るように指示する
(142)	(天正十二年)	1584	八月四日	小早川隆景書状	高須景勝	『県史Ⅳ』「横山文書」12号 ・横山氏への狼籍がないように配慮することを指示する
(143)	(天正十二年)	1584	八月四日	小早川隆景書状	国司元武 児玉元兼 等	『県史Ⅳ』「横山文書」13号 ・横山氏への狼籍がないように配慮することを指示する
(144)	(天正十二年)	1584	八月四日	小早川隆景書状	井原元尚	『山口県史　史料編中世3』阿武地区「井原家文書」138号 ・杉原兵部丞は味方であるから狼籍がないようにと指示する
(145)	(天正十二年)	1584	八月七日	小早川隆景書状	湯浅将宗	『山口県史　史料編中世3』阿武地区「湯浅家文書」73号 ・杉原景盛の討伐を決めて、先勢が伯耆に出陣したことを伝える
(146)	(天正十二年)	1584	八月十二日	毛利輝元書状	井原元尚 熊谷就真 等	『山口県史　史料編中世3』阿武地区「井原家文書」45号 ・交替の兵力を派遣するまで、今少し神辺に留まるよう指示する

史料番号	和暦	西暦	月日	文書名	宛所	出典・内容
(147)	(天正十二年)	1584	八月十五日	毛利輝元書状	湯浅将宗	『山口県史　史料編中世３』阿武地区「湯浅家文書」 24号 ・伯耆への出陣を命じたが、ほぼ決着したので伊予へ向うよう指示
(148)	(天正十二年)	1584	八月廿日	小早川隆景書状	吉川元春 吉川元長	『吉川家文書　2』987号 ・杉原景盛が八月十六日に討果たされたことを伝える
(149)	(天正十二年)	1584	八月廿三日	小早川氏奉行人書状	横山盛政	『県史 Ⅳ』「横山文書」7号 ・隆景への太刀代百疋、自身への三十疋の礼を伝える
(150)	(年欠)	—	(月日欠)	毛利輝元書状	二宮就辰	『県史 Ⅴ』「萩藩譜録 二宮太郎右衛門辰相」12号 ・神辺の所領書立て作成を急ぐように指示する
(151)	(天正十二年)	1584	九月十二日	毛利輝元書状	二宮就辰	『萩藩閥閲録』巻64 「二宮太郎右衛門」19号 ・神辺城の所領が非常に少ないことに驚いたと伝える
(152)	天正十二年	1584	九月十八日	杉原景保書状	法鐘寺	『県史 Ⅳ』「法道寺文書」4号 ・神辺に入城できたら確かに所領を寄進することを誓約する
(153)	天正十二年	1584	九月十八日	一志局書状	法鐘寺	『県史 Ⅳ』「法道寺文書」5号 ・神辺に入城できたら確かに所領を寄進することを誓約する
(154)	(天正十二年)	1584	九月十九日	毛利輝元書状	平佐 源七郎	『山口県史　史料編中世２』 毛利家旧蔵文書「諸家文書」11号 ・杉原氏の神辺城への出入りを元春から禁止させると伝える
(155)	(天正十二年)	1584	十月五日	毛利輝元書状	(宛所欠)	『県史 Ⅴ』京都大学「古文書纂」15号 ・景盛の討伐に功績のあった岡伯耆守に所領を与えることを伝達
(156)	(年欠)	—	(月日欠)	毛利輝元書状	二宮就辰	『県史 Ⅴ』「萩藩譜録 二宮太郎右衛門辰相」15号 ・秀吉から景盛への書状を奪った金尾に恩賞を与えることを伝達
(157)	(天正十二年)	1584	十月廿日	穂田元清書状	井原元尚 熊谷就真	『山口県史　史料編中世３』阿武地区「井原家文書」139号 ・輝元養女と羽柴秀勝の婚姻の使者が大坂り下ってくることを伝達
(158)	(天正十二年)	1584	(月日欠)	毛利輝元書状	二宮就辰	『県史 Ⅴ』「萩藩譜録 二宮太郎右衛門辰相」14号 ・神辺の統治機構の再編を急ぐように指示する
(159)	天正十三年	1585	七月廿七日	吉田元勝書状	瑞仙寺	『新修米子市史　第７巻』第一節 文書の部　33号 ・杉原盛重の判形に任せて寺領を給与することを伝える
(160)	天正十三年	1585	十月十五日	安那郡御領村上下分給地坪付	宝憧寺	『県史 Ⅳ』「三宅文書」2号 ・宝憧寺に御領村の所領を討ち渡す
(161)	(天正十三年)	1585	十一月十三日	毛利輝元書状写	粟屋元知	『萩藩閥閲録』巻66 「粟屋彌次郎」6号 ・富田城と神辺城は吉田郡山城と同じく重要であると伝える
(162)	天正十五年	1587	六月五日	益田元祥外十四名連署起請文	吉川元長 吉川経言	『吉川家文書　1』202号 ・元長、経言に忠誠を誓った国衆に杉原廣亮が認められる
(163)	(天正十九年)	1591	十二月十七日	小早川隆景書状	毛利元清 毛利元康	『県史 Ⅴ』 「萩藩譜録　渡辺三郎左衛門直」25号 ・備南の歴史的な経緯を教える

史料番号	和暦	西暦	月日	文書名	宛所	出典・内容
(164)	(年欠)	—	八月一日	杉原盛重書状	三吉又右衛門尉	『県史 Ⅳ』「三吉文書」4号 ・八朔の祝儀として贈られた酒、肴の礼を伝える
(165)	(年欠)	—	正月十八日	遠山次郎右衛門秀正書状	吉川元春	『吉川家文書　2』623号 ・新春の祝いを杉原盛重に口上を持って述べたことを伝える
(166)	(年欠)	—	二月廿五日	吉川広家書状写	山田重正	『山口県史　史料編中世 3』 山口県文書館「山田家文書」90号 ・伯州中馬場分知行を元春、盛重が承認ことは理解していると伝達
(167)	(年欠)	—	(月日欠)	毛利弘元子女系譜書	(宛所欠)	『毛利家文書　1』191号 ・毛利興元娘を杉原殿、同盛重に嫁がせる

【出典の略号について】

『県史Ⅱ』は『広島県史　古代・中世資料編Ⅱ』、『県史Ⅳ』は『広島県史　古代・中世資料編Ⅳ』、『県史Ⅴ』は、『広島県史　古代・中世資料編Ⅴ』を指している。

(注①)『県史　Ⅳ』は、発給年次を永禄元年に比定しているが、ここでは『出雲尼子史料集』の比定年次である永禄二年を採用している。

(注②)『県史　Ⅳ』は、発給年次を永禄九年に比定しているが、ここでは『出雲尼子史料集』の比定年次である永禄六年を採用している。

(注③)『出雲尼子史料集』の比定年次である永禄六年を採用している。

(注④) 山名藤幸・杉原盛重・宮景盛が関係している伯州河岡での合戦であることから、著者が永禄六年頃と推定した。

第４部

経済拠点の支配

Ⅰ　戦国期の地域権力と石見銀山

長谷川博史

はじめに

戦国時代の諸権力にとって、石見銀山がきわめて重要であったことは、言うまでもないことと思われる。しかし、それはいかなる意味において重要であったのだろうか。

そのことを考える際に注意しておかなければならないのは、同じ戦国時代であっても、十六世紀前半と十六世紀後半では、まるで状況が異なるということである。十六世紀後半は、前半とは異なり、銀の世界的な需要が拡大し、貴金属の貨幣化が進行した時代である。それに対して、たとえば出雲尼子氏の急速な拡大を主導した尼子経久の生きた時代は、石見銀山の持つ意味がまだ限定的であった。石見銀山の重要性は、時期によって大きく変化していく。

そのこととも関わるが、「石見銀山」という呼称は、十六世紀後半からは石見国内諸銀山の総称として用いられた言葉であると言われている。かつて、十六世紀後半の石見銀山が、「豊臣政権の直轄」「毛利氏との共同統治」などと誤認された理由は、当時の「石見銀山」が、毛利氏支配下の佐摩銀山以外に多数出現したことに拠るというのが、現在の考え方である[1]。ただし本稿では、煩雑になるのを避けるために、漠然としたとらえ方ではあるが、近世に「大森銀山」、戦国時代に「佐間銀山」「佐摩銀山」とも呼ばれ、現在「石見銀山」遺跡と称されている鉱山を、「石見銀山」と呼称しておきたい。

本稿では、以上の点をふまえながら、石見銀山が十六世紀後半の地域権力にとってまさに死活的に重要な拠点であったこと、しかしそれは、銀が直接的な財源となったからだけではないのではないか、では一体何が重要だったのか、ということ等について考えてみたい。

一、戦国期地域権力と金属資源

(1)　金属資源掌握の重要性と限界性

戦国期の地域権力にとって、金銀銅及び鉄などの金属資源は、どのような意味で重要だったのだろうか。

そもそも金属が重要であることは、金によって繁栄した奥州藤原氏の事例を引き合いに出すまでもなく、戦国期の権力に限られる問題ではない。金属をとらえた権力が強大化した事例は多数存在するし、金属資源を掌握した方が有利であることに間違いはない。しかし、金属資源の独占は、それほど容易なことではなかったと考えられる。

たとえば中世以降の中国山地を特徴づける鉄について、次のようなことが考えられる。鉄をとらえれば武器に用いることができ、また鉄の荷留めの事例が確認できるように[2]、これが重要な軍需物資であったことは言うまでもない。しかし、敵方に一切の鉄が渡らないようにするには、中国山地は余りにも広く、隣接して抗争する勢力のどちらかのみが鉄を基盤とすることは容易なことではなかったと考えられる。むしろ、大内氏も尼子氏も毛利氏も、共に鉄との接点は豊富であったと推測される。鉄は、原料の採取形態が多様である（山砂鉄・川砂鉄・浜砂鉄など）だけではなく、広汎な日用品を含む製品の種類の多様性に大きな特徴がある。鉄原料供給地としての中国山地全体を、完全に掌握することなど困難であったと考えられる。

金については、著名な甲斐武田氏の金山について、次のようなことが知られている。武田氏領内の諸金山は甲斐国周辺の広範囲に散在していたと考えられる。富士山西側の湯之奥金山（内山・中山・茅小屋）・栃代・川尻、駿河国境地域の早川諸金山（黒桂・保・雨畑）・十島・大城・安倍、信濃国境地域の須玉・斑山・御座石、武蔵国境地域の牛王院平・竜喰・丹波山・黒川・黄金沢・大月・秋山など、その遺構・伝承地は広汎にわたっている(3)。戦国期の史料は限られるので、産出量、支配の実態、財源としての規模など、いずれをとっても今後の課題であろうが、武田氏が、これだけの範囲に散在する各金山を直接経営し、金掘衆の個々を直接掌握することは、きわめて困難であったと考えられている(4)。

事情は、銀についてもよく似ている。石見銀山から産出される銀は、毛利氏にも多大な財政的恩恵をもたらし、特に激しさを増していった戦争を支える軍資金として無くてはならない財源となった。しかし、その入手方法は、十六世紀末に至っても、流通課税を中心とした商職人からの税収によるものであった(5)。毛利氏が、石見銀山を支配下に置いたからといって、直接経営による直接的な金属資源の獲得は、はじめから意図されていないと考えられる。この点は、十七世紀の徳川政権と大きく異なるところである(6)。

その理由は、各金属特有の性格によるところも大きく、金属種ごとに区々であるが、戦国期権力にとって金属そのものの直接的掌握・独占は、決して現実的な方法と考えられてはいなかった可能性が高い。のみならず、戦国期権力は、そのような掌握方法に、積極的な意味や必要性を見出していなかった可能性もあると考えられる。その点にも関わる問題として、金属貨幣に関する問題に触れたい。

（2）金属と貨幣

戦国時代以前において、高額貨幣はかなり使いにくいものであったと推測される。秤量貨幣である銀はまだしも、天正大判のような巨大な金貨は、高額商品が登場しなければ、使い途も限られざるをえない。

十六世紀の銅銭は、信用を後退させつつも通用貨幣として用いられ続けた。そして十六世紀後半には、銭に加えて、「米遣い」や「銀遣い」が広がっていく。金貨は、早くから作られた地域もあるが、広がりを持ち始めるのは十六世紀末の統一政権成立以降と考えられる。元来金貨は威信財としての性格が強いものであるが、当時の加熱した経済状態の中で、ようやく江戸時代の三貨体制への展開が準備されていった。

したがって、通用貨幣は、あらかじめ貴金属であるかどうかに拠って存在するものではない。この点に関連して、今村仁司『貨幣とは何だろうか』（筑摩書房、一九九四年）では、貨幣の本質について、次のような興味深い指摘がなされている。

貨幣への視線（物の見方）を一新しないと、貨幣の本質に迫ることはできない。……貨幣が交換の媒介者であることは……いわば常識ではあるが、なぜ貨幣が媒介者になるのか、あるいはそもそもなぜ人間は関係をもつに際して媒介者なるものを必要とするのか、という問題はけっして自明ではない。……商品交換が可能になるのは、もともと異質な物体を等価関係に置き、それらを商品という独特の価値体に変形する必要があるが、それを可能にする媒介者が貨幣である。……歴史的に存在した贈与財は、返礼を強要する。それは贈与財のなかにある死の表象（観念）である。……贈与と返礼、債務と返済の循環を強制するものは……社会関係を「元のままに維持すること」という広義の法的理念である。……贈与財は死の観念を内在させるがゆえに、人間関係の媒介形式でありえた。貨幣形式とは、まさに死を内在させるものなのである。……貨幣は大抵は素材的、物体的なもの、あるいは機能的に便利なものとして表象されてきた。……素材貨幣と貨幣形式はちがう。貨幣形式が肝心なのであり、物的・素材的なものは形式の担い手でしかない。

ここで、「貨幣」が「死」と結びつけて論じられるのは、この議論の前提にマルセル・モース『贈与論』（一九二五年）があるためである。一九七〇年代以降の社会史研究の隆盛期にとりわけ注目された互酬性の問題は、たしかに貨幣の本質の重要な一面をよく表している。

現代人からみると、えてして、金・銀を大量に保有すれば、強大な権力たりうると思ってしまう。信用関係が整備され、貨幣の機能性が高い経済社会に生きているからであると思われる。そのことが、「権力」観について、現代人特有の観念をもたらしているのかもしれない。

しかし、砂金も銀も、日本列島においては、長らく、通用貨幣として価値を持ってきたものとはいえない。高価な調度品・工芸品の部品や装飾財として、価値が高かったことは事実であるが、その需要の規模は推して知るべきものがある。「貨幣的なもの」ではあっても、使いやすいものではない。金銀に貨幣としての側面が定着するのは、江戸時代以降であり、より広く深い定着は十九世紀後半の近代経済社会、銀本位制・金本位制の時代を待たなくてはならない。

かつて日本における主要な貨幣は、米や布であり、十四世紀以降は、明らかに渡来銭（＝中国製の銅銭）が社会的に機能しうる通用貨幣であった。十六世紀以前の金銀が貨幣的な役割を果たした局面は、例外的なものと言わなければならない。

もともと貴金属が豊富な火山列島の内部においては、貴金属の不足した地域に比べて、価値が相対的に低くなるのは自然の成り行きである。それは、金銀銅鉄資源を持たない外部の視点が組み込まれることによって、圧倒的な価値を認識し得る段階に到る。

戦国時代の戦争をみると、鉱山そのものを争奪する戦争が、決して多いとは言えない。武田氏の諸金山が、上杉・北条・今川氏との抗争において、争奪の焦点になったとまではいえない。越後上杉氏が佐渡を掌握するのは、天正十七年（一五八九）の佐渡本間氏の内部分裂と、豊臣政権の指示によるものであって、時代はすでに豊臣政権期に入っている。明白な鉱山争奪戦が起こりにくい理由は一つではないが、そもそも掌握が容易ではないということとともに、通用貨幣のような汎用性・普遍性の高い素材として独占的に掌握・管理するような考え方が、現実的な選択肢にはなりにくい時代であったことも、関係していると推測される。

石見銀山において、十六世紀半ばに激しい攻防が繰り広げられたことは、よく知られている。しかし、以上のような戦国期権力と金属資源の関係をふまえるならば、石見銀山をめぐる大規模で継続的な争奪戦は、銀の物質的価値とは別の視点からの検討が必要であることをうかがわせている。この点は、「四」でふれたい。

金銀銅鉄が重要であったこと自体には、疑いの余地がない。権力にとって、確保すべき重要資源であったことは間違いない。威信財の原料として、また贈答品の原料として、金銀が重視されるのは、諸文明に共通している。鉄の需要の規模や多様性は、言うまでもない。しかし、それらは、その他の多様な地域資源（木材、漆、農作物、石など）とともに、それぞれ異なる意味での重要性を持っていた、と位置づける方が的確ではないかと思われる。

二、尼子氏と金属資源

出雲尼子氏にとって、銀銅及び鉄などの金属資源は、どのような意味で重要であったのだろうか。

鉄は、尼子氏権力の最も重要な基盤であった、と言われることが多い。たしかに、最盛期には中国山地の少なからぬ部分を勢力下に収め、出雲国の山間部からはとりわけチタン含有量の少ない良質な原料鉄が取れたことを考えれば、尼子氏が鉄に無関心であったはずはない。しかし、留意しておく必要があるのは、尼子氏だけにとって鉄が重要だったわけではなく、尼子氏だけが鉄を独占しえたわけでもない、ということである。少なくともそのようなことをうかがわせる史料はないし、現実問題として鉄の独占的な掌握はきわめて難しかったと推測される。

おそらく鉄の重要性とは、中国山地周辺のあらゆる階層の存立基盤に、大きな影響を与えた点にあったと思われる。鉄は、一権力の存立基盤を論じうる材料ではなく、それよりも遙かに大きな意味・影響を持つものである。

銀もまた、尼子氏権力の重要な基盤であったと言われることがある。これも事実ではあるが、しかしそれは十六世紀半ばの限られた時期のことである。それより早く天文十年（一五四一）に没したと考えられる尼子経久は、実際には石見銀山にほとんど関心を向けていなかったと推測される。尼子氏は、大永四年（一五二四）には御崎社と結びついて、邇摩郡の支配を主張はするが[(7)]、その実効性は不明であり、実際には、大永三年頃を除き、特に石見銀山の再発見と言われる大永六年・七年頃以降は、大内氏による邇摩郡支配が継続し続けたと考えられる。

これに対して、尼子経久の跡を嗣いだ孫の晴久は、弘治二年（一五五六）に石見銀山山吹城を攻略した。また、それに先立つ天文二十一年（一五五二）には、杵築商人の坪内宗五郎に対して、「石州佐間銀山」の屋敷五ヶ所を与えている[(8)]。十六世紀半ばの尼子氏が、石見銀山に進出して屋敷権益を確保し、さらには銀山全体を掌握することの重要性を認識していたことを示している。

このような方針の変化は、石見銀山の位置づけそのものが、一五四〇年代を境に変わっていったことによっている。それ以前は輸入品であった銀が、中国大陸に向けて次々と送り込まれていく時代に入っていた。基軸通貨を銅銭から銀に転換していった明帝国内では、銀の需要が高まり、自ずから銀の価値が上がっていった。十六世紀後半は、他ならぬ銀の掌握が、大きな財政基盤となる可能性の高い時代であったと言える。

ところが実際には、尼子氏による直接的な対外貿易や、銀を用いた武器の購入、人の雇用、給分の給与などの事例を史料的に確認できるわけではない。天文十三年に佐陀社（松江市の佐太神社）へ晴久が寄進した太刀「助平」のハバキ（刀身の根本を包み、鍔と刃を繋ぐ金具）が銀でできていたように、装飾等に利用された事例はあるが、尼子氏の銀山支配との関係性を直接示すものとは言えない。また、鉄炮の使用が列島に産しない塩硝（硝石）の高い需要をもたらし、たとえば天正期に豊後国大友宗麟から山中鹿介へ贈られた事実もあるが（「橋本家文書」『出雲尼子史料集』一七八五）、輸出入品（銀と硝石）が直接交換されるととらえるだけでは不十分であり、実際の商取引関係ははるかに複雑で多くの人と媒介財を介して行われたと考えられる。

その意味では、尼子氏にとっての金属資源の重要性は、銀という「モノ」そのものの物質的価値だけにあったのではないと考えられる。それでは、石見銀山の掌握には、財政基盤の強化以外に、どのような目的があったのだろうか。

三、石見銀山をめぐる抗争の実像

石見銀山をめぐる尼子氏・毛利氏の抗争の中で、毛利氏が調略の内実を記した密書であると思われる史料が、残されている。写であるため解読も解釈も困難な箇所が多いが、概要のみを紹介したい。

【毛利元就・同隆元連署書状写（「新裁軍記」徳山臣本城家）】

御状具拝見候、示給趣速承知候〳〵、誠不思儀与申様にて候、

一本城所（常光）へ状之事申候歟、努々被遣間敷候〳〵、
一口上ニても本城・此方申かハし候なとの事被仰聞間敷候〳〵、雲州番衆与本城と二とりにハ、せめてハ本こそ此方へ一味候へとの事も、申よくも候すれにて候条、本城を雲之番衆にはたさせ候てハ、更無所詮候〳〵、去年河本（石見）陣之刻も、法泉寺より被申遣候、一円大辻にハ取相候ハねとも、さすか法泉寺にハしたしきやうに候つる、
一松かハと哉らんにハ、其方物かたりの分ハ、雲州番衆ハ引分候事もあるへく候、其時者いつれ成共、此方へひけ候ハんかたを、町人等相催候て、馳走候へと可被仰候〳〵、さ候者可為忠節由可被仰聞候、さ候而可有御返候〳〵、
一彼松かわニハ、雲之番衆・本城間わるき由、其方申候へ共、更誠しからす候、さ様之事ハあるましきよし、此御あいは可然候〳〵、
一此次をもつて、雲之番衆之内、古志を初として、五人之内、此方へちともぬき口にも候する衆を、引候て見候而くれ候へかしと可被仰候〳〵、彼松かわを使にして、御ひき候て御らんあるへしと〳〵、さいなき事、又彼衆之内にも尼（尼子）を恨候衆も候ハんやニ候〳〵、暮々雲番衆・本事引分候様共ハ努々有間敷候へとも、もし〳〵物のふしきニて、さ様之事も候ハん時は、此方へ成そうに候するかたを、町人をもよほし候て合力候ハん事可然之由、可被仰まてニて候、其分計ニて可有御返候〳〵、恐々謹言、

七月廿二日（永禄三年カ）　隆元　判

元就　判

元春　まいる　御返報

「元春　まいる　御返報　　　　　　　　　　　　　　　　隆元
　　　　　　　　　　　　　　　　　　　　　　　　　　　両人」(9)

当時、毛利元就・隆元父子は安芸国吉田（安芸高田市）に、吉川元春は石見国方面に在陣していたと考えられる。また、本城常光や雲州番衆（尼子氏が派遣した番衆＝古志氏はじめとする五氏などの尼子氏直轄軍）は、石見銀山の防衛に当たり、山吹城に在番していたものと思われる。この書状の大意は、次のように解釈できるのではないだろうか。

元春の所へ、毛利氏と本城氏の仲介役を申し出た人物があり、元春からの手紙を受け取った元就・隆元は、その対応策を指示している。元春に面会を求めた者は、「松かわ」と名乗っているようである。

まず、仲介役を申し出た人物が本城常光宛ての書状を書くよう提案していることについて、決して書状など書いて渡してはいけない、と指示している。

次に、たとえ口頭であっても、本城常光と毛利氏が連絡をとりあっているなどといったことを教えてはいけない、その事が露見して本城常光が雲州番衆に殺されでもしたら何にもならない、と伝えている。

続いて、「松かわ」に対して、元春から口頭で伝えるべき内容が細かく記される。「本城常光に対する調略などやらなくても、雲州番衆同士が分裂する可能性もあるので、その時は、どちら側でもいいから、味方に引き込めそうな方に、町人を利用して、密かに毛利方への現形を働きかけてほしい。そうすることが、毛利氏に対するこの上ない忠節である」、「雲州番衆と本城常光の仲が悪いと、あなた（松かわ）は言うけれども、それは事実とは考えられない」、「雲州番衆の中にも尼子氏を恨んでいる者がいるかもしれないので、雲州番衆五人の内の一部でも、毛利氏方へ転じるよう誘ってみてほしい」「雲州番衆と本城常光が分裂する様な事態は全く想定できないが、もしもまかり間違って両者が仲違いでもしたならば、毛利氏方へ付きそうな方に、町人を使って現形を促し、支援してほしい」等々。元就隆元は、元春に対して、以上のことだけを「松かわ」に伝え、すみやかに追い返すよう、指示している。

ここからは、以下のようなことを推測することができる。

何より注目されるのは、毛利氏は、すでに本城常光との間で連絡を取り合っており、それを継続できる確実な交渉ルートも確保していると推測されることである。文中に、「去年河本陣」とあることから、石見国河本（島根県川本町）の小笠原氏との戦争の翌年と考えられ、この書状は永禄三年（一五六〇）もしくはそれ以前のものと推定される。したがって、本城常光は、実際に現形する永禄五年より二年以上前から毛利氏と連絡を取り合い、おそらく毛利氏への一味をも選択肢に入れながら、毛利氏と交渉中であったことがうかがわれる。

「松かわ」という人物について、『毛利元就卿伝』（マツノ書店、一九八四年）では、山口法泉寺の僧で本城常光の弟であるとしているが、事実関係はよくわからない。ただ、元就・隆元が、「松かわ」を信用してしまうのは危険であると認識していたことが、文面から察せられる。毛利氏にとって、対本城氏交渉は最高機密に属する情報であり、それを「松かわ」には決して漏らしたくないことがわかる。

さらに毛利氏は、たまたま本城氏説得を申し出た人物を利用して、現形の範囲をさらに拡大する手段としようとしている。山吹城攻略の足がかりとして確保している本城氏の立場を悪くしないため尼子番衆と本城氏を対立させないようにし、尼子番衆を内部分裂させようとしている。

もともと解釈の難しい写史料であり、これ以上の憶測は、史料の負担能力を越えているが、毛利氏と本城氏は、すでに将来の現形を基本合意していた可能性すら否定はできないし、さらに尼子番衆の分裂を促す調略をすでに画策していたとしても不思議ではない。あるいは、本城常光を危険にさらさぬよう、「松かわ」に対して困難な要請をすることにより、実質的に手をひかせようとしたものであるかもしれない。いずれにせよ、この書状は最高機密に属するものであり、これ自体が「密書」であると考えなければならないが、その文面に表れない裏の戦略までは、なかなかうかがい知ることなどできない。しかし、当時の生々しい調略の実態について、その一断面を浮き彫りにするものである。戦闘行為は最後に現れるものであって、水面下では、このような諜報戦が展開されていたのである。その意味では、石見銀山以外にも見られた実態であると言える。

しかし、このことは同時に、毛利氏の石見銀山掌握にかける執念の凄まじさを、よく表すものであることに変わりはない。十六世紀半ばの石見銀山は、明らかに、地域権力が存亡をかけて奪い合う抗争の焦点となっていたことがわかる。それは一体、なぜなのだろうか。

ところで、永禄五年（一五六二）に毛利氏が石見銀山を掌握したのは、山吹城を守る本城常光が尼子氏方から毛利氏方へ転じたことに拠っている。ところが、同年十一月に至り、出雲国に在陣中の毛利氏は、本城氏一族を一斉に殺害し、粛清している。長期にわたる調略の努力の結果、ようやく味方となった本城氏一族を、なぜ抹殺しなければならなかったのだろうか。

元和年間成立の「森脇覚書」（米原正義校訂『中国史料集』人物往来社、一九六六年）によれば、この後、山吹城は、城番を務めていた本城氏家臣服部氏が城を明け渡したと記されている。もちろん、やや後年の記述ではあるが、このことは、本城常光が毛利氏方に転じた際に、山吹城を完全に明け渡したわけではなく、引き続き石見銀山支配に中心的な役割を果たしていたことをうかがわせている。常光は、山吹城を掌握したまま、毛利氏方へ転じたのであろう。

本城氏は、単に尼子氏が派遣した城番であったわけではなく、前述の毛利氏「密書」からも明らかなように、尼子氏派遣の番衆とは明確に区別されていた。本城氏は、石見国邑智郡・安芸国高田郡に展開した高橋氏の一族である。高橋氏自体は、享禄年間の毛利氏などの攻撃によって滅ぼされたが、高橋氏旧領は、石見銀山と山陽方面を結ぶルート上に位置していた。そのため、もともと銀山の存立とも密接に関連する地域を基盤とする一族であったと考えられる。この後、毛利氏の銀山代官を務めた生田就光も、高橋氏一族と考えられる。このように、尼子氏・毛利氏の銀山支配を実質的に支えていたのは、高橋氏一族であった可能性が高い(10)。

前後の経緯を見る限り、本城氏が毛利氏方へ転じた際の最終的な条件には、山吹城の引き渡しは含まれていなかったと思われる。毛利氏による石見銀山の本格的支配は、本城氏一族討滅によって開始された可能性が高い。毛利氏がそこまでしなければならなかったのは、なぜなのだろうか。

四、戦国期権力による石見銀山支配の意味――鉱山都市の出現と移動する人々

以上のように、石見銀山をめぐる攻防戦は、苛酷で徹底したものであった。「一」では、そのことが、銀の物質的価値とは異なる視点の必要性をうかがわせている、と述べた。「二」でも、尼子氏による銀山の掌握には、財政基盤強化以外にも目的があったのではないか、また「三」では、毛利氏が徹底した調略と危険で陰惨な手段を用いてまで石見銀山の掌握にこだわった理由は何か、という問いを立ててみた。以下では、その回答に関連する可能性がある事象を、いくつかとりあげてみたい。

石見銀山に関して戦国期権力が着目していたのは（あるいは着目せざるをえなかったのは）、財政基盤に直結する銀の物質的価値だけではない。むしろ、それに関わる人々とモノの新しい流れ、それらが生み出す社会全体の変化、ひ

いては秩序の混乱にこそ、強い関心と危機感があったものと思われる。「一」において触れたように、金属資源と戦国期権力との実際の接点は、流通を介した間接的なものであったので、そうした社会の変化に対応できない権力は、モノとしての金属自体を掌握する条件をも欠くことになったと推測される。

十六世紀半ばの石見銀山には大量の人々が流入し、巨大な鉱山都市が形成されていったと考えられる。それは、技術者・職人・商人のみではなく、多様な生業の人々が集住・往来する、巨大な都市であったと推測される。

たとえば、以下のような事例がある。

【池坊専栄立花伝書（九州大学檜垣文庫資料所蔵）】

○瓶に花をさす事、古より有とハ聞侍れと、それハ美花をのミ賞して、草木の風興をもわきまへす、只さし生たる計也、（中略）誠千草万木猶おおかれは、中々注しもあへかたき物ゆへ、よしなきたはふれくさ、さのミハと筆をさし置ぬ、比興〳〵、

各口伝有之、

右立花之条々者、雖為家秘本、依深御執心、和泉堺甲小路之芝築地弥右衛尉殿江於石州銀山令相伝畢、努々不可他見者也、可秘々々、

池坊

永禄十年卯月日　　専栄（花押）（印）（印）

楠本宇右衛門殿(11)

永禄十年（一五六七）四月は、尼子氏の滅亡後まもない毛利氏支配下の時代である。池坊第三十世といわれる専栄は、この時、石見銀山を訪れていたことが知られ、立花の口伝書を遣わした相手は、「和泉堺甲小路之芝築地弥右衛

（門脱カ）尉」という人物であった。

石見銀山は単に技術者が集住して生産・搬出を担うような作業場であったのではなく、想像を越えるような遠隔地の大商人を含む諸商人や、生活・流通全般に多様な側面で関わる人々が暮らす都市であったと考えられる。それは、文化的な領域にも及び、都から高名な華道家が来訪し活躍できる場が存在したことを示している。その背景には、遠隔地から来住した商人たちのもたらした、様々な文化的営為が存在したものと思われる。

十六世紀後半の石見銀山においては、堺商人の痕跡が随所に認められる。「甲小路之芝築地弥右衛門尉」も、その一人であったと思われる。また、瀬戸内海との密接な結びつきは、多数の銀山居住者たちが厳島神社・吉備津神社への寄進・奉納を繰り返していることからも、明らかである。その中には、東シナ海にまで及ぶ海域に活動の場を広げた備中国連島の三宅氏一族などを確認することができる。三宅氏もまた、堺の三宅氏と関連する一族と見られている。後に徳川家康に重用された安原備中も、同じく備中国からの来住者であった。

昆布山・柄畑の膨大な石垣群、石銀地区の過密都市遺構など、現在まで残された断片を見るだけでも、かつての石見銀山が巨大な都市であったことをうかがい知ることができる。この時代の石見銀山には、どこから、誰が入ってきても、全く不思議ではない[12]。

それゆえ、この時期の石見銀山周辺に見られた現象は、以下のようなものではなかったかと推測される。列島各地から移動してきた様々な職種の人々が集住し、消費地としての規模もきわめて大きい。周辺地域や遠隔地からの多様な商品が大量に流入し、また、鉱山都市内部や近隣地域において生産用具や生活必需品が製造され、次々と新たな物流が生み出される。その結果、流通構造や生業のあり方が大きく変化し、人々の移動をさらに促し、社会全体の構造も変化していく。

争奪戦が繰り広げられた時代の石見銀山は、以上のような状況にあったと考えられる。銀山居住者の本拠地や出身地は広い範囲に及び、流通構造の変化は周辺の広い範囲に影響を及ぼしはじめていた。日本海沿岸には「唐船」（中国のジャンク船）や南九州の船が出現しはじめ、杵築大社門前町や厳島門前町においても、秩序の混乱が見られた。鉱山そのものを奪い合う戦争が繰り広げられた理由は、銀の財政的価値が高まったことや、当該期に良質な銀を産出した露頭や間歩が仙ノ山一帯に比較的まとまって把握されていたこと、山吹城をはじめ銀山全体を掌握するにふさわしい軍事拠点を形成しうる地形であったことなども想定されるところであるが、何よりも、中国地方において領域的支配を実現するためには、中心的都市へと拡大を続ける石見銀山を掌握することが、不可欠な課題であったからではないだろうか。

おわりに――戦国期地域権力にとっての石見銀山

尼子晴久が、弘治二年（一五五六）に石見銀山をはじめて本格的に掌握したことは、尼子氏が強大化したからではなく、大内氏と毛利氏が全面戦争に突入し、それまで銀山を支配してきた大内氏の力が大きく後退したことによるものである。結果論ではあるけれども、大内氏も尼子氏も、石見銀山を失って一気に衰退し滅亡した。どの権力にとっても、此所を掌握することが存亡に直結する重要な課題となっていたことをうかがわせている。

石見銀山の支配とは、巨大化した鉱山都市に対する統制に独占的な優位性を確保することであり、そこに暮らす人々の支配は、決して石見銀山周辺の限られた場所の制圧だけでは実現できないものであったと推測される。そのことは、少なくとも数ヶ国に及ぶ地域権力であるが故に果たすべき役割が期待され、十六世紀半ばの石見銀山が、地域権力の存立にとって死活的な意味をもつ段階に至っていたことを、示している。

註

(1) 秋山伸隆「戦国大名毛利氏の石見銀山支配」(岸田裕之編『中国地域と対外関係』山川出版社、二〇〇三年)。
(2) 年未詳二月五日尼子氏家臣連署米留印判状(「坪内家文書」『大社町史　史料編』一四二一～一四二三)。
(3) 谷口一夫『武田軍団を支えた甲州金』(新泉社、二〇〇七年)。
(4) 萩原三雄「中近世の金山と社会・文化」(竹田和夫編『歴史のなかの金・銀・銅』勉誠出版、二〇一三年)。
(5) 前掲註(1)秋山氏論文。
(6) 戦国時代の権力が、鉱山支配・貴金属掌握に成功していないというような評価は、事実に即したものとは言いがたい。流通課税による間接的な鉱山支配を、江戸時代徳川氏による直営的直轄支配と比較して「遅れている」と評価することは、鉱山の有する価値の内容が異なっている点を見落としており、発展段階論的に近世への展開を論じる固定的な見方・考え方にすぎないのではないだろうか。
(7) 大永四年四月十九日日御崎社修造勧進簿(「日御碕神社文書」『大社町史　史料編』一〇六〇)。
(8) 天文二十一年十二月二日尼子晴久袖判家臣連署奉書写(「尼子家古記類」『大社町史　史料編』一二六四)。
(9) 田村哲夫校訂『毛利元就軍記考証　新裁軍記』(マツノ書店、一九九三年)。
(10) 長谷川博史「毛利元就の山陰支配」(『島根史学会会報』五十、二〇一三年)。
(11) 『新修福岡市史　資料編中世1』(福岡市、二〇一〇年)。西谷正浩氏の御教示による。
(12) 米澤英昭「一六世紀南九州の港津役人と島津氏」(『宮崎県地域史研究』二三、二〇〇九年)によれば、天正六年(一五七八)薩摩国加世田片浦の船頭「山下造酒佐」が、「中国銀山」へ往来している。また、遠国から来住した数多の銀山居住者たちについては、長谷川博史「毛利氏支配下における石見銀山の居住者たち」(池享・遠藤ゆり子編『産金村落と奥州の地域社会』岩田書院、二〇一二年)を参照のこと。

Ⅱ　毛利元就の温泉津支配と輝元の継承

本多博之

はじめに

石見銀山の銀積出港として知られる温泉津《ゆのつ》は、戦国大名毛利氏が銀山とともに直轄支配した重要な港町である。その支配については、すでに『温泉津町誌　上巻』(1)で紹介されているほか、秋山伸隆氏や松岡美幸氏により、毛利氏の流通支配や石見銀山支配との関係で論じられている(2)。しかし、温泉津奉行が果たした役割や、その拠点とされる鵜丸《うのまる》城の築城時期など、なお検討すべき点も残されており、新たな史料をふまえて考察を深める必要がある。

また、石見銀山や温泉津など毛利領国内の経済的要所は、毛利元就が掌握していたことが指摘されているが(3)、元亀二年（一五七二）六月に彼が亡くなった後、これら元就直轄領が、後継者である輝元によってどのように継承されたのか、その過程を具体的に論じたものはない。しかしこれは、毛利氏の領国支配の歴史的展開を考える上で重要な点である。

そこで本稿では、石見石田氏の領主的性格をふまえつつ、毛利元就の温泉津支配の様相をまず明らかにし、続いて温泉津奉行の拠点とされる鵜丸城の築城開始とその前後の状況を考察した上で、温泉津の支配が輝元によって受け継がれていく過程を具体的に検討することにより、輝元による元就直轄領継承の特徴について指摘したい。

一、温泉津奉行と石田主税助

永禄五年（一五六二）六月、毛利氏が石見国内を平定する。その後まもなく元就は、石見銀山と同じく、温泉津の直轄支配を始めたようで、永禄七～八年（一五六四～六五）には「温泉津奉行」の存在が確認される。すなわち永禄八年三月、元就奉行人の桂元忠と児玉就方が石見益田氏の家臣大谷織部丞に宛て、益田氏の兵粮輸送について「一ヶ月中弐百石船弐艘」の「勘過」、つまり通行料免除を「温泉津奉行人」に命じたことを伝えている[4]。当時は、出雲富田城に籠城中の尼子氏を毛利氏が攻撃しており、兵粮など物資補給の中継点として温泉津が重要な位置を占めていたこと、通常は通行（入港）船舶に対して温泉津奉行が諸役の賦課徴収をおこなっていたことがわかる。

さて、同じ頃、彼ら温泉津奉行と対馬宗氏の関係がうかがえる史料がある。

　至㆓御陣所㆒飛脚申付候、其境之儀可㆑然之様可㆑預㆓御取合㆒候、諸篇馮存候、仍紬一端進㆑之候、誠空書計候、猶彼使可㆑申候、恐々謹言、

　　八月四日　　　　義調

　児玉二郎右衛門尉殿　御宿所
　武安孫三郎殿　同案一通ツヽ、
　赤河因幡守殿　引物同
　堀立壱岐守殿

これは、対馬宗氏およびその関係者が、各方面に発給した文書の控（「諸家引着」）の一通であり、永禄八年のもの

とされる。[5] それは、対馬島主の宗義調が、使僧（長福寺）を派遣してきた毛利元就に礼を述べた（同じ日付の）書状案と一連のものであり、ほぼ同じ内容で、ほかに守護代佐須盛円が児玉二郎右衛門尉・武安孫三郎・赤河《川》因幡守・堀立壱岐守に宛てた書状案がある。[6] このうち赤河《川》（就久）と堀立（直正）は、この頃赤間関奉行（代官）であり、[7] その前に名前が見える児玉二郎右衛門尉と武安孫三郎が、のち児玉美濃守就久と武安木工允就安を名乗ることになる温泉津奉行であった。

児玉・武安両名は、元就の偏諱「就」を与えられているように、元就の直臣である。特に児玉は、かつて「二郎右衛門（尉）」を名乗り、厳島合戦に続く防長攻めの頃に、福井元信や児玉就方とともに元就の命により、「置兵粮・かいたて《掻楯》板・かめ《甕》」や「ほむしろ《帆筵》」を長門龍山城に運び入れて在番を命じられた人物である。[8] すなわち児玉就久は、福井元信や児玉就方と並ぶ元就配下の警固衆であり、こうした経験や能力をふまえ、元就が石見平定後の温泉津奉行に抜擢したものと思われる。

また対馬宗氏や守護代佐須盛円が、毛利元就のほか温泉津奉行や赤間関奉行に書状を送ったのは、それ以前に、温泉津奉行らが元就の対馬島主への使節派遣に何らかの形で関与していたことを示すものである。実は、毛利氏が銀山を支配下に置いて間もない永禄五年七月、毛利隆元が対馬島主宗氏に使僧（正寿院）を派遣しているが、それは朝鮮王朝への使節派遣を打診するものであった。[9] したがって、永禄八年の使節派遣も、朝鮮との通交をめざして、対馬島主宗氏との親交を深めようとするものであった可能性がある。そしてその外交政策に赤間関奉行だけでなく、温泉津奉行が参加しているところに、当時の毛利領国における温泉津の位置、そして温泉津奉行の果たすべき役割をうかがい知ることができる。

すなわち、当時の温泉津は、毛利氏にとって赤間関とならぶ対外交流の重要拠点であった。それは、言うまでもなく背後に石見銀山があり、国内外から多数の船舶が押し寄せる港町であったことによるもので、東アジア的規模で展開する日本海流通に積極的に関わろうとする元就にとって、温泉津奉行はその窓口となる存在であった。

さて、永禄十一年（一五六八）四月、毛利氏の守護神である厳島神を祀る厳島神社が温泉津小浜地区に創建される。それを示す同時代史料は確認されないが、近世後期成立の石見の地誌『石見八重葎』（邇摩郡上）に棟札の写があり、それによると「永禄十一戊辰卯月吉祥日」の日付で「奉建立厳嶋大明神当社一宇事信心大檀那大江朝臣元就奉行就安就久」と記されている[10]。このうち「元就奉行就安就久」とは、元就が温泉津奉行として派遣した武安就安と児玉就久を指すと思われ、小浜の厳島神社はこの両名によって建立されたことがわかる。

そこで注目されるのが、『石見八重葎』の厳島神社建立の記述中に、「普請奉行」として「石田主税助」という人物の名が見えることである。しかも、慶長十六年（一六一一）四月の再建の際も、石田主税助の嫡子「石田孝内常春」が関与したことが記されている。そこで以下、この「石田主税助」の動向やその領主的性格について、近年島根県が購入した中世文書「石田家文書」[11]（全六点）の分析により、明らかにしたい。

（端裏ウハ書）
「（墨引）武安孫三郎殿　　元就」
今度本城宗三郎申付候砌、石田主税助、別而辛労之趣、慥承知候、至二向後一、弥馳走候様、可二申渡一候、謹言、
十二月廿四日　元就（花押）

この毛利元就書状は、武安孫三郎（就安）に宛てたもので、元就が「本城宗三郎申付候砌」に、石田主税助が活躍したことをねぎらった内容である。これは、毛利氏が永禄五年十一月に、銀山山吹城の本城常光一族を討滅した事件に関係する可能性があり、詳細は不明ながらも、元就が命じたことについて、石田が武安就安の配下として格別の働

きをしたことは間違いない。

其表押下候て、当津ニ船懸候之由、得二其心一候、天気能候而、日よりもよく候間、押上り候て、舟かけ共見せ候する事肝要候、其元をし下りたる儀候間申遣候、
定而成二其心得一、不レ可レ有二油断一候へ共、猶以為レ此申遣候〳〵謹言、
　　三月晦日　　元就（花押）
　児玉二郎右衛門尉殿
　武安孫三郎殿

また、この毛利元就書状は年未詳で、しかも「其表」「当津」の場所が不明だが、「舟かけ」という軍事的示威行為を児玉・武安両名に命じたものであり、この文書が石田家に残されたことを勘案するならば、当時石田氏が、児玉二郎右衛門尉（就久）と武安孫三郎（就安）の指揮下、船を駆使しての軍事活動をおこなっていたことを示すものである。

（端裏ウハ書）
「（墨引）石田主税助殿　　元就」
当城番之儀、長々辛労之至候、殊其方之事、一段心に入番仕由候、誠神妙喜悦之至候、同道之者共、猶以馳走候様、相進可レ遂二其節一事肝要候、謹言、
　永禄拾弐年（一五六九）
　　九月晦日　　元就（花押）

そして、これは元就が石田主税助に直接宛てた書状である。従来、武安あるいは児玉・武安宛てであったものが、

石田宛てで発給されるようになったものと思われ、場所は不明ながらも、長期の「城番」（在番）活動に対する慰労と、配下の者を率いての更なる活躍を命じている。

急度申二遣之一候、去十三日布部表相動、則彼要害落去候、然者山佐宇波之儀者不レ及レ申、従二嶋根一、為二後巻一罷出対陣候者共之事、切崩悉討捕候、左候条、此節之儀、敵方可レ為二気遣一候之条、其表衆悉追立ニ申付、多人同道候て罷出、冨永申談、武略肝要候、銀山衆之事も無レ残、可二罷出一之通申付候、何篇差急候ハね（ハ脱カ）、不レ可レ然候、猶此者ニ申聞候、謹言、

（永禄十三）（一五七〇）
二月十七日　　元就（花押）

武安木工允殿

児玉美濃守殿

続いてこれは、永禄十三年（一五七〇）と推定される二月十七日付の毛利元就書状である。永禄九年に出雲尼子氏が降伏したことにより、居城の富田城は毛利氏に接収されたが、同十二年に一族の尼子勝久が新たに挙兵、それに呼応する勢力も蜂起して、毛利氏家臣の天野隆重が守備する富田城が攻撃を受けることになった。毛利氏は救援のため輝元を総大将とする軍勢を派遣、二月十四日に尼子方と布部《ふべ》で戦い、勝利した。この文書はその直後に、敗走する敵方の討伐を温泉津奉行の武安就安と児玉就久に命じたもので、石田氏もその指揮下で軍事活動をしていたものと思われる。なお、「銀山衆之事も無レ残、可二罷出一之通、申付候」とあるように、「銀山衆」と呼ばれる諸勢力にも、武安・児玉の指揮下で軍事行動をおこなわせており、戦時における温泉津奉行の軍事指揮権の範囲がわかり、興味深い。

杵築江従二高瀬一夜動之事

（毛利元就）
（花押）

永禄十三年卯月十四日夜

一人　吉田伯耆守
一人　高石右衛門尉
一人　新屋右京進
一人　守田孫次郎
一人　父谷源三郎
一人　竹下市介
一人　津野原小三郎
一人　志計伊賀守
一人　長見孫十郎

以上

石田主税助

さらにこの文書は、出雲高瀬から杵築に「夜勤」した九名を列挙して報告してきた石田主税助に対し、元就が証判を加えて返却したと思われるもので、石田がこれら九名を率いて出雲国内の杵築や高瀬で活動していたことを示している。

それでは次に、石田氏の領主としての性格について、検討してみたい。

其方事、数年御警固、遂㆓馳走㆒候条、乗船壱艘、御分国中勘過之事、年中ニ弐艘宛、被㆑成㆓御免許㆒候、然間諸

関不レ可レ有二其煩一候、但吹挙付之儀者、有様相調、可二罷通一候、就レ中温泉津之事者、為二各別一之条、役料如二
前々一可二相調一候、此由可申之旨候、恐々謹言、
元亀四年（一五七三）
五月九日　　井上　但馬守（花押）
粟屋　内蔵丞（花押）
児玉　三郎右衛門尉（花押）
石田主税助殿

これは元就没後に、毛利氏奉行衆が元亀四年（一五七三）五月九日付で石田主税助の「数年御警固」の「馳走」に対し、温泉津を除き、年間二艘分の「御分国中勘過」を認めたものである。すなわち、石田氏が長年の警固活動によって毛利氏から領国内「諸関」での自由通行（「役料」免除）権を得たことを示すもので、これにより石田氏が単なる警固衆ではなく、日常的には船を使って経済活動をおこなう領主であったことがうかがえる。

こうした石田氏の性格を考える上で参考になるのが、年欠正月十九日付吉川元春宛て毛利元就書状[12]である。そこには、「其口働為二手合一、至二杵築浦一警固指廻度候而、石州ニ小浦被レ拘候衆中江、以二書状一申遣、堅固可二裁判之由申付、児玉美濃守至温泉津差遣候」とあり、元就が児玉就久を温泉津に派遣し、「石州ニ小浦被レ拘候衆」を率いて出雲杵築浦の警固に向かわせようとしたことがわかる。先に見た『石見八重葎』によれば、石田主税助について「波積本郷利光ノ城主市場初代」とあり、本拠を温泉津南方の波積本郷（利光城）としている。その真偽のほどは不明だが、

船による軍事活動の事実をふまえるならば、石田主税助が温泉津奉行である児玉就久の指揮下に入って出雲杵築浦の警固に従事した「石州ニ小浦被レ拘候衆」の一人であった可能性は高い。波積本郷はやや内陸に位置しているが、河川や陸路を使って日本海沿岸に出ることは比較的容易である。したがって、最寄りの浦（港湾）などに船を碇泊させ、日常的には経済活動をおこないながら、戦時には温泉津奉行の指揮下に入り警固衆として軍事活動を展開する領主であったと思われる。

また、先の史料に「温泉津之事者、為二各別一之条、役料如二前々一可二相調一候」とあり、「御分国中勘過」を認めながらも、温泉津のみは「各《（格）》別」（例外）として「役料」の納入を毛利氏が命じているが、これと同様の規定を持つ史料が他にもある。それは、天正二年（一五七四）卯月二十二日付で「石州諸役所中」に宛てた毛利氏奉行衆連署書状であり、「温泉津之儀者御法度候へハ御閣候、其外者諸浦諸役之儀御免許候間、可レ被レ得二其意一候」と見える[13]。これは、石田氏と同様、船を駆使して軍事活動をおこなった出雲の湯原春綱に対し、毛利氏が温泉津を除き「石州船一艘勘過」を認めたものである。

これは湯原春綱の軍事奉公に対する恩賞を示すものであるが、「石州船一艘勘過諸役御免除事、言上遂二披露一之処、無二余儀一被レ成二分別一、被レ成二遣袖御判一候」とある点が、特に注目される。出雲を本拠とする湯原氏が島根半島東半部に多数の諸浦を領有していたことはすでに指摘されているが[14]、その湯原氏が石見国内での「船一艘勘過」を毛利氏に陳情し、認められている。それは、出雲・石見間の広域的な経済活動を望む湯原氏が、それを領国規模で保障できる毛利氏に対し、「御分国中勘過」を求めた結果と理解される。

ところで、こうした広域的な経済活動を展開する商人として、出雲杵築の坪内氏が知られる。坪内氏は、尼子氏が出雲富田城を本拠としていた頃、諸物資を雲石国境を越えて石見方面に馬で陸送していたほか、銀山に屋敷を所持し、温泉津にも師檀関係にある温泉氏《ゆし》を通じて関係を持っていた。(15)しかも坪内氏一族は「石田」を名乗り、そのうち石田四郎左衛門は、元就の直臣で当時出雲支配を担当していた小倉元悦と井上就重によって、馳走の褒賞として温泉津奉行（武安就安・児玉就久）が賦課する水夫役を免除されるなど、船や水夫を持ち、出雲・石見間の海運に従事していた様子がうかがえる。(16)

この坪内氏（石田氏）と石田主税助の系譜上の関係は明確でないが、尼子・毛利両勢力が対峙し、後者が前者に対して優勢となり、やがて圧倒していく一五六〇～七〇年代、日本海地域では雲石国境を越えて経済活動を展開する商業勢力が少なからず存在しており、その一人と思われる石田主税助は毛利方警固衆として活動する一方、自身の広域的な経済活動の保障を毛利氏に求めたのであり、元就も彼らを温泉津奉行を通してつかむことで当面の軍事課題の解決をはかるとともに、彼が日本海地域、特に雲石間に築いていた商業ネットワークを有効に活用しようとしたものと思われる。

したがって、温泉津奉行が小浜に厳島神社を建立した際、石田氏が「普請奉行」をつとめたのも、彼の日常的な経済活動が、神社建立に必要な人材の確保や、物資の調達を可能とするような経済的環境を築いていたことによると理解できよう。

二、鵜丸城の築城と温泉津奉行

温泉津奉行の拠点としては、沖泊を見下ろす高台に築かれた鵜丸城《うのまる》がよく知られている。温泉氏の居城であったとされる櫛山（串山）城が、沖泊の出入り口を北から押さえていたのに対し、鵜丸城はこの温泉氏を温泉津から逐った毛利氏が、沖泊南方の半島尾根部分に新たに築いた要害であった。従来この城は、永禄十三年（元亀元年、四月に改元）二月から短期間（一カ月）で築かれたとされてきたが、[17]その築城開始時期については、歴史的背景も含めて再検討が必要と思われる。

そこでまず、鵜丸城築城の根拠となる基本史料から見ることにしたい。

鵜之丸普請賦之事

輝元様　御判

元就様　御判

一卅枚　　温泉三方

一卅二枚　大国三方

（中略）

右城誘之事、従㆓三月廿日㆒内可㆑被㆓相調㆒之由被㆓仰出㆒候、不㆑可㆑有㆓油断㆒之通可㆑申旨候也、

二月廿日　桂　左衛門大夫　判

児玉　三郎右衛門尉　判

井上　但馬守　判

粟屋　内蔵允　判

国司
飛驒守　判

武安木工允殿
内藤内蔵丞殿
河内新左衛門尉殿
甲田三郎兵衛殿
児玉美濃守殿

これは、温泉津奉行の筆頭格であった児玉美濃守（就久）の子孫の家に伝来した文書（毛利氏奉行衆連署普請賦）の写である。(18) 文書の袖付近に、毛利元就と輝元の花押が並び、少なくとも元亀二年（一五七一）六月十四日に亡くなった元就の生前に発給されたものとわかる。そこで改めて、文書発給の時期について考察してみたい。

実は、五月十六日付で二通の毛利元就書状が残されている。それは安芸国吉田郡《こおりやま》山城に居た元就が、出雲在陣中の毛利輝元・吉川元春・小早川隆景らに宛てたもので、一通が輝元宛て、そしてもう一通が輝元・元春・隆景宛てのものである。(19)

輝元に宛てた書状は、「井但」（井上但馬守就重）らが一昨日（五月十四日）出雲から帰国したことを告げ、「秋上現形」、つまり出雲秋上氏の毛利方への転向で尼子勝久との戦いが有利になったことを述べて、温泉津から杵築への兵粮補給を急がせている内容である。

一方、輝元・元春・隆景に宛てた書状は、温泉津での兵粮調達を急がせるとともに、「当座之奉行」として「内藤内蔵丞」を派遣するので、出雲方面からも人を遣わして兵粮催促することを命じた内容である。おそらく、井上就重らがもたらした出雲情勢の情報をもとに、元就は温泉津から杵築への兵粮輸送が急務と判断、その補給基地として温泉津を重視し、「当座之奉行」として「内藤内蔵丞」らを派遣したものと思われる。「秋上現形」が元亀元年（一五七〇）のことであるから、これらの書状も同年五月のものであり、しかもそれ以降に「当座之奉行」として派遣された「内藤内蔵丞」の名が、温泉津奉行の一人として見える先の史料は、必然的に翌元亀二年二月のものとなる。また、毛利氏奉行衆連署普請賦の連署者の一人である桂左衛門大夫（就宣）が、永禄十三年三月段階では「平次郎」を名乗り[20]、「左衛門大夫」をまだ名乗っていなかったことも、この文書が永禄十三年二月ではなく、翌元亀二年二月のものと判断できる根拠の一つである。

当時、出雲国内では新山城の尼子勝久を中心に、敵方勢力が高瀬城など各所で依然毛利氏に抵抗しており、彼らとの戦いを有利に進めるためには出雲方面への兵粮補給が不可欠で、その兵站基地としての機能強化をはかるなかで、温泉津奉行も増員し、港湾支配の強化も兼ねて本格的な城郭建設を開始したものと思われる。なお、二月二十日付普請賦によれば、三月二十日まで約一ヶ月という短期間での「城誘《しろこしらえ》」（城普請）を命じているが、それですべて終了したわけではない。実はその後も、「城誘」が続けられていたことがうかがえる。

たとえば、児玉左衛門尉・内藤内蔵丞らに宛てた年欠三月十一日付輝元書状は、輝元が児玉ら温泉津奉行に鵜丸城の普請状況を尋ねたもの[21]だが、そこに見える「二太右」とは二宮太郎右衛門尉就辰のことである。二宮就辰が「太郎右衛門尉」の名乗りを輝元に許されたのは元亀三年（一五七二）十二月で[22]、そのため、この文書は少なくとも元亀四年（天正元・一五七三）以降のもので、しかも宛名の児玉左衛門尉も就久の次の代の元信と思われる。

また、石見国衆の一人である祖式熊千代に宛てて、「温泉津鵜丸城誘申㆓付之㆒候、普請之儀馳走可㆑為㆓祝着㆒候、猶武安木工允・児玉左衛門尉可㆑申候」と伝えた輝元書状写[23]も、「児玉左衛門尉」が登場することから、先の鵜丸城築城を命じた毛利氏奉行衆連署普請賦から少し降った時期のものと思われる。また、祖式氏と同じく温泉津周辺に拠点をもつ石見国衆の久利氏に対しても、「温泉津鵜丸城誘儀申付候条、御分領事、如二早晩一、堅固可レ被二申付一事肝要候」と、鵜丸城の普請役を「御分領」に賦課することを輝元が命じている[24]。もともと鵜丸城の築城は、邇摩郡内の諸郷村に負担を広く割り当てて短期間で進められたが、これによると完成後も継続して整備がおこなわれ、特に石見国衆に対しては輝元が直接書状を発給して個々の所領に対する賦課を求めていたことがわかる。

このように、鵜丸城の築城は元亀二年二月に始まり、終了後も継続的に整備されていたことが判明したが、それでは築城前に温泉津奉行は一体どこにいたのだろうか。すなわち、毛利氏が温泉津を支配下に置いた直後の温泉津奉行の拠点である。

そもそも鵜丸城は、沖泊を押さえるには格好の場所だが、温泉津の集落からは若干離れており、町の直接支配には必ずしも適さない。したがって、町支配を考えた場合、すぐ近くに温泉津奉行の拠点があったと想定することはあながち無理ではなかろう。そして、それに関して興味深いのが、永禄十一年（一五六八）に温泉津奉行が小浜に厳島神社を建立した事実である。今でこそ、温泉津と小浜は海岸沿いを走る道路で結ばれているが、かつてそのようなものはなかった。すなわち、平面的には小浜は温泉津から離れた位置にあるのであり、それを念頭に、温泉津奉行が小浜に厳島神社を建立した背景について考える必要がある。

そこで注目されるのが、温泉津と小浜の間にある小高い丘陵の存在である（図参照）。この西端付近は「サイレン山」と呼ばれているが、標高五〇～七〇メートル余の丘には明治初年の絵図（字切図・地籍図）によると畠がひろがり、尾根に沿って西から東に「屯」「出丸」「殿」「駒形」「殿居」といった字名が確認され[25]、この場所にかつて中世城郭（城館）があった可能性は高い。しかも、ここから温泉津と小浜の両集落を見下ろすことは可能で、両地区を押さ

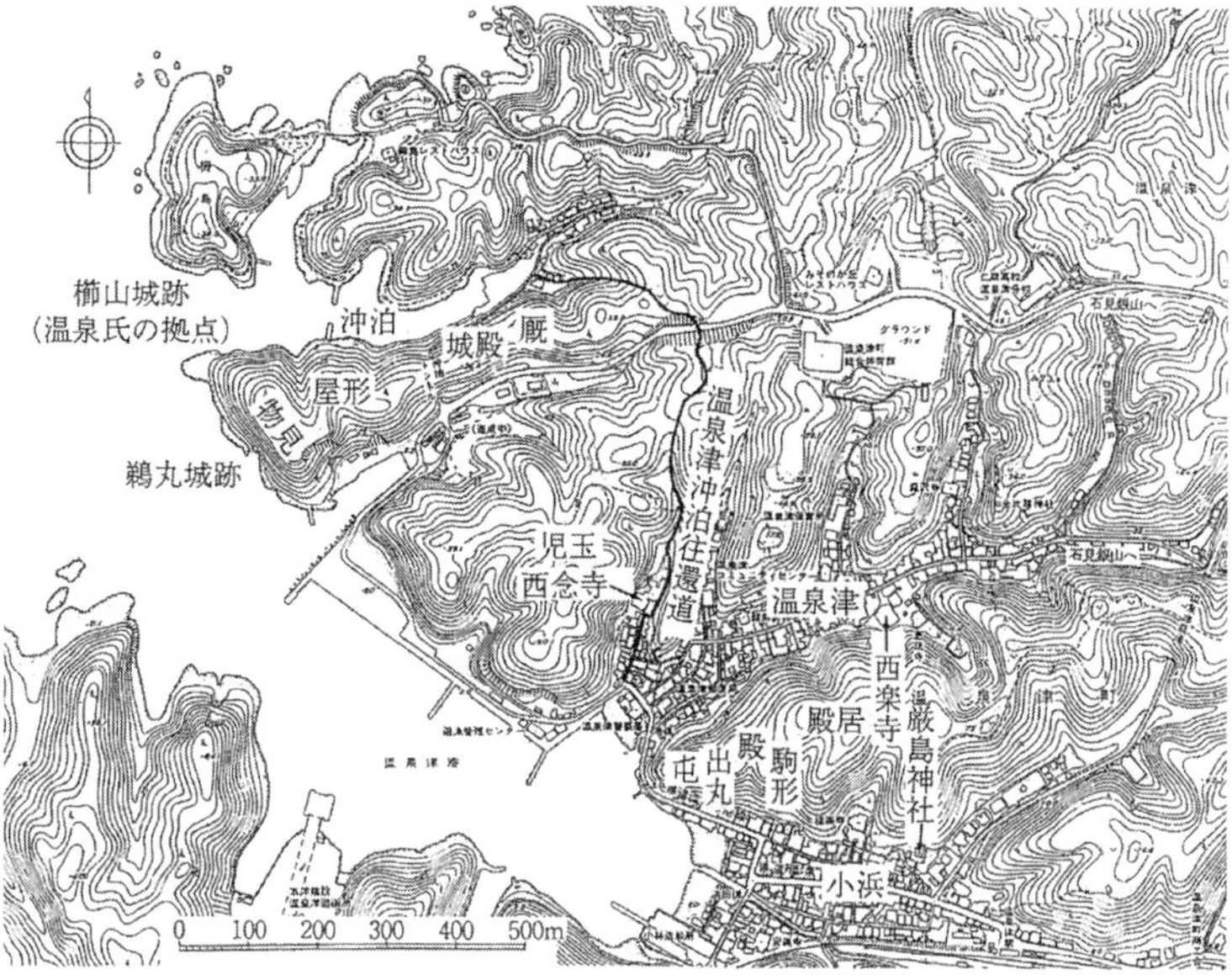

沖泊・鵜丸城跡と温泉津・小浜

えるには格好の場所と言える。したがって、ここに温泉津と小浜の両方を統轄する拠点があったと推測することは可能で、かつては温泉津を支配した温泉氏の、そして温泉氏が退去した後は毛利氏が派遣した温泉津奉行の拠点があったのではなかろうか。ともかく、この場所が鵜丸城築城前の温泉津奉行の居所であった可能性は高いと思われる。

そして、もう一つ注目したいのが、温泉津と沖泊を結ぶ交通路の存在である。この温泉津・沖泊往還道は、両地域間の物資輸送において、きわめて重要な役割を果たしたが、温泉津側の出発点付近に西念寺《さいねんじ》がある。永禄四年（一五六一）創建とされるこの寺は、毛利氏ゆかりの寺として知られ、所蔵文書によれば、住職の然休が永禄年間の筑前立花城の攻防戦に参加したとある[26]。そして、寺の背後にある山にも、明治初年の絵図によると畠がひろがり、そこには温泉津・沖泊往還道につながる数本の道が走っている。注目されるのは、そのうち一本の道沿いに「児玉」と呼ばれる字名が見えることで[27]、これは温泉津奉行児玉就久の居所を思わせる名称である。

このように、鵜丸城以外にも温泉津奉行の拠点として想定可能な場所がある。したがって、鵜丸城築城前はもちろん、築城後であっても、温泉津・小浜の町支配において、これらの場所が何らかの機能を果たしていた可能性について、改めて検討してみる必要があろう。

三、温泉津支配の継承

元亀二年（一五七一）六月十四日、毛利元就が七十五年の生涯を閉じる。元就は、領国内の地域資源や主要な都市・港湾を終生掌握しており、石見銀山や温泉津も同様であったことが指摘されている[28]。したがって、元就が直接支配していた地域が彼の死後、輝元によってどのように継承されたのか、その過程を具体的に明らかにすることが、毛利氏の領国支配の歴史的展開を考える上でも重要である。そこで、温泉津支配の継承について特に検討したい。

元就没後、温泉津内の権益について輝元が安堵した事例としては、元亀三年（一五七二）閏正月二十五日付で二つある。一つは、正恩庵という寺庵に対し、「無縁所」であることを理由に、「御城誘」（城普請）を除く諸役の免除を認めたもので、元就側近の井上就重・林就長と、温泉津奉行である児玉就久・武安就安・同元種が連署し、輝元の袖判を得て発給している[29]。また、もう一つは、温泉津の商人である小問木工助に対し、「御公役」をつとめることを条件に、温泉津内の屋敷をこれまで通り抱え置くことを認めたもので、井上就重と林就長の両名が連署し、輝元袖判を得て発給している[30]。

すなわち、同じ日付で、しかも井上就重と林就長が両方の文書発給に関与していることから、元就没後の温泉津における権益安堵は、元就側近であった二人が中心となり、輝元の袖判を得ておこなったと言える。なお、屋敷を抱える代わりに負担しなければならない「御公役」とは、おそらく「御城誘」、つまり鵜丸城の普請役を主とするものであったと思われる。

このように、元就没後の温泉津内の権益安堵は元亀三年初頭に確認できるが、居屋敷一般の安堵は、翌元亀四年（一五七三）の四月から五月にかけて一斉におこなわれたようで、複数の史料によって、その内容が判明する。[31] それはすべて輝元袖判による安堵であり、「仍一行如㆑件」という書き止め文言も共通している。たとえば、次のような事例がある。

　　（毛利輝元）
　　御袖判
温泉津町之内、其方居屋敷壱ヶ所之事、任㆓日頼（毛利元就）証判之旨㆒、全可㆓相拘㆒者也、仍一行如㆑件、
　　元亀四年卯月十八日
　　　　肥中屋孫二郎殿

これは、長門国肥中《ひじゅう》と商売上の関係を持つと思われる肥中屋孫二郎という人物に対し、輝元が袖判で「居屋敷壱ケ所」の安堵をおこなったものであるが、その場合、「日頼（元就）証判」を根拠としていることが注目される。[32] そして実際、毛利氏が温泉津を支配下に置いた翌年の永禄六年（一五六三）十二月二十二日に、元就が「温泉津内、其方居屋敷事、遣㆓置之㆒候、無㆓相違㆒可㆓相拘㆒者也、仍一行如㆑件」と、居屋敷を給与した事例が認められる。[33] したがって、元就没後の温泉津内の居屋敷安堵は、かつて発給された元就の判物に従い、輝元袖判による宛行状によっておこなわれたことがわかる。

ただ、温泉津内の屋敷を単に預ける場合は、温泉津奉行の裁量でおこなわれたようで、天正七年（一五七九）五月

二十三日付で木津屋又左衛門尉に対し、児玉就久と武安就安が連署して銀子五三〇匁・五年契約で屋敷を預けた事例(34)のほか、天正十年（一五八二）九月八日付で「おきのうらか、い」なる人物に対し、児玉就久と武安元種が連署して「あきやしき《（空き屋敷）》」を預けた事例(35)がある。

そして、彼ら温泉津奉行の活動は、その後、天正十八年（一五九〇）頃まで確認できる。たとえば、天正九年七月に武安が吉川元春から浜田滞在中の山縣善右衛門を通して鳥取城救援の出船要請をされている(36)ほか、同十七年正月に児玉美濃守・内藤出雲守・河内備後守・武安木工允が毛利輝元の武運長久を願い、安芸厳島社に舞楽装束（演目「納《な》曽《そ》利」用）を、社家である「右舞師田兵衛少輔景欽」を通して奉納(37)している。さらに同十八年八月には、内藤出雲守・武安木工允・児玉美濃守・河内備後守が木津屋と思われる商人に対し、小問甚五郎に督促していた銀三二匁の「取替」について感謝の意を伝えている(38)。

このように、輝元の温泉津支配は元就時代の状況をふまえ、温泉津奉行を通してその後も長期にわたっておこなわれたことがわかるが、元就から輝元に支配権が移行した際、具体的にどのような過程を経て支配の継承がなされたのか検討されたことはない。そこでまず、鵜丸城普請を温泉津奉行に命じた、先の史料について振り返りたい。

それは、毛利氏奉行衆連署普請賦であり、写本のため詳細は不明だが、元就と輝元の二人の花押が文書の袖付近にあったことがわかる。こうした位置に両者の花押がある文書は、管見によれば、写も含めて五点ほど確認できるが(39)、年未詳のものを除く四点は永禄十二年（一五六九）から元亀二年（一五七一）、すなわち元就晩年のものである。もともと、隆元や輝元に比べ、元就の袖判文書は少なく、弘治四年（一五五八）の打渡坪付などに限られている。したがって、元就と輝元の花押が袖付近に並ぶ文書は貴重で、しかもそれは両者の明確な合意形成のもとに発給されたものと言える。したがって、鵜丸城築城を命じた元亀二年二月の奉行衆連署普請賦も、元就・輝元両者の合意のもとに発給されたのであり、これにより温泉津鵜丸城に対する元就の意向は、そのまま輝元に受け継がれたものと理解できる。

そこで注目したいのが、奉行衆の顔ぶれである。毛利氏奉行衆は井上氏粛清後の天文十九年（一五五〇）十二月頃、元就家臣の桂元忠・児玉就忠と、隆元家臣の粟屋元親・国司元相・赤川元保で構成される五家の五人奉行に始まり、赤川元保が討たれた後は残る四家によって世襲的に受け継がれていた(40)。実際、鵜丸城築城を命じる元亀二年二月の文書でも、桂就宣・児玉元良・粟屋元種・国司元相が連署しているが、興味深いのは、そこに元就側近の井上就重が加わっている点である。彼が奉行人連署に登場するのは永禄十二年十月頃(41)で、翌永禄十三年～元亀二年には特に頻繁に顔を出す（次頁表参照）。しかも、元就・輝元両者の花押（袖判）を持つ奉行人連署文書の多くに井上就重が参加しており、元就晩年の毛利家中における彼の立場は注目される。加えて、先述したように、元就没後の温泉津における権益安堵にも井上就重が林就長とともに関与しており、温泉津支配における彼の役割も興味深い。

そこで以下、井上就重に注目しながら、毛利氏の温泉津支配について検討したい。

残された史料によると、井上就重は天文九年（一五四〇）頃から活動が確認でき、尼子氏との合戦で戦功をあげたほか、天文十九年の井上氏粛清の際も生き延び、元就の使者として各所に派遣されたり、家臣からの愁訴を元就に取り次ぐなど、元就の信頼が厚い側近であった(42)。また、大内氏滅亡後の弘治四年には児玉就方と二人、あるいはそれに児玉就忠と桂元忠を加えた四人の連署で、周防国内所領の打渡坪付（元就袖判）を作成したほか(43)、永禄四年（一五六一）には正覚寺守恩・児玉就光とともに段銭徴符を発給している(44)。そして、尼子氏の本拠富田城を攻撃していた永禄八年以降、毛利氏の出雲支配に深く関わった。具体的には、出雲の神魂神社（秋上氏）・杵築大社（佐草氏）・塩冶八幡宮（富氏）に関する様々な問題を、平佐就之・小倉元悦・福井景吉らとともに処理している(45)。

また、永禄十二年の尼子勝久挙兵後には出雲に入り、翌年五月半ばに帰国してもたらした現地情報が、先述したように、石見温泉津から出雲杵築への兵粮補給を元就に決意させるに至ったと思われる。その意味からすると、温泉津の兵站基地化と密接な関係を持つと思われる鵜丸城築城を命じる奉行衆連署普請賦に、彼が加わっている点は興味深い。

しかも、元就が没して輝元の時代になっても、彼は鵜丸城の普請に関与している。

鵜丸城誘之儀、其方両人有二馳走一、可二申付一之事肝要候、委細従二但馬守所一可二申聞一候、謹言、

三月廿四日　　輝元　御判

「武安杢允殿

神田三郎兵衛尉殿　　輝元」

これは、元就が着手した「鵜丸城誘」について、元就没後も輝元が引き続き実施していたことを示すもの(46)であるが、「委細従二但馬守所一可二申聞一候」からわかるように、温泉津奉行（武安・神田）への具体的な指示は、「但馬守」（井上就重）がおこなっていたことがうかがえる。

そこで、井上就重が温泉津支配に関わった背景を、次の二点の史料(47)で考えてみたい。

従二安木《(来)》一至二温泉一兵粮可二差廻一候、然間積舟之儀、自二温泉一可二申付一候、此間上表江之警固雖二申付候一、此度之儀者老中可レ為二馳走一之通、能々可レ申二聞之一候、謹言、

卯月九日　　輝元　御判

「　井上但馬守殿

児玉美濃守殿　　輝元

武安木工允殿

林土佐守殿」

其元兵粮千五百俵、至銀山可差遣候、町中伝馬堅可申付候、謹言、

卯月廿五日　　輝元　御判

児　美

武　木

前の史料は、宛名の一人である林就長の「土佐守」という受領名から、天正十二〜十六年（一五八四〜八八）[48]頃、詳細は不明ながら「兵粮」を出雲安来から石見温泉津まで船で回漕させたものである。また、後の史料は内容・日付からその関連史料と思われ、温泉津の「兵粮」を銀山まで伝馬で運搬させたものである。

そして注目されるのは、輝元が船による長距離輸送（現在の中海・宍道湖を経由）を温泉津「老中《おとなちゅう》」（有力町衆）に命じさせたのが温泉津奉行（児玉就久・武安就安）のほか、井上就重と林就長であったことである。林就長の場合、銀山奉行[49]の立場からこの件に関与したと推測されるが、井上就重の場合は、かつて出雲支配に携わったことで出雲各地の領主や商業勢力と関係を持ち、出雲・石見間の密接な経済関係のもと、温泉津商人にも通じていたことが背景にあったと思われる。実際彼は、温泉津商人の屋敷「出入」の調整に当たっており[50]、元就没後の温泉津支配において、現地の実務を担当する温泉津奉行とはまた別の形で重要な働きを期待されたものと思われる。

すなわち、側近として元就の施政を間近に見てきた経験が、元就の晩年から没後間もない時期に毛利中枢の政策決定の場に彼を参画させたのであり、しかも出雲支配の実績が経済的に密接な関係にある温泉津の支配にその後も深く関わらせることになったと考えられる。一章で見た、元亀四年の石田主税助に対する領国内諸関「勘過」の連署状に

井上就重の名が連署者中に見える毛利氏奉行衆連署文書一覧

和暦	西暦	月日	内容	典拠
年欠	年欠	三月二三日	児玉元良・井上就重・粟屋元種・国司元武が野村士悦らに対し、尼子氏時代に浄音寺が抱えてきた浄音寺・六所・同神宮寺領を鰐淵寺和多坊に渡すよう命じる。	『鰐淵寺文書の研究』二四五号文書
永禄一二	一五六九	一〇月二八日	国司元武・粟屋就秀・井上就重・児玉元良が正覚寺守恩に対し、門司城番を命じられた冷泉元満領に対する諸天役・段銭免除を通達する。〈元就・輝元袖判〉	『山口県史』「冷泉家文書」一九
永禄一三	一五七〇	七月二八日	国司右京亮（元武）・児玉三郎右衛門尉（元良）・井上但馬守（就重）・粟屋内蔵丞（元種）・桂上総介（元忠）が鰐淵寺の掟を定める。〈元就・輝元袖判〉	『鰐淵寺文書の研究』二六七号文書
〃	〃	一二月一一日	児玉元良・井上就重・粟屋元種が多賀左京亮に対し、御領中の船役、御領中衆中の白潟・馬潟橋役の免除を通達する。〈元就・輝元袖判〉	『萩藩閥閲録遺漏』巻一の一多賀68
（元亀二）	一五七一	二月二〇日	桂左衛門大夫（就宣）・児玉三郎右衛門尉（元良）・井上但馬守（就重）・粟屋内蔵允（元種）・国司飛騨守（元相）が児玉就久ら温泉津奉行に対し、鵜丸城普請の諸郷村負担割り当てを指令する。〈元就・輝元袖判〉	『萩藩閥閲録遺漏』巻一〇一児玉34
〃	〃	八月二〇日	粟屋元種・井上就重・児玉元良が棚守房顕に対し、厳島遷宮についての愁訴を披露したこと、社家らの参上がなければ整いがたいことを告げる。	『広島県史』「厳島野坂文書」九三一
〃	〃	九月八日	粟屋元種・井上就重・児玉元良が大聖院・棚守・大願寺に対し、厳島遷宮について御国衆への推挙状を個別に調え、使者に渡したことを伝える。	『広島県史』「厳島野坂文書」九三二
元亀三	一五七二	閏正月二七日	桂就宣・粟屋元種・井上就重・児玉元良・国司元武が湯原春綱に対し、舟一艘の雲州浦辺勘過を認め、御公料浦役について免許する。〈輝元袖判〉	『萩藩閥閲録』巻一一五湯原27
元亀四	一五七三	五月九日	井上但馬守（就重）・粟屋内蔵丞（元種）・児玉三郎右衛門尉（元良）が石田主税助に対し、数年警固での活躍により御分国中での諸関勘過を年二艘免許する。	「石見石田家文書」
〃	〃	八月一三日	児玉就方・粟屋元種・井上就重・児玉元良・桂就宣が原規実に対し、日頼様御寺（洞春寺）作事における尽力に対し、給地反銭の免除を伝える。〈輝元袖判〉	『萩藩閥閲録』巻一二〇佐伯6

備考：連署者が二名以下のもの、また元就系奉行衆のみのものは除く。

井上就重が参加しているのも、彼が日本海地域の経済政策に深く関与していたことを示すものと言えよう。

したがって、元就がかつて直接支配していた温泉津を、元就亡き後は輝元が受け継ぐことになるが、それは輝元が温泉津奉行をそのまま掌握したのではなく、井上就重や林就長にも関与させるものであった。輝元は、元就の信頼が厚く、しかも出雲支配に直接携わった経験のある井上就重の能力を高く評価し、出雲地方と経済上密接な関係を持つ石見温泉津の支配に関わらせ、彼を通して温泉津奉行にも命令を下した。井上は、毛利家の実質的な当主が元就から輝元に変わる頃、毛利中枢の政策決定の場に参画していたのであり、その彼が温泉津支配にも関与していたということは、別の見方をすれば、当該期の温泉津が毛利領国においてそれだけ重要な位置にあることを示すものであった。

おわりに

これまで三章にわたって述べてきたことを、今一度整理したい。

永禄五年（一五六二）に石見国内を平定した毛利元就は、直臣の児玉就久と武安就安を派遣し、温泉津の直轄支配を開始する。彼ら温泉津奉行は、赤間関奉行と同様、対馬の宗氏と交流するなど毛利氏の対外政策の一翼を担いつつ当面の政治課題であった出雲尼子氏攻撃のために行動する。

すなわち、彼らは周辺の海辺領主や「銀山衆」と呼ばれる人々を指揮下に置いて軍事活動を展開しており、その様子が石田主税助の動向からもうかがえる。彼は、温泉津周辺の「小浦」を抱える領主であったと思われ、温泉津奉行の指揮下で船を使った軍事活動を展開したが、それは出雲国内にも及んだ。そして石田氏が数年来の「警固」活動に対する褒賞として、毛利氏から領国内諸関勘過の権利を得ていることは、彼が日常的に船舶を利用して、広域的な経済活動をおこなう領主であったことを示すものであり、それが同時に広域的な軍事活動を可能にしたと思われる。

また、温泉津奉行の拠点として知られる鵜丸城は、毛利元就・輝元の両者によって元亀二年（一五七一）二月に築城が開始された。その前年五月には、温泉津から出雲杵築への兵粮補給が元就によって命じられており、出雲方面への兵站基地として温泉津の町と沖泊の港が重視されるなか、温泉津奉行の増員とその拠点整備が進められたものと思われる。したがって、それまで温泉津奉行の拠点が別の場所にあった可能性は高く、「屯」「出丸」「殿」「駒形」「殿居」といった城館関係の字名が認められ、しかも温泉津・小浜の両地区を眼下に納めることができる丘陵がその有力候補地として挙げられる。また、温泉津・沖泊往還道の入り口に位置する西念寺の後方山腹にも「児玉」という字名が認められ、これらの場所が鵜丸城築城前はもとより、築城後も町を直接支配する拠点として機能した可能性を指摘できる。

さて、温泉津は領国内の政治・経済的要所の一つとして元就の直轄地（港）であったが、元就亡き後は輝元がその支配を継承した。出雲杵築と経済上密接な関係を持ち、兵粮補給の面でも重要拠点となった温泉津の支配を引き継ぐにあたって輝元は、それまで現地で実務に当たっていた温泉津奉行を直接つかむだけでなく、元就の施政を間近で見、出雲支配にも携わった経験をもつ井上就重を、銀山奉行の林就長とともに関与させたが、それは元就期の支配のあり方を基本的に継承し、それを確かなものにしようとする、輝元およびその周辺の政治的判断であったと思われる。

領国支配の継承を考える場合、組織や機構といった面が大切であることは言うまでもないが、一方で「人」の果たした役割、その重要性にも目を向けなければならない。井上就重とは、まさにそのことを教えてくれる存在であったと言えよう。

註

（1）『温泉津町誌　上巻』歴史編第三章中世第三節三・四（温泉津町、一九九四年）。
（2）秋山伸隆「戦国大名毛利氏の流通支配の性格」（渡辺則文編『産業の発達と地域社会』所収、渓水社、一九八二年、のち同『戦国大名毛利氏の研究』吉川弘文館、一九九八年に収録）。松岡美幸「16世紀末期における毛利氏の石見銀山支配と鉱山社会―吉岡家文書を中心として―」（『石見銀山（研究論文篇）』所収、思文閣出版、二〇〇二年）。
（3）岸田裕之『大名領国の経済構造』序章・第三章（岩波書店、二〇〇一年）。
（4）『大日本古文書　家わけ第二十二　益田家文書』七三八号。
（5）西村圭子「対馬宗氏の『諸家引着』覚書」（『日本女子大学紀要　文学部』三四、一九八四年）所収一五二号。以下、西村論文の所収文書は『諸家引着』何号とする。
（6）『諸家引着』一四九一五六号。
（7）「堀立家証文写」四四・四六号（『下関市史　資料編Ⅴ』所収、下関市、二〇〇二年）・「下関市立長府博物館蔵文書　佐甲家文書」一三号（『山口県史　史料編　中世4』所収、山口県、二〇〇八年）。なお、岸田氏註（3）著書第六章一九二頁参照。
（8）『萩藩閥閲録』巻一〇一児玉伝右衛門、「児玉文書」一号・「毛利家文庫　譜録」福井十郎兵衛信之三〇号（『広島県史　古代中世資料編Ⅴ』所収、広島県、一九八〇年）。
（9）『諸家引着』六四号。なお、『諸家引着』一四九号文書には「於山口《（ママ）》長福寺渡海之時」の添え書きがあり、かつて大内氏の対外交渉で重要な役割を担っていた長府長福寺が、永禄八年の毛利氏による使節（使僧）派遣にも関係したことをうかがわせる。
（10）石田春律『角鄣経石見八重葎』（文化十四年《（一八一七）》成立、島根県立図書館所蔵）。なお、温泉津海蔵寺鐘銘として、「天正十年壬午五月十六日大願主石田主税之助藤原春俊」の記載もある。
（11）二〇〇三年に島根県教育委員会によって購入された。文書の閲覧にあたっては、佐伯徳哉（島根県古代文化センター）・目次謙一（島根県教育庁文化財課）両氏にご高配を賜った。記して感謝の意を表したい。なお、『輝きふたたび　石見銀山展』図録（石見銀山展実行委員会編集・発行、二〇〇七年）九九頁に写真図版として六点すべてが収録されている。現在は、島根県立古代出雲歴史博物館所蔵。

(12)『萩藩閥閲録』巻五毛利宇右衛門2。
(13)『萩藩閥閲録』巻一一五湯原文左衛門127。なお、「天正弐」は後筆の可能性がある。
(14) 秋山氏註（2）論文。
(15) 岸田裕之註（3）著書第七章、長谷川博史『戦国大名尼子氏の研究』（吉川弘文館、二〇〇〇年）第三章。
(16) 岸田氏註（3）著書第七章二四五頁、「坪内家文書」（『大社町史　史料編古代・中世』一五八四号、大社町、一九九七年）。
(17) たとえば『温泉津町誌　上巻』歴史編第三章中世第三節三。
(18)『萩藩閥閲録』巻一〇一児玉伝右衛門3。
(19)『大日本古文書　家わけ第八　毛利家文書』五七二・五七三号。
(20)「萩市郷土博物館蔵文書　田中家文書」一一号（『山口県史　史料編　中世3』所収、山口県、二〇〇四年）。
(21)「安芸高田市吉田歴史民俗資料館所蔵文書」（「中島平左衛門旧蔵文書」『石見銀山展』図録一〇〇頁写真図版、二〇〇七年）
(22)『萩藩閥閲録』巻六四二宮太郎右衛門26。
(23)「吉川史料館蔵文書　祖式家文書」七号（『山口県史　史料編　中世2』所収、山口県、二〇〇一年）。
(24)「岩国徴古館蔵文書　久利家文書」三三号（『山口県史　史料編　中世4』所収）。
(25) 広島大学附属図書館架蔵『中国五県土地・租税資料』（邇摩郡温泉津町地図、明治七年）ほか参照。温泉津・小浜間の丘陵における「屯・出丸・殿・駒形・殿居」の字名の存在については、大田市教育委員会教育部石見銀山課今田善寿氏のご教示を得た。また、氏には図作成用の原図もご提供いただいた。特に記して感謝の意を表したい。
(26)『温泉津町誌　下巻』（温泉津町、一九九五年）宗教編第四章第三節三〇二～三〇四頁。
(27) 今田善寿氏のご教示による。『中国五県土地・租税資料』（邇摩郡温泉津町地図、明治七年）。
(28) 註（3）に同じ。
(29)「西楽寺文書」（『石見銀山展』図録一九六頁写真図版）。

(30)「大田市立図書館所蔵文書」(「中島平左衛門旧蔵文書」)。

(31)本文で取り上げたもののほか、元亀四年卯月二十八日付野坂市介宛て(「中村久左衛門氏所蔵文書」)・『石見銀山展』図録一九三頁写真図版、元亀四年五月十八日付山根善左衛門尉宛(『萩藩閥閲録』巻九八山根半左衛門1)がある。

(32)『毛利氏四代実録考証論断天正元年拾参』(山口県文書館毛利家文庫)。なお、温泉津には、「せんさきや《(仙崎屋)》」の屋号を持つ屋敷もあり(「坪内家文書」十二月二十三日付温泉英永・彦二久長連署書状)、出雲方面だけでなく長門方面とも緊密な経済関係を持っていた。

(33)『萩藩閥閲録遺漏』巻二の三児玉伝右衛門4。

(34)註(30)に同じ。

(35)「あきやしきすこし候ところ、のそミのよし候あひた、あつけ候、孫三郎殿へも申され候へく候、後日のため候、一筆申候〳〵」(「中村久左衛門氏所蔵文書」)。この文書については、石見銀山資料館館長仲野義文氏にご教示を得た。

(36)鳥取市歴史博物館所蔵「山縣家文書」(天正九年)七月十一日付吉川元春書状。

(37)厳島神社蔵舞楽納曾利装束背裏朱書(『世界遺産登録記念厳島神社千四百年の歴史』九〇頁、NHK広島放送局、一九九七年)。

(38)木津屋平左衛門『由緒写』(「大田市立図書館所蔵文書」明治元年十一月十八日付)所収文書。なお、『由緒写』によれば、児玉就久・武安就安の時代に小間木工助から先祖木津屋又左衛門に当屋敷が譲られたとあり、もともと小問と木津屋は別家であったと思われる。

(39)普請賦以外は、永禄十二年十月二十八日付正覚寺宛(『山口県史　史料編　中世2』所収「冷泉家文書」一九)年未詳十一月朔日付国司雅楽允宛(『萩藩閥閲録』巻五五48)・永禄十三年七月二十八日付鰐淵寺衆徒中宛(『鰐淵寺文書の研究』〈鰐淵寺文書刊行会、一九六三年〉所収「鰐淵寺古文書」二六七)永禄十三年十二月十一日付多賀左京亮宛(『萩藩閥閲録遺漏』巻一の一多賀兵右衛門68)の四点。

(40)松浦義則「戦国大名毛利氏の領国支配機構の進展」(『日本史研究』一六八、一九七六年)、加藤益幹「戦国大名毛利氏の奉行人制について」(『年報中世史研究』三、一九七八年)。

(41)「冷泉家文書」一九号（『山口県史　史料編　中世２』所収）。
(42)『萩藩閥閲録』巻一〇七井上宇兵衛。
(43)「神上神社文書」九・「宇多家文書」一一・「四熊家文書」一（『山口県史　史料編　中世２』所収）、「山田家文書」八九・「羽仁家文書」一〇（『山口県史　史料編　中世３』所収）。
(44)「河田家文書」七号（『山口県史　史料編　中世２』所収）。
(45)『大社町史　史料編　古代・中世』一五六一・一五七七・一五八四・一五九一・一六二五〜二七・一六四二・一六四三・一六五七・一六六三・一七三〇号など。
(46)『萩藩閥閲録』巻一四六佐々木甚右衛門４。
(47)『萩藩閥閲録』巻一〇一児玉伝右衛門８・６。
(48)林就長は、天正十一年八月時点で「山城守」（『毛利家文書』八六三号）であるため、「土佐守」を名乗るのは天正十二年から同十六年（七月に上洛して「肥前守」となる）までの間である。したがって、井上就重と林就長は元就没後間もない時期だけでなく、しばら後まで温泉津支配に関わっていたことがうかがえる。
(49)「譜録林木工義勝」（山口県文書館毛利家文庫二三４）に「永禄年中より慶長三年迄、石州銀山之諸沙汰被仰付候」とあり、また「佐世宗孚書案」（同館毛利家文庫二二諸臣３）に「銀山之儀ハ宗瑞祖父元就雲州尼子を退治之節より林肥前・平佐伊豆守代官仕候」とあることから、林就長は平佐就之とともに永禄年間から銀山奉行（代官）をつとめ、平佐が退いた後も佐世元嘉に交替する慶長三年まで長期間、その任にあったと思われる。
(50)註（30）に同じ。井上就重が、十一月八日付書状では屋敷の「出入」について小問甚五郎に出頭を求め、十一月二十四日付武安木工允宛書状では小間の件について児玉就久と相談した上での返答を求めている。

第5部

毛利元就の妻室

Ⅰ　毛利元就を巡る女性たち

秋山伸隆

はじめに

本稿は安芸高田市歴史民俗博物館の平成二十四年（二〇一二）度秋季企画展「毛利元就をめぐる女性たち」のために記したものである。企画展は毛利元就と関わりの深い女性たちに新たな光を当て、関係する古文書を中心として構成されている。取り上げた女性たちは、元就の母福原氏、父弘元の側室「大方殿」、元就の妻吉川氏（妙玖）、継室乃美氏と小幡氏、娘五龍局（宍戸隆家妻）、孫娘「南の御方」（毛利輝元妻）、長男隆元の妻尾崎局、次男吉川元春の妻熊谷氏である。個々の女性たちについては、各章の解説及び資料解説を参照していただくことにして、ここでは、元就の妻と三人の継室について論ずることにする。

一、元就の妻吉川氏（妙玖）

毛利元就の妻は吉川国経の娘である。天文二年（一五三三）六月の祇園社（清神社）社殿造立棟札に「大旦那丁巳歳」＝元就（明応六年・一四九七年生）とともに「女大施主己未歳」とあるのが元就の妻であるから、妻は明応八年

（一四九九）生まれで、元就とは二歳違いである。

妻は元就との間に三男三女を設けた（『毛利家文書』一九一）。男子は、いうまでもなく隆元・元春・隆景の三兄弟である。女子の内、長女は「高橋殿へ二歳ニ而御座候」とあるので、人質同様の養女として元就の兄興元の妻の実家である高橋家に送られたのであろう。宍戸隆家に嫁いだ娘（五龍局）は、享禄二年（一五二九）生まれであるから（巻子本厳島文書」一二〇）、次女であろう。三女と思われる女子のことは、何の記載もなく不詳である。

妻は天文十四年（一五四五）四十七歳で亡くなり、法名は「妙玖成室」という（『もりのしげり』は「妙玖寺殿成室玖公大姉」としている）。元就は書状の中で、亡き妻のことを「妙玖」と呼んでいるので、ここでも妙玖と記すことにする。

長男隆元は大永三年（一五二三）生まれで、その上に姉（長女）がいるから、元就と妙玖との婚姻は家督相続前、元就がまだ「多治比殿」と呼ばれていた時期のことである。既に元就の妹が妙玖の兄吉川元経に嫁いでいたが、元就と妙玖の婚姻によって毛利・吉川両家の関係を一層強化しようとしたものと考えられる。

しかし、妙玖の父吉川国経の妹が尼子経久に嫁いでいた関係もあって、吉川氏は尼子氏とのつながりも強く、元経の子興経は尼子氏に属して毛利氏と敵対することがあった。とくに天文九～十年（一五四〇～四一）の郡山合戦では、興経は尼子方に属して郡山城を攻撃した。その後、興経は大内氏の陣営に復帰したが、天文十二年（一五四三）の大内義隆による出雲国富田城攻めの際には、大内氏に叛いて軍勢を引き連れて富田城中に入り、大内軍敗退の原因を作った。

そこで吉川家内部では、天文十五年（一五四六）頃から、興経を引退させて元就の二男元春を養子として迎えて吉川家を相続させようとする動きが強まり、最終的には天文十九年（一五五〇）二月、元春は吉川家の本拠新庄（広島県北広島町）に入部して吉川家を相続した。妙玖が亡くなって五年後のことである。

元就は亡き妻の菩提を弔うため郡山城内に妙玖庵を建て、僧一人を置いて朝夕の念仏を唱えさせた（『毛利家文書』四二二）。妙玖庵の伝承地は、大通院谷と洞春寺谷にはさまれた尾根上にあるが、実際は元就の居所である「かさ」（山頂部）からそう遠くない郡山山上にあり、のちに山麓の「下吉田」に移転したと考えられる（秋山「郡山城と城下吉田を再考する」『安芸郡山城と吉田』吉田町歴史民俗資料館、一九九六年）。元就は、いわゆる三子教訓状の中で、亡き母妙玖に対する供養としては兄弟が団結し協力すること以上のものはないとしている（『毛利家文書』四〇五、展示資料６）。また、隆元に宛てた書状の中でも、何かにつけて妙玖のことばかり思い出される、「内をは母親を以而おさめ、外をは父親を以治候」という金言は少しも違わない、などと述べている（同五四三、展示資料７）。

長男隆元は、毎夜暁に起きて亡き母のために念仏百返を唱え（同七六〇）、母の弔いのために高野山に銀子を送るなど（同七五七）、母妙玖を追慕する気持ちが強かったようである。

二、元就の継室

妙玖が亡くなった後、元就は三人の女性を迎えたことが知られている。三吉氏と乃美氏、そして小幡氏である。企画展では乃美氏と小幡氏を取り上げたが、ここでは三吉氏も含めて三人の継室たちについて論じることにする。

ところで、毛利家では、三人の女性を側室ではなく継室と称している。その理由は、妙玖は天文十四年（一五四五）元就四十九歳の時に亡くなっているが、四男元清が生まれたのは天文二十年（一五五〇）であり、継室が元就に嫁したのは妙玖の没後と考えられることである（『毛利元就卿伝』七一一頁、一九八四年）。元就と妻との生活が琴瑟相和した円満なものであったから側室を置く必要はなかったとする『毛利元就卿伝』の記述については、後に触れることとするが、ここでは慣例に従って三人の女性を継室と呼ぶことにする。

継室が嫁した時期と居所

三人の継室が元就に嫁した時期とその居所との関係については、次のように考えることができる。

乃美氏の最初の子である四男元清は天文二十年生まれ、三吉氏の子である五男元秋は翌二十一年生まれであり、ほとんど差がない。また、乃美氏の没年は慶長六年（一六〇一）、三吉氏は天正十六年（一五八八）没とされており、最初の子供が誕生した年代や二人の没年だけでは、二人が継室として嫁した時期の前後関係を判断するのは難しい。一方、小幡氏には子はいないが、没年は寛永二年（一六二五）であり、没年だけから考えると、元就に嫁した時期は他の二人より遅かったのではないかと推測できる。

次に三人の居所については、乃美氏は「まる」「御丸さま」と呼ばれ、その子元政も天野家を相続する際には「御丸御曹子様」と呼ばれているので（「右田毛利譜録」）、乃美氏は子どもと一緒に、郡山城内の「丸」（「御丸」）という郭で暮らしていたと考えられる。

小幡氏は元就から「中丸」（なかのまる）と呼ばれているので、「中の丸」という郭に居たと考えられる。三吉氏については、彼女に宛てた元就書状が残っていないため、どう呼ばれていたかはわからないが、次の史料は三吉氏が「かさ」で暮らしていたことを示唆している。

【史料1】毛利元就書状（展示資料15）（長府毛利家文書七八）

（端裏捻封ウワ書）

中の丸より

もとなり」

「

（墨引）まる　まいる　申給へ

とくに申候ハんをわすれ候、けふかさのほうしかミをつみ候よし申候ニ、四郎・六郎ふもとへくたり候、よけ候やうニ候へハわるく候まゝ、とく〳〵あかり候てあるへく候ハんよし、それさまよりよく〳〵おほせ候へく候、そのためニ申候、

二ノ廿九

もと就（花押）

元就が「まる」＝乃美氏に送った書状である。この日、「かさのほうし」が髪をつむ（切る）ということで、四郎（元清）と六郎（元政）が遠慮して（城から）麓に下りたことについて、除け者にしたようでは悪いので、早く（城に）上るように（母親である）あなたから伝えてほしい、という内容である。

ここで「かさのほうし」（法師＝男の子）と呼ばれているのは、三吉氏の子で元清・元政より年少の八男元康（永禄三年・一五六〇年生）であろう。つまり、三吉氏は元就と一緒に「かさ」で暮らしていたと考えられるのである。三吉氏が「かさ」に居るのは、彼女が三人の中で一番早く元就に嫁したことによるものであろう。このことから、継室と呼ぶべきは三吉氏だけであり、乃美氏と小幡氏は側室ではないかという見方もできる。しかし、三人の待遇も生まれた子どもたちの扱いも、とくに区別されているようには思えないので、やはり三人をともに継室と呼ぶことにする。

なお、郡山山頂の郭の主要部分は、現在、本丸、二の丸、三の丸と呼ばれている。「かさ」は漢字では「嶝」、つまり最頂部を意味するから、本丸と呼ばれている場所が「かさ」に相当する。「丸」と「中の丸」の関係は、もともと「丸」があり、後に「丸」と「かさ」の間に「中の丸」が設けられたということであろう。とすれば、「丸」が三の丸、

「中の丸」が二の丸と呼ばれている郭に相当するのではあるまいか。ただし、地表面から観察できる本丸、二の丸、三の丸の遺構は、毛利輝元時代に改修されたものであり、元就と継室たちが暮らしていた時期のものとはかなり異なっている可能性があることには注意しておかなければならない。

継室三吉氏

継室三吉氏は、備後国の国人領主三吉氏の娘と思われる。『毛利元就卿伝』は三吉隆亮の娘とし、その子広高の娘とする系図もある。近年公開された「五国証文」第八（山口県文書館・諸家文書・古畑家文書）所収の「三吉家譜」は、隆亮の父致高の娘（隆亮の妹）とする。「城主三吉家系譜之写」（『三次市史Ⅱ』三七三頁、二〇〇四年）も致高の女子を「毛利陸奥守元就公後奥様也」とする。しかし、いずれも近世の系図類の記述であり、確実な証拠とはいえない。継室三吉氏については、史料がほとんど残っていないため、出自を含めてその生涯は不明な部分が多い。

三吉氏は、五男元秋（一五五二～一五八五）、六男元倶（一五五五～一五七一）、八男元康（一五六〇～一六〇一）の三人の男子の母である。「江氏家譜」などは、備後国の上原元将に嫁いだ女子も三吉氏の娘であるとしているが、これについては後で触れることにする。

継室乃美氏

乃美氏は小早川煕平の子是景を祖として、賀茂郡乃美郷（東広島市豊栄町）を支配していた。『毛利元就卿伝』は、継室乃美氏を乃美隆興の娘とするが、「江氏家譜」が指摘する通り、隆興の娘では年代が合わない。隆興の「隆」は大内義隆の偏諱であるから、世代的に見れば、継室は隆興の娘ではなく、姉あるいは妹と考えるのがよかろう。なお、乃美隆興の父「弘平」の娘とする説もある。『萩藩閥閲録』巻一四乃美仁左衛門家の系譜書は、「弘平」を隆興の別名とする。しかし、そもそも竹原小早川弘平とは別に「乃美弘平」なる人物がいたことを示す確実な史料はない。ここでは、乃美某の娘（乃美隆興の姉あるいは妹）としておく。

乃美隆興は、沼田小早川正平が出雲国で討死した天文十二年（一五四三）頃から毛利氏との関係を深め、竹原小早川家を相続した隆景が天文二十年（一五五一）に沼田小早川家を相続する際にも隆興が協力している（『萩藩閥閲録』巻一四）。乃美氏が元就に嫁したのも、このような毛利・乃美両家の関係の緊密化の流れの中でのことであろう。

継室乃美氏は、四男元清（一五五一～一五九七）、七男元政（一五五九～一六〇九）、九男元総（一五六七～一六〇一。のちの小早川秀包）の三人の男子の母である。

郡山城の「丸」で暮らしていた乃美氏は、元就の死後は元清の居城である桜尾城（廿日市市）に移ったと考えられる。元清は天正三年（一五七五）十二月備中国猿懸城主となったが、「御北尾」（妻来島氏）と「才菊殿」（弟元総）は桜尾に留め置くこととされている（長府毛利文書〈謄写本〉）。しかし、天正九年（一五八一）の村山檀那帳（山口県文書館・毛利家文庫）の「備中猿懸」の項には、元清に続いて「御かミさま」（妻来島氏）、「大方さま」（母乃美氏）、「才菊殿様」（弟元総）の名が見えるから、この頃には、乃美氏は元総を連れて猿懸城に移っていたと考えられる。

ところで、天正七年（一五七九）のものと推定されている史料２穂田元清書状は、出陣にあたって討死を覚悟した元清が、後事を輝元に託したものである。元清は、第一条で「御丸」（母乃美氏）、第二条で「六郎殿」（弟天野元政）、第三条で「かうさんの事」、第四条で「才菊丸」（弟元総）、第五条で「御中の丸」（元就継室小幡氏）について、それぞれ依頼している。母親と弟二人とならんで登場する「かうさん」とは何者であろうか。

【史料２】穂田元清書状（部分）（『毛利家文書』八四七）

かうさんの事、これ又奉頼候、誰ニても候へ、付心候てまいらせ候方なく候、ことに境目へ女身にて罷出候て被居候条、自然之時ハ、まことにいたわしき躰ニて候へく候、備後衆者表裏なる衆ニて候間、一段被付御心候ハてハにて候、子共の一人もなく候て、何共〳〵勝事存候、人之一人も不被成御副候条、折節々者人共被遣、是非被成御気遣候て被下候ハヽ、可目出度候、

『毛利家文書』は、「かうさん」に（山内豊通室毛利氏）と傍注を付している。「かうさん」を備後国の山内氏の本拠甲山（こうやま）とみて、山内豊通に嫁した毛利興元の娘（『山内首藤家文書』附録「山内広通差出同氏略系」）を宛てているのである。興元の娘は山内豊通が亡くなった後、小早川興景、「杉原殿」、杉原盛重と再婚している（『毛利家文書』一九一）。

しかし、元清は、母乃美氏・弟元政に続いて、弟元総の前で「かうさん」に言及しており、箇条の順序に従えば、「かうさん」は元清・元政の妹と見るべきであろう。

また、「かうさん」は「備後衆」に嫁いでいるが、このことに関連して注目されるのは、「江氏家譜」等では継室三吉氏の娘とされている備後国の国人領主上原元将の妻の存在である。上原氏の本拠は「甲山」（こうざん）の今高野山城であることをあわせ考えると、上原元将に嫁いだ元就の娘の母は、三吉氏ではなく乃美氏であったと見ることもできる。そのように考えれば、元清が「かうさん」のことについて輝元に依頼したことは素直に理解できる。

「江氏家譜」等には、乃美氏が生んだ娘の記載はないが、乃美氏の娘がいたことは別の史料でも確認できる。

【史料3】小早川隆景書状（「高洲家文書」）

御丸五もし御遠行之由、只今従通良被申越候、内々御煩とハ申なから、致仰天候、御朦儀之段、御同前候、殊正頼上候刻と申、中々言語道断候、御心底之程、奉察候〳〵、恐惶謹言、

九月二十日　　　　左衛
　　　　　　　　　　隆景（花押）
　　高須惣左衛門尉殿

「御丸」は乃美氏、「五もし」は娘のことであるから、乃美氏と元就との間に生まれた娘がいて、彼女が亡くなったということである。隆景は、訃報を口羽通良から知らされ、驚いたとしている。この「御丸五もし」と前述の「かうさん」が同一の女性であるかどうかは不明であるが、乃美氏の娘がいたことは確実である。なお、「御丸五もし」と高須惣左衛門尉との関係も明らかではない。

ところで、乃美氏は「愛子の情緒濃厚」な女性と評されている（『毛利元就卿伝』七一二頁）。たとえば、毛利氏の人質として大坂に送られた元総（秀包と改名）が疱瘡に罹ると、母乃美氏は厳島神社に平癒を祈願している（「厳島野坂文書」九〇四）。また、元総の帰国のために奔走し、毛利輝元・吉川元春・福原貞俊らに働きかけている様子がうかがえる（「右田毛利家文書」二二〇〜二二三）。また元清・元政に宛てた乃美氏の書状も伝えられている（「右田毛利家文書」二二四・二二五、展示資料10）。

今回の展示で取り上げた「普賢寺文書」（山口県下関市、展示資料11〜13）に含まれる穂田元清・毛利秀元・小早川隆景の書状は、晩年の乃美氏の姿を垣間見せてくれる興味深い史料である。三通はいずれも宛名の部分が切り取られているが、「大方」（乃美氏）の上洛に随行していた元清・秀元の家臣に宛てたものと思われる。

乃美氏は天正十二年（一五八四）頃、大坂の秀包に対して「弥徒然之趣」を伝えているが（「厳島野坂文書」九〇四）、その後、乃美氏は上洛して「御湯治」（有馬温泉？）や「御見物」（寺社参詣？）を楽しみ、周囲の困惑をよそに長期にわたって滞在していたようである。実子の元清や孫の秀元は遠慮がちであるが、さすがに隆景は「御下向可然候」と言い切っているところが面白い。

乃美氏は、元清に先立たれた後は、孫の秀元とともに長府に移り、慶長六年（一六〇一）九月十四日に亡くなっている。慶長八年（一六〇三）元政が父元就の三十三回忌と母乃美氏の三回忌にあわせて建てた供養塔が、山口県周南市小松原の仙竜寺跡にある。

継室小幡氏

小幡氏は武蔵国児玉党の一族で、安芸国の小幡氏は佐西郡石道（広島市佐伯区石内）を本拠とする。ただし、応永十一年（一四〇四）安芸国人一揆契状（『毛利家文書』二四）に厳島神主藤原親頼とともに小幡山城守親行の名が見えるように、小幡氏は厳島神主家に属する神領衆ではなく、神主家から自立した国人領主であった。

大永三年（一五二三）友田興藤が武田光和、さらには尼子経久と連合して大内氏に反旗を翻し、桜尾城に入って自ら神主と称した。このとき小幡興行は大内方として武田氏に攻められ、石道の城を明け渡して、十一月一日三宅の円明寺で切腹した（「房顕覚書」）。その後、石道新城は大内方によって奪回され、大永八年（一五二八）には番将として「小幡四郎」の名が見え（「大内氏実録土代」）、天文十二年（一五四三）頃には、石道の領主として「小幡山城入道」の名が見える（「厳島野坂文書」四五）。大内氏の勢力回復とともに、小幡氏も石道の支配を回復したのであろう。

継室小幡氏については、五條小枝子氏「中の丸（毛利元就継室）考」（『広島女子大学国際文化学部紀要』一一、二〇〇三年）が詳しい。以下は、五條氏の論考に負うところが大きい。

「江氏家譜」は、継室小幡氏（中の丸）について、「其姓藤原、児玉ノ嫡家ト云フ、家断絶、於于今ハ其父不詳」としている。「児玉党嫡宗藤原氏小幡家系」（「小幡家文書」萩市博物館寄託。以下、「小幡家系」という）によれば、父は

「小幡某　名不知」、兄は小幡四郎義実とし、大内義隆に仕えて天文二十年（一五五一）長門国深川大寧寺で義隆に殉じたとしている。十六歳の「小幡四郎」が大寧寺で義隆とともに自害したことは「房顕覚書」にも記されており、事実と認めてよい。ただし、「義実」という名は「小幡家系」の創作であろう。「小幡家系」によれば、小幡氏（中の丸）ははじめ「三澤某」に嫁し、後に元就が娶ったとしているが、他に確証はない。元就に嫁した時期についても不詳とするほかない。

小幡氏は、郡山城内の「中の丸」で暮らしていたので「中の丸」と呼ばれたが、元就死後は、穂田元清の居城桜尾城の東の丸に移り、「東大方」「東之御丸局」などと呼ばれている（「野坂文書」三九五）。

小幡氏には子どもがいなかったが、他の継室の子どもたちや隆元夫人（尾崎局）、家臣たちにも細やかな気配りができた女性のようである。元清は、幼いころから小幡氏にかわいがられたので、実母乃美氏や弟たちのことと一緒に小幡氏のことを輝元に託していることは前述したとおりである。また、史料１毛利元就書状の端裏捻封ウハ書には「中の丸より」とあるので、あのような書状を元就が乃美氏に送ったのは、小幡氏の配慮によるものかもしれない。

晩年の元就は、とくに小幡氏を頼りにしていたようで、元就が小幡氏（中の丸）に送った書状が十数通残っている（『毛利家文書』六〇一・六〇二、『吉川家文書』一三七一～一三七三、「徳山毛利家文書」、「右田毛利家文書」、「長府桂家文書」など）。とくに萩市博物館「小幡家文書」には、陣中より小幡氏（中の丸）に宛てた元就書状六通が伝えられている（展示資料17～22）。

最後に元就の庶子二人と継室小幡氏の関係について、触れておきたい。

元就の庶子である二宮就辰は、矢田甲斐守の娘が元就の子を身籠ってから二宮土佐守春久に嫁して生んだ子である。幼名は虎法丸、永禄五年（一五六二）二月元就から一字を与えられて就辰と名乗り、晩年の元就の側近くに仕えた。

後には輝元の奉行人・年寄衆として活躍する（『萩藩閥閲録』巻六四二宮太郎右衛門）。

もう一人の庶子は井上虎法師（与七郎・太郎右衛門尉）である。虎法師の母も元就の子を身籠った後、「井上与三右衛門就勝」に嫁して程なく虎法師を生んだという（『萩藩閥閲録』巻三八井上六郎右衛門）。ただし、井上与三右衛門尉は「就勝」ではなく、元有（元景）である（永末家文書『山口県史　資料編　中世2』八七三頁）。井上元有は天文十九年（一五五〇）井上衆誅伐の際に討ち果たされているが、虎法師は元就の庶子であったため助けられて粟屋元親に預けられ、後に元就の側に仕えた（展示資料27）。永禄五年二宮就辰と同じように元就から「就」の一字と「与七郎」の名乗りを与えられている（『萩藩閥閲録』巻三八が「元勝」とするのは誤りである）。

小幡氏（中の丸）は、元就の庶子である二宮就辰と井上与七郎の身上について輝元に取り成しを行ったらしく、輝元が小幡氏（中の丸）に宛てた書状が二宮家・井上家にそれぞれ伝えられている。元就の死後、輝元は、同じ元亀三年（一五七二）十二月晦日、二人に「太郎右衛門尉」の仮名を与えているが、あるいはこれも小幡氏（中の丸）の取り成しによるものであったかもしれない（『萩藩閥閲録』巻三八・六四）。

Ⅱ　毛利元就継室「中の丸」の出自

西尾和美

はじめに

毛利元就の妻としては妙玖（吉川国経女）がよく知られている。夫妻の子どもである毛利隆元、吉川元春、小早川隆景、宍戸隆家室らに対し、元就がしばしば亡き妻妙玖を引き合いに出して兄弟間の結束を説いているためである(1)。他方、元就には継室とされる三人の妻たちがいる。三吉氏（広隆カ）女、乃美弘平女、小幡氏女である（系図1参照）。同女らの婚姻時期、ひいては妙玖との時期的関係について厳密な検討はないが、乃美氏女所生の元清の出生は天文二十年（一五四一）、三吉氏女所生の元秋の出生は同二十一年頃であるので(2)、継室相互は長く併存的存在であった。その子どもは妙玖所生の子どもとは区別されていたが(3)、元就の孫輝元の代には、乃美氏女所生の元総が小早川隆景の養子となり、毛利方から秀吉への人質として上洛し、また元清の子秀元が一時、輝元の嗣子となるなど、元就庶子の叔父たちは重要な役割を果たす。その母である継室たちの存在や声も無視し得ないものであったと考えられよう。事実、上洛中の元総をめぐる乃美氏女の輝元はじめ諸方への嘆願はよく知られている(4)。同女は後に孫秀元と秀吉養女との婚姻をめぐってても反対している(5)。

しかしながら、元就の妻や夫妻関係について、その全体が詳細に論じられることはほとんどなかった。元就・妙玖

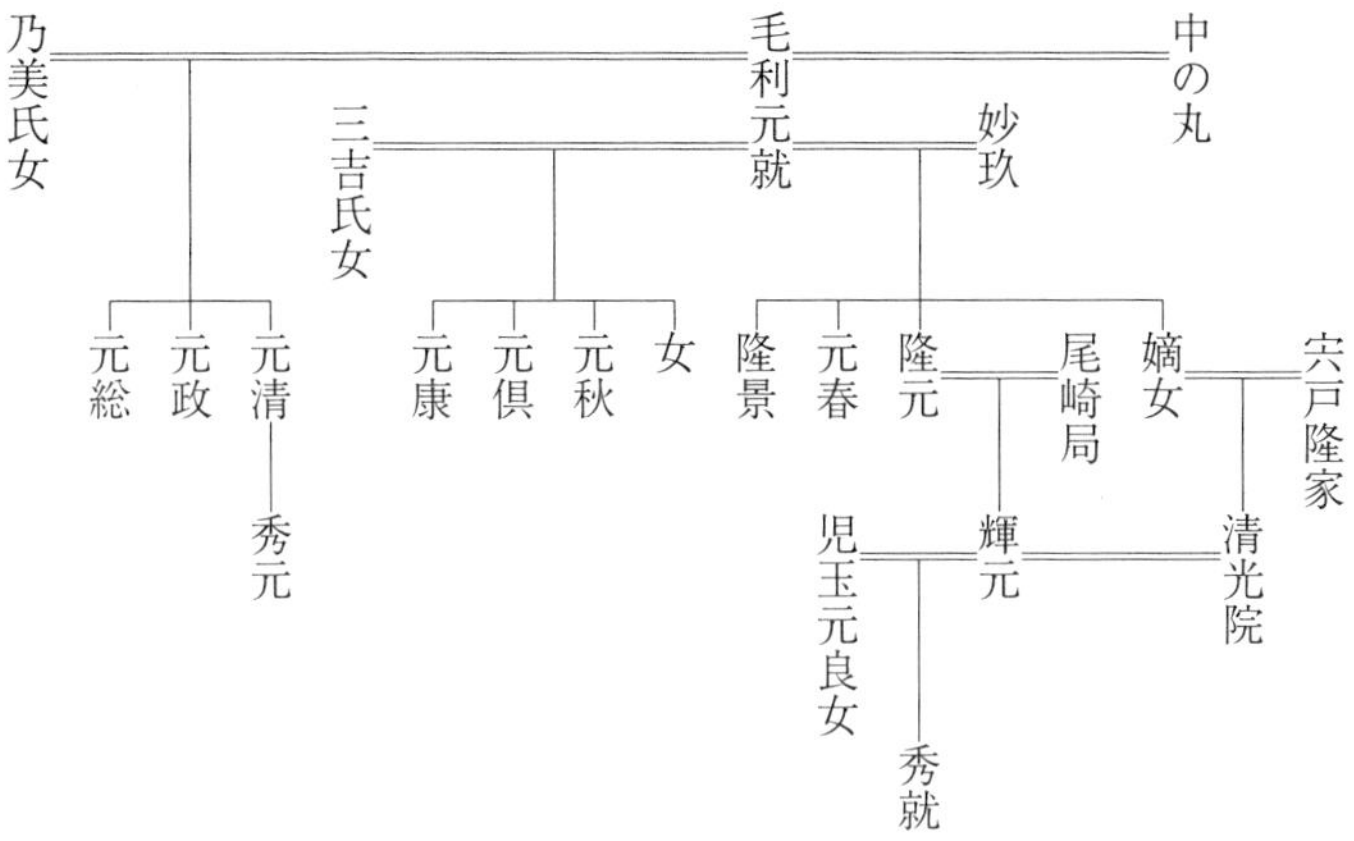

系図1　毛利元就と妻たち

夫妻にとどまらず、中世の家のジェンダー非対称な夫妻関係の中から、いわゆる正妻的立場の妻と夫の一対を取り出し、その協同・協力と妻の役割の大きさを評価するのは、一九八〇年代以来、中世女性史研究の主流をなした家と妻の研究に一貫する傾向でもあった[6]。それは現代の関心に通じるものでもあったが、中世の現実の把握としては必ずしも十分ではない。夫や所生子を越える妻たちの人間関係が論じられることもなかった。

だが、元就は、子らへの諫めにおいて妙玖を偲ぶ一方、早くに実父母と死別した自分を養育してくれた父の継室を回顧している[7]。また、輝元は永禄六年（一五六三）の父隆元の早世に続き、元亀年間には祖父元就、母尾崎局とも相次いで死別するが、元就継室たちはなお長く存命であった。その死去は三吉氏女が天正十六年（一五八八）、乃美氏女が慶長六年（一六〇一）、小幡氏女は寛永二年（一六二五）である[8]。前述した立場からしても同女らは少なからず、若き輝元にとって重要かつ近しい関係にもあった。元就継室たちについては元就のみならず世代を超えて論じられるべき意義をもつ。もちろん、その前提となるのは個別事実の解明である。

本稿は、そのような研究史の現状と課題をふまえ、元就継室のひとりで輝元よりなお半年近く存命であった小幡氏女を取り上げる。史料中で、同女は「中の丸」、後には「(御)東」、「東大方様」などと称されている。本稿では、できるだけ中の丸を統一的に用いたが、引用史料中の呼称との関係から東を併用している箇所もある。

三吉氏女が毛利元秋、同元康、上原元将室らの母であり、乃美氏女が穂田元清、天野元政、小早川元総らの母、元清の子秀元の祖母であるのに対し、中の丸には子の存在は知られない。にもかかわらず、古くからの毛利元就研究においても、元就の信頼の厚さと家中での役割が高く評価されてきた(9)。元就はじめ毛利氏関係者の書状からは、同女の輝元元服、元就の子二宮就辰の取り立てへの関与や配慮(10)、乃美氏女、元清、秀元との近しさが知られる(11)。輝元の子秀就との音信や交流も確認される(12)。

したがって、中の丸を取り上げる論点は数多いが、最も基礎的な作業は出自の解明である。同女は小幡氏もしくは小幡民部大輔元重姉と伝えられるのみで父の名も推定されず、その出自は不明瞭である。三吉氏女や乃美氏女と元就との婚姻が芸備攻略と関わる意味をもったと考えられるように、中の丸の婚姻にも意味があったはずである。それを知るには同女の出自の解明が欠かせない。毛利氏中枢の人物たちと生涯にわたってつながりを維持した同女の出自が不明瞭であることは、不思議でもある。本稿はその出自に限定して解明を試みる。関係者の系図については、主たる該当箇所に掲載した。適宜参照されたい。

一、中の丸と小幡氏

「小幡家文書」桜尾東の丸局消息

史料1は、『山口県史』史料編中世3所収「小幡家文書」（以下、同文書の引用は特記しない限り、同書に拠る）の一通として翻刻された中の丸の消息である。『萩藩閥閲録』（以下、『閥閲録』）巻百児玉惣兵衛に写がある。

【史料1】

A おはたい《（小幡家）》へのもん《（紋）》の事、すちめ《（筋目）》につき、a こたま《（児玉）》三郎へもんとの、b おなしくすわう《（周防）》とのへふんへつ《（分別）》申まいらせ候へ
かしと、にちらいさま《（日頼様）》しまね《（島根）》御ちん二御い《（出）》てのとき、しきりにおほせ候まゝ、いまにおいては、いゑ《（家）》も候ハす候、
われらもおなこミ《（女子身）》の事にて候まゝ、もんともゆるしなと、申事、いかゝ候するやとかたく申候へハ、おりふしハ
c かのりう《（彼両）》人御ミやうたい《（名代）》をもおほせつけられ候まゝ、せひともにふんへつ申候へとおほせ候まゝ、d 御れう《（両）》人ゑま
いらせ候、B ことさらひねり《（捻）》の事うけ給候まゝまいらせ候、とうせん《（同前）》ニいよ／＼おほせあハせられまゝ、御うち候
する事かんやう《（肝要）》にて候、C さて御一もん《（門）》と申ても、e 三郎へもんとの・f くら《（内臓）》の大夫とのならてハ、御うち候ましく候、
にちらいさまきよい《（御意）》の事ニてまゝ申候、このもんしさい《（子細）》あるよし申候、御心へ候へく候、めてたく、かしく、

さくらを
ひかしのまる
つほね

g こたまくらの大夫との
まいる

史料1には「さくらおひかしのまるつほね」（桜尾東の丸局）という署名が見える。「中の丸」呼称が吉田郡山城の居住廓に由来すると考えられるのに対し、毛利氏の防長移封後も晩年まで用いられた「東」「東大方」等の呼称が、安芸厳島の対岸廿日市にある桜尾城東の丸に由来することが知られる。同城は乃美氏女所生の穂田元清の城である。

史料1は、中の丸（東）が小幡の家紋の使用を元就生前の意を受けつつ、児玉三郎右衛門と同内蔵大夫に許可する

という内容である。児玉氏に紋を許可するよう故元就から勧められていたが、今は小幡の家もなく自分は女性の身であるから紋を許可するなどということは固辞していた。しかし、元就から三郎右衛門と同周防守両人は名代でもあるからぜひ分別するよう言われていたので、この度許可するのだと述べている（傍線部A）。

『閥閲録』巻十七児玉三郎右衛門家の記述には「一根引團之紋之儀、小幡児玉之嫡女御東様より御免被成、仮令同名ニ而茂、三郎右衛門并同名内蔵太夫両家之外付間敷旨御座候、三郎右衛門方ニハ根引團之紋幕所持仕候、御証文ハ只今所持不仕候、内蔵太夫子孫、児玉惣兵衛方ニハ御東様御捻有之、右之様子御文章ニ御座候」と見え、三郎右衛門家に「根引團之紋幕」が、内蔵太夫子孫の児玉惣兵衛家に「御東様御捻」が所持されていたことがわかる。同捻は史料1傍線部Bに見える「ひねり」である。

さて、右の『閥閲録』傍線部の表現からも、中の丸が小幡の紋を児玉氏に許す背景には、同女が小幡氏の嫡女であり、小幡・児玉両氏が一族関係にあったことがわかる。児玉元良・同就方が中の丸の名代を務めたのもそのような縁によると考えられる。元就存命中から同女以外に当該小幡の関係者は生存せず、それゆえ元就生前の意を受けて一族かつ名代を務めた両人の流れに小幡の家紋を許可するに踏み切ったものであろう。

「にちらいさま」と見える史料1が元就死後であるのは明白だが、より詳細な年代の手がかりとなるのは二重傍線部a～gに見える児玉氏諸人名である（系図2参照）。

元就が島根出陣期に紋を許可するように述べた「かのりう人」（二重傍線部c）として「こたま三郎へもんとの」（同a）「おなしくすわうとの」（同b）が見え、元就死後この文書の発給によって許可する「御れう人」（同d）として「三郎へもんとの」（同e）「くらの大夫との」（同f）が見える。宛所「こたまくらの大夫との」（同g）はfと同じと見てよい。すなわち、元就生前・死後のどちらにも児玉三郎右衛門が、生前のみに同周防守、死後のみに同内蔵大夫が見える。

これら諸人名について『閥閲録』巻百児玉惣兵衛、『山口県史』史料編中世3の比定を比較しつつ、本稿の見解を述べたい。まず、周防守と内蔵大夫を名乗るのは同じ児玉就方の家であるが、元就生前には「おなしくすわうとの」（同b）、死後は宛所も含め「くらの大夫との」・「こたまくらの大夫との」（同f・g）と見える。官途の変化からしてbとf・gの間には世代交替があると考えられる。『閥閲録』・『山口県史』いずれも周防守（同b）は就方、内蔵大夫（同f・g）は就英と比定しており、本稿の比定も同じである。

それに対して元就の生前・死後ともに三郎右衛門と見える人名（同a・e）については、『山口県史』はどちらも児玉元良と比定し、『閥閲録』は元就生前のaを児玉就忠、死後のeを元良と比定する。だが、元就生前に見える周防守を就方、同死後に見える内蔵大夫を就英とする比定が正しいとすれば、周防守就方は天正十四年（一五八六）六月九日に死亡しており、その子就英の周防守受領は天正十九年十二月十七日である（『閥閲録』同巻）。そうであれば、「こたまくらの大夫との」（同g）を宛所とする史料1の発給は少なくとも、周防守就方が死亡する天正十四年六月九日より後、その子就英が周防守を受領する天正十九年十二月十七日より前でなければならない。元就生前に見える「こたま三郎へもん」（同a）と同死後に見える「三郎へもん」（同e）は同じ名乗りながら、aは故元就の永禄年間の島根出陣期の御意に関わって見え、当時中

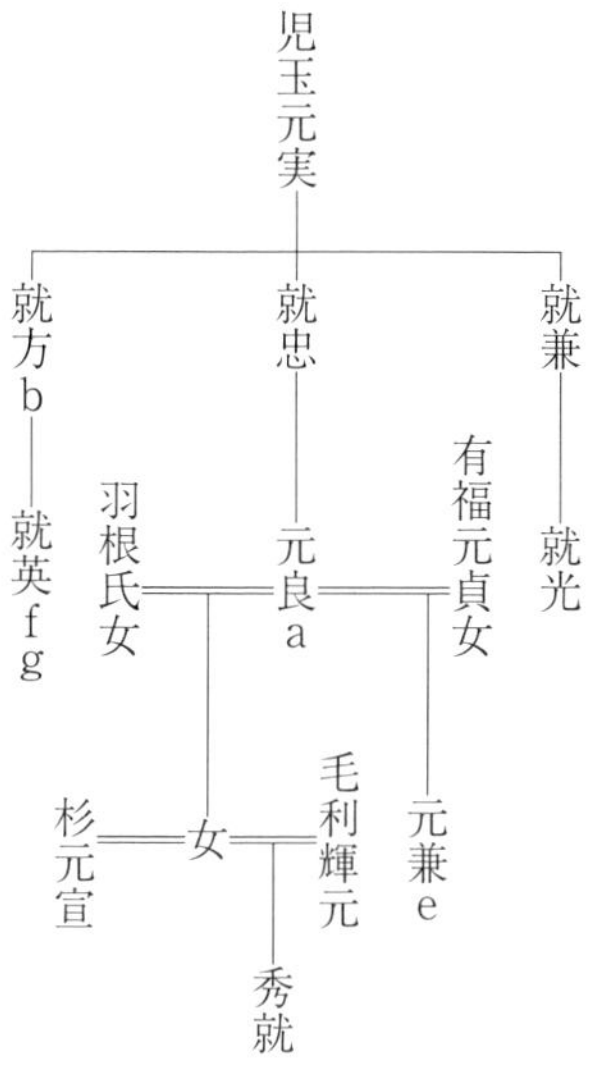

系図２　児玉氏
＊人名下のアルファベットは、【史料１】二重傍線部の本稿による比定と対応

の丸の名代を務め、ｅは天正十四年六月九日より後、天正十九年十二月十七日より前の時期に中の丸が実際にその紋を打つ人々の流れを限定して許可した文脈に現れる（傍線部Ｃ）。両時期には少なくとも二十五年ほどの開きがある。したがって、ａとｅも世代が異なると考えるべきであろう。『山口県史』がどちらも元良と比定するのに対し、『閥閲録』は就忠・元良父子に比定している。ただ元良の死亡は天正十三年十一月十九日なので、この文書発給当時に存生の「三郎へもん」（同ｅ）は元良の子元兼となる。元兼の三郎右衛門尉任官は、天正十四年正月二十四日で（『閥閲録』巻十七児玉三郎右衛門）、前述年代と矛盾しない。よって、本稿ではａは元良、ｅはその子元兼と比定する。

中の丸の桜尾城居住と穂田元清および桂氏

以上からは、天正十四年六月九日より後、天正十九年十二月十七日より前と限定される時期に、中の丸が後長く使われる東呼称の由来となる桜尾城東の丸に居住しており、また小幡家の紋を元就生前の意を受けつつ、児玉三郎右衛門元兼、同内蔵大夫就英の流れに限定して許可したことが明らかとなった。

さて、元就死後、時代を下ってなお同女の「中の丸」呼称が確認されるのは、年未詳十月八日穂田元清書状である(13)。同書状は冒頭に「今度上口之儀及太破候、然者、我等事内々罷立御用度覚悟候、此度之儀、以其故奉伺候処、被成御分別候、先様隆景なとも被罷居候条、今日罷立候」とあることから、石山戦争で信長方に大破した天正六年頃のものと考えられる。命を賭した出陣を覚悟し、実母乃美氏女や弟たちについて後事を輝元に託す同書状の中で、元清は中の丸についても「一御中の丸之事、子共被持候ハて、無力仕合候、御分別有へく候へ共、殿様御かけならてハニて候間、能々被付御心候て可然候、第一　洞春様（元就）への御届ニても候条、不可有御見捨事、我等まて目出度候へく候、我等ほそき時より別而被懸目候条、申上事候」と述べる。子なく無力な中の丸について元清が近親同様、輝元に頼む理由を、幼少の頃から可愛がってもらったからだと述べている。そのような関係性からして、当時中の丸が元清の桜尾城に居たのならば、同女を旧称「中の丸」で呼んだ可能性は低い。天正六年頃には同女はまだ桜尾城には移っていなかったと考えられよう。

次に掲げたのは、遡って永禄年間、島根出陣中の元就の書状である。

【史料2】[14]

（端裏切封ウハ書）
「（切封・墨引）　　　　より
中又《（中の丸）》まいる　申給へ　　もと就」

なを〱、此文、人なと候ハぬすきに、そと〱御めにかけさせ給ひ候へく候、さ候而、又御ちらし候まし
く候〱、
又申まいらせ候、a おさき《（尾崎）》へおり〱御出よし、ひとひうけ給候つる、おさきにもさやうにおほしめし候ハヽ、しかるへくこそ候へ〱、我〱事、さい〱文なり共御まいらせ候ハんするを、こゝもとこくちあつかひハかりにて、ふさた申候、くちおしく候、御心ゑ候て給へく候、b こうつる《（幸鶴）》いよ〱せいしん《（成人）》候ハんと、何より〱めてたく、月ほし《（星）》と、これのミ思ひまち入候ハかりにて候〱、中〱申もおろかにて候、c 中におよひ候はねとも、何事も〱きふんらしく、すちめ《（筋目）》らしく候やうに、ない〱いよ〱かもし御いけん《（意見）》かんえう《（肝要）》に候〱、さた京よりの御つかひ、ちか〱くたられ候するまゝ、けんふく《（元服）》共候するまゝ、はや〱おとこになり候するゝ、我々大けい《（慶）》まんそく《（満足）》にて候、めてたく又々かしく

史料2は、傍線部bに見えるように、幸鶴すなわち輝元の元服（永禄八年二月十六日）を控えた時期のものである。

注意されるのは、同時期に中の丸が輝元母子の居所である郡山城尾崎丸に出入りしており、そのような中の丸の関与に尾崎すなわち輝元母子の方でも応じてくれたらよいと元就が思っていること（傍線部a）、そして待ち望んだ輝元の成人の儀式がそれらしく執り行われるよう、中の丸の意見が大切だと述べていることである（同c）。傍線部cに見える「かもし」は、母または妻をさして使われる語で「かみさま」の意であろう。文面からして、輝元母の尾崎局ではなく、「中の丸」に対して使われている。二人の継室が併存する当時、元就が「かもし」と呼ぶ存在は中の丸であったことがわかる。穂田元清との幼少期以来の親密さもそのような立場と無関係ではなかったとも考えられる。家における養育への配慮や関与が実母子、実祖母・孫などにとどまらず存在しており、そのような関わりを通じて継室とほかの継室の子ども、あるいは継室と当主の孫との間でも親密さが生まれ、関係者たちはそのようなつながりの中で現実の日々を生きていたことがうかがわれる。この後元就に続き母尾崎局とも死別し、婚姻後とは言え自らも若く妻も幼かった輝元にとって、非血縁ながら中の丸の存在はなお小さからぬものであっただろう。のち同女は輝元に郡山城の麓に移ることを願い出て、山下のもと毛利元秋（母は三吉氏女）の土居を与えられて移ったという[15]。元秋の出雲富田城在城以降と考えられる。中の丸は郡山城を下りた後も、輝元と程遠からぬ場所にいたものであろう。

　しかし、天正九年村山家檀那帳[16]では、桜尾城のある「廿日市」分に「桂民部大輔殿　同かミさま　桂少輔五郎殿　同かミさま　桂少輔五郎殿おと丶子　ひかしの太方さま」との記載が見え、同女は桂民部大輔広繁夫妻、その子同少輔五郎元依夫妻、少輔五郎弟と並んで書き上げられている。天正九年には、同女は桜尾城に移っていたと考えられる。一方、同檀家帳で穂田元清は、母、弟らとともに「備中猿懸」に書き出されている。桂民部大輔広繁は、小早川隆景の養子となった元清の弟元総が天正十一年に毛利氏から秀吉への人質として上洛する際に供をした人物で、のち元清とその子秀元に仕え、同家は長府藩の家老を務める家柄となった。桂少輔五郎宛の（天正十一年）八月二十六日毛利輝元書状写には「就今度元総上洛、民部太輔事相副差上候、然問御方之儀先年元清へ以一通申候之条、事新雖不能申候、弥属元清、猿懸・桜尾之間被罷居、馳走肝要候」と見え[18]、桂少輔五郎がそれ以前から元清に属し、猿懸城と桜尾城の間で働いていたことがわかる。以上から、天正九年段階には、元清夫妻、母、弟らは猿懸城に居り、桜尾城には元清に仕える桂氏がいたと見られる。そのような事情から、同年の村山家檀那帳には、「ひかしの太方さま」が桂氏とともに書き上げられたものであろう。

しかし、天正十二年三月から五月にかけて、上洛中の元総について毛利氏関係者に嘆願を繰り返す母乃美氏女の消息には「桜をつめ」との署名が見える。毛利輝元、吉川元春、福原貞俊から同女への返事の宛所も「さくらを御つめ」「さくら尾御つほ□」「さくらを御かた」と記している。穂田元清・天野元政宛の小早川隆景書状でも同女を「桜尾」と称している[19]。それからすれば、同時期、桜尾城「つめ」すなわち本丸には元清らの母乃美氏女が居たものと思われる。中の丸が「さくらおひかしのまるつほね」と署名する史料1が天正十四年六月九日から同十九年十二月十七日の間のものであれば、乃美氏女の桜尾城移住後も中の丸はやはり同城にいたものと考えられるが、詳細は不詳である。「長府桂文書」所収の年未詳七月六日穂田元清書状写[20]によれば、桂孫太郎が「御東」の屋敷のために畠を進上しており、元清が替地を約束している。その屋敷が乃美氏女の桜尾入城以降の東の居住場所かとも思われるが、同文書の時期、桜尾城の構造とともに不詳である。

小幡家紋使用の限定と児玉一族

史料1の児玉氏諸人名のうち注目されるのは、紋を許された「三郎へもん」（二重傍線部e）すなわち児玉元兼である。同人は輝元側室二の丸となった児玉元良女の異母兄で、文禄四年（一五九五）に生まれた同女所生の輝元の嗣子秀就の傅となり、関ヶ原後には二の丸の母羽根氏とともに東下する。そのような人物が、秀就誕生に先立つ時期ながらも、中の丸から「しさいある」小幡の家紋を許されていた。

同時期は、すでに杉元宣妻となっていた児玉元良女を輝元家臣がその側近と通じて輝元のもとへ略奪した事件の発生および関係者の処分の時期と近い（いわゆる二の丸略奪事件）。布引敏雄氏によれば、同事件の発生は天正十四年秋の可能性が大だという(21)。そうであれば、史料1の比定年代の範囲は事件発生後の何年かの間、もしくはその直前となる。そのような時期に中の丸が小幡の家紋を許した児玉三郎右衛門家は、同事件の結果、二の丸の実家として輝元・秀就期にその姻族となる。

「杉山壱岐守覚書(22)」によれば、輝元が美貌の児玉元良女に幼い頃から目をつけており、主君の意を汲んだ家臣がすでに杉元宣の妻となっていた同女を夫の九州出陣中に略奪する計画を実行したのだという。しかしながら、前述した中の丸と児玉氏との一族関係を考慮に入れるならば、輝元と児玉元良女との縁には、それなりの背景とつながりがあった可能性が浮上する。児玉元良は名代として当然、中の丸のもとに頻繁に出入りしていた。その娘が父親に伴われて幼い頃より中の丸のもとへ召されることもあったことは、輝元夫妻に親しく仕える家臣の子女が幼少より主人の側に召されて育つ例が多く見られることからも、十分推測される(23)。元清を幼い頃から可愛がった中の丸は、名代元良の娘をも身近に可愛がったことであろう。そうであれば、中の丸とそれぞれの近しさをもつ元良女と輝元が顔を合わせる機会はいくらもあったものであろう。中の丸と元良に筋目があるならば、その娘と中の丸にも筋目のつながりがあるのは当然である。中の丸が輝元さらには秀就との間に今後長くつながりを維持することとも関わって、中の丸と児玉元良女との関係は重要である。

ところで、中の丸はなぜ児玉一族中における小幡家紋の使用に限定を加えたのであろうか。史料1で中の丸が紋を許した元兼、就方は、児玉豊前守元実の三人の子のうち、就忠・就方兄弟の流れである（系図2参照）。就忠は三郎右衛門家を嗣ぎ、その子が元良である。就方は就忠に養育されたと伝えられ、三郎右衛門家と近しい間柄である。[24]したがって小幡氏と児玉三郎右衛門家ひいては就方の流れが特に近しい筋目にあったと理解することもできなくはない。しかし、一門でも同名でも両家以外は打つなという限定の文面（傍線部C）からは、排除が強く印象づけられる。そのとき注意されるのは、ここに就忠・就方の兄弟、すなわち児玉豊前守元実のもう一人の子、四郎兵衛・豊前守家を嗣いだ就兼の流れが含まれていないことである。

「杉山壱岐守覚書」によれば、児玉元良女略奪の実行者である杉山土佐守・久芳局の討果たしを小早川隆景から命じられたのは、児玉豊前守であったという。時期的に見て就兼の子就光と考えられる。また布引氏によれば、児玉元良女の移送に使われたのは児玉氏の一所衆相嶋氏が操る下松舟であったという。[25]児玉豊前守家に伝わる複数の古文書から（『閥閲録』巻十九児玉四郎兵衛家）、当時下松舟を管掌していたのは同家であったと考えられる。とすれば、豊前守就光自身については不詳ながら、この事件の実行には同家の関係者が関与していたのではないだろうか。史料1の発給が、幼い頃から旧知であった名代児玉元良の娘の身の上に起こったそのような事件の後だとすれば、中の丸が家紋の許可から実行者の出た豊前守家を排除したとしても理由があろう。逆に、元良女の実家児玉元兼、同就英への家紋の許可は、そのような事件あるいは同女の輝元側室化と関わって何らかの意義を有した可能性がある。小幡家紋の許可がそれを勧めた元就の死後はるかに時間が経過して実行に移されたのならば、その時点における意味があったのだと考えられよう。

中の丸の出自と小幡氏

さて、史料1や『閥閲録』巻十七児玉三郎右衛門の記載からも、中の丸と小幡氏の関係は事実と判断される。しかしながら、小幡氏に父の名は特定されない。同女は「小幡民部大輔元重姉」とも伝えられるが、元重の父もわからない。にもかかわらず、「小幡児玉之嫡女」という『閥閲録』の記載も手伝ってか、同女は「元就継室小幡氏」と呼称され、それが父方の出自として疑われたわけでもなかった。だが厳密には、現状の諸史料から確定できるのは小幡氏が同女の出自らしいことであって、父方出自だと特定することではない。現状で最も無理のない現実的な判断は、小幡氏を母方の出自と考えることである。

事実、小幡氏は以前から存在するものの、中の丸と弟元重に関わる小幡系図は両人から始まり、そこにおいても弟元重の記載は杉元重である。さらに両者以前の記載をもつ服部系図においても、両人を遡る部分は杉氏の系図である(26)。そこには杉重輔の妻として小幡氏女という記載も見える。服部系図の記載内容にはかなりの混乱があると思われ、そこに記された系譜関係や続柄をただちに用いることは難しい。ただその記載が事実なら中の丸より少し前の時期に杉氏と小幡氏に婚姻関係があったことになる。

すべてが不確定かつ朧気ながらも、以上から浮かび上がるのは、中の丸の小幡氏以外のもう一つの出自、すなわち父方の出自が杉氏である可能性である。従来、同女を「小幡氏」と称してきたこともあって、関係の系図史料などからは明らかに杉氏との関係が疑われるにもかかわらず、一切追究されてこなかった。次章では、この点について、複数の文書史料の分析から考察を試みる。

二、中の丸と杉氏

杉彦七と杉重良

史料3は「小幡家文書」所収の杉彦七宛毛利元就・同輝元連署知行宛行状である。

【史料3】

長門国豊田郡内田耕村七拾石足、同幸殿村六拾石足、同国大津郡向津奥庄百石足、同国美祢郡内於福村五拾石足、同郡岩永別符下郷五拾石足、同国豊田郡内浮石別符之内六拾石足、同国大津郡内報恩庵、周防国吉敷郡内瓦田九石足、同国佐波郡内田嶋五拾石足地等之事、a任龍福寺殿（大内義隆）御証判之旨、令裁許訖、全可有知行状如件、

永禄拾年卯月十九日

輝元（花押）

元就（花押）

b杉彦七（元重）殿

史料3は、杉彦七（傍線部b）が、永禄十年（一五六七）に毛利元就・同輝元から長門国豊田郡・大津郡・美祢郡、周防国吉敷郡・佐波郡において、大内氏時代以来の旧領（傍線部a）を安堵されたものである。彦七は、前述の諸系図に中の丸の弟と伝えられる杉元重の名乗りの一つである。

さらに、やはり「小幡家文書」に収められた年月日未詳毛利元就書状は、出雲出陣中の元就が中の丸を気遣う箇条が並ぶものであるが、最後に元就は次のように書き加えている。

【史料4】

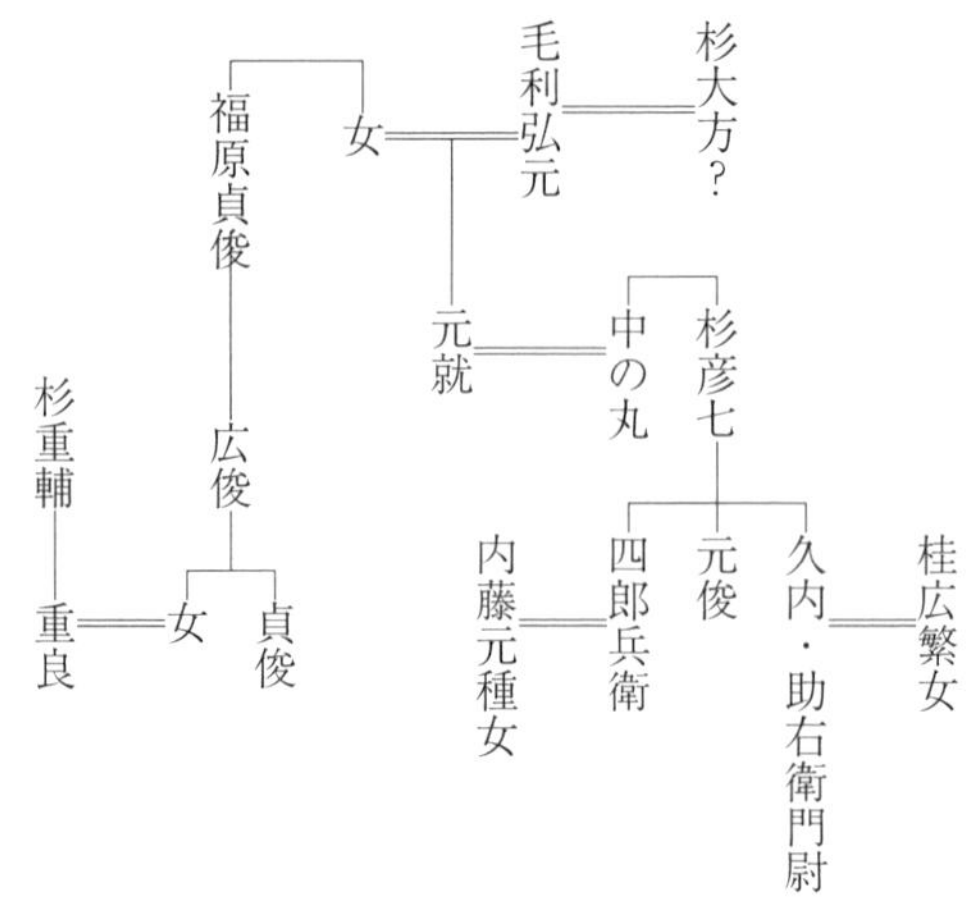

系図３　毛利氏と杉氏

[a]又下くちの事、たか元たちまいらせ候ほとに、いよ〳〵御心やすく候へく候、[b]ひこもし何事候ましく候〳〵、御心やすく候へく候〳〵、

傍線部aは、元就とともに出雲に出征した隆元が九州における大友義鎮の動きにより、永禄五年（一五六二）十二月に元就の命で防府に向かったことを指す。隆元は翌年正月に防府に着陣、同五月には大友氏との間に講和が成立する。史料４の元就書状の季節は各箇条の文面から冬である。そして傍線部aは隆元の防府着陣に触れていない。史料４は隆元が防府へ向かって間もない時期のものと思われる。

傍線部aから注意されるのは、「下くち」すなわち九州の事態に対し、中の丸が心配しているらしいことである。それは、毛利氏の危急を元就継室として心配しているに過ぎないのだろうか。その事態とは、当時、毛利方に属していた豊前松山城が大友氏方の攻撃を受けていたことを指す。同城城主は内藤隆世に殺された杉重輔の子、杉重良であった。

さらに元就は続いて同bで、中の丸に「ひこもし」なる人物の無事を伝えている。これを前掲史料３の宛所「杉彦七」と比較したとき、五年ほどの開きはあるものの、「杉彦七」＝「ひこもし」と考えられる。そうであれば「小幡家文書」には中の丸の弟と考えられる杉彦七（元重）に関わる文書が二通伝来していることになる。それらからは、中の丸の弟と伝えられる杉元重が、永禄年間には杉彦七と名乗り、元就や隆元とともに出陣し、毛利氏から知行を安堵されていたことがわかる。それが大内氏時代以来の旧領であることからも、中の丸姉弟の父方の出自は杉氏であり、小幡氏への改姓は後年何らかの事情によるものであったと考えられる（系図3参照）。

史料4の元就書状は中の丸への返事である。傍線部a・bはいずれも、中の丸が元就への便りで気に懸けていた関係者の安否について、元就が返事の最後に書き添えた部分と思われる。中の丸姉弟の父方出自が杉氏であれば、豊前松山城に居る杉重良もまた、詳細は不明なものの中の丸の関係者であった可能性がある。それゆえ元就は隆元を遣わしたので安心するよう書き加えたのであろう。のちの天正六年（一五七八）、杉重良は毛利氏に背き大友方に属するが、これに触れた小早川隆景書状には「市少四《(市川元教)》・杉七《(杉重良)》なとハ、無双之親類御縁者」と見える。「無双之親類御縁者」と称される杉七郎重良は、福原貞俊妹を妻としていたが、同時に中の丸の関係者でもなかったのだろうか(27)。

小畑久内（杉助右衛門尉）

史料5・史料6（「小幡家文書」所収）もまた中の丸と杉氏との関わりを考えさせる。

【史料5】

（端裏ウワ書）
「　」　左衛門佐」

態申上候、小畑久内進退之儀、去年以来桜尾お東種々嘆承候つる、され共相手有之題目候故、指立助言も用捨候、然者於此国身躰も相かゝハり候之様ニとお東より承候条、中納言殿《(小早川秀俊)》へ先御奉公之姿ニ、山玄《(山口正弘)》申談候而置可申哉と存候、此段罷上候刻申上、御意を請候て可相定事本意ニ候へ共、爰元諸給人之落着、此砌山玄可相究との被申分候間、彼かゝハり之事も、対お東殿無御余儀可被成御分別と存候条、右之分ニ可相澄と存候、為御心得先申上候、

何茂上国之節、重畳可申上候、恐惶謹言、
（文禄四年）
九月廿四日　　　　　　　　　隆景（花押）
（粟屋元貞）
粟右近
御申之

【史料6】

知行方目録

筑後国三井郡
一　弐百三拾六石九斗六升　　とす村
一　弐百四拾弐石八斗八升　同　あかかわ村
筑後国生葉郡
一　五百拾七石三斗八升　　ミそ尻村之内
一　三百七拾壱石四升　同　うらかわ村
一　四百五拾七石壱斗壱升　同　延寿寺村

同　　　　するゑなか村

一　七拾壱石六升

（豊臣秀吉）（朱印）合千九百石

右今度以検地之上改之令扶助訖、全可領知候也、

文禄四年十二月朔日　　秀俊（花押）

杉（元式）助右衛門尉とのへ

史料5からは、文禄四年、「小畑久内」の進退について「御東」すなわち中の丸が先年以来種々嘆き、筑前においてでも取り立ててくれるよう小早川隆景に頼み、隆景が小早川秀俊のもとで取り立てられるよう、山口玄蕃と相談して取り計らっていることがわかる。小幡系図によれば、中丸の弟杉元重（彦七）の子に「助右衛門、小幡久内、後改杉」と見える。それらをふまえると、史料5に見える「小畑久内」と史料6に見える「杉助右衛門尉」は同一人物と考えられる。内容からも、史料5に見える「御東」から嘆願のあった「小畑久内」が、筑前の小早川秀俊のもとで取り立てられ知行を与えられたことを示すのが史料6である。『山口県史』史料編中世3の「小幡家文書」解題でも史料5の小畑久内と史料6の杉助右衛門尉を同一人物としている。同人の名は、元綱とも元式（あるいは元常）とも伝えられ、どちらも同人の名であった可能性もある。

すなわち、前掲史料3では永禄十年、杉彦七が毛利氏から合わせて四百五十石ほどを安堵されていたが、史料5・史料6では、文禄四年の頃、その子小幡久内は伯母「東」の嘆願の結果、筑前の小早川秀俊のもとで「杉助右衛門尉」と名乗り、千九百石の知行を与えられた。小幡氏への改姓が父元重の代か、久内の代なのかは不明だが、相互の改姓状況からして、両氏は姻族と見られる。さらに、久内が筑前で召し抱えられたのを機に杉氏に復姓していること

は、久内の不遇と小幡氏を名乗る事情が不可分な関連を有していたことを推測させる。

杉元俊・杉四郎兵衛

小幡系図によれば、久内・助右衛門の弟元俊について「筑後守　賜新地伯母桜尾御東様御子分相成　御化粧料之内弐百石賜合四百石領知ス」と見える。元俊もまた伯母東の庇護を受けており、のち「浅屋」と名乗ったらしい。「小幡家文書」には浅谷六左衛門宛の東自筆と伝えられる消息が伝来している[28]。久内、元俊ら彦七元重の男子たちの時代には、元就期の父の頃とは毛利氏当主との距離を変化させており、伯母の種々の尽力を必要としたことがわかる。

さらに小幡系図が伝える元重のもう一人の男子は杉四郎兵衛と名乗り、内藤元種女（同隆春姪）を妻としている。『閥閲録』巻百二十九内藤権兵衛によれば、杉四郎兵衛は少輔四郎とも吉重とも見え、杉少輔四郎は天正十六年六月二十一日付で輝元から長門国豊田郡内で百貫の地を宛行われている。また後に寛永二年四月末に死去した輝元の葬式で東（中の丸）の名代を務めている[29]。その子権兵衛為三（始左太郎、三介）は母の化粧料を相続して内藤へ改姓したとある。慶長十九年三月十二日付の毛利就隆加冠状は杉左太郎宛、元和九年八月七日付の毛利輝元の三介補任状は内藤左太郎宛である。

以上、本章の考察からは、中の丸が小幡氏出自を伝えられながらも同氏に関係者を特定し得ない一方、杉氏を名乗る人物については元重、助右衛門、元俊、四郎兵衛など弟や甥たちと思われる関係者が複数見出された。加えてそこには小幡氏と杉氏との改姓・復姓関係が見出される。中の丸の父方・母方の出自がそれぞれ杉氏と小幡氏であったと考えて間違いないだろう。そのような両氏の姻族関係を考えれば、杉重輔の妻が小幡氏女だという服部系図の記載は、前述した中の丸の杉重良への心配とも重ね合わせて注目されるが、究明には至らない。

元就存命期から死後の天正十年代半ばから後半頃までは、小幡の家が途絶え家紋を児玉氏へ許可する状況があったにもかかわらず、文禄年間には彦七の子久内は小幡氏を称しかつ不遇であった。関係者が杉氏から小幡氏ほか他姓へ改姓する事情はその間に生じた可能性が高い[30]。その事情は、中の丸の出自が小幡氏とのみ後世に伝えられていることからも、毛利氏と深く関わるのではないかと考えられる。

そのような状況の中で、中の丸の父方出自について、系図史料にはかつてより散見していたことながらも、文書史料からも杉氏だと考えられることはあらためて注目される。杉氏の研究が十分に進んでいないこともあって[31]元就と中の丸との婚姻成立の事情については明らかにし得ないが、中の丸が杉氏の娘であれば、この婚姻は毛利氏関係者の婚姻において単独に位置するものではなかったと考えられる。輝元側室二の丸はもと杉元宣の妻であった。中の丸が杉氏出自であれば元宣との関係は不詳ながらも、名代児玉元良の娘と同族の婚姻に介在していた可能性も考えられよう。

さらに、元就の父弘元の継室には、杉大方との呼称が伝えられもする。元就は後年その「大かた殿」を振り返り、幼くして父母と死別し兄も京都へ上りみなし子同然になった自分を見捨てがたく、同女が若き身ながら毛利に残り自分を養育してくれ、それゆえ同女はついに再嫁することもなかったと述べている。元就は兄留守の三年間を「大かた殿ニ取つき申候て」送ったと回想している。幼き元就が同女との間に育んだ信頼と絆の深さが偲ばれよう。兄興元は元就十五才のとき国元に下るもまもなく早世した。「如此以後ハ、勿論親にても、兄弟にても、或伯父にて候、甥にて候なとの一人ももたす、たゝ〳〵ひとり身にて候つれ共、今日まで如此かゝハり候事にて候」と述べているように、元就に頼るべき男性近親は不在であった[32]。「大かた殿」の死は妙玖と同じ天文十四年である。同女は元就が人生で長く心を寄せた近親的存在であったと思われる。その出自が杉氏ならば、元就と中の丸との婚姻の前提には、父と同女との婚姻、同女による元就養育の事実があったものと考えられる。その究明は毛利氏の権力論にとっても新たな事実の解明をもたらすと考えられよう。

おわりに

本稿は、きわめて限定的ながらも、また多くの推測を交えながらも、毛利元就継室中の丸（東）の出自について、父方の出自は杉氏であり、小幡氏は母方の出自と考えられることを述べた。ただ、中の丸についても本稿でなし得たことは出自の確定にまつわるいくつかの考察に過ぎず、なお同女については多くの論点がある。

第一は、中の丸と穂田元清の系譜および桂氏との関係である。桂氏と桜尾城の関係については、天文二十三年佐西郡へ進出した毛利元就による桜尾城接収後、同城を与えられたのが桂元澄であった。年未詳五月十六日小早川隆景書状に「桂民部太輔進退之儀、日頼様以来被得御意候、彼親父元澄、桜尾之儀以未来遠慮、孫子歴々之儀候へとも不被相渡之、元清江被譲置候[33]」と見え、同城は元清以前、広澄の父元澄の城であった。さらに、遡って天文十年十一月の厳島神主友田興藤が桜尾城で滅亡した後、大内氏は神主一族の小方加賀守の息女を妻とする杉隆真（のち景教と改名）を神主とした。同神主は佐西郡の支配においては名目的であったというが[34]、桜尾城が元清、また桂氏以前に遡ってこのような前史をもつことは、中の丸の杉氏出自をふまえれば、あらためて注目される。中の丸の桜尾城居住には穂田元清との親密さのみではなくあるいはこのような前史が関係していた可能性もある。中の丸の甥小幡久内（助右衛門尉）の妻は桂広繁女であり、服部家は桂氏と婚姻関係にあった家だという[35]。

第二は、中の丸の人間関係である。中の丸は同女を「かもし」と称した元就の死後も、毛利氏関係者ときわめて親密な存在であり続けた。その一つが乃美氏女との関係である。中の丸の桜尾城居住、元清との関係から考えても、その母乃美氏女と中の丸との関係は多くの時期において現実的に非常に近しいものであったと思われる。元清の子秀元の代においても、両人はその晩年まで身近な存在であったことがうかがえる。継室相互間の関係としても注目されよう。また、中の丸は輝元、元清、秀元に加え、秀就とも親しい関係を維持している。この点も注目される。

いずれも、本稿では扱えなかった史料とともに、稿を改めて論じることとしたい。

註

(1) 大日本古文書『毛利家文書之二』(以下『毛利二』)四〇五(弘治三年)霜月廿五日毛利元就自筆書状。四〇七(弘治三年)十一月廿六日毛利隆元・吉川元春・小早川隆景連署請書。五四三　年月日未詳毛利元就自筆書状。

(2) 三坂圭治監修・防長新聞山口支社編『近世防長諸家系図綜覧』(一九六六年、防長新聞社。以下、『綜覧』)一八・七三頁。

(3) 『毛利二』四〇五(弘治三年)霜月廿五日毛利元就自筆書状。

(4) 山口県文書館所蔵「右田毛利家文書」(以下、「右田毛利」)二二〇　天正十二年三月廿二日毛利輝元書状。二二一　同年三月廿八日福原貞俊書状。二二二　同年四月一日吉川元春書状。二二三　同年四月九日毛利輝元書状(『山口県史』史料編中世3、二〇〇四年、山口県発行。以下、同巻は『山口県史』)。

(5) 「教行寺文書」二五　年未詳六月四日毛利輝元・小早川隆景連署起請文(兵庫県史編纂専門委員会編『兵庫県史』史料編中世1、一九八三年)。西尾和美「毛利輝元養女と興正寺門跡の婚姻をめぐる一考察」『松山東雲女子大学人文科学部紀要』第十九巻、二〇一一年三月)一四三〜一四四頁。

(6) 西尾和美「田端泰子氏と中世女性史研究の現在」(京都橘大学『女性歴史文化研究所紀要』第二〇号、二〇一二年三月)。

(7) 『毛利二』四〇五(弘治三年)霜月廿五日毛利元就自筆書状。同四一〇　弘治四年八月日毛利元就書状写。

(8) 『綜覧』八頁。

(9) 渡辺世祐『毛利元就卿伝』(マツノ書店、一九八四年。以下、『元就卿伝』)七一七〜七一九頁。

(10)山口県文書館所蔵「毛利家文庫毛利家遠用物所収文書」二〇　年月日未詳毛利輝元書状。(『山口県史』)。
(11)「右田毛利」二三〇　年未詳九月二十九日毛利秀元書状（『山口県史』)。
(12)「小幡文書」年未詳十二月三日毛利秀就消息（東京大学史料編纂所写真帳)。「高洲文書」(同写真帳）年月日未詳つほね消息。年月日未詳（東）消息。
(13)『毛利三』八四七。
(14)『毛利二』六〇二　年月日未詳毛利元就自筆書状。
(15)『毛利元就卿伝』七一九頁。
(16)『広島県史』古代・中世資料編Ｖ（以下、『広島県史』）一三一五頁。一二九六頁。
(17)史料解題「長府桂文書」(『山口県史』史料編中世４、一二二頁)。
(18)「服部家文書」八（『山口県史』)。
(19)前掲「右田毛利」二一九〜二二七（『山口県史』)。
(20)「長府桂家文書」二六（『山口県史』史料編中世４)。
(21)布引敏雄「毛利輝元側室二ノ丸様の薄幸」(『大阪明浄女子短期大学紀要』第九号、一九九五年三月）二〇五頁。
(22)前掲布引論文一九三〜一九五頁。
(23)西尾和美「豊臣期から江戸初期における毛利氏妻室に関する一考察」(京都橘大学『女性歴史文化研究所紀要』第二一号、二〇一三年三月)。
(24)『綜覧』一四六頁。
(25)前掲布引論文一九四頁・二〇四頁。
(26)岡部忠夫編著『萩藩諸家系譜』(琵琶書房、一九八三年。以下『系譜』一〇七六〜一〇八三頁)。
(27)『毛利三』八三八（天正六年）三月十六日小早川隆景書状。なお、同年にやはり毛利氏に背いた市川元教の妻も杉元重女であった。
(28)『系譜』一〇八二頁。「小幡文書」(東京大学史料編纂所写真帳)。

(29)「毛利氏三代実録考証」寛永二年五月十三日（『山口県史』史料編近世1下）。
(30)児玉元良女の夫杉元宣の死亡は天正十七年であった。その死には二の丸事件と関わる伝承があるが、確かには不詳である。
(31)和田秀作「『都濃郡中須村百姓所持判物写』について」（『山口県史研究』第七号、一九九九年）。
(32)前掲『毛利二』四二〇　弘治四年八月日毛利元就書状写。
(33)「服部家文書」九（前掲『山口県史』）。
(34)『広島県史』中世　通史Ⅱ四七七～四七九頁、一九八四年。
(35)山口県文書館所蔵本「長府桂家文書」三九九　桂家略系図（『下関市史』資料編Ⅵ）。史料解題「服部家文書」（『山口県史』二五～二六頁）。

【附記】山口県文書館の和田秀作氏からは、二の丸事件等に関連する史料や文献について多くのご教示をいただきました。記して厚く御礼申し上げます。

【追記】中の丸（東の方）の出自について、元亀四年七月七日嚴島寶藏腰物追加注文（「野坂文書」三九五、『広島県史』古代中世資料編Ⅲ所収）は、「鏡一面」の項で「小幡殿御新人東之御丸局方寄進之」と記し、「小幡殿御新人」を「毛利元就後室」と注記している。また、五條小枝子『戦国大名毛利家の英才教育』（吉川弘文館、二〇二〇年）は「児玉党嫡宗藤原氏小幡家系」（二〇〇二年に小幡家から萩博物館に寄託）により、中の丸の父を「小幡某」、母は「杉氏女」としている。合わせて参照されたい。

【初出一覧】

総　論

村井良介「総論　毛利元就の生涯と家来」（新稿）

第1部　政争と合戦

Ⅰ　秋山伸隆「毛利元就の生涯―「名将」の横顔―」（安芸高田市歴史民俗博物館『没後四五〇年記念特別展　毛利元就―「名将」の横顔―』展示図録、二〇二一年）

Ⅱ　秋山伸隆「高橋氏の滅亡時期をめぐって」（安芸高田市歴史民俗博物館『令和元年度企画展　芸石国人高橋一族の興亡』展示図録、二〇二〇年）

Ⅲ　吉野健志「いわゆる安芸郡山城合戦の再評価」（『芸備地方史研究』二二八号、二〇〇一年）

Ⅳ　畑和良「猿懸城合戦と毛利氏の備中国経略」（『倉敷の歴史』二〇号、二〇一〇年）

Ⅴ　柴原直樹「毛利元就と防府―毛利氏の防長侵攻とその受容―」（『佐波の里』三二号、二〇〇四年）

Ⅵ　岡村吉彦「毛利氏の兵糧政策と西伯耆国人村上氏」（『鳥取地域史研究』七号、二〇〇四年）

第2部　家督譲与と二頭体制

Ⅰ　木村信幸「判物から見た吉川元春の家督譲り」（『芸備地方史研究』二一四号、一九九九年）

Ⅱ　秋山伸隆「毛利隆元の家督相続をめぐって」（安芸高田市歴史民俗博物館『没後四五〇年記念特別展　毛利隆元―名将の

子の生涯と死をめぐって』展示図録、二〇一三年）

Ⅲ　水野椋太「毛利氏五人奉行制の再検討」（『日本歴史』八七一号、二〇二〇年）

第3部　芸備領主との関係

Ⅰ　長谷川博史「安芸国衆保利氏と毛利氏」（『内海文化研究紀要』二五号、一九九七年）

Ⅱ　木下和司「備後国衆・杉原盛重の立場―毛利氏との主従関係を中心として―」（『芸備地方史研究』二八一号、二〇一二年）

第4部　経済拠点の支配

Ⅰ　長谷川博史「戦国期の地域権力と石見銀山」（『世界遺産　石見銀山遺跡の調査研究』四、二〇一四年）

Ⅱ　本多博之「毛利元就の温泉津支配と輝元の継承」（『日本歴史』七四三号、二〇一〇年）

第5部　毛利元就の妻室

Ⅰ　秋山伸隆「毛利元就をめぐる女性たち」（安芸高田市歴史民俗博物館『企画展　毛利元就をめぐる女性たち』展示図録、二〇一二年）

Ⅱ　西尾和美「毛利元就継室「中の丸」の出自」（『女性歴史文化研究所紀要』二二号、二〇一四年）

【執筆者一覧】

総　論

村井良介　　別掲

第1部

秋山伸隆　一九五三年生。県立広島大学名誉教授。
吉野健志　一九六三年生。現在、東広島市教育委員会生涯学習部文化課文化財係長。
畑　和良　一九七六年生。現在、倉敷市総務課歴史資料整備室歴史資料専門員。
柴原直樹　一九六九年生。現在、毛利博物館館長。
岡村吉彦　一九六七年生。元、鳥取県立公文書館県史編さん室長。

第2部

木村信幸　一九六三年生。現在、広島県立歴史博物館学芸課主任学芸員（シニアスタッフ）。
水野椋太　一九九四年生。現在、松江市文化スポーツ部松江城・史料調査課文化財主任主事。

第3部

長谷川博史　一九六五年生。現在、島根大学教育学部教授。

木下和司　一九六〇年生。現在、郷土史家。

第4部

本多博之　一九六〇年生。現在、広島大学大学院社会科学研究科教授。

第5部

西尾和美　一九五七年生。元、ノートルダム清心女子大学文学部教授。

【編著者紹介】

村井良介（むらい・りょうすけ）

1974年生まれ。京都府立大学文学部史学科卒業。

大阪市立大学大学院文学研究科後期博士課程日本史学専攻修了。

博士（文学）。

現在、岡山大学学術研究院教育学域教授。

主な業績に、『戦国大名権力構造の研究』（思文閣出版、2012年）、『戦国大名論　暴力と法と権力』（講談社、2015年）『戦国大名と国衆17　安芸毛利氏』（岩田書院、2015年、編著）、「中国地域の戦国領主について」（戦国史研究会編『戦国時代の大名と国衆　支配・従属・自立のメカニズム』戎光祥中世史論集第7巻、戎光祥出版、2018年）などがある。

シリーズ装丁：辻　聡

シリーズ・中世西国武士の研究　第八巻

毛《もう》利《り》元《もと》就《なり》

二〇二四年一〇月一〇日　初版初刷発行

編著者　村井良介

発行者　伊藤光祥

発行所　戎光祥出版株式会社
東京都千代田区麹町一－七
相互半蔵門ビル八階
電　話　〇三－五二七五－三三六一㈹
FAX　〇三－五二七五－三三六五

編集協力　株式会社イズシエ・コーポレーション

印刷・製本　モリモト印刷株式会社

https://www.ebisukosyo.co.jp
info@ebisukosyo.co.jp

ISBN978-4-86403-548-4